교부 문헌 총서 22
아카데미아학파 반박

AURELIUS AUGUSTINUS
CONTRA ACADEMICOS

Translated with introduction and notes by
SEONG Youm

© Benedict Press, Waegwan, Korea 2016

교부 문헌 총서 22
아카데미아학파 반박
2016년 8월 10일 교회 인가
2016년 9월 8일 초판 1쇄

지은이 · 아우구스티누스
역주자 · 성염
펴낸이 · 박현동

성 베네딕도회 왜관수도원
ⓒ 분도출판사

등록 · 1962년 5월 7일 라15호
39889 경북 칠곡군 왜관읍 관문로 61
출판사업부 · 전화 02-2266-3605 · 팩스 02-2271-3605
인쇄사업부 · 전화 054-970-2400 · 팩스 054-971-0179
www.bundobook.co.kr

ISBN 978-89-419-1613-0 94230
ISBN 978-89-419-9755-9 (세트)
값 30,000원

* 신저작권법에 따라 보호를 받는 저작물이므로 무단 전재와 무단 복제를 금합니다.

교부 문헌 총서 22

아우구스티누스
아카데미아학파 반박

성염 역주

분도출판사

'교부 문헌 총서'를 내면서

제2차 바티칸 공의회 「계시 헌장」*Verbum Dei* 7-10항에서 밝히고 있듯이, 하느님의 계시는 신·구약 성경과 성전聖傳을 통해 우리에게 전달되는데, 이 둘은 하느님의 똑같은 원천에서 흘러나오므로 하나를 이룰 만큼 서로 밀접히 연결되어 있다. 바로 "교부들의 말씀은 믿고 기도하는 교회의 실생활 가운데 풍부히 흐르고 있는 이 성전의 생생한 현존을 입증한다"(8항). 즉, 교부들의 말씀은 성전의 주축을 이루고 있으므로 교부 문헌 연구는 하느님의 계시에 접근하는 데 중대하고 필요 불가결의 길이라 할 수 있다.

짧은 역사의 한국 교회는 그동안 성경 연구에 큰 관심을 가져 괄목할 만한 진전을 해 왔으나 교부 문헌 연구는 극히 미미하였다. 이에 우리는 분도출판사를 중심으로 '교부 문헌 총서 기획위원회'를 구성하여, 교부 문헌의 번역·간행을 계속해 나감으로써 교부 문헌 연구에 새로운 전기를 마련하기로 하였다.

우리는 이 '교부 문헌 총서'가 한국 교회의 신학 발전에 다음과 같은 도움이 되기를 바란다.

첫째, 성경 연구에 도움이 될 수 있다. 사도교부들(Patres apostolici)은 사도들의 직제자 혹은 그 직제자들의 제자들이었으므로 그들의 문헌은 신약성경(특히 사목서간들)에 나타나 있는 사도들의 가르침과 신학을 잘 반영하고 있을 뿐 아니라 신약성경에 표현되지 않은 초기 교회의 모습을 보여 주고 있기 때문이다. 또한 그 후의 교부들의 글에서도 성경은 그 기초가 되고 있으며, 때때로 성경 해설을 위한 강론(Homilia식 Tractatus)들과 본격적인 성경 주해서(Commentarium)들이 있다.

둘째, 이상하게 들릴지 모르지만, 한국 교회 신학의 토착화에 도움이 될 수 있다. 교부시대는 사도들로부터 전수받은 그리스도의 복음이 그리스·로마 문화에 정착되는 시기라 할 수 있다. 예수님과 사도들 그리고 복음서의 청중들은 모두 히브리인들이었으며, 그래서 복음은 먼저 히브리 문화권 안에서 선포되었다. 이 복음이 제자들의 선교 활동을 통해 히브리 문화와는 다른 그리스 문화권에 선포되면서 일종의 토착화 과정이 있었으며, 또 라틴 문화권에 선포될 때 또 다른 토착화 과정이 있어야 했다. 그리스도교의 신학은 이러한 토착화의 시도 과정에서 때로 많은 시행착오(이단과 열교)를 거치면서 발전되고 정착되어 왔다. 사실 교부들은 토착화 과정에서 그리스도의 복음이 변질되어서는 안 된다는 원칙 아래 해당 문화권에서 수용할 수 있는 것과 할 수 없는 것을 엄격히 구별하였던 것이다. 제2차 바티칸 공의회 이후 한국 교회 안에서도 토착화의 필요성이 자주 거론되고 있다. 우리는 교부들이 행했던 토착화의 시도 과정과 그 방법을 연구함으로써 우리의 토착화 작업에 도움을 받을 수 있을 것이다.

셋째, 한국 교회의 에큐메니즘 운동에 도움이 될 수 있다. 세계적으로 한국만큼 기독교의 종파가 많은 곳도 드물다. 가톨릭과 개신교 사이의 차이는 말할 것도 없지만 개신교 사이에서도 서로 극심한 차이가 있다. 사실 개신교의 종파는 성경의 자유 해석에서 기인하는 경우가 많은데, 자기의 해석을 고집하기에 앞서 성경시대와 가까웠던 교부시대에서 성경을 어떻게 이해하고 생활했는지 알아볼 필요가 있다. 또 잊어서는 안 될 점으로,

그 신도 수가 많지는 않지만 동방 정교회가 한국에도 있는데, 동방 교회는 교부시대의 전통을 잘 유지하고 있으므로 서방 교회(로마 가톨릭, 프로테스탄트, 성공회)는 동방 교회 전승에서 많은 것을 배우고 보완할 수 있다. 따라서 우리는 각 교회 모두가 공동으로 소유하고 있는 성경 그리고 서로 갈리기 전 초세기 교회의 모습, 즉 교부 문헌을 같이 연구함으로써 서로의 차이점을 함께 좁혀 나갈 수 있을 것이다.

일반적으로 교부 문헌을 어렵고 고루한 전문 서적으로 생각하는 경향이 있다. 이러한 생각은 교부 문헌을 직접 접할 기회가 적었던 데서 오는 막연한 선입관에 불과하다. 대부분의 교부들은 사목자들이었으며 그들의 글은 당시의 수사학에서 나온 연설체·강론체적인 성격을 가진 것들이 많다. 그래서 때로는 설득을 위한 지나친 강조나 지루한 반복이 있는 것도 사실이나 글에 힘이 있으며 이해하는 데 그다지 어렵지 않다.

아무쪼록 앞으로 이 총서가 많은 이들의 관심과 협력과 채찍질에 의하여 속속 간행되면서 더욱 많은 이들의 연구와 생활에 도움이 되기를 바라 마지않는다.

1987년 6월 29일
이형우

【일러두기】

1. 교부 문헌은 워낙 방대하므로, 번역·간행할 책은 한국 실정을 고려하여 선정하되, 연대순이나 그리스 교부·라틴 교부의 구별을 두지 않고 준비되는 대로 일련번호를 매겨 출간해 나간다.
2. 교부 문헌은 학문적 연구에 기초 자료가 되므로, 본문의 번역은 되도록 원문에 충실하게 하며, 중요한 문헌의 원문은 전부 또는 일부를 역문과 나란히 싣는다.
3. 독자의 이해를 돕기 위해, 본문에 앞서 「해제」를 실어 저자의 생애와 당시의 문화적 배경 그리고 각 저술의 특징과 신학 등을 설명하고, 본문 아래에 약간의 각주를 단다.
4. 독자의 편의를 위해, 원문에 없어도 우리말 본문에는 소제목과 일련번호를 단다.
5. 성경 본문 인용은 원칙적으로 『성경』(한국 천주교 주교회의 2005)을 따르되, 문맥에 맞추어 대폭 다듬었다. 필요에 따라서는 『공동번역 성서』와 『200주년 성서』(분도출판사 2003)도 인용했고, 그것으로도 저자의 의도가 반영되지 않을 경우에는 더러 역자가 직접 번역하기도 했다. 다른 판본을 인용하더라도 성경 인명·지명의 우리말 표기는 『성경』에 따랐다.
6. 본문 중 인용문은 원문에서는 이탤릭체로, 각주를 제외한 역문에서는 굵은 서체로 표시하고, 성경 장·절의 표시는 각주 형식으로 다른 각주와 함께 일련번호를 매겨 처리했다.
7. 본 총서에 포함되지 않은 아우구스티누스 저작의 우리말 역어는 본 총서 18권, 포시디우스 『아우구스티누스의 생애』(이연학·최원오 역주, 분도출판사 2008) 170-181에 실린 '아우구스티누스 저술 목록'을 참조하라.

CONTRA ACADEMICOS

|차례|

'교부 문헌 총서'를 내면서 ·· 5

해제

1. 아우구스티누스 철학 입문 『대화편』 ·· 15
   1.1. 그리스도교 철학의 태동 ·· 15
   1.2. 여덟 편의 대화 ·· 17
   1.3. 대화라는 방법 ·· 18
   1.4. 아우구스티누스의 철학함 ·· 21

2. 첫 대화편 『아카데미아학파 반박』 저술 계기와 연대 ······················ 22
   2.1. 집필 계기 ·· 22
   2.2. 집필 시기 ·· 23
   2.3. 집필 의도 ·· 25
      2.3.1. 회의론의 극복 ·· 25
      2.3.2. 학문적 훈련 ·· 26
   2.4. 본서의 등장인물 ·· 27
      2.4.1. 로마니아누스 ·· 27
      2.4.2. 트리게티우스 ·· 28

2.4.3. 리켄티우스 ·· 29
　　2.4.4. 알리피우스 ·· 29
　　2.4.5. 나비기우스 ·· 30
　　2.4.6. 모니카 ··· 30

3. 『아카데미아학파 반박』 내용 개관 ······························· 31
　3.1. 본서의 구성 ·· 31
　3.2. '철학함'을 촉구하는 두 편의 헌정사 ························· 32
　3.3. 『아카데미아학파 반박』 제1권 개괄 ·························· 34
　　3.3.1. "진리를 찾고 있다면 발견하지 못해도 행복한가?"(1,2,5-4,12) ········ 34
　　3.3.2. 어떤 사물에 관한 지식이 지혜인가?(1,5,13-8,23) ············· 36
　3.4. 『아카데미아학파 반박』 제2권 개괄 ·························· 36
　　3.4.1. 신아카데미아학파의 주장이 무엇인가?(2,4,10-6,15) ········ 37
　　3.4.2. 진리 근사치란 무엇인가?(2,7,16-13,30) ······················ 38
　3.5. 『아카데미아학파 반박』 제3권 개괄 ·························· 38
　　3.5.1. 현자는 지혜에 동의해야 하는가?(3,3,5-6,13) ················ 39
　　3.5.2. 진리는 포착될 수 있는가?(3,7,15-9,21) ······················· 40
　　3.5.3. 지성에 파악되는 바가 아무것도 없는가?(3,10,22-13,29) ····· 41
　　3.5.4. 동의와 승인에 대해서(3,14,30-16,36) ························· 42
　　3.5.5. 아카데미아 회의론의 숨은 의도(3,17,37-20,43) ············· 43

4. "내가 속는다면 나는 존재한다" ···································· 44

5. 번역 대본과 현대어 번역본 ··· 47

본문과 역주

제1권: 지혜 탐구에 관하여 리켄티우스와 트리게티우스가 무엇을 토론하였는가
　1.1. 덕을 닦기에 적합한 인물에게 운명과 섭리는 무엇을 갖다 주는가 ········ 53
　1.2. 지나친 순경順境은 지혜에 지장이 된다 ······················ 57

1.3. 그러면 역경逆境이 사람을 지혜로 이끌어 가는가 ············· 59
1.4. 토론에 부칠 사안들이 무엇인가 ······················· 63
2.5. 토론할 논제들 ································· 65
2.6. 진리의 탐구만으로 현자가 되는가, 진리의 획득으로 현자가 되는가 ······ 69
3.7. 툴리우스 키케로의 권위를 대다 ······················· 71
3.8. 툴리우스의 권위도 분별해서 살펴야 한다··················· 73
3.9. 완전한 탐구라면 목적을 달성할 것인가···················· 77
4.10. 목적에 도달하지 못한 사람은 방황하고 있는가················ 81
4.11. 허위에 동의하지 않는다면 방황은 안 하는 것인가 ············· 83
4.12. 탐구만으로 과연 누가 행복한 삶에 도달하는가················ 87
5.13. 삶의 바른길이 지혜인가··························· 91
5.14. 지혜란 탐구하는 바른 이성이다 ······················· 93
5.15. 지혜가 각 사람에게 달리 보일지라도 지혜는 지혜로서 시인되어야 한다 95
6.16. 지혜는 인간사人間事와 신사神事에 관한 지식이다················ 97
6.17. 신술神術도 지혜에 속하는가 ························· 99
6.18. 점쟁이 알비케리우스를 두고 무슨 말을 해야 하는가············ 101
7.19. 지식은 입증을 포함한다 ·························· 103
7.20. 신술은 지혜에 해당하지 않는다······················· 105
7.21. 신술은 공기의 어떤 생물들이 하는 짓으로 돌린다 ············· 107
8.22. 진정한 인간사와 신사는 어떤 것인가···················· 109
8.23. 지혜란 지식인 동시에 탐구인가······················· 111
9.24. 아우구스티누스가 지금까지의 토론을 간추리다··············· 115
9.25. 토론자들을 칭찬하다···························· 119

제2권: 아카데미아의 견해에 관하여 알리피우스가 무엇을 옹호하였는가
1.1. 혼미함과 아둔함으로 인해서 아카데미아학파의 무기를 당해 내지 못하였다 123
1.2. 로마니아누스는 수덕修德에 적합한 인물이다················· 125
2.3. 로마니아누스는 극진한 아량으로 아우구스티누스를 후원하였다 ········ 129
2.4. 로마니아누스는 하느님의 시종························ 131
2.5. 플라톤학파들의 책과 바오로의 책을 읽다·················· 133
2.6. 옛사람들의 덕성은 그만한 광채를 띠고서 예우를 받고 있다 ·········· 137

3.7. 물리적 아름다움에 대한 사랑이 지혜로 이끌어 주는가 ·················· 139
3.8. 낙담하거나 선입견을 가지면 진리를 발견하는 데 지장을 받는다 ········ 141
3.9. 올바로 탐구하지 않으면 진리를 찾아내지 못한다 ························ 145
4.10. 리켄티우스와 트리게티우스가 이미 해명한 것이 무엇인가 ············ 147
5.11. 아카데미아학파는 무엇에도 동의하려고 하지 않는다 ················· 151
5.12. 아카데미아학파는 개연성을 따르는 한 무엇이든지 할 수 있다고 하였다 155
5.13. 알리피우스에게 신아카데미아학파의 유래를 설명해 보라고 권하다 ··· 157
6.14. 아르케실라스는 중기 아카데미아학파를 설립하였다 ················· 159
6.15. 아스칼로나의 안티오쿠스는 아카데미아학파에 분열을 가져왔다 ····· 161
7.16. 리켄티우스가 아카데미아학파에 관한 토론을 회피하려고 핑계를 찾다 163
7.17. 그는 연극을 즐긴다 ·· 165
7.18. 리켄티우스가 아우구스티누스에게서 꾸중을 듣다 ···················· 169
7.19. 어떤 사람을 전혀 모르면서도 그와 비슷한 사람을 알아볼 수 있는가 ··· 171
8.20. 진리를 모른다면 진리의 근사치를 따르는 일도 못하리라 ············· 173
8.21. 알리피우스가 질의응답에 끼어들다 ·· 175
9.22. 관건은 말이 아니라 삶에 있다 ·· 177
9.23. 개연적인 것은 사람마다 달리 볼 수 있다 ································· 181
10.24. 아카데미아학파가 개연적이라는 어휘로 말하려는 내용이 무엇인가··· 183
11.25. 아카데미아학파가 생각한 '개연성'으로 말하자면 ····················· 187
11.26. 지혜의 탐구로 인도하는 무엇이었을 수 있다 ··························· 189
12.27. 리켄티우스가 아카데미아학파의 입장을 포기하면서 ················· 191
12.28. 토론의 명분을 견지하지 못하다 ·· 193
13.29. 알리피우스가 아직까지는 아카데미아학파를 편들어 방어하지만 ····· 195
13.30. 지혜의 시작에 관해서는 그들과 공감하지 않다 ························ 197

제3권: 아우구스티누스가 지혜에 동의하는 일이 적절한지 토론하다

1.1. 앞서 다룬 바를 간추리다 ·· 201
2.2. 행운이 삶의 필요에 무엇을 베풀어 주는가 ································ 203
2.3. 현자는 행운을 업신여기고 사는데 ··· 205
2.4. 죽으면서도 그렇게 할 것이다 ·· 209
3.5. 현자는 지혜가 무엇인지 알아야 한다 ·· 211

3.6. 현자는 자기가 지혜를 안다고 수긍해야 한다 ················· 215
4.7. 리켄티우스는 헬리콘의 샘에서나 물을 마시고 싶어 했다 ········· 219
4.8. 자기에게 그렇게 보인다는 말은 그렇게 보인다는 사실을 안다는 말이다 223
4.9. 지혜로운 사람에게는 지혜로운 사람이 지혜를 알고 있는 것처럼 보인다 225
4.10. 지혜로운 사람이 지혜를 알고 있든 알고 있는 것처럼 보이든 지혜는 존재하는 무엇이다 ················· 229
5.11. 어떤 것이 누구에게나 그렇게 보인다면, 우리는 신성의 도우심을 입어, 진리에 도달할 수 있는가 ················· 231
5.12. 지혜로운 사람은 진리에 동의해야 마땅하다 ················· 235
6.13. 우리에게 어떻게 보이든 그렇다고 믿어야 한다 ················· 237
7.14. 지혜를 거론하면서 어느 편을 들기로 한다면 ················· 241
7.15. 질의응답보다는 강의가 낫겠다 ················· 243
7.16. 툴리우스가 아카데미아학파 현자에 관하여 논하는 바를 인용하여 소개한다 ················· 245
8.17. 현자들이 임석하고 키케로가 변호하는 장면을 가상하고서 아우구스티누스는 아카데미아학파가 허영을 도모하는 것으로 단죄한다 ················· 249
9.18. 아카데미아학파는 제논과 논쟁하면서 진리를 정의하려고 시도한다 ··· 253
9.19. 지혜에 대한 탐구가 존재하지 않거나 지혜가 존재하거나 둘 중 하나다 255
9.20. 인간을 지혜의 탐구에서 돌아서게 만들어서는 안 된다 ················· 257
9.21. 아르케실라스에 맞서서 진리를 파악할 수 있다거나, 아니면 지혜란 존재하지 않는다고 단언해야 마땅하다 ················· 261
10.22. 카르네아데스가 무엇이 과연 확실하게 파악되는지 시비한 것은 잠꼬대였다 ················· 265
10.23. 물리 세계에 관하여는 반립 명제도 참일 수 있다 ················· 269
11.24. 세계에 관해서 신체의 감관은 속을 수 있으나 정신의 지각은 속지 않는다 275
11.25. 수의 이치는 확실하게 파악될 수 있는가 ················· 277
11.26. 개별적 표상을 두고 신체의 감관이 속을 수 있겠지만 정신의 지각은 속지 않는다 ················· 279
12.27. 윤리 도덕에 관해서 반립 명제들로 언표되더라도 어떤 것들은 참이다 285
12.28. 행동을 하면서 신체의 감관은 속을 수 있지만 정신의 지각은 속을 수 없다 287
13.29. 변증술로 개진하는 내용은 확실하다고 파악할 수 있는가 ············ 289

14.30. 지혜로운 사람에게 지혜가 보일지라도 반드시 동의해야 하는 것은 아니다 293
14.31. 지혜로운 사람이 지혜를 수긍할 수 없다고 가정해 보자 ·················· 297
14.32. 확실하게 파악하는 사람은 승인하는 것이다 ······························· 301
15.33. 아무것도 승인하지 않는 사람은 아무 행동도 하지 않는다 ············· 303
15.34. 도달하지 못한 사람은 헤매기 마련임을 신화가 보여 준다 ············· 305
16.35. 오류를 범하는 자는 범죄한다 ··· 309
16.36. 자신에게 어떻게 보였느냐가 죄책을 면해 주지 않는다 ·················· 313
17.37. 플라톤은 누구의 가르침을 들었고 무엇을 가르쳤을까················· 315
17.38. 폴레몬과 아르케실라스는 제논에 대항하여 플라톤의 가르침을 비의秘義처럼 보존하였다 ··· 319
17.39. 카르네아데스가 크리시푸스에게 맞서 무엇을 했던가 ················· 323
18.40. 카르네아데스는 진리의 유사성이나 개연성에 입각해도 행동은 가능하다고 가르쳤다 ··· 325
18.41. 툴리우스도 마지막에 안티오쿠스에 반대하여 취한 행동············· 327
19.42. 지금은 어떤 철학자들이 생존하고 어떤 가르침을 펴고 있는가 ········ 329
20.43. 철학에 정통한 아우구스티누스는 지혜로운 사람들의 권위와 그리스도의 권위에서 무엇을 느끼는가 ·· 333
20.44. 알리피우스가 아우구스티누스의 논지를 받아들이고 그에게 찬사를 보내다 ··· 335
20.45. 청취자들은 아직도 뭔가를 더 듣고 싶어 하였다 ························ 337

『재론고』 1,1,1-4 ··· 341
서간 1: 헤르모게니아누스에게··· 353

  인명 색인 ··· 358
  작품 색인 ··· 360
  성경 색인 ··· 361

CONTRA ACADEMICOS

해제

1. 아우구스티누스 철학 입문『대화편』*Dialogi*

1.1. 그리스도교 철학의 태동

서기 386년 가을, 아우렐리우스 아우구스티누스Aurelius Augustinus(354~430)는 밀라노 황실의 수사학修辭學 교수직을 돌연 사임하고 밀라노 근교의 카시키아쿰Cassiciacum이라는 동네로 물러가 은둔 생활을 하고 있었다. 이 해는 그리스도교에서 바오로 사도 다음가는 위대한 사상가 아우구스티누스에게 생애의 전환점이었을뿐더러, 서구 문화의 두 줄기인 헬레니즘과 헤브라이즘이 합류하는 지점에 아우구스티누스가 자리하고 있다는 점에서, 서구 사상의 전환점이기도 하다. 아우구스티누스의 철학 사상에는 386년의 회심回心 전후부터 플라톤 사상과 그리스도교가 깊이 혼재하는데, 중요한 것은 그 종합이 시골 별장 카시키아쿰에 머물면서 행한 그의 대화편들에서 시작한다는 점이다. 즉, 카시키아쿰의 대화들은 서구 그리스도교 철학의 태동을 가리킨다.

아우구스티누스는 철학함에서 사변적 유희보다 자기 삶 전부를 거는 전인적 투신을 희구해 왔기 때문에 단순한 사상적 전향이라는 것이 아예 불가능하였다.[1] 인간의 구체적이고 역사적인 삶에 비중을 두는 로마인답게 아우구스티누스로서는 그리스인들이 사유하던 추상적 이념 세계보다 역사의 일정한 시점에 나자렛 사람 예수라는 구체 인간으로 육화(肉化)한 로고스를 제시하는 그리스도교에 더 매력을 느꼈을 것이다.

대화편 중에서도 *Soliloquia*(독백)와 『고백록』 7권에는 그 시점에서 자기 삶과 사상적 방황을 두고 아우구스티누스가 겪고 있던 정신적 고뇌가 적나라하게 드러나 있다. 밀라노 황실 교수직을 맡아 당대의 그리스도교 지성인들과 교류하면서 자기 삶을 근본적으로 전환시켜야겠다는 자극을 받고 있었고, 우연히 입수한 플로티누스의 작품[2]을 읽으면서 철학의 탐구로 지적 해탈을 얻어 내려는 욕구에 휩싸이면서 하느님과 인간에 대한 깨달음을 얻고 싶다는 강렬한 충동을 받고 있었다.[3] 그토록 철학에 몰입하고 싶은 갈구를 느끼고 그리스도교의 가르침에 깊이 감복했으면서도 애욕의 강렬한 끌림이라는 실존적 고민을[4] 극복하지 못하는 자기 모습에 탄식하고 있었다.[5] 그러던 어느 날 밤 정원에서 '집어라! 읽어라!'tolle! lege!라는 아

---

[1] 『참된 종교』(*De vera religione*, 성염 역주, 분도출판사 1988, 2011²) 1,1: "철학자들이 대중과 더불어 종교에서 취하던 태도가 달랐고, 같은 대중이 듣는 데서 사사로이 주장하던 이론이 달랐다"는 점을 용납하지 못하던 아우구스티누스였다.

[2] 신플라톤 사상에서 그리스도교로 입교한 Marius Victorinus가 라틴어로 번역한 *Enneades*였다.

[3] *Soliloquia*(독백) 1,2,7: "무엇을 알고 싶은가?" "하느님과 영혼을 알고 싶다." "더 이상 아무것도 없는가?" "전혀, 아무것도 없다."

[4] *De beata vita*(행복한 삶) 1,4: "솔직히 고백하지만, 아내에 대한 미련과 명예에 대한 미련이 나를 붙들어 철학의 품으로 신속히 날아가지 못하게 말렸습니다."

[5] 『고백록』(*Confessiones*, 성염 역주, 경세원 2016) 8,12,28: "언제까지, 언제까지 내일 또 내일입니까? 왜 지금은 아닙니까? 어째서 바로 이 시각에 제 추접을 끝장내지 않으십니까?"

이들의 동요를 담 너머에서 듣고 화급히 펴 들어 그의 결정적 회심을 이루게 만든 성경 구절도 사상적 번민이나 회의가 아니고 육욕과 탐욕을 경계하라는 로마서 구절이었다.[6]

1.2. 여덟 편의 대화

아우구스티누스 '대화편'에 해당하는 저작은 이 교부敎父의 가장 초기 작품에 해당하는 여덟 편이다. 초기 대화편에 해당하는 *Contra Academicos*(아카데미아학파 반박),[7] *De beata vita*(행복한 삶), *De ordine*(질서론), *Soliloquia*(독백)는 386년 가을 10월 말이나 혹은 11월부터 대화와 집필이 시작된 것으로 추정된다. 『고백록』에는 그가 황실 교수직을 사임하고 카시키아쿰으로 간 것이 '포도 수확절'feriae vindemiales이었다고 나오니까 이 축제가 끝나는 10월 15일 이전이었을 것이고[8] 본인 말대로 '초야草野에 살기 시작한 다음 며칠 안 되어' 대화가 시작된 것으로 나와 있다. 적어도 대화편 처음 세 책은 가톨릭교회의 세례(387년 4월 24일 밤)를 준비하러 밀라노로 돌아오기 전에 작성되었다. 다섯 번째 작품인 *De immortalitate animae*(영혼 불멸)는 카시키아쿰에서 밀라노로 돌아와 세례 준비를 하는 동안에 집필되었다.[9]▶

세 편의 후속 대화 중 *De quantitate animae*(영혼의 크기), 『자유의지론』*De*

---

[6] 로마 13,13-14: "흥청대는 술잔치와 만취, 음탕과 방탕, 다툼과 시기 속에 살지 맙시다. 그 대신에 주 예수 그리스도를 입으십시오. 그리고 욕망을 채우려고 육신을 돌보는 일을 하지 마십시오"(『고백록』 8,12,29 참조).

[7] *Retractationes*(재론고) 1,1,1: "나는 아직 세례 받지 않은 처지에서 『아카데미아학파 반박』(*Contra Academicos*) 또는 『아카데미아학파론』(*De Academicis*)이라는 책자를 처음으로 썼다." 아우구스티누스는 426/427년경 이전의 자기 모든 저작을 차례로 재독하고 검토하면서 퇴고를 가하는 독특한 저서를 작성하고 『재론고』라고 명명하였다.

[8] "때마침 포도 수확절 휴가가 며칠밖에 남지 않아서 그때까지 며칠은 참기로 작정했습니다. 그다음 정식으로 사직을 하고 나서, 당신께 속량된 몸이니 다시는 팔리는 몸으로 돌아가지 않을 심산이었습니다"(『고백록』 9,2,2).

libero arbitrio[10]은 세례 후 밀라노에서 아프리카로 돌아가다 내란으로 오스티아 항구가 봉쇄되어 로마에 체류할 적에 대화와 초고가 이루어졌고, 아들 아데오다투스Adeodatus와 대화한 *De Magistro*(교사론)는 고향 타가스테에 돌아간 다음에 쓴 것이다.[11]

교부의 저서 『참된 종교』*De vera religione*[12]는 어떤 의미에서 아우구스티누스 대화편을 종합하고 간추린 책자로, '아우구스티누스 철학 소전哲學小典'이라고 불릴 만큼 교부의 철학 주제들을 거의 다 망라하고 있으므로 대화편 맨 끝에 배치할 만하다는 것이 필자의 생각이다. 더구나 이 책은 비록 마니교를 논박하는 목적으로 집필되기는 하였지만 카시키아쿰 대화 중에 예고된 저작이기도 하다.[13]

1.3. 대화라는 방법

아우구스티누스가 카시키아쿰에서 은둔 생활을 할 당시에는 상당수의 식솔이 함께 있었다. *De beata vita* 서두에 이런 소개가 나온다. "먼저 우리 어머니가 계시는데, 내가 살아가는 모든 게 어머니 덕이지요. 그다음 내

◀9 *Retractationes* 1,5,1: "*Soliloquia*(독백)라는 책 다음에, 이미 시골에서 밀라노로 돌아와 있던 몸으로, *De immortalitate animae*(영혼 불멸)라는 책을 썼다. 저 책이 미완성으로 남았으므로 *Soliloquia*를 끝마쳐야 한다는 충고처럼 내게 느껴졌던 것이다."

10 『자유의지론』(*De libero arbitrio*, 성염 역주, 분도출판사 1998).

11 현대어 번역본에서 대화편에 함께 편집되는 *De musica*(음악론)는 대화 형식을 띠고 있고, 가변(可變)의 수(數)로부터 불변의 수, 곧 하느님으로 승화하는 철학적 내용을 담고 있음에도, *De dialectica*(변증법), *De grammatica*(문법론), *De rhetorica*(수사학)와 더불어 그의 자유 학예 총서 중 하나로 볼 수 있다.

12 앞의 각주 1 참조.

13 본서(*Contra Academicos*) 2,3,8: 마니교에서 빠져나오지 못하는 로마니아누스를 돕는 "방법은 내가 종교에 관해서 우리 사이에 어떤 토론을 하고서 당신에게 보내 드리거나, 내가 직접 나서서 당신과 함께 많은 얘기를 나누는 일입니다". 이하의 본서 인용은 서명 없이 장절만 표기함.

아우 나비기우스Navigius입니다. 동향인이자 내 제자인 트리게티우스Trigetius와 리켄티우스Licentius가 있습니다. 그리고 라르티디아누스Lartidianus와 루스티쿠스Rusticus가 있는데, 내 사촌이며 문법 선생한테도 못 간 사람들입니다. 우리와 함께 또 하나가 있었는데, 나이가 제일 어리지만 정 때문에 내가 잘못 보는 것이 아니라면, 상당한 재능을 보이는 내 아들 아데오다투스Adeodatus입니다."[14] 그 밖에 아우구스티누스의 가장 의리 있는 친구이자 제자이기도 한 알리피우스Alypius도 등장한다. 그들이 시골 별장에서 아우구스티누스의 말대로, '학교'schola를 이루고 있었다. *De quantitate animae*, *De libero arbitrio* 두 책은 에보디우스Evodius라는 인물과 대담하는 내용이다.

첫 대화편 *Contra Academicos*는 아우구스티누스의 동향인이자 후원자인 로마니아누스Romanianus에게 헌정된 책이고, 두 번째 작품 *De beata vita*는 테오도루스Theodorus라는 고관에게 헌정되었으며, 세 번째 대화편 *De ordine*는 제노비우스Zenobius라는 학자에게 헌정되어 있다.

『고백록』과 『재론고』에서 일일이 명기하고 있듯이, 모처럼의 여가를 즐기는 중에 아우구스티누스는 그 식솔과 한자리에 모여서[15] 철학적 주제로 토론을 가졌고 그 내용은 대개 속기사를 불러 기록하게 하여[16] 책으로 만든 다음 지인들에게 보내기도 하였다. 친구 로마니아누스는 그 대화록을 받고서 자기 아들 리켄티우스가 얼마나 철학에 정진하며 학문에 몰두하는지 알게 되었다.[17]▶ 아우구스티누스가 가족 및 문하생들과 대화편에 나오

---

14 *De beata vita* 1,6.

15 *De ordine*(질서론) 1,3,7: "우리 학교(schola nostra)가 그 자리에 다 모여 있었고."

16 "우리 수고가 허공으로 사라지지 않게 하려고 나는 속기사를 고용하여 아무것도 놓치지 않게 하였습니다. 따라서 그대는 이 책에서 그들의 발언과 내용을 충분히 읽을 것이고 내 말과 알리피우스의 말도 한데 읽게 될 것입니다"(1,1,4).

는 주제들을 토론한 것도 사실이고, 속기사를 두어 기록한 일도 사실이라고 인정할 만하다. 그는 대화의 기록을 남기는 데 무척 마음을 썼는데, 토론자들이 속기록에 남을까 봐 발언을 함부로 하지 않고 진지하게 임하는 분위기를 조성하기도 했다.[18] 교부는 속기사가 제출하는 초본을 받아 보았겠지만, 그것을 대대적으로 첨삭 수정하고 주제별 위치도 바꾸었을 것이다. 다시 말해서 이 철학적 대화는 현장 그대로 녹취한 기록이라기보다는 문하생들과의 대화를 퇴고하고 정리한 편찬자 아우구스티누스의 작품이다.[19]

고대 로마 저술가들 가운데 키케로와 아우구스티누스의 저작이 가장 많이 또 온전하게 남은 것은 두 사람 다 속기사를 두어 연설이나 설교를 기록하게 하고 서간도 속기사에게 구술하여 원본을 남긴 덕분이다. 이런 방법은 밀라노를 떠나 로마 체류 중에도, 아프리카의 고향 타가스테에서도 이어졌다. 아들과 단독으로 나눈 대화 *De Magistro*에서는 열여섯 살의 젊은이가 지나치게 속기사를 의식할까 봐 눈에 띄지 않게 덤불 뒤에서 속기를 하게 배려하기도 하였다. 토론하며 속기를 하다 보면 아우구스티누스로서는 목을 쉬면서 건강도 돌보는 여유가 생겼다고 하였다.[20]

◀17 "트리게티우스와 리켄티우스 사이에 있었던 토론을 문자로 정리하여 그대에게 보내 드렸습니다. 우리가 시골에 살기 시작한 다음 며칠 안 되어 내가 그들에게 공부를 권하고 독촉하면서 보니까 그들은 내가 바라던 것보다 훨씬 준비가 잘되어 있었고 욕심을 내고 있었습니다"(1,1,4).

18 *De beata vita* 2,15: "그 발언을 그대로 기록하라고 속기사에게 지시하자 그는 소리를 질렀습니다. '말을 다 끝내지 않았습니다.' 나는 그 말도 기록하라고 고개를 끄덕여 지시하자 그는 '할 말 다 했습니다'라고 하였습니다. 더구나 나는 토론 석상에서는 누가 발언하면 한마디도 빼놓지 않고 문자로 옮겨 놓으라고 한번 지시해 두었습니다. 그렇게 해서 조심성과 일관성 사이에서 오락가락하는 젊은이를 꼼짝 못하게 붙들어 놓았습니다."

19 *De ordine* 1,2,4: "이 책들이 당신에게 충분한 가르침을 주리라고 생각합니다. 더구나 [이 책은 당신에게 헌정되었으므로] 우리의 수고보다는 당신의 이름과 결부되어 보다 훌륭한 책이 될 것입니다."

대화편이면서도 말미에는 아우구스티누스 혼자 하는 연속 강연oratio perpetua이 첨가되곤 하는데, 문하생들과의 대화가 주제를 다 다루지 못하고 중간에 끝났거나, 후일 출판에 앞서 보충이 필요하다고 여겨 별도로 집필해서 덧붙인 것으로 보인다. 일동의 요청으로 이런 강의가 있었다는 말도 없지 않다.[21]

1.4. 아우구스티누스의 철학함

아우구스티누스 역시 로마인답게 당대의 모든 사조들에서 자기 사상에 알맞은 요소들을 채택하고 응용하고 종합하는 인물이다.[22] 따라서 대화편에서부터 자기가 접할 수 있는 고전 철학의 다양하고 대립적인 철학 주제들을 채택하여 고유한 시각에서 정리하고 있다. 자기가 섭렵해 온 인간적·문화적·실존적 경험을 총체적으로 융화시켜서 철학한다. 우주를 관찰하는 자연학이나 인생의 슬기를 논하는 윤리학의 한계를 벗어나서, 감각적 지각과 이성적 자의식自意識[23]의 연속성, 신앙과 이성의 조화, 고전 지혜와 그리스도교 지혜의 융합에서 그러한 가능성을 본다.

이 대화편에서 우리는 말 그대로 '아우구스티누스 철학'이 발아함을 목

---

20 *De ordine* 1,2,5: "거기서 우리는 우리에게 유익하다고 보이는 주제들을 두고 우리끼리 토론을 가졌습니다. 속기사도 두어 모든 얘기를 받아쓰게 했습니다. 그게 내 건강에 도움이 된다고 보았던 것입니다."

21 "여러분이 연속 강연을 원한다니 그럼 내가 무슨 생각을 하는지 그 강연으로 들어 보기 바란다"(3,7,15).

22 예를 들어 플라톤과 아리스토텔레스는 "여러 세기를 두고 무수한 토론을 거치면서 둘은 진정한 철학의 학문으로 융합되고 용해되었다는 것이 내 견해다. 물론 그것이 이 감각적 세계에 관한 철학은 아니다. … 그것은 다른 세계, 가지계(可知界)에 관한 철학이다"(3,19,42).

23 *Soliloquia* 1,1,1: "허다하고 다채로운 사념을 굴리면서 나는 여러 날을 두고 나 자신을 열심히 탐구하고 있었다. 나의 선(善)이 무엇이며 어떤 악(惡)을 피해야 하는지 궁리하는 중이었다."

도하게 된다. 대화편을 읽으면 철학 주제들에 대한 아우구스티누스 고유의 철학함이 드러난다. 그는 무엇보다도 자기의 실존적 한계상황을 철학함의 출발로 삼았으므로, 밀라노의 저 정원에서 깨달음을 얻은 순간 지금부터는 여생을 오로지 철학하면서 보내겠다는 각오가 모든 대화편에 나오고,[24] 형이상학적 사변과 더불어 전적인 삶의 투신으로만 사람이 진리에 이른다는 신념을 피력한다.[25] 그에게 철학은 인생 전부를 걸 만한 참된 종교vera religio와 마찬가지이므로 머지않아 그의 철학적 사변은 속세를 버리고 수도원으로 은둔하는 삶, 사제와 주교로서 성직에 헌신하는 삶으로 구현된다.

2. 첫 대화편 『아카데미아학파 반박』 저술 계기와 연대

2.1. 집필 계기

아우구스티누스는 386년 여름이 끝날 무렵부터 387년 초까지 자기 식솔과 문하생들을 거느리고 밀라노 교외의 시골 마을 카시키아쿰으로 내려가 오랜 친우 베레쿤두스Verecundus가 소유하는 농장에 머물렀다. 시골 별장의 평온한 삶에서 건강도 어느 정도 회복하면서 함께 있던 문하생들과 나름대로 '학교'schola nostra를 열어 철학적 토론을 가진다. 『아카데미아학파 반박』에서는 아우구스티누스의 주재하에 문하생 리켄티우스와 트리게티우

---

[24] *Soliloquia* 1,1,5: "이미 나는 당신만을 사랑합니다. 당신만을 따릅니다. 당신만을 찾습니다. 당신만 섬길 준비가 되어 있습니다. 당신 홀로 의롭게 다스리기 때문입니다. 나는 당신의 권하에 있기가 소원입니다. 그러므로 당신이 원하시는 바를 무엇이든 명령하고 지시하십시오."

[25] "철학에 전적으로 몰입하지 않는 한 진리 자체를 못 볼 테니까요"(2,3,8).

스가 토론을 벌이고 교부의 친우 알리피우스가 조교 역할을 한다. 리켄티우스의 부친 로마니아누스에게 책이 헌정되어 제1권 서두와 제2권 서두에 두 번의 헌정사가 나온다.

아우구스티누스가 『재론고』에서 "나는 아직 세례 받지 않은 처지에서 『아카데미아학파 반박』Contra Academicos 또는 『아카데미아학파론』De Academicis이라는 책자를 처음으로 썼다"[26]고 명기한 대로, 어느 면에서 그 학파의 학문론을 점검한 책이기도 하다. 아카데미아학파의 회의론을 본격적으로 논박하는 부분은 본서 제2권과 3권인데, 회의론을 논박하면서도 아카데미아의 그런 유보적 입장이 아마도 스토아 유물론에 대한 반론이고 자기 방어의 일환이리라는 추측을 내놓고 있어서 본서의 이름에 저자 본인이 De Academicis(아카데미아학파론)라는 서명을 붙일 만했다.[27]

2.2. 집필 시기

『고백록』에는 그가 밀라노의 황실 교수직을 사임하고 그 도시를 떠나 시골 카시키아쿰으로 간 것이 386년 가을 '포도 수확절'이었다고 하니[28] 그 축제가 시작하는 10월 15일 이전이었다. 또 본서 본문에 대화의 첫날이 시골로 이사 와서 며칠 안 되어서였다는 언질이 있고, 일단 사흘 연속으로 토론이 이루어졌고, 한 주간 쉬었다 다시 사흘간의 토론이 벌어진 것으로 설정되

---

[26] *Retractationes* 1,1,1.

[27] 아우구스티누스의 전집을 검색하면, 본서 제목을 *Contra Academicos*로 두 번 언명하지만 *de Academicis*는 20여 회 언명된다. 『재론고』(*Retractationes*)에서도 *De Academicis*라고 제목을 언명한 일이 네 번(1,1,1; 1,1,4; 1,2; 1,3,1)이다.

[28] 『고백록』 9,2,2-3,5: "때마침 포도 수확절 휴가가 며칠밖에 남지 않았고 … 당신께서는 약속을 성실하게 지키는 분이시니 카시키아쿰에 있던 그 사람의 그 별장을 쓰게 한 대가로 베레쿤두스에게 갚음을 주십시오. 그 별장에서 저희는 세속의 근심 걱정에서 풀려나 당신 안에서 휴식을 얻었습니다."

어 있다.²⁹

　그러니까 본서 제1권은 처음 사흘 연속해서 벌어진 토론을 담았고, 한 주간 중단되었다가 하루와 반나절의 토론이 제2권을 이루며, 제3권의 토론은 단 하루에 이루어진 것처럼 엮여 있는데,³⁰ 아침에 몇 가지 얘기를 주고받다가 저녁 늦게까지 토론이 다시 전개되는 듯하다가 아우구스티누스 혼자서 하는 긴 강연으로 이어진다. 토론을 마치면서 교부가 서른세 번째 생일을 지냈노라고 언급하므로 적어도 제3권은 그의 생일인 11월 13일 이후로 추정된다.³¹ 다시 말해서 본서는 서기 386년 10월과 11월 사이에 밀라노 근교 카시키아쿰 마을에서 문하생들과 가진 토론을 바탕으로 한 저작이다. 아우구스티누스는 『아카데미아학파 반박』 제1권을 거의 독자적인 작품으로 간주해서 다른 두 권이 나오기 전에 로마니아누스에게 헌정하고 이미 정서해서 보냈던 것으로 보이며, 제2권에 별도로 기다란 헌정사를 다시 올려놓은 점으로 미루어 남은 두 권을 별도의 저작처럼 간주한 듯하다.

---

　29 "우리가 제1권에 실어 놓은 첫 토론이 있은 다음 거의 이레 동안 토론하는 일을 쉬고 있었습니다"(2,4,10).
　30 "제2권에 담긴 그 대담이 있고 나서 둘째 날(alio die) 우리는 욕탕에서 합석하였습니다. 날씨가 너무 우중충하여 풀밭으로 내려가고 싶은 마음이 내키지 않았던 것입니다"(3,1,1).
　31 "서른세 살의 나이를 먹은 내가"(3,20,43). 386년 "11월 13일은 내 생일이었다. 간소한 점심을 마치고서 나와 함께 살고 있던 사람들 모두 욕탕의 홀에 모이게 하였다"(De beata vita 1,6).

2.3. 집필 의도

2.3.1. 회의론의 극복

본서의 목표는 철학을 하는 젊은이들에게 확실한 지식, 곧 진리에 도달할 가능성이 엄존한다고, 따라서 철학적 탐구가 의미 있다고 역설하는 일이며, 화자로 등장하는 두 젊은이 사이의 토론도 초점을 거기에 맞추고 있다. 저자는 집필 의도를 이렇게 밝힌다. "자네는 여태 나한테까지도 내가 생각하는 그 무엇도 확실해 보이지 않고, 확실한 것을 탐구하는 일조차 방해받고 있다는 사실을 모르는가? 그게 다 아카데미아학파의 논지와 논쟁들 때문이라네. … 진리는 발견될 수 있다고 나 자신에게 먼저 강력하게 설득하지 못한다면 나는 감히 진리를 탐구할 엄두를 내지 못할 테고 따라서 옹호할 무엇도 전혀 지니지 못할 것일세"(2,9,23).

이 책을 읽을 독자들에게도 신아카데미아학파의 회의론이 진리 탐구에 장애가 되고 그들이 주장하는 "판단 유보判斷留保가 신앙의 동의마저 방해하기 때문에"[32] 진리를 발견하리라는 희망을 북돋우려고 이 책을 집필했노라고 회상한다.[33] 본서를 집필한 지 40여 년 뒤(426/427) 본서를 퇴고할 때에도 다음과 같이 회고한다. "이것은 진리를 발견할 수 없다는 절망을 많은 사람들에게 심어 주는 사람들의 논리, 그리고 현자賢者라면 그 무엇에도 동의해서는 안 된다고, 어떤 사물도 확연히 드러나고 확실한 것처럼 승인해서는 안 된다고 금하는 사람들의 논리를 내 정신으로부터 내 힘이 닿는

---

[32] *Enchiridion*(길잡이) 7,20: "그래서 나의 회심 초기 세 권으로 된 책을 만들었으니 아카데미아학파의 주장에서 진리를 발견하지 못한다는 절망을 제거하기 위해서였다. 그리고 아카데미아학파의 '판단 유보'가 신앙의 동의를 방해한다. 동의를 없애면 신앙이 없어지는 것이니 동의 없이는 아무것도 믿지 않는 까닭이다."

[33] *Epistulae*(서간집) 1,1: "철학자라곤 눈을 씻고 보아도 없는 터에, (만약 아카데미아학파의 사상이 재주 있는 말솜씨로 사물의 이해에 도달하지 못하리라고 사람들에게 겁을 준 것이라면) 내 보기에 진리를 발견하리라는 희망으로 이끌어 내야 한다고 봅니다."

대로 이론적으로 몰아내기 위함이었다. 그러한 논지들이 나를 동요시켜 왔을뿐더러 저 사람들에게는 모든 것이 모호하고 불확실하게 보였다."[34] 그리고 본서를 마치면서는 "서른세 살의 나이를 먹은 내가[35] 언젠가는 지혜를 획득할 수 있으리라는 희망을 접어야 한다고는 여기지 않는다. 죽을 인간들이 선으로 간주하는 다른 모든 것들을 하시하면서라도 나는 이 진리를 탐구하는 데 헌신하기로 결심하였다. … 나는 무엇이 진리인지는 단지 믿는 것으로 그치지 않고 이해하여 파악하고 싶은 열망에 애가 타도록 이미 길들어 있다"(3,20,43)는 결론에 이른다.

2.3.2. 학문적 훈련

다른 면에서, 본서의 대화는 문하생 리켄티우스와 트리게티우스, 두 젊은이의 학문적 기량을 시험하고 북돋는 자리였으며 이 점을 "나로서는 단지 여러분을 훈련시키고 싶었고, 여러분의 심지를 강화하고 싶었을 뿐이다. 내 커다란 관심사는 토론에 임하는 여러분의 연구열을 관찰하는 일이다"(1,9,25)라고 솔직히 토로한다. 저자는 본서를, 두 청년이 지성의 단련 exercitatio animi을 위해서 토론술 disciplina disputandi을 익히는 기회로 간주하고 있다.[36]

그러나 토론을 통한 진리 탐구는 궁극적으로 각자의 도덕적 삶과 결부되므로 이러한 탐구는 젊은이들의 행복을 탐색하는 길이기도 하다.[37] 즉,

---

[34] *Retractationes* 1,1,1.
[35] 앞의 각주 31 참조.
[36] 교부는 회의론이 철학도들에게 나태와 자포자기를 초래한다고 지인에게 탄식한다. "지금은 수고를 기피하고 자유 학예에 대한 무관심이 하도 심해서 아주 명민한 철학자들마저도 아무것도 파악할 수 없는 것처럼 보인다는 소리를 듣게 되면 얼씨구나 하고 [학문하려는] 정성을 놓아 버리고 영원히 포기해 버립니다"(*Epistulae* 1,2).

'부지런히 진리를 탐구하고 있지 않는 한 행복해지는 일이 불가능하다'는 신념으로 젊은이들이 철학의 본연이라고 할, 참으로 행복해지는 길을 찾게 충동하는 정신 훈련이었다. "우리가 행복해지기를 욕구하는 이상, 진리가 발견되지 않는 한 행복해지는 일이 불가능하거나, 부지런히 진리를 탐구하고 있지 않는 한 행복해지는 일이 불가능할 것이기 때문이다"(1,9,25). 철학이 추구하는 '지혜'가 어디 있느냐고 묻는다면 "내가 보기에도 인간사 人間事와 신사神事에 대한 지식이 지혜이지만, 그런 행복한 삶에 해당하는 사물들에 관한 지식만 아니고 그런 사물에 대한 열성적인 탐구도 지혜다"(1,8,23)라는 신념이 그에게 있었기 때문이다.[38]

2.4. 본서의 등장인물

2.4.1. 로마니아누스Romanianus

본서 첫머리의 헌정사(1,1,1-4)만 아니고 토론 당사자들에게도 "리켄티우스, 내가 말한 대로, 이 토론은 끝을 내고 글로 옮긴 다음에 네 부친께 보내 드리자"(1권 말미 1,9,25)라는 말로 본서가 로마니아누스에게 헌정될 것임을 명기하고 있다. 그에게 바치는 헌정사는 제1권에서는 철학에 헌신하라고,[39] 제2, 3권에서는 진리 인식의 가능성을 두고 실망하지 말라고 권유하

---

[37] "나는 이 토론이 단지 토론을 위한 토론으로 받아들여지지 않기를 바라네. 그런 것이야 이 젊은이들하고 행한 훈련으로 충분해야 마땅하지. … 여기는 삶에 관해서, 행동거지에 관해서, 정신에 관해서 논하는 것이네"(2,9,22).

[38] 본서가 회의론 극복에 성공적임을 자부하면서도 교부는 학문하는 겸양을 보전한다. "그 글이 어떻든 간에, 당신이 글에 쓰는 것처럼 내가 아카데미아학파를 제압한다는 사실이 나를 즐겁게 해 주는 것이 아니라, 나를 옭죄던 극히 가증스러운 족쇄를 부숴 버린다는 것입니다. 진리를 [발견하지 못하리라는] 절망으로 인해서, 정신의 자양분이라고 할 철학의 젖가슴으로부터 나를 억지로 떼어 놓는 그 족쇄 말입니다"(*Epistulae* 1,3).

[39] "[하느님이] 그대를 그대에게 되돌려 주시고 … 그대의 지성이, 이미 오랫동안 염원해 오던 대로, 언젠가 참된 자유의 여명 속으로 솟아오르게 해 주시기를 축원하는 바입니다"(1,1,1).

는 내용이다.⁴⁰ 아우구스티누스는 로마니아누스에게 철학에 헌신하는 삶을 권유해 왔고, 이번의 토론을 속기사를 시켜 책자로 작성해 보내기까지 하면서 그가 진리를 발견 못하리라는 불신감이나 마니교에서 이미 진리를 발견했노라는 자만심을 가질까 우려하고 있다.⁴¹ 신적 섭리를 믿고 기도하라고 격려하면서(2,2,4) "로마니아누스여, 우리 철학합시다. 당신에게 감사드립니다. 당신의 아들이 철학하기 시작했습니다"(2,3,8)라는 권유로 헌정사가 끝난다.⁴²

2.4.2. 트리게티우스 Trygetius

카시키아쿰 대화에서만 등장한다. 아우구스티누스의 동향인이고 그의 문하생이다.⁴³ 역사에 관심을 가지고 군 복무를 갓 마친 젊은이로서⁴⁴ 아우구스티누스는 로마니아누스에게 그를 "훌륭하고 고결한 자유 학예에 아주 열심하고 아주 깊숙이 파고드는 젊은이"(1,1,4)라고 소개한다. 리켄티우스보다 학구열이 훨씬 높은 인물로, 본서에서⁴⁵ 그의 발언은 상당히 깊이 있고 논리적 예봉을 갖추고 있다.⁴⁶

---

⁴⁰ "철학의 더할 나위 없이 안전하고 유쾌한 항구가 그를 못 받아들이게 훼방하는 일이 없어야 합니다. … 매일의 기도로 당신에게 순경(順境)이 닥쳐오기를 비는 일을 그치지 않는 까닭이 이것입니다"(2,1,1).

⁴¹ "진리를 발견하는 데 두 가지 악습 내지 장애가 버티고 있습니다. … 당신이 자신을 너무 폄하할까 걱정스럽고 진리를 과연 발견할 것인가를 두고 실망하지나 않을까 두렵습니다. 그렇지 않고 당신이 이미 발견했노라고 믿을까 봐 염려됩니다"(2,3,8).

⁴² 후일 그에게 도움이 될 만하게 자기 사상을 간추려 써 보겠다는 약속도 한다. "내가 종교에 관해서 우리 사이에 어떤 토론을 하고서 당신에게 보내 드리거나, 내가 직접 나서서 당신과 함께 많은 얘기를 나누는 일입니다"(2,3,8).

⁴³ *De beata vita* 2,6: "동향인이자 내 제자인 트리게티우스와 리켄티우스가 있습니다."

⁴⁴ *De ordine* 1,2,5: "군 복무가 트리게티우스를 우리에게 되돌려 주었는데, 그는 제대군인답게 역사를 좋아했습니다."

⁴⁵ 특히 2,4,10-6,14; 2,7,7; 2,9,22; 2,10,24-13,29; 3,2,4의 발언 참조.

2.4.3. 리켄티우스Licentius

본서가 헌정된 로마니아누스의 아들로 어려서부터 부친의 뜻대로 아우구스티누스를 따라 타가스테에서 카르타고로 갔고, 카시키아쿰에서도 그의 곁에 있었는데,[47] 철학에 갓 입문한 불안정하고 충동적이고 야심 찬 젊은이로 묘사되고 있다.[48] 그럼에도 아우구스티누스는 "우리의 리켄티우스는 나와 더불어 이 철학 속에서 아주 열심히 살고 있습니다. 청춘의 매혹적이고 유혹적인 쾌락으로부터 전적으로 등을 돌리고 철학에 몰두하고 있으므로 나는 부친더러 아들을 본뜨라는 제안마저 감히 하면서 그 제안이 만용이 아니라고 여깁니다"(1.1.4)라고 할 만큼 그를 철학자로 키워 낼 의욕을 비친다.[49] 치밀하고 심도 있는 토론보다는 자기 삶에 필요한 '인생철학'을 찾는 인물이며, 철학보다 시문詩文에 흥미를 보여 그 일로 스승의 꾸지람을 듣기도 한다.

2.4.4. 알리피우스Alypius

아우구스티누스의 고향 타가스테 출신으로 로마니아누스와도 친척이다.[50] 타가스테와 카르타고에서는 아우구스티누스의 문하생이었고, 그 뒤 친구가 되어 그 우정이 일평생 간다. 카시키아쿰에서는 토론회를 함께 주

---

[46] 예컨대 트리게티우스가 리켄티우스에게 하는 논박: "넌 나쁜 것이 질서에 속한다고 분명히 말했고, 질서 그 자체가 지존하신 하느님께로부터 유래한다고, 그분에게서 사랑받는다고 분명히 말했어. 그러니 나쁜 것이 지존하신 하느님께로부터 유래하고 하느님이 나쁜 것을 사랑하신다는 결론이 나오는 게야"(*De ordine* 1,7,17).

[47] 앞의 각주 43 참조.

[48] 1,4,8; 2,17,19 참조.

[49] "당신의 아들이 철학하기 시작했습니다. 나는 그를 붙들어 필수적인 학문들을 닦아 누구보다도 원기 왕성하고 강건한 인물로 일어서게 만들 생각입니다"(2,3,8).

[50] *Epistula* 27 ad Paulinum, 5: 로마니아누스는 "존경하고 성스러운 주교 알리피우스의 친척도 됩니다".

선하고 적극 참석하며, 말하자면 아우구스티누스와 동등한 교사의 위치라 기보다는 조교 역할을 한다. 본서에서는 첫날 토론이 시작되자마자 밀라노로 출타하였다가(1.3.8) 며칠 뒤에 돌아와서 본서 제2, 3권에서 본격적으로 대화에 끼어든다. 때로는 자기 입장이 아니더라도 아우구스티누스가 부탁하는 역할을 맡아, 넷째 날에 두 문하생의 요청에 따라 아카데미아학파를 옹호하는 입장에 서 보기도 한다.[51] 신아카데미아학파 학자들의 사상을 잘은 모르지만 진리 발견의 불가능을 논리적으로 개진해 본다.[52]

2.4.5. 나비기우스 Navigius

교부의 친동생으로 어머니 모니카가 로마로, 밀라노로 아들을 찾아오면서 동행한 듯하며 오스티아에서 어머니의 임종을 함께 지켰다.[53] 첫날 대화에 그의 이름이 아우구스티누스 입에서 언명되고 간단한 발언을 하는 것 외에는 없다.[54]

2.4.6. 모니카 Monica

"어머니도 언제나 저희와 함께했습니다. 그이로 말하자면 옷으로야 여

---

[51] "그러자 잠시 침묵이 오고 리켄티우스와 트리게티우스 두 사람 다 알리피우스에게 눈을 돌렸습니다. 이윽고 그가 입을 열었습니다. '… 나한테 심판의 직무가 부여되어 있다는 사실을 너희가 잊지 않았으리라 믿는다'"(2,8,21).

[52] "굳이 내 생각에 관해서 자네가 묻는다면 나는 진리가 아직 발견되지 않았다고 생각하네. … 자네로 말할 것 같으면 아카데미아학파에 관해서 알아내려고 집요하게 노력해 왔는데, 나는 그것이 확연하게 밝혀지는 일이 가능하다고는 생각하지 않네"(2,13,30).

[53] 『고백록』 9,11,27: "얼마 지나지 않아 그이는 열병으로 몸져누웠습니다. … 둘러선 저와 제 동생을 올려다보더니 뭘 묻는 양으로 말을 했습니다. … 아우는 뭔가를 얘기해 드렸는데, 나그네로 이역에서 돌아가시면 안 되고 고향에서 돌아가시기를 간곡히 빈다는 말이었습니다."

[54] "나비기우스가 나서서 말했습니다. '리켄티우스가 한 말이 내겐 그럴듯해요. 행복하게 산다함은 아마 다름 아닌 이것일 수 있다는 거지요. 진리의 탐구 중에 산다는 …'"(1,2,5).

자이지만 믿음으로는 대장부요, 든든함으로는 할머니요, 사랑으로는 모친이요, 경건심으로는 그리스도인이었습니다"[55]라고 자랑할 만큼 아우구스티누스는 어머니의 임재를 중시한다. 그럼에도 첫 대화편에서는 어머니 모니카가 카시키아쿰 별장에 함께 있었음을 언급하는 말로 그친다.[56] 다른 대화편 *De ordine*에서는 '소박한 신앙'의 상징으로서, 무언중에 '그리스도교 지혜'를 터득한 인물로 등장해 여러 번 개입하고 발언한다.[57]

3. 『아카데미아학파 반박』 내용 개관

3.1. 본서의 구성

본서는, 아우구스티누스 본인 말대로 세 권으로 되어 있으며 외형상으로는 제1권과 제2, 3권 두 부분으로 나뉘어 각기 사흘간의 대화처럼 엮이고 각 부분에 로마니아누스에게 바쳐진 헌정사가 서문처럼 실려 있다. 두 부분에 헌정사가 따로 나오는 데다 '철학함'philosophari에 관한 교부의 견해가 별도로 피력되어 있으며(1,1,3; 2,3,7), 아우구스티누스의 자서전적 내용이 다시 나오고(2,2,3-6), 진리를 향한 여정에서 봉착하는 난관들과 그것을 극복하는 방법도 제각기 언급되는 구성으로 미루어 실제로는 그 대화가 앞뒤로 독립되어 있음을 암시한다.[58]

---

[55] 『고백록』 9,4,8.
[56] "알리피우스는 나머지 얘기를 다 할 요량으로 나섰는데, 우리는 벌써 집에 들어와 있었고 우리 어머니가 우리를 점심상으로 밀어붙이기 시작하는 바람에 그가 더 이상 얘기할 틈이 없었습니다"(2,5,13).
[57] Cf., *De ordine* 1,11,31; 2,1,1; 2,17,45; 2,20,52.
[58] 아우구스티누스의 발언은 물론 문하생들의 발언도 현학적으로 수식되어 있을 경우, 그들이 아우구스티누스에게 '수사학'을 배우던 제자들임을 염두에 둘 것.

형식으로 말하자면, 제1부(제1권)에서는 리켄티우스, 트리게티우스가 주역으로 대화를 이끌어 가고, 제2부(제2, 3권)에서는 아우구스티누스가 주도한다. 제2부 처음에는 리켄티우스와 대화하는 형식을 띠다가(2,4,10-6,19), 알리피우스와의 긴 대화(2,8,20-3,7,14까지)로 옮겨 가고 끝으로 아우구스티누스의 연속 강연oratio perpetua이 제3권 대부분을 차지한다(3,7,15-3,20,43).

주제도 제1부에서는 '인간이 행복해지려면 진리를 찾아내야 하는가? 찾는 노력만으로 행복한가?'라는 물음 형태로 인생의 궁극목적인 행복과 진리 인식 관계de veritate et beatitudine를 논하는데, 제2부(제2, 3권)에서는 아카데미아학파의 주장de Academicorum placitis을 다루면서 현자와 행복의 문제de sapiente et beatitudine로 매듭짓는다. 방법론에 유의하는 독자라면 제1부는 분석적이고 연역적이며(1,2,5-2,6,19) 제2부는 종합적으로 개념들의 공통 요소를 보고 철학 사상들을 요약하는 태도를 취하다가(2,12,27-3,7,14), 마지막(3,7,14-20,43)에는 진리와 확실성을 본격적으로 분석하고 서술하는, 철학자 아우구스티누스의 강연을 듣게 된다.

3.2. '철학함'을 촉구하는 두 편의 헌정사

첫째 헌정사(1,1,1-4)에서 아우구스티누스는 친구 로마니아누스에게, 여신 Fortuna(행운)보다는 Philosophia(철학) 여신에게 눈을 돌리자고 권유한다. 우리 인생에서 원인을 모르면 우연이라고 부르지만 신의 섭리에서 비롯한 숨은 질서가 뒤에 있으며, 그 질서를 밝혀 주는 일은 다름 아닌 철학이 하리라는 호소다.[59] 소송에 휘말려 로마니아누스의 삶을 쓰라리게 만든 역경

---

[59] "내가 그대를 초대하는 바는 철학입니다. 철학은 아주 풍요한 학설들을 담은 신탁(神託)으로 가르침을 펴는데, 물론 속된 인간들의 이해로부터는 아주 멀리 거리를 두며, 자기의 진짜 연인들에게는 자기를 드러내 보이마고 약속합니다"(1,1,1).

도 철학이 나서면 저 우주적 질서에 눈뜨게 해 줄지 모른다. 적어도 그 역경이 세상의 덧없고 불확실한 성공과 재화에 자기를 맡기지 말라는 교훈은 주었으리라. 건강 문제가 철학에 전념케 해 준 자기의 경우를 들면서 아우구스티누스는 자기가 지금은 마니교에서 완전히 벗어났고 철학 덕분에 참된 지혜를 바라보게 되었노라고 설명한다.[60]

둘째 헌정사(2,1,1-3,9)에서 사람들은 진리 탐구를 쉽사리 포기한다고, 더구나 행운의 여신이 보내는 역풍에 휘말리면 더 쉽게 포기하며, 정신적 나태라든가, 진리를 만나리라는 희망의 상실이라든가, 진리를 벌써 찾았노라는 자만심으로 그런 지경에 빠진다고, 그럴수록 '진리를 발견하지 못한다', '따라서 판단을 유보하라'는 아카데미아학파의 명제에 휘둘릴 수밖에 없다고 일깨운다. 로마니아누스의 타고난 성향이 철학에 적절하며, 아우구스티누스한테 철학하도록 독려하고 권유한 인물도 다름 아닌 로마니아누스였음을 상기시킨다.[61] 아우구스티누스가 '철학의 얼굴'을 보게 된 것은 참으로 유익한 책을 읽은 다음에 바오로의 서간들을 읽게 된 덕분이었다.[62] 로마니아누스에게도 철학이 그 얼굴을 보여 준다면, '감각적 미'를 애호하는 그로서는 지혜의 아름다움을 찾는 데 전적으로 매진하리라고 본다(2,2,6). 로마니아누스도 맏아들도 철학에서 '수학 못지않은 확실한 진리'를

---

[60] "철학은 저 미신으로부터 나를 해방시켰습니다. … 철학은 더없이 진실하고 더없이 감추어진 하느님을 자기가 분명하게 보여 주겠다고 약속하고 있으며, 그리고 밝게 비치는 구름을 통해서 벌써 그분을 거의 보여 줄 지경입니다"(1,1,3).

[61] "나는 당신과 얼굴을 마주하고서 내 정신의 내면적 움직임을 당신에게 털어놓았고, 내게는 철학하는 여가만큼 좋은 팔자로 보이는 게 없고 철학하면서 지내는 삶보다 행복한 삶이 없다는 사실을 얼마나 격하게 또 자주 피력하였는지 모릅니다"(2,2,4).

[62] "나는 비틀거리고 서두르고 망설이면서 사도 바오로의 책을 집어 들었던 것입니다. … 그러자 그때까지는 사방으로 희미하게 빛이 발하던 것뿐이었는데, 드디어 철학의 그 위대한 얼굴이 내게 드러났습니다"(2,2,5-6).

찾아내리라는 희망을 잃지 말아야 한다(2,3,9). 아우구스티누스는 그에게 일대일 대화를 제안하면서 철학에 관한 적절한 교본을 마련해 보겠다고 약속한다. 5년 후(390년) 로마니아누스에게 헌정된 『참된 종교』*De vera religione*[63]가 그 책이다.[64]

3.3. 『아카데미아학파 반박』 제1권 개괄

첫 헌정사가 '행운'fortuna과 '철학함'philosophari을 연관 지으면서 '진리 탐구는 곧 행복 추구'라는 도식을 설정하고 나자, 리켄티우스는 탐구 자체가 의미 있다면서 행복을 지향하고 접근하면 그 자체가 완전한 탐구라고 하는데, 트리게티우스는 진리에 도달해야만 완성된 탐구라고 주장한다. 이어서 '오류'error의 문제가 제기되자 리켄티우스는 탐구 자체가 완전하면 되니까, 오류란 '허위를 주장함'assertio falsi이라고, 트리게티우스는 진리에 도달함이 완성된 탐구니까, 그 '길에서 벗어남'deviatio이 오류라고 단정한다. 아우구스티누스가 철학을 '신사神事와 인간사人間事에 관한 탐구 및 지식'이라고 정의하자, 그러면 무엇이 신사이고, 무엇이 인간사냐는 곁길로 들어서게 되지만, 행복을 염두에 두고 신사와 인간사를 부단히 탐구함도 철학이라는 데로 의견이 모아진다.

3.3.1. "진리를 찾고 있다면 발견하지 못해도 행복한가?"(1,2,5-4,12)

첫날 아우구스티누스가 제기한 "진리를 찾되 비록 발견하지 못하더라도

---

[63] 『참된 종교』(*De vera religione*)는 아우구스티누스 철학개론서로 알려질 만큼 그의 주요한 사변적 주제들을 망라하고 있다. 앞의 각주 1 참조.

[64] 『참된 종교』 7,12: "나의 사랑하는 로마니아누스, 여러 해 전에 나는 참된 종교에 관한 나의 사상을 그대에게 써 보내기로 약속하였는데, 이제 그때가 되었다고 여깁니다."

찾는 일만으로도 인간이 행복해질 수 있는가?"라는 질문을 두고 두 젊은이 사이에 토론이 벌어진다(1,2,5).[65] 그 물음에 리켄티우스는 '그렇다', 트리게티우스는 '아니다', 아우구스티누스는 관전하는 입장이다(1,2,5-6). 트리게티우스는 '현자'sapiens라는 인간상을 제기하면서, '현자는 행복하다. 현자는 완전한 인간이다. 그런데 찾는 것을 아직 발견하지 못했다는 말은 아직 완전하지 않다는 뜻이다. 그러니 현자는 행복하지 않다'는 논지를 편다. 리켄티우스는 키케로를 인용해서 '현자란 진리를 탐색하는 수밖에 없다. 그런데 현자가 동의를 부여할 만큼 확실한 진리는 없다. 탐구하고 있는 한에서 현자이고 따라서 행복하다'는 논지를 내놓는다(1,3,7).

이에 덧붙여 리켄티우스는 '유한한 인간 조건'을 내세워 '현세 인간의 운명은 진리를 찾아다니는 데서 그치며, 진리의 발견은 후세에서만 가능하다. 따라서 인간 완성은 진리 발견이 아니라 진리 탐구에 있다. 전심으로 진리를 찾고 있는 한, 이성에 따라 사는 것이 아니라고 할 수 없으니 그는 행복하게 산다'는 요지를 편다(1,3,9). 그 말에 트리게티우스는 '오류'error 개념을 내세워 공박한다. '현자, 즉 행복한 사람에게는 errare(그르치다 = 방황하다)가 생길 수 없다. 그런데 진리를 찾지만 발견 못하는 한 방황하고 있다. 따라서 진리를 발견함이 행복의 필수 요건'(1,4,10)이라는 논지다.

이튿날 오후 늦게 토론이 재개되면서 리켄티우스가 error(오류)의 정의를 수정하여 "거짓을 참인 양 '승인함'이 오류"라고 하면서, "진리는 항상 추구해야 한다고 생각하는 사람은 오류에 떨어지지 않는다"고 주장한다. "아무것도 시인하지 않는 사람은 허위를 시인할 수 없다. 그러니 오류를 범하

---

[65] "만약 진리를 파악하지 못해도 우리가 행복할 수 있다면, 여러분이 진리의 포착이 필요하다고 여기는 이유가 무엇인가?"(1,2,5). 다만 '행복하게 산다'(beate vivere)는 것은 '인간에게 있는 최상의 것, 곧 이성(理性)에 따라서 산다'(secundum id quod in homine optimum vivere)로 정의된다.

지 못한다"(1,4,11). 목적에 이르지는 못하고 있더라도 그 방향으로 길을 가고 있는 한 방랑, 즉 오류는 아니라는 견해다.

3.3.2. 어떤 사물에 관한 지식이 지혜인가?(1,5,13-8,23)

셋째 날은 아우구스티누스가 "지혜란 인간사人間事와 신사神事에 관한 지식이다"(1,6,16)라고 정의해 주면서 토론을 출발시킨다. 그런 정의에 따르면 "지혜는 행복한 삶에 해당하는 사물들에 관한 지식"이라야 한다는 트리게티우스(1,8,23)와 "그런 행복한 삶에 해당하는 사물들에 관한 지식만 아니고 그런 사물에 대한 탐구도 지혜다"라는 리켄티우스(1,8,23)가 팽팽하게 맞선다. 트리게티우스는 인간사 지식이든 하느님에 대한 지식이든 무류無謬의 지식이어야 한다는 주장을 견지하고(1,7,20), 리켄티우스는 신적 지혜와 인간적 지혜로 구분하면서 인간은 사후에만 행복해지므로, 하느님은 인간의 탐구하는 자세만으로도 행복하시리라고 주장한다(1,8,23).[66]

3.4. 『아카데미아학파 반박』 제2권 개괄

첫 권의 토론이 있은 다음 한 주간은 베르길리우스의 책을 강독하느라 토론이 중단되었고, 넷째 날의 토론에 앞서 장문의 헌정사(2,1,1-3,9)가 나온다. 아카데미아 사상의 인식론에 들어가면서 '판단 유보'ἐποχη가 거론되고, 진리보다도 '진리 근사치'verisimile나 '개연성'probabile이 대안으로 제시되고, 철학자에게는 '의견 표명'εὔλογον만 허용된다는 입장이 제시된다. 아우구스티누스는 '진리 근사치'가 이미 '진리'verum를 인식하고 있음을 전제하고,

---

[66] 아우구스티누스는 "진리가 발견되지 않는 한 행복해지는 일이 불가능하거나, 부지런히 진리를 탐구하고 있지 않는 한 행복해지는 일이 불가능할 것이다. 정말 행복해지고 싶다면 … 오로지 진리를 추구해야 한다"(1,9,25)는 중립적 결론으로 첫 권을 매듭짓는다.

'개연성' 역시 두 개연성 가운데 어느 것이 더 개연적인지 묻는다면 둘을 떠난 상위 기준을 요구한다는 점에서 아카데미아의 '진리 인식 불가'는 모순됨을 입증한다. 후반(2.11.26 이하)에서는 개연론蓋然論은 진리에 도달하기 불가능하다는 예단에서 비롯하므로 개연론을 극복하여 진리 도달의 가능성이 드러나야 한다는 논지가 소개된다. 정상頂上으로부터 부름이 없다면, 등산가는 어쩌다 도달할지도 모른다는 막연한 기대만으로 산에 오르려고 하지 않는다.

3.4.1. 신아카데미아학파의 주장은 무엇인가?(2.4.10-6.15)

아우구스티누스는 아카데미아학파 자체를 토론하자고 제안하면서 두 문하생에게 아카데미아학파의 사상을 간추려 들려준다. 아카데미아는 인간이 '현자', 곧 '지혜를 갖춘 사람'이 될 가능성이 있느냐를 문제 삼았는데, 매사에 당면하는 불확실성 때문에 확실한 학문적 지식을 얻을 능력이 인간에게는 없으므로, 매사에 '동의를 유보하는 자세'가 지혜롭다고 주장한다. '허위와 혼동할 염려가 없어야 참이 인식된 것이다'라는 명제를 전제한다면, 그런 수준의 인식은 사실상 불가능하니 어느 표상도 '허위와 혼동될 염려가 없을 만큼' 확실성을 갖추지 못하는 까닭이다(2.5.11). 그렇다면 현실적으로는 '개연성' 내지 '진리 근사치'veri-simile를 따르면 된다[67]는 결론으로 기운다(2.5.12).

---

67 "그들은 '개연적'(蓋然的)이라는 개념을 도입하였는데, 달리는 '진리의 근사치(近似値)'라고도 명명하였다. 따라서 현자도 수행해야 할 일이 있을 경우에는 자기 본분을 방기하는 일이 결코 없다고 주장했다. 무릇 진리란 자연 본성의 어떤 어둠 때문이거나 사물의 유사성 때문에 가려지거나 혼동되어 감추어질 수도 있다. 그러므로 그들은 동의(同意)의 억제 또는 유보(refrenatio et quasi suspensio assensionis)라는 것 자체가 현자의 대단한 행위라는 말을 하였다"(2.5.12).

3.4.2. 진리 근사치란 무엇인가?(2,7,16-13,30)

그렇지만 무엇이 veri-simile(진리의 근사치)인지 단정하려면 verum(진리)을 먼저 알고 있어야 한다는 모순이 발생한다(2,7,16-20). 리켄티우스도 이 논지에는 손을 든다.[68] 다섯째 날에 아우구스티누스는 아카데미아학파의 '동의유보'란 '함부로 동의함'을 삼가자는 신중함이 아니겠느냐는 유보적 태도를 보이면서(2,11,25-13,29) 아카데미아의 표면상 발언은 본인들 의중과는 달랐을 수도 있다고 지적한다. 그들도 진지하게 철학하는 사람들이었을 테니까 겉으로 저런 주장을 표방한 진의가 따로 있지 않았을까 추측한다.

3.5. 『아카데미아학파 반박』 제3권 개괄

'철학하는 사람'philosophans은 뭔가를 알고 있어야scire 한다. 적어도 그의 자의식에는 몇 가지 '확실한 개념들'이 있을 테고 그 점을 본인이 부인하거나 의심하지는 않으리라(3,1,1-3,6). 철학하고 있다는 '뚜렷한 지식'scire은 없고 자기가 철학하고 있구나 하는 막연한 견해opinari를 지녔을 뿐이더라도 그런 의견을 피력한다면 무엇인가를 '분명하게' 알고 있는 셈이다(3,4,7-7,14). 후반에 나오는 아우구스티누스의 연속 강연은 철학하는 사람의 자의식을 관찰할수록 무수한 진실들 속에 우리가 추구하는 진리가 깃들어 있음을 감지하므로 '인간은 진리를 인식할 수 있다'고 수긍하라고 요구한다(3,7,14-16,36).

본서 말미(3,17,37-20,43)에서는 아카데미아가 일정한 의도를 가지고서 겉

---

[68] 리켄티우스: "진리가 무엇인지 모르겠다는 사람이 자기는 진리의 근사치를 따른다고 말하는 것보다 더한 모순이 결코 없는 것처럼 보이기도 합니다. … 내가 참으로 아는 그런 것과 비슷한 무엇을 가리켜 나는 진리의 근사치라고 이름 붙입니다. … 카르네아데스여, 그대가 진리는 아무도 알지 못한다고 말할 적에 그대는 무엇에 근거해서 진리의 근사치를 따른다는 말이오?"(2,12,27).

으로만 회의론을 표방한 것이 아닐까 추정해 본다. 그리고 본서 저자의 결론(3,20,44-45)은 집필 의도가 '회의론 극복'과 '철학함의 기준'을 마련하는 데 있었다고, 마니교 교조주의도 겪어 보고 키케로를 통해 학습한 신플라톤주의의 회의론도 겪어 보았지만, 자신은 그저 '철학하는 사람'philosophans 으로 남고 싶었다고, 언젠가 진리에 도달하리라는 확신을 갖추고서 인간의 사유 행위에서 각각의 순간에 간파되는 진리의 편린들을 통해서 진리 자체의 현시를 보리라는 희망을 설파하고 싶었을 따름이라고 실토한다.

3.5.1. 현자는 지혜에 동의해야 하는가?(3,3,5-6,13)

여섯째 날 아우구스티누스는 '지혜'라는 것은 지속적 소유처럼 일종의 '학문'disciplina이며, '학습'discere을 거쳐서 획득된다고 한다. 그 대신 허위는 배울 수 있는 무엇이 아니니, 허위는 존재하지 않기 때문이다. 따라서 지혜의 학문을 간직하고 있는 현자는 '진리를 알고 있다!'고 말할 수 있다(3,3,6-4,10). 알리피우스는 이를 반박하여, 현자가 갖추고 있다는 학문은 그저 탐구하는 습성일 뿐이고 거기서는 개연성밖에 도달 못한다고 주장한다. 수세기 동안 견고하던 아카데미아 철학이 결국 회의론으로 붕괴되고 있다는 사실도, 철학 영역에서 우리가 어느 명제나 이론에도 함부로 동의해서는 안 된다는 방증 아니겠느냐고 반문한다(3,5,11). 그다음 부분(3,5,11-7,14)은 『아카데미아학파 반박』에 나오는 '대화'의 결론에 해당한다. 그러면서도 알리피우스의 발언에서 시사를 얻어, 아카데미아학파가 왜 자기네 진짜 사상을 감추려고 회의론의 가면을 썼을까 알아내 보자고 제언한다. 그래서 일동의 요청대로 토론을 중단하고, 스승인 아우구스티누스의 연속 강연을 통해 이 주제를 규명하는 방법을 쓴다(3,7,14-15).

3.5.2. 진리는 포착될 수 있는가?(3,7,15-9,21)

교부의 단독 강연은 본서에서 가장 학술적이며, 당시 로마 철학자들이 아카데미아와 스토아 그리고 에피쿠로스파의 인식론을 어디까지 이해하고 있었는지 보여 준다. 아카데미아학파가 회의론을 내세워 인기를 끈다면 그럴 만한 이유가 있어야 한다. 이 학파의 '판단 유보'는 인식론을 두고 어느 학파와도 논쟁을 벌이지 않고 현자는 아무 진리도 알지 못한다고 생각하기 때문에 어느 학파에도 비판을 가하지 않을 것이다(3,7,15-8,17). "아카데미아학파는 무엇을 확실히 알 수 있다는 것을 부인한다. '학구열이 대단하고 지극히 박식한 분들이여, 대체 어쩌다 이런 명제를 만들어 낼 마음이 생겼다는 얘기요?' '제논의 정의[69]가 그렇게 하라고 충고했소'"(3,9,18). 제논의 두 번째 정의(3,9,18), "허위와 공통된 표지를 가지고 있지 않은 표상이라면 확실하게 포착하거나 파악할 수 있다"[70]는 명제도 '허위와 공통된 표지를 가지고 있지 않은 표상'이라는 것이 도무지 발견될 성싶지 않은 이상, 똑같은 불가지론不可知論이다(3,9,19). 이 주장에 아우구스티누스는 양도논법兩刀論法으로 접근한다. "제논의 명제가 참이라면 인식하고 수긍할 만한 진리가 존재는 한다." 그리고 "그 명제가 거짓이라면, 우리가 굳이 회의론자로 남을 이유가 없다"(3,9,18.21). 진리치眞理値를 조금도 의심토록 허용하지 않는 표상이 일체 존재하지 않는다는 말이 참이라고 수긍한다면, 차라리 지혜는 모든 인간에게 접근 불가능하다고 단정함이 더 일관성 있다. '현자는 어떤 명제에 함부로 동의하지 않는다'는 말은 누구를 '현자'sapiens

---

[69] "존재하는 거기서 발생하여 정신에 각인되는데, 존재하지 않는 거기서 발생하여 [마치 존재하는 것처럼 정신에 각인되는] 일이 불가능할 정도라면, 그것은 참이라고 파악될 수 있다"(2,5,11).

[70] 2,5,11에서는 '보다 간단한 정의'라고 하면서 '허위가 지닐 수 없는 그런 기호들에 의해서는 진리가 포착될 수 있다'고 소개되어 있다.

라고 부르면서 그가 '지혜'sapientia를 갖추지 않았다고 하는 억지이기 때문이다(3,9,19). 현세에서는 지혜에 접근 불가능하다면서 (무엇인지도 모르는) 지혜를 얻기 위해 철학하라고 고무하는 짓은 가혹한 모순이다.

3.5.3. 지성에 파악되는 바가 아무것도 없는가?(3,10,22-13,29)

이어서 아우구스티누스는 아카데미아의 두 명제, 곧 '철학에서 아무것도 확실히 알 수 없다' 그러니 현자라면 '아무것에도 동의를 해서는 안 된다'로 돌아와 '확실성'의 문제를 재론한다. 첫째 명제에는 철학에서는 제논의 정의가 엄존한다고, 그런데 의심의 여지가 없고 현자가 아닌 사람들도 접근 가능한 지식의 사례가 있다고, 곧 자연학과 수학, 윤리학, 논리학에서 드러나는 명제들이 있다고 지적한다(3,10,22-29). 먼저 '확실한 지식'의 가능성을 거부하는 입장을 정당화하는, 아카데미아의 네 가지 논거를[71] 분쇄한다(3,10,22-29). 첫째 '철학자들 간의 의견 차이'에 관해서는, 철학자들이 제각기 주장하는 반립 명제들이 존재한다는 것과 양자택일로 해소되거나 둘 다 맞을 수 있다는 식으로 해결되리라는 사실은 참이며, 누구든 '허위와의 유사성'을 핑계로 이런 명제들을 무조건 배척할 수는 없다고 답변한다(3,10,23). 두 번째로 '감각의 기만'에 대해서는 "명분이 무엇이든, 감관의 힘을 철저히 배제할 수 있었던 적은 한 번도 없었다. 우리에게 아무것도 보이지 않는다고 우리를 설득시킬 수는 결코 없었다. … 오류를 범하는 것은 자기에게 보이는 것이 보이는 그대로 존재한다고 여겨 함부로 동의하는 그 사람이다"(3,11,24).[72]▶ '꿈과 환각'을 두고는 "우리가 잠을 자든 발광을

---

[71] "그들은 진리는 결코 발견될 수 없음을 설득시키려고 아주 대단한 노력을 기울였던 것이다. 바로 여기서 철학자들의 의견 차이가 나오고, 바로 여기서 감각의 기만이라는 말이 나오고, 바로 여기서 꿈이니 광기니 하는 것이 나오고, 바로 여기서 오류 추리니 연쇄 추리니 하는 것들이 나와서는 그 명제를 옹호한답시고 날뛰었다"(2,5,11).

하든 깨어 있는 제정신이든 그 속에서 우리가 존재하고, 그것이 하나이든 하나가 아니든 그 속에서 우리가 존재하는 그 전체를 나는 세계라고 부른다. 이 명제가 어떻게 허위가 될 수 있는지 입증해 보시라! … 셋 곱하기 셋은 아홉이라는 것은 … 전 인류가 잠들어 코를 골고 있더라도 필연적으로 참이다"(3,11,25)라는 답변을 내놓는다.[73] 끝으로 '크레타의 거짓말쟁이' 같은 역설 역시 동일률과 모순율을 부정하거나 확실하지 못하다고 의심하지 못하니, 그것을 의심하면 그 거짓말쟁이도 아무 발언을 못하는 까닭이다(3,13,29).[74]

3.5.4. 동의와 승인에 대해서(3,14,30-16,36)

아직 '개연론'蓋然論이 남아 있다. '현자가 뭔가를 확실하게 알 수 있다'는 가능성이 수립되면, '현자는 뭔가에 — 적어도 지혜에 — 동의를 부여할 수 있다'는 명제로 건너가 회의론의 둘째 명제 '판단 유보'가 무너진다. 개연론자는 "나한테 그 일이 그렇게 보인다는 사실을 나는 알고 있다"[scio ita videri mihi(3,16,36)]고 자인한다. 또 개연성을 따른다면서도 진리가 발견될 것처럼 열심히 진리를 추구하는 모순된 언행을 보이고 있다.[75] 확실한 진리가 드러나지 않더라도 개연성probabile에 입각해서 일단 동의하고 도덕

◀72 "'노(櫓)가 물속에서 꺾여 있음을 보는 것은 참인가?' 물론 참이다. 물속의 노가 꺾여 보이는 것은 그럴 만한 이유가 있어서 그렇게 보이기 때문이다. 그래서 물속에 담긴 노가 직선으로 시각에 나타난다면 나는 오히려 거짓 정보를 전달했다고 내 눈을 탓하겠다. … '하지만 물속의 노가 꺾여 있다고 내가 동의하는 경우 내가 속는 것이다.'"(3,11,26).

73 "비록 잠자는 사람이라고 해도 다음과 같은 일은 꿈에도 생각지 않을 것이다. 곧, 누구를 두고서 그가 깨어 있으면 지혜로운 사람이라고 일컫다가 그가 잠이 들면 그가 지혜로운 사람임을 부인하는 그런 짓은 꿈에도 하려고 하지 않을 것이다"(3,11,28).

74 "내가 모순율과 배중률에 입각해 문장화한 명제들은 … 명제를 구성하는 부분들 가운데 어느 하나 또는 그 이상이 배제된다면 나머지 하나가 남고, 다른 것들이 배제된다는 사실에 입각해서 그것이 참이라고 입증된다"(3,13,29).

42 아카데미아학파 반박

행위를 수행해 갈 수 있으리라는 주장이 담고 있는 불충분함과 위험을, '두 여행자의 비유'(3,15,33-34)와 '남편 있는 여자에게 유혹당한 젊은이의 경우'(3,16,35-36)라는 가상적 예화로 밝혀낸다.

3.5.5. 아카데미아 회의론의 숨은 의도(3,17,37-20,43)

아우구스티누스는 아카데미아 역사를 재구성하면서 '아카데미아 회의론의 본래 의도가 무엇이었을까?' 하는 질문을 설정한다. 플라톤은 세상을 진리의 처소인 가지계可知界와 신체 감관으로 지각하는 감각계感覺界로 나누고, 가지계의 모조품인 감각계에서 오는 정보는 '억견'臆見을 초래할 따름이므로 억견만으로 인간이 자기 삶을 좌우하는 선행이나 덕성을 유발하지는 못하리라고 보았고, 그래서 진리는 순수 지성으로만 파악되리라는 신념을 전수하였다(3,17,37). 제논은 현실 세계에 대해서 유물론적인 관점을 이미 함양받았고 또 전파하던 인물이었으므로, 그가 아카데미아에 들어오자 아르케실라우스는 학파 본래의 영적 세계관을 그에게 감춘 것으로 보이고(3,17,38), 가지계에 대한 플라톤 고유의 인식을 알고 있던 카르네아데스는 '진리 근사치'니 '개연성'이니 하는 도식을 내놓은 듯하다(3,18,39-40).[76] 스토아가 등장하고 논쟁하게 되자 회의론은 더욱 강조되었으리라. 그 후에야 본연의 플라톤 사상이 재출현하였으니 플로티누스가 그 주역이었다

---

[75] "저 사람들은 자기네가 행동함에 있어서 개연성을 따를 뿐이라고 한다. 그럼에도 열심히 진리를 추구하고 있다. [그들의 이론에 의하면] 진리가 발견되는 일이 가능하지 못할 개연성이 높음에도 말이다"(3,16,36).

[76] "플라톤의 샘에서 만약 신실한 무엇이 흘러나왔다면 응당 그늘진 가시덤불 사이로 흘러내려감으로써 극히 소수의 인간들만이 그 물길로 인도받아야 마땅하며, 널따란 데로 흘러간다면 가축들이 아무 때나 덤비는 바람에 결코 맑고 깨끗하게 보전되지 못했을 것입니다. … 이런 부류의 인간들을 상대로 한다면, 저런 진리를 감춰 두는 기술과 명분을 짜낸 것은 참 유익한 일이라는 것이 내 생각입니다"(*Epistulae* 1,1).

(3,18,41). 여기에 덧붙여 아우구스티누스는 영원한 이성Nous이 강생降生해야만 저런 고귀한 철학이 보통 인간들마저도 가지계로 이끌어 갈 수 있으리라는, 그의 말씀과 행실로 인간을 본고향으로 인도하리라는 믿음을 그리스도교에서 발견하였다고 고백한다.[77] 플라톤 철학이 지성인들마저 거의 설득시키지 못하는 사상을, 그리스도교는 같은 사상을 대중에게까지 설파하고 가르치고 있지 않은가?(3,19,42-43)[78]

4. "내가 속는다면 나는 존재한다"

『아카데미아학파 반박』이라는 아우구스티누스의 이 대화록은 지성인들에게 "우리 철학합시다philosophemur!"(2,3,8)라는 초대다. 본서는, 철학사에 늘 대두되는 회의론을 극복하는 괄목할 만한 사변적 논변을 확립했다기보다 아우구스티누스 개인이 회의론을 겪다가 거기서 헤어난 뒤 문하생들에게 개인 체험을 반영한 토론서다. '철학함'은 유일회적으로 주어진 자기 인생의 의미와 세계의 존재를 스스로에게 해명하는 작업이고, 그것도 단번에 진리를 각성하는 깨달음이 아니라 진리를 향해서 부단히 나아가면서 진리의 편린들을 만나 가는 과정에 불과하다. 하지만 인간은 막연한 개연蓋然에다 지적·도덕적 노력과 의미 문제를 혼신으로 내걸지 않는다. 본서에

---

[77] "다만 지존하신 하느님이 백성을 위하시는 자비로 신적 오성(悟性)의 권위를 인간 육체의 위치까지 낮추시고 복속시키지 않으셨더라면 [영혼들을 일깨우는 일이 성사되지 않았을 것이다]. 그리하여 영혼들이 단지 하느님의 계명만 아니고 [또한 그분의] 활동에 힘입어서, 토론의 시비를 거치지 않고서도, 자기 자신으로 돌아오고 정신을 차려 고국을 향할 수 있게 되었다"(3,19,42).

[78] 이 신념은 3년 후 집필된 『참된 종교』(앞의 각주 1 참조)에서 다시 개진된다.

서도 자신과 문하생들의 지성을 흔들어 깨워, 회의론과 판단 유보를 핑계 삼는 지적 나태에서 벗어나라고 촉구한다. 그런 '공부'studium를 감내해야만 지식인에게는 일상의 도덕 생활이 가능해지고, 신앙과 이성을 한데 구사하는 종교 생활이 가능해지는 까닭이다.

아우구스티누스가 '사상적' 전환을 보인 것은 '플라톤 저작'libri platonicorum, 즉 플로티누스의 저서(*Enneades*)를 읽은 뒤였고, 카시키아쿰에서 이듬해 부활절의 세례를 준비하면서도 세례나 그리스도교 입문을 성찰한 글이 없고 철학 문제에 관심이 집중되어 있었음을 본서에서도 확인할 수 있다. 그렇지만 386년에 아우구스티누스가 내심으로 그리스도교를 받아들여 시골에 은둔하면서 사색할 적에 신앙과 이성을 진리 접근의 두 축으로 삼았음이 역력하다. 창조주 하느님이 이성과 권위 양편의 원천이시라고 믿었으므로 일평생 종교인들에게 이 양자를 공존시키도록 설득하고 또 집필하였고,[79] 그런 입장이 이 첫 저서를 닫을 무렵 일종의 '철학적 신앙'을 고백하게 만든다. "우리가 권위와 이성이라는 쌍둥이의 균형을 잡고서 무엇을 배우도록 충동받는다는 사실은 누구도 의심치 않는다. 현재까지 나로서는 그리스도의 권위로부터 결코 이탈하지 말아야겠다는 생각이 확고하다. 그보다 힘 있는 권위를 나는 발견하지 못하고 있다. 이성으로 말할 것 같으면 가장 숭고한 이성으로 탐구해야 할 바를 임시적으로 플라톤학파에게서 찾아내야겠다는 생각을 품고 있다"(3,20,43).

아우구스티누스는 회의론에 당면하여 후일 '내가 속는다면 나는 존재한다'(si fallor, sum)라는 유명한 명제를 내놓았다.[80] ▶ 본서에서는 이 명제가 아

---

[79] "나는 무엇이 진리인지는 단지 믿는 것으로 그치지 않고 이해하여 파악하고 싶은 열망에 애가 타도록 이미 길들어 있다. [이성으로 탐구하는 이 노력은] 우리 성경에 배치되지 않을뿐더러, 그렇게 해서 진리를 발견하리라는 신뢰심을 나는 간직하고 있다"(3,20,43).

직 등장하지 않으나 '내가 과연 살아 있는지 모른다고 해서는 안 된다'는 부정문은 나타난다.[81] 같은 무렵의 저서들에서 "적어도 그대가 살아 있음은 아는가?" "압니다"[82]와 "그대가 존재함을 아는가?" "압니다"[83]로 이어지고, "그대가 존재하지 않으면 속을 수 없다"[84]를 거쳐서 『신국론』의 "만일 내가 속는다면 나는 존재한다"(si enim fallor, sum)라는 명제로 완결된다. 혹시 아카데미아의 회의론은 일종의 위장 전술이 아니었을까? 그토록 명민한 지성들이 진리 발견을 불가능으로 치부했을 리 있겠는가[85] 하는 의문은 아카데미아 회의론이 철학에 입문하려는 젊은 지성들을 당초부터 좌절시키는 파멸적 해악을 무력화한다.

본서를 탈고한 직후 아우구스티누스는 지인에게 본서에 대한 서평을 부탁하면서 정신의 음식인 철학Philosophia의 젖가슴에서 자기를 멀리 떼어 놓는 회의론, 진리를 발견할 수 없다는 절망에서 놓여났다는 안도감을 표시

◀80 『신국론』(*De civitate dei*, 성염 역주, 분도출판사 2004) 11,26: "아카데미아학파의 논리, '만일 그대가 속는다면 어떻게 할 것인가?'라고 묻는 사람들의 논리는 아무 소용 없다. 내가 속는다면 나는 존재한다! 존재하지 않는 자는 속을 수도 없는 까닭이다. 그래서 내가 속는다면 나는 존재한다. 그러므로 내가 속는다면 나는 존재하는 것이다. 내가 속을 때 내가 존재한다는 것이 확실한데, 내가 존재한다고 가정하면서 어떻게 내가 속을 수 있겠는가?"

81 "왜 사는지 모르고, 어떻게 살아야 하는지 모르고, 과연 살아 있는지 모른다고 해서는 안 된다. 결국에 가서 지혜로운 사람이라고 하면서 동시에 그가 지혜를 모른다고 하는 말보다 더 비뚤어지고 그보다 더 정신 나가고 미쳤다 할 게 없다"(3,9,19).

82 *De beata vita* 2,7: "우리가 육체와 영혼으로 합성되어 있다는 것이 여러분에게는 분명하다고 보이는가?" "네가 살아 있다는 건 알겠나?" "네가 몸을 지녔다는 것도 아느냐?"

83 *Soliloquia* 2,1,1: "그대를 알고 싶다는데, 그대가 존재함을 아는가? 그대가 생각하고 있음을 아는가? 그러니까 그대가 생각하고 있다는 것은 참이다."

84 『자유의지론』 2,3,7: "대답을 잘못하여 속지 않을까 두려워지는가? 그대가 존재하지 않는다면야 속을 수도 없을 텐데 말이다(si non esses, falli omnino non posses). 그대는 과연 존재하고 있는가? 그러니까 그대가 존재함은 분명하고, 또 그대가 살아 있지 않다면 [그대가 존재함이] 그대에게 분명하지도 않을 터이므로, 그대가 살아 있음도 분명하다. 이 두 가지가 절대 옳다는 것을 이해하겠는가? 그렇다면 세 번째도 분명한 셈이다. 그대가 인식한다는 것."

85 "그 교설이 정확하게 어떤 것인지는 하느님이 아신다"(3,20,43).

하였다. 드디어 "나를 옭죄던 극히 가증스러운 족쇄를 부숴 버린다는 것입니다. 진리를 발견하지 못하리라는 절망으로 인해서, 정신의 자양분이라고 할 철학의 젖가슴으로부터 나를 억지로 떼어 놓은 그 족쇄 말입니다".[86]

5. 번역 대본과 현대어 번역본

(1) 『아카데미아학파 반박』Contra Academicos 혹은 『아카데미아학파론』De Academicis의 번역은 Corpus Christianorum Series Latina(CCL) XXIX (Turnholti, Brepols 1970, pp.1-61)에 수록된 W.M. Green의 비판본 Contra Academicos를 대본으로 삼았다.

(2) W.M. Green은 위의 비판본을 마련하는 데 다음의 9~12세기 수사본을 주로 따랐음을 명기하고 있다.

    H   codex Harleianus 3039, saec. IX
    M   codex Monacensis 14330, saec. XI
    P   codex Parisinus 13369, saec. IX
    R   codex Remensis 382, saec. IX
    S   codex Trecensis 40 (vol. I), saec. XII
    T   codex Trecensis, 1085, saec. XI

---

[86] 사실상 본서의 핵심은 3권에서도 37-42의 '연속 강연'(oratio perpetua)에 있음을 아우구스티누스는 지인 Hermogenianus에게 이렇게 피력한다. "당신에게 간절히 부탁하는 바이니, [내 책자를] 면밀하게 검토하시고, 내가 [그 책자의] 제3권 말미에서 다룬 내용이 수긍할 만한지 내게 답변해 주기 바랍니다"(Epistulae 1,3).

(3) 본서의 최초 인쇄본(Editio princeps)은 아래와 같이 열거된다.

Amerbach, Basileae 1489

Erasmus, Basileae 1529

Maurini, Parisiis 1679

Theologi Lovanienses, Antverpiae 1777

Ugoleti, Parmae 1491

Amerbach, Basileae 1528

(4) 『아카데미아학파 반박』*Contra Academicos* 혹은 『아카데미아학파론』*De Academicis*의 주요 현대어 번역본은 다음과 같으며 역주자의 해제는 이하에 *이 표기된 J. Curley(1996), D. Gentili(1970), G. Catapano(2005)의 '입문'을 간추리고 그들의 길고 짧은 각주를 옮긴 용례가 많음을 독자들에게 밝혀 둔다.

영어본:

M.P. Garvey, *Saint Augustine. Against the Academicians* [Medieval Philosophical Texts in Translation, 2] (Milwakee Wisconsin 1942, 1957²)

Denis J. Kavanagh, *St. Augustine. Answer to Skeptics* [The Fathers of the Church. A New Translation, 5 St. Augustine] (New York 1948)

John J. O'Meara, *St. Augustine. Against the Academics* [Ancient Christian Writers. The Works of the Fathers in Translation 12] (New York 1951)

P. King, *Augustine. Against the Academicians. The Teacher* (Indianapolis 1995)

* J. Curley, *Augustine's Critique of Skepticism. A Study of Contra Academicos* (New York 1996)

프랑스어본:

* R. Jolivet, *Contre les academiciens*, in I. Problèmes fondamentaux, IV. Dialogues philosophiques [Oeuvres de Saint Augustin 4] [Paris 1939, 1955²(R. Jolivet - E. Gilson eds.)]

J.-L. Dumas, *Contre les academiciens* [Saint Augustin, Oeuvres I] (Paris 1998)

이탈리아어본:

L. Nutrimento, *Sant'Agostino. Contro gli Accademici* (Treviso 1957, 1968²)

* Domenico Gentili, *Sant'Agostino. La controversia accademica*, Opere di Sant'Agostino. Dialoghi I [Nuova Biblioteca Agostiniana III/1] (Roma 1970)

* Giovanni Catapano, *Agostino. Contro gli Accademici o Sugli Accademici* (Milano 2005)[87]

스페인어본:

Victorino Capánaga, *Contra los Académicos*, in Obras de San Agustin III Obras filosoficas [Biblioteca de Autores Cristianos] (Madrid 1947, 1982²)

독일어본:

K. Emmel, *Drei Bucher gegen die Akademiker* (Paderborn 1927)

Bernd Reiner Voss, *Augustinus, Gegen die Akademiker*, Augustinus Philosophische Fruhdialoge [Bibliothek der Alten Welt] (Zurich-München 1972)

* Karin Schlapbach - Therese Fuhrer, *Contra Academicos vel De Academicis* [Patristiche Texte und Studien, 58 et 46] (Berlin-New York 2003 et 1997)

---

[87] 본서의 각주에 인용되는 그리스 철학자들(특히 Diogenes Laertius, *Vitae philosophorum*)과 키케로(*Academica*)의 직간접 전거는 G. Catapano의 연구와 설명을 따르고 있다.

AVRELIVS AVGVSTINVS

CONTRA ACADEMICOS

⚜

아우구스티누스
아카데미아학파 반박

본문

LIBER PRIMUS

I 1. O utinam, Romaniane, hominem sibi aptum ita uicissim uirtus fortunae repugnanti posset auferre, ut ab ea sibi auferri neminem patitur, iam tibi profecto iniecisset manus, suique iuris te esse proclamans, et in bonorum certissimorum possessionem traducens ne prosperis quidem casibus seruire permitteret. Sed quoniam ita comparatum est siue pro meritis nostris siue pro necessitate naturae, ut diuinum animum mortalibus inhaerentem nequaquam sapientiae portus accipiat, ubi neque aduersante fortunae flatu neque secundante moueatur, nisi eo illum ipsa uel secunda uel quasi aduersa perducat, nihil pro te nobis aliud quam uota restant, quibus ab illo cui haec curae sunt deo, si possumus, impetremus, ut

---

1 여신 '행운'(Fortuna, 『신국론』 4,18-19; 7,3,2 참조)을 언급한 것처럼 보이지만 그냥 '운수'를 언급할 따름이라고 변명한다. "내가 번번이 '행운'[운명]이라는 이름을 언명했던 사실이 마음에 꺼림칙하다. 이 명사를 어떤 여신으로 알아듣기를 바란 것은 아니었고 우리 신체의 호불호 또는 외적인 호불호에 닥치는 우연한 결과를 지칭하려는 뜻이었다"(*Retractationes* 1,1,2).

2 덕(Virtus)도 운명(Fortuna)도 로마에서는 여신으로 신격화되어 있었으므로(『신국론』 4,18-21; 7,3,1-2 참조) 아우구스티누스도 이런 추상적 덕목을 지칭하면서 의인화된 표현을 자주 구사한다.

3 tibi iniecisset manus는 로마 시대 소유권 확보 행위(mancipatio: manus + capere)를 가리키는 법률 용어다.

제1권 _ 지혜 탐구에 관하여 리켄티우스와 트리게티우스가 무엇을 토론하였는가

덕을 닦기에 적합한 인물에게 운명과 섭리는 무엇을 갖다 주는가

1.1. 오, 로마니아누스여, 무릇 덕성이라는 것이 자기에게 적격한 인간을 발견한 경우, 비록 운명이 저항하더라도,[1] 운명의 손아귀에서 그 인간을 앗아 낼 수 있었으면 좋겠습니다.[2] 물론 덕성으로서도 운명이 누군가를 자기한테서 앗아 감을 용납할 리 없습니다. 하지만 덕성은 이미 그대에게 손을 얹었을 것임에 틀림없고,[3] 그대가 자기 권하에 속한다고 공언하면서 아주 확실한 소유 재산으로 그대를 집어넣었을 테고, 따라서 비록 행운이라고 하더라도 그대가 우연에 종노릇함을 허용하지 않으리라고 봅니다. 그렇지만 우리의 업보인지 아니면 자연 본성의 필연인지 몰라도[4] 신성한 영혼[5]이 사멸할 것들에 매여 있는 한에는 지혜의 포구가 그 영혼을 거두어 주지 않게 정해져 있습니다. 그 항구에서는 운명이 내쉬는 역풍에서든 순풍에서든 영혼이 까불리는 일이 없을 것입니다.[6] 그야 운명이 몸소 그를 순탄케 하거나 그를 거슬러 항구 밖으로 밀어붙이는 경우가 아니면 말입

---

[4] pro necessitate naturae: 후일 저자는 이 문구를 이렇게 수정한다. "여기서 '자연 본성의 필연으로'라는 말을 덧붙일 필요가 없었으니 우리 자연 본성의 가혹한 필연은 이전 죄과의 업보로 발생한 것이기 때문이다"(*Retractationes* 1,1,2).

[5] divinus animus: 형용사 '신성한'은 영혼이 하느님의 모상임을 말하지, 영혼이 신의 일부라는 뜻은 아니다.

[6] 인생을 지혜의 포구를 찾아가는 항해로 비유함은 철학계의 전통이었다[예를 들면, "당신은 지금 내가 어느 항구로 와서 어느 항구에서, 즉 어느 철학에서 노를 젓고 있는지(in qua philosophia quasi in portu navigem) 잘 알 것입니다"(*De beata vita* 1,5)].

te tibi reddat – ita enim facile reddet et nobis – sinatque mentem illam tuam, quae respirationem iam diu parturit, aliquando in auras uerae libertatis emergere. Etenim fortasse quae uulgo fortuna nominatur occulto quodam ordine regitur nihilque aliud in rebus casum uocamus, nisi cuius ratio et causa secreta est, nihilque seu commodi seu incommodi contingit in parte, quod non conueniat et congruat uniuerso. Quam sententiam uberrimarum doctrinarum oraculis editam remotamque longissime ab intellectu profanorum se demonstraturam ueris amatoribus suis ad quam te inuito philosophia pollicetur. Quam ob rem cum tibi tuo animo indigna multa accidunt, ne te ipse contemnas. Nam si diuina prouidentia pertenditur usque ad nos, quod minime dubitandum est, mihi crede, sic tecum agi oportet, ut agitur. Nam cum tanta quantam semper admiror indole tua ab ineunte adulescentia adhuc infirmo rationis atque lapsante uestigio humanam uitam errorum omnium plenissimam in-

---

7 te tibi reddat: redire in teipsum과 더불어 아우구스티누스의 철학 노선은 "나 자신을 내게 돌려주어 하느님의 모상으로 재형성됨"(ad eius reformemur imaginem)에 있다(*De animae quantitate* 28,55).

8 아우구스티누스는 세간에서 말하는 fortuna(운명), casus(우연)도 곧이어 나오는, '신적 섭리'(divina providentia)에 내포시킨다. 스토아철학 이래로 로마 지성인들은 섭리 사상을 널리 받아들였다(e.g., Seneca, *De providentia*).

니다. 그러니 우리에게는 그대를 위해 축원을 드리는 일 말고는 남은 일이 없습니다. 이것을 보살피시는 분이 하느님이시므로, 우리가 할 수 있다면 그분에게 축원을 드려 하느님이 그대를 그대에게 되돌려 주시고,[7] 덕분에 또한 그대를 우리에게도 쉽사리 되돌려 주시는 보람을 얻어 내자는 것입니다. 아울러 그대의 지성이, 이미 오랫동안 염원해 오던 대로, 언젠가 참된 자유의 여명 속으로 솟아오르게 해 주시기를 축원하는 바입니다. 그리고 시쳇말로 '운명'이라고 일컫는 것도 숨겨진 질서에 의해서 통치되며, 또 사물에서 '우연'이라고 우리가 부르는 것도 그 이유와 원인이 감추어진 사건 외에 딴것이 아닙니다. 그리고 적합한 일이든 적합하지 않은 일이든 상관없이, 전체에 부합하고 조화되지 않는 것이라면 어느 한 가닥도 발생하지 않습니다.[8] 내가 그대를 초대하는 바는 철학입니다. 철학은 아주 풍요한 학설들을 담은 신탁神託으로 가르침을 펴는데, 물론 속된 인간들의 이해로부터는 아주 멀리 거리를 두며, 자기의 진짜 연인들에게는 자기를 드러내 보이마고 약속합니다.[9] 그러므로 그대 영혼에 맞갖지 않은 일들이 그대에게 닥칠 때 그대가 자신을 하시하는 일은 없어야 합니다. 왜냐하면 하느님의 섭리가 우리에게까지 미치는 이상, 만사가 으레 일어나야 할 대로 그대에게도 일어납니다. 이 점은 조금치도 의심치 말아야 합니다. 내 말을 믿으십시오. 청년기가 시작되면서부터 그대가 갖추고 있던 그대의 크나큰 자질을 두고 나는 늘 경탄해 마지않았습니다. 그런데 아직 이성理性의 걸음마가 나약하고 흔들리기 쉬울 무렵부터 그대는 온갖 오류로 가

---

[9] 철학(philosophia)의 의인화(1,1,3-4; 2,2,6)는 고대에 흔한 착상이었다(e.g., Cicero, *Tusculanae disputationes* 5,2,5: "철학, 오, 삶의 길잡이, 오, 덕성의 탐구자, 악덕의 추방자여!"(o vitae philosohia dux, o virtutis indagatrix expultrixque vitiorum).

gredereris, excepit te circumfluentia diuitiarum, quae illam aetatem atque animum, quae pulchra et honesta uidebantur, auide sequentem inlecebrosis coeperat absorbere gurgitibus, nisi inde te fortunae illi flatus, qui putantur aduersi, eripuissent paene mergentem.

2. An uero si edentem te munera ursorum et numquam ibi antea uisa spectacula ciuibus nostris theatricus plausus semper prosperrimus accepisset, si stultorum hominum, quorum inmensa turba est, conflatis et consentientibus uocibus ferreris ad caelum, si nemo tibi esse auderet inimicus, si municipales tabulae te non solum ciuium sed etiam uicinorum patronum aere signarent, conlocarentur statuae, influerent honores, adderentur etiam potestates, quae municipalem habitum supercrescerent, conuiuiis cotidianis mensae opimae struerentur, quod cuique esset necesse, quod cuiusque etiam deliciae sitirent, indubitanter peteret, indubitanter hauriret, multa etiam non petentibus funderentur, resque ipsa familiaris dili-

---

10 municipales tabulae: 법령 공지 외에도 경기와 연극을 주선하는 문화 행사나 귀빈 접대의 후원자(patronus)를 공시하기도 했다.

득 찬 인생에 들어섰습니다. 뒤이어 넘치는 부富가 그대를 사로잡았습니다. 그것이 멋지고 훌륭하게 보였으므로 그 나이와 그 정신이 온통 탐욕스럽게 부를 뒤쫓아 갔고, 따라서 매혹적인 구렁텅이 속으로 빨려들기 시작했던 것입니다. 운명의 저 숨결, 역경으로 보이는 저 숨결이 거의 다 가라앉던 그대를 거기서 건져 내지 않았더라면 [결국 그대를 빨아들이고 말았을 것입니다].

지나친 순경順境은 지혜에 지장이 된다

1.2. 그렇지 않습니까? 만일 그대가 곰들의 재롱이라든가 우리 시민들이 전에 한 번도 본 적 없는 연극 상연을 제공하여, 극장이 떠나갈 듯한 박수가 그대를 환영했다고 합시다. 만일 어리석은 인간들의 거대한 군중이 한데 어우러져 이구동성으로 하늘을 찌를 듯 질러 대는 함성이 그대를 하늘 높이 띄워 준다고 합시다. 만일 아무도 감히 그대와 척을 지려 들지 않는다고 합시다. 만일 시청의 공시판[10]에 그대의 이름이 기록되고 단지 시민市民들만 아니고 우방인友邦人들의 후원자로 동판에 새겨지고, 그대의 석상들이 세워지고, 온갖 영예가 그대에게 바쳐지고, 자치도시의 관례를 훨씬 넘는 권한마저 부여된다고 합시다. 만일 풍족한 잔칫상에 매일같이 연회가 베풀어진다고 합시다. 거기서는 누구에게든지 필요한 것이면, 누구의 식도락食道樂도 요구하면 기탄없이 청하고 기탄없이 들어주며 심지어 달라고 하지 않는 사람들에게마저 실컷 쏟아부어 준다고 합시다. 그대의 집안 재산은 그대 측근들에 의해서 근면하고 충직하게 관리되어 이토록 큰 쓰임새에도 적절하고 당장 지출할 만큼 준비되어 있다고 합시다. 그리고 정작 그대는 거대하고 우아하기 이를 데 없는 건물에서, 화려한 욕탕에

genter a tuis fideliterque administrata idoneam se tantis sumptibus paratamque praeberet, tu interea uiueres in aedificiorum exquisitissimis molibus, in nitore balnearum, in tesseris, quas honestas non respuit, in uenatibus, in conuiuiis, in ore clientium, in ore ciuium, in ore denique populorum humanissimus liberalissimus mundissimus fortunatissimus iactareris, quisquam tibi, Romaniane, beatae alterius uitae, quae sola beata est, quisquam quaeso mentionem facere auderet? Quisquam tibi persuadere posset non solum te felicem non esse sed eo maxime miserum, quo tibi minime uidereris? Nunc uero quam te breuiter admonendum tot et tanta quae pertulisti aduersa fecerunt. Non enim tibi alienis exemplis persuadendum est, quam fluxa et fragilia et plena calamitatum sint omnia, quae bona mortales putant, cum ita expertus sis, ut ex te caeteris persuadere possimus.

3. Illud ergo, illud tuum, quo semper decora et honesta desiderasti, quo te liberalem magis quam diuitem esse maluisti, quo numquam concupisti esse potentior quam iustior, numquam aduersitati-

---

11 in tesseris: '모자이크 깔린 방에서'라는 번역도 가능하다.

12 clientes: '식객'(hospes)보다는 본래는 시민권이 없어 로마 귀족의 보호를 받는 '피보호자'를 가리킨다.

13 『고백록』(6,14,24: "특히 로마니아누스는 저희와 동향인으로 어릴 때부터 제게 아주 가까운 사람이었습니다. 그 무렵에는 자기 사업에 관한 심각한 고민이 그로 하여금 경호실을 출입하게 만들었습니다")의 언급대로 커다란 소송에 휘말려 크나큰 역경을 치르고서 아우구스티누스가 구상하던 수도생활에 각별한 관심을 보이고 있었다.

서, 품위에 어긋나지 않을 정도의 주사위 놀음으로,[11] 사냥과 잔치로 소일한다고 합시다. 또 식객들의 입에서,[12] 시민들의 입에서, 그리고 백성들의 입에서 그대는 더할 나위 없이 인정 많고 더할 나위 없이 관후하고 더할 나위 없이 정직하고 더할 나위 없이 행운아라는 — 그대는 실제로 그랬습니다 — 아첨을 듣는다고 합시다. 로마니아누스여, 그러면 그 누가 있어 그대에게 행복한 삶이 따로 있다고, 그것만이 참된 행복이라고, 그 누가 있어 감히 그대에게 그런 언질을 하려 들겠습니까? 누가 있어 감히 그대는 행복하지 못할 뿐만 아니라, 그대가 행복하지 못하다는 사실이 그대 눈에 전혀 안 보이는 까닭에 되레 그대는 더없이 가련하다면서 그대를 설복하려고 하겠습니까? 그런데 그대가 겪었던 그 숱하고 엄청난 역경逆境들은[13] 단시일에 그대로 하여금 지금쯤은 충고를 받아들일 만한 사람으로 만들었다고 하겠습니다. 다른 사람들의 예를 들어서 그대를 설득하여 사멸할 인간들이 선이라고 여기는 것들이 얼마나 덧없고 깨지기 쉽고 온갖 재앙이 가득 찬 것인가 일러 줄 계제도 아닙니다. 그대가 그 점을 하도 철저하게 경험하였으므로 오히려 우리가 그대를 들어 다른 사람들을 설득할 수 있기에 이르렀습니다.

그러면 역경逆境이 사람을 지혜로 이끌어 가는가

1.3. 그러니까 저것, 당신의 저 훌륭한 저것, 그대가 언제나 영예롭고 덕스러운 것을 열망하게 만든 저것, 그대가 부자가 되기보다는 관후한 인간이 되고 싶다던 저것, 보다 의로운 인간이 되기보다 보다 세도 있는 인간이 되겠다는 탐욕을 결코 품지 못하게 만든 저것, 그대로 하여금 곤경과 부정에 절대 양보하지 않게 만든 저것, 나는 그것이 그대 안에 있는 신성

bus improbitatibusque cessisti, illud ipsum, inquam, quod in te diuinum nescio quo uitae huius somno uternoque sopitum est, uariis illis durisque iactationibus secreta prouidentia excitare decreuit. Euigila, euigila, oro te; multum, mihi crede, gratulaberis, quid paene nullis prosperitatibus, quibus tenentur incauti, mundi huius tibi dona blandita sunt, quae me ipsum capere moliebantur cotidie ista cantantem, nisi me pectoris dolor uentosam professionem abicere et in philosophiae gremium confugere coegisset. Ipsa me nunc in otio, quod uehementer optauimus, nutrit ac fouet, ipsa me penitus ab illa superstitione, in quam te mecum praecipitem dederam, liberauit. Ipsa enim docet et uere docet nihil omnino colendum esse totumque contemni oportere, quicquid mortalibus oculis cernitur, quicquid ullus sensus attingit. Ipsa uerissimum et secretissimum deum perspicue se demonstraturam promittit et iam iamque quasi per lucidas nubes ostentare dignatur.

---

14 "사람들의 지성에는 모종의 신탁이 있어, 정신이 신성한 광기에 휘둘리거나 잠기운으로 자유롭게 움직일 때에는, 그것으로 미래를 예감하게 된다"(Cicero, *De divinatione* 2,48,100).

15 "아버지 [유피테르는] ⋯ 당신의 왕국이 깊은 잠이나 동면으로 마비되는 일이 없게 하려고, 죽을 인간들의 마음을 모진 시련으로 일깨우기로 작정했다"(Vergilius, *Georgica* 1,123-124) 참조.

16 밀라노 황실 수사학 교수직을 가리켜 그는 이렇게 묘사한 바 있다. "장광설을 팔아먹는 시장에서 제 혓바닥의 직업 ⋯ 아이들이 자기네 광기에 쓸 무기를 제 입에서 사들이는 일 ⋯ 거짓말하는 치기나 공회당의 설전이나 사고파는 짓"(『고백록』 9,2,2).

17 "그해 여름에 과중한 문학 수업으로 폐가 약해지기 시작했고, 숨을 들이쉬기가 힘들어졌습니다. 가슴의 통증으로 거기에 병이 들었다는 증거가 나타났고, 맑은 목청을 내기도, 길게 소리를 뽑기도 힘들었습니다"(『고백록』 9,2,4).

한 무엇이라고 말하는 바입니다.[14] 그리고 그 신성한 것이 현세의 어떤 숙면이나 동면冬眠으로 마비되어 있었는지 모르지만, 오묘한 섭리가 저 다양하고 모진 시련을 통해서 그대를 일깨우기로 작정했다는 것이 내 말입니다.[15] 깨어나시오! 깨어나시오! 나 그대에게 빕니다. 내 말을 믿어 주시오. 그대는 무척이나 좋아할 것입니다, 이 세상이 그대에게 아첨하여 선물한 저 호강에 조금도 마음이 사로잡히지 않았음을 두고! 저런 것에는 사람들이 자기도 모르는 새에 사로잡히는 법이며, 나도 매일같이 저런 것들을 두고 찬가를 부르던 터라서[16] 나마저 사로잡으려고 수작을 부려 왔습니다. 가슴의 통증이 저 바람 같은 직업을 버리도록 강요하고[17] 철학의 품속으로 피신하도록 떠밀지 않았던들 나도 거기에 사로잡혔을 것입니다. 지금은 내가 여태까지 그토록 간절히 희구해 온 여가餘暇 중에 철학이 나를 품어 주고 길러 주고 있습니다. 철학은 저 미신迷信으로부터, 내가 [나만 아니고] 나와 함께 그대마저도 떨어뜨린 저 미신으로부터[18] 나를 해방시켰습니다. 철학이 가르치고 있습니다. 죽을 눈에 보이는 모든 것, 감관이 포착하는 모든 것은[19] 무엇이든지 숭배해서는 안 된다고, 전적으로 멸시해야 한다고 진정으로 가르치고 있습니다. 철학은 더없이 진실하고 더없이 감추어진 하느님을 자기가 분명하게 보여 주겠다고 약속하고 있으며, 그리고 밝게 비치는 구름을 통해서[20]▶ 벌써 그분을 거의 보여 줄 지경입니다.

---

18 이하 2,3,8에서도 한때 자기가 떨어진 마니교를 '미신'(superstitio)이라고 부른다. 아우구스티누스가 손을 써서 로마니아누스가 마니교에 입교한 듯하다(『고백록』 4,1,1-4,7 참조).

19 아우구스티누스는 "감관이 파악하는 모든 것"이라는 문구를 훗날 다음과 같이 수정한다. 즉, 이 문구에 "'죽을 육체의 감관에서 오는 모든 것'이라고 첨가되었어야 했다. 왜냐하면 '지성의 감관'이라는 것도 존재하는 까닭이다. 하지만 그 당시 나로서는 감관이라는 것은 어디까지나 신체의 것이고 감각적 사물이라면 어디까지나 물체들이라고 말하던 사람들의 어법에 따라서 말하던 참이었다"(*Retractationes* 1,1,2).

4. In hac mecum studiosissime uiuit noster Licentius; ad eam totus a iuuenalibus inlecebris uoluptatibusque conuersus est ita, ut eum non temere patri audeam imitandum proponere. Philosophia est enim, a cuius uberibus se nulla aetas queretur excludi. Ad quam auiudius retinendam et hauriendam quo te incitarem, quamuis tuam sitim bene nouerim, gustum tamen mittere uolui. Quod tibi suauissimum et, ut ita dicam, inductorium fore peto, ne frustra sperauerim. Nam disputationem, quam inter se Trygetius et Licentius habuerunt, relatam in litteras tibi misi. Illum enim quoque adulescentem quasi ad detergendum fastidium disciplinarum aliquantum sibi usurpasset militia, ita nobis magnarum honestarumque artium ardentissimum edacissimumque restituit. Pauculis igitur diebus transactis posteaquam in agro uiuere coepimus, cum eos ad studia hortans atque animans ultra quam optaueram paratos et prorsus inhiantes uiderem, uolui temptare pro aetate quid possent, praesertim cum Hortensius liber Ciceronis iam eos ex magna parte conciliasse philosophiae uideretur. Adhibito itaque notario,

---

◀20 per lucidas nubes: 신들을 직접 직관하게 해 주겠다는 마니교의 가르침과 달리 하느님 직관이 인간에게는 간접적임을 암시한다.

21 in agro vivere: 아우구스티누스는 386년 포도 수확절을 전후하여 친구(grammaticus Verecundus)가 빌려 준 밀라노 근교 Cassiciacum에 있는 농장에서 몇 달간 여가를 갖고서 이 대화집들을 엮는다(『고백록』 8,6,13; 9,2,4-5,13).

토론에 부칠 사안들이 무엇인가

1.4. 우리 리켄티우스는 이 철학 안에서 나와 더불어 아주 열심히 살고 있습니다. 청춘의 매혹적이고 유혹적인 쾌락으로부터 전적으로 등을 돌리고 철학에 몰두하고 있으므로 나는 감히 부친더러 아들을 본받으라는 제안마저 하면서 이런 제안이 만용이라고 여기지도 않습니다. 어느 나이에도 그 젖가슴에서 떼어 내 달라고 투덜거릴 일이 없는 대상이 바로 철학이기 때문입니다. 철학을 게걸스럽게 붙잡고 실컷 마시라고 그대를 충동질하는 뜻에서, 그대의 갈증을 내가 잘 알면서도, 그대더러 그냥 맛이라도 보게 하고 싶었습니다. 그 맛보기가, 말하자면, 그대에게 더할 나위 없이 감미로운 유인제가 되었으면 하는 것이 내 바람이므로 내 희망이 헛것이 아니었으면 합니다. 트리게티우스와 리켄티우스 사이에 있었던 토론을 문자로 정리하여 그대에게 보내 드렸기 때문입니다. 저 젊은이로 말하자면, 학문에 대한 권태감을 씻어 없애려고 군 복무에 얼마간 붙들려 있게 했는데, 지금은 훌륭하고 고결한 자유 학예에 아주 열심하고 아주 깊숙이 파고드는 젊은이가 되어 우리한테 되돌아 왔습니다. 우리가 시골에 살기 시작한 다음[21] 며칠 안 되어 내가 그들에게 공부를 권하고 독촉하면서 보니까 그들은 내가 바라던 것보다 훨씬 준비가 잘되어 있었고 욕심을 내고 있었습니다. 그래서 그들이 그 나이에 무엇을 할 수 있을지 시험해 보고 싶었습니다. 더군다나 키케로의 책 『호르텐시우스』[22]가 벌써 그들을 철학과 상

---

[22] 키케로의 유실된 작품으로 아우구스티누스의 생애에 전환점을 제공한다: "『호르텐시우스』라는 책이 제 성정을 아주 바꾸어 놓았고, 주님, 저의 기도가 당신을 향하도록 변화시켰으며, 제 소원과 열망을 딴것으로 만들어 버렸습니다. 이때까지 품어 왔던 저의 헛된 희망은 어느덧 모조리 시들해졌고 저의 마음은 이제 불멸의 지혜를 추구하는 욕구로 믿기지 않을 만큼 헐떡이면서 당신께 돌아가려고 자리에서 일어서기 시작했습니다"(『고백록』 3,4,7).

ne aurae laborem nostrum discerperent, nihil perire permisi. Sane in hoc libro res et sententias illorum, mea uero et Alypii etiam uerba lecturus es.

II 5. Cum igitur omnes hortatu meo unum in locum ad hoc congregati essemus, ubi oportunum uisum est: Numquidnam dubitatis, inquam, uerum nos scire oportere? – Minime, ait Trygetius caeterique se uultu ipso approbasse significauerunt. – Quid, si, inquam, etiam non conprehenso uero beati esse possumus, necessariam ueri conprehensionem arbitramini? – Hic Alypius: Huius quaestionis, inquit, iudicem me tutius puto, cum enim iter mihi in urbem sit constitutum, oportet me onere alicuius suscipiendae partis releuari, simul quod facilius iudicis partes quam cuiusquam defensionis cuipiam delegare possum. Quare dehinc pro alterutra parte ne a me quicquam expectetis. – Quod ei cum concessum esset ab omnibus et ego rogationem repetissem: *Beati certe*, inquit Trygetius, *esse*

---

23 "어떤 것이 참이라면, 어디까지나 진리에 의해서 참이 된다"(aliquid est verum veritate)는 명제대로(*Soliloquia* 1,15,27) 본서에서 verum('참된 것')과 veritas('진리')는 같은 말이다.

24 veri comprehensio: 키케로(*Academica* 2,47,145)가 소개하는 제논의 동작은 본서의 인식론 용어 이해에 도움이 된다. "그는 오른손을 활짝 펴 손바닥을 보이고($\phi\alpha\nu\tau\alpha\sigma\iota\alpha$, visum, 표상) 손가락 끝을 움켜($\sigma\upsilon\nu\kappa\alpha\tau\alpha\theta\epsilon\sigma\iota\varsigma$, adsensus, 동의) 주먹을 꼭 쥔 다음($\kappa\alpha\tau\alpha\lambda\eta\psi\iota\varsigma$, comprehensio, 포착) 왼손으로 오른 주먹손을 감싸 쥐고서(perceptio, 파악) 그것을 지식($\dot{\epsilon}\pi\iota\sigma\tau\eta\mu\eta$, scientia, 지식)이라고 한다."

당히 친하게 만든 것으로 보였습니다. 그래서 우리 수고가 허공으로 사라지지 않게 하려고 나는 속기사를 고용하여 아무것도 놓치지 않게 하였습니다. 따라서 그대는 이 책에서 그들의 논지와 주장을 제대로 읽을 테고 내 말과 알리피우스의 말도 한데 읽게 될 것입니다.

토론할 논제들

2.5. 적당하다고 보인 때가 오자 내 권유에 따라서 모두가 이 목적으로 한자리에 모였습니다. 내가 물음을 내놓았습니다. "우리가 진리를[23] 알아야 한다는 사실을 두고 도대체 의심이 생기는가?" 트리게티우스가 "절대 아닙니다"라고 했고 모두 자기도 그 말에 찬성한다는 얼굴을 했습니다. 내가 물었습니다. "만약 진리를 파악하지 못해도 우리가 행복할 수 있다면, 여러분이 진리의 포착[24]이 필요하다고 여기는 이유가 무엇인가?" 그러자 알리피우스가 말했습니다. "이 문제는 내가 심판을 보는 것이 더 안심이 되겠다고 여겨지는구먼. 나는 도회지에 가기로 시간 약속을 했고 따라서 어느 한편에 서야 하는 짐을 벗어야 할 필요가 있거든. 누구에게든 내 몫을 맡기자면, 어느 편을 두고라도 변호를 하는 임무보다는 심판의 몫을 맡기기가 더 수월하겠지. 그러니 지금부터는 양편 다 나한테서 뭘 기대하지 말았으면 하네." 모두가 그의 말에 동의하고 나자 나는 질문을 되풀이했고 트리게티우스가 입을 열었습니다. "**분명히 우린 행복해지고 싶습니다.**[25] 진리를 빼놓고서도 행복에 도달할 수 있다면 우리로서는 굳이 진리를 찾

---

[25] beati certe esse volumus: 키케로의 *Hortensius*에 나오는 문구로 교부가 거듭 인용한다 (e.g., *De beata vita* 2,10; 『삼위일체론』 13,4,7-5,8).

uolumus, et si ad hanc rem possumus absque ueritate peruenire, quaerenda nobis ueritas non est. – Quid hoc ipsum? inquam; existimatisne beatos nos esse posse etiam non inuenta ueritate? – Tunc Licentius: Possumus, inquit, si uerum quaeramus. – Hic cum ego caeterorum sententiam nutu flagitassem: Mouet me, inquit Nauigius, quod a Licentio dictum est. Potest enim fortasse hoc ipsum esse beate uiuere, in ueritatis inquisitione uiuere. – Defini ergo, ait Trygetius, quid sit beata uita, ut ex eo colligam quid respondere conueniat. – Quid censes, inquam, esse aliud beate uiuere nisi secundum id quod in homine optimum est uiuere? – Temere, inquit, uerba non fundam; nam id ipsum optimum quid sit, definiendum mihi abs te puto. – Quis, inquam, dubitauerit nihil esse aliud hominis optimum quam eam partem animi, cui dominanti optemperare conuenit caetera quaeque in homine sunt? Haec autem, ne aliam postules definitionem, mens aut ratio dici potest. Quod si tibi non uidetur, quaere quomodo ipse definias uel beatam uitam uel hominis optimum. – Adsentior, inquit.

---

26 Cf., Cicero, *Academica* 2,41,127: "위대하고 내밀한 사물을 연구한다는 그것만으로도 즐거움이 있다. 진리와 유사한(veri simile) 무엇을 발견한다면야 우리 정신은 참으로 인간다운 쾌락으로 채워진다. 그것을 탐구하는 것이 여러분과 우리네 현자가 하는 일이다."

27 secundum id quod in homine optimum vivere: 키케로를 경유하여(*De republica* 1,38,60) 내려온, 아리스토텔레스와 스토아 사상의 요점이다.

28 교부는 후일에 이 견해를 다음과 같이 보완한다. "그렇지만 행복하게 살기 원하는 사람은 그것에 따라서 살 것이 아니다. 그렇지 않을 경우, 인간이 행복에 이르고 싶으면 '하느님에 따라서 살아야 할 터인데' 인간에 따라서 사는 셈이다. 그러므로 우리 지성은 자체를 두고 만족할 것이 아니라 하느님께 복속해야 마땅하다"(*Retractationes* 1,1,2).

을 것은 아닙니다." 내가 물었습니다. "도대체 어째서 그런가? 여러분은 진리가 발견되지 않아도 우리가 행복해질 수 있다고 생각하는가?" 그러자 리켄티우스가 나섰습니다. "행복해질 수 있습니다. 만일 우리가 진리를 찾고 있다면 말입니다."26 나는 고갯짓으로 그 밖에 다른 사람들의 생각을 물었습니다. 나비기우스가 나서서 말했습니다. "리켄티우스가 한 말이 내겐 그럴듯해요. 행복하게 산다 함은 아마 다름 아닌 이것일 수 있다는 거지요. 진리의 탐구 중에 산다는 …." 트리게티우스가 말했습니다. "나는 행복한 삶이 뭣이냐를 정의한 것입니다. 선생님 말씀에 뭐라고 대답하는 편이 적절한지를 거기서 끄집어낼 작정입니다." 내가 "인간에게서 최선에 해당하는 그것에 따라서 살아가는 일27 말고 행복하게 살아간다는 것이 무엇이라고 보느냐?"라고 묻자 그는 응수했습니다. "나는 말을 함부로 꺼내지 않겠습니다. 내 생각에는 그 최선의 것이 무엇인지를 선생님이 나한테 정의해 주셔야 한다고 봅니다." 내가 말했습니다. "인간의 최선이란 정신의 그 부분, 인간에게 있는 여타의 모든 것이 그 지배에 복종해야 마땅한 바로 그 부분이요 다른 아무것도 아님을 누가 의심하겠는가?28 네가 다른 정의를 요구하지 못하게 하려고 하는 말이지만, 이것은 '지성'知性 혹은 '이성'理性이라고 일컬을 수 있지.29 너한테 그렇게 보이지 않는다면 네가 나서서 '행복한 삶'이 무엇이고 '인간의 최선'이 무엇인지를 어떻게 정의할 것인지 궁리해 보아라!" 그러자 그는 "그 말씀에 동의합니다"라고 했습니다.

---

29 아우구스티누스 저서에서는 animus(인간 영혼, 정신), mens(지성), ratio(이성: 경험적·추론적 기능), intellectus(오성: 초월적·직관적 기능)가 구분되기도, 혼용되기도 한다.

6. Quid ergo? ut ad propositum, inquam, redeamus, uideturne tibi non inuento uero beate posse uiui, si tantum quaeratur? – Repeto, inquit, sententiam illam meam: minime uidetur. – Vos, inquam, quid opinamini? – Tum Licentius: Mihi prorsus, inquit, uidetur, nam maiores nostri, quos sapientes beatosque accepimus, eo solo, quod uerum quaerebant, bene beateque uixerunt. – Ago gratias, inquam, quod cum Alypio me iudicem fecistis, cui, fateor, inuidere iam coeperam. Quoniam igitur alteri uestrum uidetur beatam uitam sola inuestigatione ueritatis, alteri non nisi inuentione posse contingere, Nauigius autem paulo ante ostendit in tuam, Licenti, partem se uelle transire, magnopere specto, quales sententiarum uestrarum patroni esse possitis. Res enim magna est et diligenti discussione dignissima. – Si res magna est, ait Licentius, magnos uiros desiderat. – Noli quaerere, inquam, praesertim in hac uilla, quod ubiuis gentium reperire difficile es, et potius explica, cur id quod abs te non temere, ut opinor, prolatum est et qua tibi ratione uideatur. Nam et maximae res cum a paruis quaeruntur, magnos eos solent efficere.

---

30 트리게티우스가 앞에서(1,2,5) "우린 확실히 행복해지고 싶습니다. 진리를 빼놓고서도 행복에 도달할 수 있다면 우리로서는 굳이 진리를 찾을 것은 아닙니다"라고 한 발언을 가리키는 듯하다.

진리의 탐구만으로 현자가 되는가, 진리의 획득으로 현자가 되는가

2.6. "그러면 어떻게 되는가? 다시 주제로 돌아가서, 네가 진리를 탐구하고만 있다면, 비록 진리를 발견하지 못할지라도 행복하게 살 수 있다고 보이는가?"라고 내가 물었습니다. 그가 답했습니다. "저의 그 생각을[30] 다시 말씀드립니다. 절대 그렇다고 보지 않습니다." "여러분의 의견은 어떤가?"라고 묻자 이번에는 리켄티우스가 나섰습니다. "저는 그렇다고 봅니다. 우리가 지혜롭고 행복한 분들로 모신 우리 조상들로 말하자면 그분들은 진리를 탐구한다는 사실만으로 선하고 행복하게 살았습니다." 내가 말했습니다. "여러분이 알리피우스와 더불어 나를 심판으로 세워 줘서 고맙다. 하지만 솔직히 고백하자면 벌써 알리피우스에게 샘이 나기 시작하는구나. 여하튼 너희 중 하나에게는 진리의 탐구만으로도 행복한 삶으로 보이고, 다른 한 사람에게는 진리의 발견 아니면 거기에 이를 수 없는 것처럼 보인다. 리켄티우스, 조금 전 나비기우스는 네 편을 들고 싶다는 뜻을 드러냈다. 너희가 너희 견해를 지지해 줄 어떤 인물들을 찾아내서 끌어댈 것인지 기대를 가지고 단단히 지켜보겠다. 사안은 중대하고 철저한 토론을 거칠 만한 가치가 있다." "사안이 중대하다면 그만큼 큰 인물들을 모셔야겠네요." 리켄티우스가 한 대꾸였습니다. 내가 말했습니다. "그런 인물들을 더구나 이 별장에서는 찾아내려고 하지 마라. 만백성 가운데서도 찾아내기 어려운 터에 말이다. 그보다는 네가 단언한 말은 내가 생각하기에도 함부로 한 말은 아닌 성싶은데 어째서 또 무슨 논거에서 그 말을 하였는지 설명해 보아라. 그건 꽤 큰 문제이며, 더군다나 작은 인물들이 그런 문제를 다루다 보면 저절로 큰 인물이 되기 마련이다."

III 7. Quoniam te, inquit, uideo magno opere nos urgere, ut aduersum inuicem disputemus, quod te utiliter uelle confido, quaero, cur beatus esse non possit qui uerum quaerit, etiamsi minime inueniat. – Quia beatum, inquit Trygetius, uolumus esse perfectum in omnibus sapientem. Qui autem adhuc quaerit, perfectus non est. Hunc igitur quomodo asseras beatum, omnino non uideo. – Et ille: Potest apud te uiuere, inquit, auctoritas maiorum? – Non omnium, inquit Trygetius. – Quorum tandem? – Ille: Eorum scilicet, qui sapientes fuerunt. – Tum Licentius: Carneades, inquit, tibi sapiens non uidetur? – Ego, ait, Graecus non sum; nescio Carneades iste qui fuerit. – Quid, inquit Licentius, de illo nostro Cicerone quid tandem existimas? – Hic cum diu tacuisset: Sapiens fuit, inquit. – Et ille: Ergo eius de hac re sententia habet apud te aliquid ponderis? – Habet, inquit. – Accipe igitur quae sit; nam eam tibi excidisse arbitror. Placuit enim Ciceroni nostro beatum esse, qui ueritatem inuestigat, etiamsi ad eius inuentionem non ualeat peruenire. – Ubi hoc, inquit, Cicero dixit? – Et Licentius: Quis ignorat eum adfirma-

---

[31] Carneades(214/3~129/8 B.C.: cf., Diogenes Laertius, *Vitae philosophorum* 4,9,62-66): 신아카데미아 창시자로, 기원전 156년에 아테네에서 로마로 사절로 파견되어 체류하는 동안 로마 지성계의 관심을 끌었다.

툴리우스 키케로의 권위를 대다

3.7. 그러자 리켄티우스가 대답했습니다. "선생님은 상대방과 서로 언쟁을 하라고 우리를 단단히 몰아붙이시는데, 나는 선생님이 우리 유익을 생각해서 그렇게 하신다고 믿습니다." 그다음 트리게티우스를 향해서 그가 물었습니다. "내가 묻겠는데, 어째서 진리를 찾는 사람이 진리를 아예 찾아내지 못하더라도 행복할 수 없다는 거지?" 트리게티우스가 대꾸했습니다. "우리가 바라기로는 현자란 모든 면에서 완전해서 행복하다는 말이다. 그런데 아직 뭔가 찾고 있다면 완전하지 못하다. 그런 사람이 어떻게 행복하다고 네가 우기는지 나는 도저히 수긍 못하겠다." 그러자 그는 "그럼 너한테는 선조들의 권위라는 것이 통할 수 있느냐?"라고 물었고 트리게티우스는 "다는 아니다"라고 답하였습니다. "그럼 누구의 권위가 통하겠느냐?"고 묻자 "현자였던 분들의 말이라면 통한다"고 하였습니다. 그때 리켄티우스가 "카르네아데스[31]가 너한테는 현자로 보이느냐?"고 물었고 그는 "나는 그리스인이 아니다. 그 카르네아데스라는 사람이 누군지를 나는 모른다"고 응수했습니다. "그렇다면 우리네 저 위대한 키케로에 관해서는[32] 어떻게 평가하느냐?"고 묻자 트리게티우스는 한참 말이 없다가 "그는 현자였다"고 대답하였습니다. "그렇다면 이 문제에 관해 내놓은 그의 견해는 너한테도 어떤 무게를 가지는가?"라고 물었고 그는 "그렇다"고 답했습니다. "그럼 어떤 견해였는지 들어 봐라. 내 생각에 네가 그의 견해를 잊어버린 것 같아서 하는 말이다. 우리 키케로는, 진리를 찾고 있는 한, 비록 진리의 발견에 이를 능력이 없을지라도, 행복한 사람이라는 생각이 마음에

---

32 적어도 본서는 키케로의 *Academica priora(Luculus)* 연구를 따르고 있고 문하생들도 이 철학서를 읽어 알고 있는 것으로 전제한다. 키케로는 그리스철학의 번역 소개와 보급 및 라틴어로 철학 용어를 확립한 공이 크다.

sse uehementer nihil ab homine percipi posse nihilque remanere sapienti nisi diligentissimam inquisitionem ueritatis, propterea quia, si incertis rebus esset assensus, etiamsi fortasse uerae forent, liberari errore non posset, quae maxima est culpa sapientis? Quam ob rem si et sapientem necessario beatum esse credendum est et ueritatis sola inquisitio perfectum sapientiae munus est, quid dubitamus existimare beatam uitam etiam per se ipsa inuestigatione ueritatis posse contingere?

8. Tum ille: Licetne tandem ad ea, quae temere concessa sunt, rursum redire? – Hic ego: Illi hoc non solent concedere, inquam, quos ad disputandum non inueniendi ueri cupiditas sed ingenii iactantia puerilis inpellit. Itaque apud me, praesertim cum adhuc nutriendi educandique sitis, non solum conceditur sed etiam in praeceptis habeatis uolo ad ea uos discutienda redire oportere, quae con-

---

33 키케로의 유실작 *Hortensius*에 나오던 구절로 추정된다.

34 esset assensus: "거짓이나 모른 바에 동의하는 버릇은 위험하므로, 차라리 모든 동의는 유보되어야 하고 함부로 논지를 진척시켜서도 안 된다"(Cicero, *Academica* 2,21,68).

들었다"고 리켄티우스가 말하자 트리게티우스는 "키케로가 어디에서 그런 말을 했느냐?"고 반문하였습니다.[33] 리켄티우스는 이렇게 말했습니다. "그가 인간은 아무것도 파악할 수 없다고, 현자에게는 진리에 대한 근면한 탐구 외에는 아무것도 남을 수 없다고 얼마나 강력하게 주장했는지를 모르는 사람이 누군가? 그래서 불확실한 일에 동의同意한다면,[34] 그 일이 비록 참일지라도, 오류에서 벗어날 수 없다고, 그런 것이 현자에게는 매우 큰 잘못이라고 주장한 사실을 모르는 사람이 누군가?[35] 그러므로 만약 현자란 필히 행복한 사람이라고 믿어야 한다면, 그러면서도 진리 탐구만이 지혜의 완전한 임무라면, 진리 탐구 자체에만도 행복한 삶이 성립할 수 있다고 여기는 것을 어찌 의심한다는 말인가?"

툴리우스의 권위도 분별해서 살펴야 한다

3.8. 그러자 트리게티우스가 반문했습니다. "그럼 내가 섣불리 수긍했다는 그 전제로 다시 돌아가도 될까?" 그때 내가 개입하였습니다. "진리를 찾는 욕구에서가 아니라 재능을 유치하게 뽐내느라 토론에 임하는 사람들에게는 앞의 전제로 되돌아가는 일이 허용되지 않는 것이 상례다. 하지만 특히 여러분이 아직 양성받고 교육받아야 할 사람들이라는 점에서 나한테서는 그 일이 허용될 뿐만 아니라, 만약 여러분이 섣불리 수긍한 명제들이 있다면 그리로 돌아가서 토론을 개진해야 한다는 점도 토론 규칙으로 염두에 두었으면 한다." 이에 리켄티우스가 말을 꺼냈습니다. "철학에서 옳고 참된 것을 발견하는 일에 비해서 토론자의 승패 문제를 가볍게 보는 일

---

[35] Cf., Cicero, *Academica* 2,20,66-21,68.

cesseritis incautius. – Et Licentius: Non paruum in philosophia profectum puto, inquit, cum in conparatione recti uerique inueniendi contemnitur a disputante uictoria. Itaque libenter obsequor praeceptis et sententiae tuae et Trygetium ad id, quod temere se concessisse arbitratur – res enim mei iuris est – redire permitto. – Tum Alypius: Suscepti a me officii nondum partes esse uosmetipsi mecum recognoscitis. Sed quoniam iam dudum disposita profectio interrumpere me conpellit, pro meo quoque munere geminatam sibi potestatem particeps mecum iudicii non renuet usque in reditum meum; uideo enim hoc uestrum certamen longius progressurum. – Et cum discessit: Quid, inquit Licentius, temere concesseras? profer. – Et ille: Temere dedi, inquit, Ciceronem fuisse sapientem. – Ergone Cicero sapiens non fuit, a quo in latina lingua philosophia et inchoata est et perfecta? – Etsi concedam, inquit, esse sapientem, non omnia tamen eius probo. – Atqui oportet multa eius alia refellas, ut non inpudenter hoc, de quo agitur, improbare uidearis. – Quid, si hoc solum non recte illum sensisse adfirmare paratus sum? Vestra, ut opinor, nihil interest, nisi cuius ponderis ad id quod uolo adserendum rationes adferam. – Perge, inquit ille. – Quid enim, inquit, audeam contra eum, qui se Ciceronis aduersarium profitetur?

---

36 토론 중에 이미 수긍 또는 부정한 명제를 번복하려면 상대방의 동의가 필요하다는 말에 리켄티우스는 자기가 승패에 연연하지 않는다면서 동의한다.

은 작지 않은 덕목이라고 여깁니다. 그래서 기꺼이 그 규칙을 따르고 선생님의 말씀을 따르겠습니다. 그리고 트리게티우스에게는 자기가 설불리 수긍했다고 여기는 전제로 돌아가도록 승낙하겠습니다. 그 승낙은 제 권리에 속하는 까닭입니다."36 그러자 알리피우스가 나섰습니다. "내가 맡은 임무를 행사할 시점은 아닌 듯하다. 그 점은 나뿐만 아니고 여러분도 인정할 것이다. 하지만 이미 내가 도회지로 떠날 채비가 되었으므로 잠시 끼어들어야겠다. 내가 맡은 임무로 말할 것 같으면, 나와 더불어 심판을 맡은 분은 내가 돌아올 때까지 그 권한을 곱절로 부여받는 셈인데 굳이 마다하지 않을 것이다. 내 보기에 여러분의 언쟁은 상당히 오래 이어질 것 같다." 그렇게 해서 그가 물러간 다음 리켄티우스가 말을 꺼냈습니다. "네가 설불리 수긍했다는 것이 무엇이지? 말해 봐!" 트리게티우스가 말했습니다. "내가 설불리 수긍했다는 명제는 키케로가 현자였다는 명제다." "그러니까 키케로는 현자가 아니었다? 그 사람에게서 철학이라는 라틴어 단어가 비롯했고 완성되었는데도 말이다." "그가 현자였다고 인정하더라도 그의 모든 얘기에 내가 동의하는 것은 아니다." "네가 문제되는 명제를 무분별하게 배척한다는 것처럼 보이지 않으려면, 그의 하고많은 주장들을 먼저 배척해야 하는 처지가 될 텐데." "어째서야? 그가 이 명제만 옳게 주장하지 않았다고 내가 말할라치면 어떻게 하려고? 내가 주장하고자 하는 바를 두고 내가 대려는 명분을 저울질하는 일 말고는 여러분과는 아무 상관이 없다는 것이 내 견해야." 그러자 상대방이 "계속해 봐!"라고 하고서는 한마디 덧붙였습니다. "키케로의 맞수를 자처하는 사람한테 맞서 내가 감히 뭘 할 수 있겠어?"

9. Hic Trygetius: Volo attendas, ait, tu iudex noster, quem ad modum superius beatam uitam definieris; dixisti namque eum beatum esse, qui secundum eam partem animi uiuit, quam caeteris conuenit imperare. Tu autem, Licenti, uolo uel nunc mihi concedas – iam enim Iibertate, in quam maxime nos uindicaturam se philosophia pollicetur, iugum illud auctoritatis excussi – perfectum non esse, qui adhuc ueritatem requirat. – Tum ille post diuturnum silentium: Non concedo, inquit. – Et Trygetius: Cur quaeso? explica. Istic sum enim et aueo audire, quo pacto possit et perfectus homo esse et adhuc quaerere ueritatem. – Hic ille: Qui ad finem, inquit, non peruenit, fateor, quod perfectus non sit. Veritatem autem illam solum deum nosse arbitror aut forte hominis animam, cum hoc corpus, hoc est tenebrosum carcerem, dereliquerit. Hominis autem finis est perfecte quaerere ueritatem; perfectum enim quaerimus, sed tamen hominem. – Et Trygetius: Non igitur potest beatus esse homo. Quomodo enim, cum id quod magnopere concupiscit adsequi nequeat? Potest autem homo beate uiuere, si quidem potest

---

37 quam caeteris convenit imperare: 트리게티우스의 이 발언의 의도를 이하 1,9,24에서 아우구스티누스가 보충한다.

38 인간적 권위와 자유의 길항 관계를 1,9,24에서 아우구스티누스가 두 문하생에게 정리해 준다.

39 corpus, tenebrosus carcer: 로마의 젊은 학도들은 시문학[e.g., Vergilius, *Aeneis* 6,734: clausae tenebris et carcere caeco("어둠속 막다른 감옥에 갇혀")]을 통해 접한 플라톤의 이 '감옥'의 직유(*Phaedo* 62b; 82e)나 '무덤'(*Cratylus* 400c; *Phaedrus* 250c)의 직유를 잘 알고 있었다. 교부는 창조론에 근거해서 이런 염세론을 일소해야 했다(『신국론』 22,26).

완전한 탐구라면 목적을 달성할 것인가

3.9. 그러자 트리게티우스가 나한테 말을 걸었습니다. "선생님이 우리 심판이시니까 앞에서 행복한 삶이라는 것을 어떻게 정의하셨는지 유념해 주셨으면 합니다. 정신의 바로 그 부분, 곧 여타 부분들을 통치하는 바로 그 부분에 따라서 사는 사람이 행복하다고 말씀하셨습니다.[37] 그리고 리켄티우스, 무릇 철학이라는 것은 우리한테 자유를 얻어 주리라고 약속하는 터이고 나로서는 그런 자유로 저 권위의 멍에를 벗어던진 거야.[38] 아직도 진리를 찾아야 하는 사람이라면 행복한 사람이 아니라는 명제를 지금이라도 네가 수긍해 주었으면 좋겠다." 그러자 리켄티우스는 상당히 오랫동안 침묵을 지키더니 "나는 수긍 못해!"라고 대꾸하였습니다. 트리게티우스가 말했습니다. "내가 묻겠는데, 왜 못하는 거야? 설명을 내놓으라구! 나는 여기 대령하여 자네 말을 기꺼이 들을 태세가 되어 있다구. 도대체 어떡하면 완전한 인간이면서도 여태껏 진리를 찾고 있느냐는 얘기 말이다." 리켄티우스가 말을 꺼냈습니다. "목적에 도달하지 못한 사람은 완전한 사람이 못 된다고는 고백해야겠지. 하지만 네가 말하는 저 진리는 하느님만 아신다고 난 생각한다. 그렇지 않으면 아마 인간의 영혼이 이 육체, 어두운 감옥이라고 할 이 육체를 버리고 떠날 때겠지.[39] 인간의 목적은 진리를 완전히 탐구하는 일이야.[40] 우리는 완전한 자를 찾고 있지만 어디까지나 인간으로서야." 트리게티우스도 버텼습니다. "그러니까 인간은 행복할 수 없어. 그토록 간절하게 욕구하는 바를 얻을 수 없는 마당에 어떻게 행복해질

---

[40] 인간의 목적은 행복이고 그 방법은 진리의 탐구와 향유이며 그 진리는 결국 하느님의 향유(deum qui habet beatus est: *De beata vita* 2,11)라는 논지가 아우구스티누스의 사상 기조를 이룬다.

secundum eam partem animi uiuere, quam dominari in homine fas est. Potest igitur uerum inuenire. Aut colligat se et non concupiscat uerum, ne, cum id adsequi non potuerit, necessario miser sit. – At hoc ipsum est beatum hominis, ait ille, perfecte quaerere ueritatem; hoc enim est peruenire ad finem, ultra quem non potest progredi. Quisquis ergo minus instanter quam oportet ueritatem quaerit, is ad finem hominis non peruenit; quisquis autem tantum, quantum homo potest ac debet, dat operam inueniendae ueritati, etiamsi eam non inueniat, beatus est; totum enim facit, quod ut faciat, ita natus est. Inuentio autem si defuerit, id deerit quod natura non dedit. Postremo cum hominem necesse sit aut beatum esse aut miserum, nonne dementis est eum, qui dies noctesque quantum potest instat inuestigandae ueritati, miserum dicere? Beatus igitur erit. Deinde illa definitio mihi, ut arbitror, uberius suffragatur; nam si beatus est, sicuti est, qui secundum eam partem animi uiuit, quam regnare caeteris conuenit, et haec pars ratio dicitur, quaero, utrum non secundum rationem uiuat qui quaerit perfecte ueritatem. Quod si absurdum est, quid dubitamus beatum hominem dicere sola ipsa inquisitione ueritatis?

---

[41] '목적'(finis)을 가리키는 라틴어 단어가 '끝'도 의미하므로 이런 답변이 가능하다.

[42] beatus('행복한')의 반대말은 miser('가련한')다.

[43] 둘의 논쟁점은 인간 완성(perfectio)을 인간의 최선 기능인 '이성을 구사하는' 탐구 그 자체에 두느냐, '진리 파악'이라는 목표 달성에 두느냐는 전통적 구분(e.g., Plato, *Phaedo* 64c; *Menon* 100b)에서 기인한다.

수 있겠어? 인간 안에서 지배를 해야 마땅한 부분, 정신의 그 부분에 따라서 산다면 인간이 행복하게 살 수는 있다. 그러므로 진리를 발견할 수도 있다. 그렇지 못하다면 자진해서 체념하고 진리를 욕구하지 말아야 한다. 그렇지 않고 진리를 탐하다가 획득하지 못한다면 필히 불행해질 테니까." 그러자 리켄티우스가 말했습니다. "하지만 바로 그것이 인간의 행복이다, 완전하게 진리를 탐구한다는 것! 그것만으로 이미 끝에 도달하는 셈이고 그 이상은 나아가지 못한다.[41] 마땅히 노력해야 할 것보다 덜 열심히 진리를 찾는 사람은 그가 누구든지 간에 인간의 목적에 이르지 못한다. 누구든지 사람이 할 수 있는 만큼, 해야 하는 만큼 진리를 찾는 데 노력을 기울인다면, 비록 발견하지 못할지언정, 행복해진다. 사람이란 어차피 해야 할 바를 전적으로 다 하도록 그렇게 태어났다. 진리의 발견이 결핍된다면, 아마 자연 본성이 부여하지 않은 그것이 결핍되는 경우일 것이다. 끝으로, 인간은 행복하거나 불행하거나 필히 둘 중 하나다.[42] 밤낮으로 진리를 찾는 데 할 수 있는 모든 노력을 기울이고 있는 사람이 불행하다고 말한다는 것은 미친 사람의 짓이 아니겠는가? 그러니 그는 행복한 사람일 것이다. 따라서 저 정의는 얼마든지 내 편을 들어 준다고 생각한다. 정신의 저 부분에 따라 사는 사람, 인간의 여타 부분을 통치함이 적합한 부분에 따라서 사는 사람이 행복하다고 하자. 그리고 실제로 행복하다. 그리고 저 부분이 이성이라 불린다고 하자. 그렇다면 내가 묻거니와, 완전하게 진리를 탐구하고 있는 사람이야말로 이성에 따라서 사는 것이 아니겠는가? 만약 이 말이 모순이라면, 진리 탐구 자체만으로 사람이 행복해진다는 것을 뭣 때문에 우리가 의심하는가?"[43]

IV 10. Mihi, ait ille, nec secundum rationem uiuere nec beatus omnino quisquis errat uidetur. Errat autem omnis, qui semper quaerit nec inuenit. Unde tibi unum e duobus monstrandum est, aut errantem beatum esse posse aut eum, qui quod quaerit numquam inuenit, non errare. – Hic ille: Beatus errare non potest. Et cum diu siluisset: Non autem errat, inquit, cum quaerit, quia ut non erret quaerit. – Et Trygetius: Ut non erret quidem, inquit, quaerit, sed errat, cum minime inuenit. Ita autem tibi profuturum putasti, quod errare non uult, quasi nemo erret inuitus aut quisquam omnino erret nisi inuitus. – Tum ego, cum ille diu cunctaretur quid responderet: Definiendum uobis est, inquam, quid sit error; facilius enim eius fines potestis uidere, in quem iam penitus ingressi estis. – Ego, inquit Licentius, definire aliquid idoneus non sum, quamuis errorem definire sit facilius quam finire. – Ego, ait ille, definiam, quod mihi facillimum est non ingenio, sed causa optima. Nam errare est uti-

---

44 errare는 '(길을 잃고) 헤매다'라는 본뜻에 '그르치다, 잘못 생각하다'라는 파생어가 있어서 '헤매는 사람은 이성에 따라서 사는 것도 아니고 행복한 사람도 아니다'라는 명제가 가능하다.

45 [non] erret nisi invitus: 지적 오류는 오직 무지에서 유래한다는 소크라테스 명제를 상기시키므로 리켄티우스나 아우구스티누스의 반박이 즉각 제기되지 않는다(본서 3,16,35 참조).

목적에 도달하지 못한 사람은 방황하고 있는가

4.10. 그러자 트리게티우스가 반박하였습니다. "나한테는 누구든지 헤매는[44] 사람은 이성에 따라서 사는 것도 아니고 행복한 사람도 아니라고 보인다. 항상 무엇을 찾지만 발견하지 못하는 사람은 모두 헤매는 중이다. 그러니 너는, 헤매는 사람도 행복할 수 있다고 하거나 자기가 찾는 바를 결코 발견하지 못하는 사람도 헤매는 것은 아니라고 하거나, 둘 중 하나를 입증해야 한다." 리켄티우스가 답변하였습니다. "행복한 사람은 방황할 수 없다." 그러고서 한참 입을 다물고 있다가 말을 이었습니다. "찾아가는 사람은 헤매는 것이 아니다. 헤매지 않으려고 찾아가는 것이다." 트리게티우스가 의문을 제기했습니다. "헤매지 않으려고 찾는다? 하지만 아무것도 발견하지 못할 적에는 헤매고 있는 것이다. 그러니까 너는 헤매고 싶지 않다는 점만으로도 네 입장에 유리하리라고 생각했을 것이다. 마치 본의 아니게 헤매는 사람은 아무도 없거나, 누구든지 헤맨다면 본의 아니게 어쩔 수 없이 헤매고 있다는 듯이 말이다."[45] 상대방이 뭐라고 대답해야 할지를 한참 망설이고 있어서 내가 개입하였습니다. "방황이 무엇인지 여러분이 먼저 정의를 내려야 한다. 여러분은 그 경계가 어디인지를 쉽사리 알 수 있다. 여러분은 그리로 상당히 깊숙이 들어섰기 때문이다."[46] 리켄티우스가 나섰습니다. "나로서는 무엇을 정의하는 일이 적합하지 않습니다. 오류라는 것은 끝내기보다는 정의하기가 더 쉽지만 말입니다."[47] 트리게티우스가 말했

---

[46] error, fines videre, ingressi estis: '방황', '경계', '방황의 경계에 들어섬' 같은 구상어로 '오류', '정의', '오류를 정의함' 같은 추상적 철학 개념을 가르치는 교수법이 엿보인다.

[47] 모든 인식은 그 대상을 '규정하는 것'(대상의 한계를 설정하는 것)이므로 finire[오류(방황)를 끝내다]이기도 하고 definire(한계를 정하다, 정의하다)이기도 하다.

que semper quaerere, numquam inuenire. – Ego, inquit Licentius, si uel istam definitionem facile possem refellere, iam dudum causae meae non defuissem. Sed quoniam aut res ipsa per se ardua est aut ita mihi apparet, peto a uobis, ut usque in crastinam lucem quaestio differatur, si nihil hodie quod respondeam reperire potuero, cum id sedulo mecum ipse uoluam. – Quod cum concedendum putarem non renuentibus caeteris, deambulatum ire surreximus nobisque inter nos multa uariaque sermocinantibus ille in cogitatione defixus fuit. Quod cum frustra esse sensisset, relaxare animum maluit et nostro se miscere sermoni. Postea cum aduesperasceret, in eundem conflictum redierant; sed modum imposui persuasique, ut in alium diem differri paterentur. Inde ad balneas.

11. Postridie autem cum consedissemus: Proferte, inquam, quod heri coeperatis. – Tum Licentius: Distuleramus, inquit, disputationem, nisi fallor, rogatu meo, cum erroris definitio difficillima mihi

---

48 일행이 머물던 카시키아쿰의 베레쿤두스 농장에는 욕조(latrina)와는 다른 욕탕(balneae)이 있었다(본서 3,1,1; 3,4,9 참조).

습니다. "그럼 내가 정의해 보겠습니다. 나한테는 아주 쉬운 일입니다. 재주가 있어서 그렇다는 말이 아니고 내 입장에 아주 유리하기 때문입니다. 방황한다는 것은 항상 찾지만 결코 발견하지 못한다는 말입니다." 리켄티우스가 말했습니다. "내가 저 정의를 쉽사리 반박할 수 있다면 이미 내 입장을 옹호하는 데도 부족함이 없었을 것입니다. 허나 사안 자체가 까다롭거나 적어도 나한테는 그렇게 보입니다. 내가 뭐라고 대답해야 할지 내 스스로 열심히 궁리하더라도 오늘 중 아무것도 못 찾아낼 것 같으면 내일 아침까지 토론을 미뤄 주기를 여러분에게 부탁드립니다." 나는 그의 요구를 들어줘야 한다고 생각하였고 다른 사람들도 굳이 마다하지 않았으므로 우리는 모두 일어서서 산책을 하러 갔습니다. 우리끼리는 다양한 여러 가지를 두고 얘기를 나누는 사이에도 그는 뭔가를 골똘히 생각하고 있었습니다. 그래도 소용없다는 생각이 들었던지 그는 차라리 머리를 쉬기로 작정하였고 우리 얘기에 끼어들었습니다. 날이 저물 무렵 둘이서는 같은 언쟁으로 돌아갔습니다. 그러나 나는 일단 그들을 중단시키고 다음 날로 미루도록 타일렀습니다. 그리고 나서 우리는 욕탕으로 갔습니다.[48]

허위에 동의하지 않는다면 방황은 안 하는 것인가

4.11. 이튿날 우리가 함께 모이자 내가 말했습니다. "어제 여러분이 시작한 얘기를 간추려 제시해 보라." 그러자 리켄티우스가 먼저 입을 열었습니다. "내 말이 틀리지 않았다면, 우린 내 요청에 따라서 토론을 연기했습니다. 내게는 방황에 대한 정의를 내리기 몹시 어려웠습니다." 그래서 내가 말했습니다. "그 점에는 네가 틀리지 않았다. 나머지에 대해서도 네게

esset. – Hic plane, inquam, non erras, quod ut tibi omen sit ad reliqua, libenter optauerim. – Audi ergo inquit, quod heri etiam, nisi intercessisses, protulissem. Error mihi uidetur esse falsi pro uero approbatio. In quem nullo pacto incidit, qui ueritatem quaerendam semper existimat; falsum enim probare non potest, qui probat nihil; non igitur potest errare. Beatus autem esse facillime potest; nam ne longius abeam, si nobis ipsis, ut heri licuit, cotidie uiuere liceret, nihil mihi occurrit, cur nos beatos appellare dubitaremus. Viximus enim magna mentis tranquillitate ab omni corporis labe animum uindicantes et a cupiditatium facibus longissime remoti, dantes, quantum homini licet, operam rationi, hoc est secundum diuinam illam partem animi uiuentes, quam beatam esse uitam hesterna inter nos definitione conuenit; atqui, ut opinor, nihil inuenimus, sed tantummodo quaesiuimus ueritatem. Potest igitur sola inquisitione ueritatis, etiamsi eam inuenire minime possit, homini beata uita contingere. Nam definitio tua uide quanta facilitate excludatur no-

---

49 omen: "이런 말은 진지하게 한 말이라기보다 농담 삼아 한 말이기는 하지만 저런 단어는 사용하지 말았어야 한다. '조짐'은 우리 성경에서도 내가 읽은 기억이 없고 어느 교회 변론자의 연설에서도 읽은 적이 없다. 오히려 '역겨움'(ab-ominabilis)이라는 단어가 저 단어에서 파생하였다고 하는데, 성경에서 빈번하게 발견된다"(*Retractationes* 1,1,2).

50 전날 트리게티우스가 '방황한다(errare)는 것은 항상 찾지만 결코 발견 못하는 것'이라고 정의하자 오늘 리켄티우스가 '오류(error)라는 것은 허위를 진리라고 시인함(falsi pro vero approbatio)'이라고 수정한다.

51 approbatio(probare)는 스토아 용어 συγκατάθεσις(assensus: 시인, 동의, 승인)의 번역어이다(앞의 각주 24 참조).

좋은 조짐[49]이 오기를 간절히 바란다." 그가 트리게티우스를 향해 말을 이었습니다. "어제 네가 끼어들지 않았더라면 내가 개진했을 얘기를 들어 봐. 내가 보기에 오류라는 것은 허위를 진리로 인정함이다.[50] 그런데 진리는 항상 추구해야 마땅하다고 생각하는 사람은 결코 오류에 떨어지지 않는다. 그런데 아무것도 시인하지[51] 않는 사람은 허위를 시인할 수 없다. 그러니 오류를 범하지 못한다.[52] 그 밖에도 그런 사람은 아주 쉽게 행복한 사람이 될 수 있다. 내가 너무 멀리 나아가지 않으려는 뜻에서 하는 말이지만, 어제 그랬던 것처럼 만일 우리 자신도 날마다 그런 식으로 사는 게 가하다면, 우리를 행복한 사람이라고 부르는 것을 주저할 이유가 무엇인지 나로서는 전혀 모르겠다. 우린 지성의 크나큰 평온 중에 살아왔고 육체의 온갖 오염으로부터 정신을 보전하면서, 또 욕정의 목구멍으로부터 아주 멀리 떨어져서 살고 있다.[53] 그리고 사람으로서 당연한 노릇이겠지만, 이성에 노력을 기울이면서, 다시 말해서 정신의 저 신성한 부분에 맞추어 살고 있다. 우리가 어제 내린 결론을 보더라도 정신의 가장 고귀한 부분에 따라서 사는 것이 행복한 삶이라는 데 우리가 합의하였다. 그리고 또 내 생각에 어제 우리는 아무것도 발견하지 못했지만 진리를 찾고는 있었다. 따라서 진리의 탐구만으로, 비록 진리를 조금도 못 발견할지라도, 인간에게 행복한 삶이 있을 수 있다. 그러니까 네가 내린 정의가 상식적 개념만으로도 얼마나 간단하게 무너지는지 보라! 항상 찾는데, 결코 발견하지 못

---

[52] falsum probare non potest qui probat nihil. non igitur potest errare: Cicero(*Academica* 2,21,67)에 의하면 Arcesilas의 명제다.

[53] 마음의 평온(mentis tranquilitas: ἀταραξια), 지성의 정화, 욕정의 단절은 당대 모든 철학자들이 추구하던 이상이었다.

tione communi. Etenim errare esse dixisti semper quaerere et numquam inuenire. Quid, si quisquam nihil quaerat et interrogatus uerbi gratia, utrumnam modo dies sit, temere statimque noctem esse opinetur atque respondeat, nonne tibi uidetur errare? Hoc igitur erroris genus uel immanissimum non conplexa est definitio tua. Quid, si etiam non errantes conplexa est, potestne definitio ulla esse uitiosior? Nam si quis Alexandriam quaerat et ad eam recto pergat itinere, non opinor potes eum errantem uocare. Quid, si eandem uiam uariis impeditus causis longo agat tempore et in ea morte praeueniatur, nonne et semper quaesiuit et numquam inuenit nec errauit tamen? – Non, inquit ille, semper quaesiuit.

12. Recte dicis, ait Licentius, et bene admones. Inde enim prorsus nihil ad rem pertinet definitio tua; non enim ego beatum esse dixi,

---

54 errare를 구사하면 (이하에서도 보듯이) '방황하는 것'과 '오류를 범하는 것'은 같은 말로 환치된다.

55 트리게티우스 말대로 '항상 찾지만 결코 발견하지 못한다는 것'이 방황(오류)이라고 정의된다면, 이 사람은 [낮이냐 밤이냐를 따지지 않았으니] '찾지도 않았고' [낮임에도 그게 밤이라는 사실을] '발견했다고' 믿고 있으니 오류를 범하지 않은 셈이다.

56 아우구스티누스는 "사물을 정의하고 구분하고 분리함에 있어서 그 사물에 속하지 않는 무엇을 보태서도 안 되고 그 사물에 속하는 무엇을 간과해서도 안 된다"는 원리(『그리스도교 교양』 2,35,53)를 제시한다. 위의 예화는 대상 전체를 포함시키지 않은 결함을, 다음 예화는 정의할 대상 외의 것을 포함시키는 결함을 보인다.

함은 오류를 범하는 것이라고[54] 네 입으로 얘기했으니까 말이다. 예컨대 누가 아무것도 알고 싶지 않은 사람인데 '지금이 낮이 아니냐?'는 물음을 받는다고 하자. 그래서 아무 생각 없이 자기는 밤이라고 생각한다는 대꾸를 서슴없이 내뱉는다고 하자. 그럼 너한테는 그가 오류를 범했다고 보이지 않는다는 말이냐?[55] 너의 정의는 이런 식의 무시무시한 오류마저 포함하지는 않았을 것이다. 자, 그런 식으로 오류를 범하지 않는 사람들을 네 정의에 포함시켰다고 한다면 네가 내린 정의보다 더 결함이 많은 정의가 또 있을 수 있겠는가?[56] 자, 누가 알렉산드리아를 찾아가면서 똑바른 행로로 그곳으로 가고 있다면 네가 그를 헤매는 사람이라고 부를 수 있다는 생각을 나는 않겠다. 자, 그렇게 똑바른 길을 택했는데도 갖가지 이유로 방해받아 긴 세월이 걸려서 길을 가고, 심지어 거기 도착하기 전에 아예 죽고 말았다면, 그는 항상 찾았고 결코 발견하지 못하였지만 그가 헤맨 사람은 아니지 않은가?"[57] 트리게티우스가 가로막았습니다. "하지만 그가 항상 찾던 사람은 아니었어!"

탐구만으로 과연 누가 행복한 삶에 도달하는가

4.12. 리켄티우스가 말했습니다. "바로 말했어. 그리고 지적을 잘했어. 바로 그래서 네 정의가 우리가 토론하는 사안과 아무 관련이 없다는 거야. 나는 '항상' 진리를 찾는 사람이 행복하다고 말한 것이 아니었어. 항상 진

---

[57] 키케로의 *Academica III*에 나온 다음 글귀에서 착상한 듯하다. "마치 여로에서 길을 헤매듯이, 길에서 벗어난 삶을 살아온 사람은 뉘우침으로 그 오류를 바로잡는 것처럼."

qui semper quaerat ueritatem. Quod ne fieri quidem potest, primo quia non semper homo est, deinde quia non ex quo tempore incipit esse homo, ex eo iam potest aetate impediente uerum quaerere. Aut si semper id putas dicendum, si nihil temporis, quo iam quaerere potest, perire patitur, rursus tibi Alexandriam redeundum est. Fac enim quemquam, ex quo tempore iter agere uel aetate uel negotio sinitur, pergere occipere illam uiam atque, ut supra dixi, cum deuiet nusquam, antequam perueniat, tamen uita excedere, multum profecto errabis, si tibi errasse iste uidebitur, quamuis omni quo potuit tempore nec quaerere desierit nec inuenire potuerit quo pergebat. Quam ob rem si et mea descriptio uera et secundum eam non errat ille, qui perfecte quaerit, quamuis non inueniat ueritatem, beatusque est ob eam rem, quod secundum rationem uiuit, tua uero definitio et frustrata est et, si non esset, nihil eam curare deberem, si ex eo solum, quod ego definiui, satis causa firmata est, cur quaeso nondum est ista inter nos quaestio dissoluta?

---

58 mea descriptio: 트리게티우스가 내린 '정의'보다는 리켄티우스가 두 예화로 제시하는 '서술'이 학문적으로 안전하다는 입장이다.

리를 찾는 그런 일은 있을 수도 없어. 먼저, 인간이란 '항상' 존재하는 게 아냐. 둘째로, 인간이 존재하기 시작한 시점부터 곧바로 진리를 찾는 것은 아니지. 그리고 노년에 이르면 진리를 찾는 데 나이가 지장이 되기도 해. 그렇지 않고서, 이미 진리를 찾을 수 있는 시기에 이르러서는 시간의 한 조각도 잃어서는 안 된다는 뜻으로 '항상'이라는 말을 쓴다는 생각을 네가 한다면, 너로서는 다시 알렉산드리아 얘기로 돌아가야 할 거야. 누가 나이로나 사업 일로나 여행을 할 만한 시기에 이르렀다고 하자. 그가 여행을 하는데, 내가 앞서 말한 그 길을 택했다고 하자. 그 길에서 벗어나는 일이 결코 없었는데도 목적지에 이르기 전에 삶을 마쳤다. 그 사람은 자기에게 가능한 모든 시간을 바쳐 탐색하기를 중단하지 않았고 그럼에도 목적하는 바를 발견할 수가 없었다고 하니까, 네가 내린 정의대로 만일 너한테 그 사람이 헤맸다고 보인다면 정말 너는 무척이나 많이 헤매는 셈이다. 그렇다면 내 서술[58]이 참이라고, 그리고 그 서술에 따르면 그가 헤매는 것이 아니라고 하자. 비록 진리를 발견하지는 못할지라도 완벽하게 탐구하는 이상, 이성에 따라서 살고 있다는 바로 그 점에서는 행복하다. 그렇다면 네 정의야말로 허탕이고, 설령 허탕이 아닐지라도, 나로서는 네 정의를 고려에 넣을 의무가 전혀 없는 셈이다. 그것만으로도 내가 정의한 바가 충분한 근거를 가진다고 확인된 셈인데 따라서 우리 사이에 생긴 그 문제가 왜 해결이 안 되었다는지 너한테 묻고 싶다."

V 13. Hic Trygetius: Dasne, inquit, sapientiam rectam uiam esse uitae? – Do, inquit, sine dubio; sed tamen uolo mihi sapientiam definias, ut sciam, utrum quae mihi eadem tibi esse uideatur. – Et ille: Parum tibi, ait, uidetur definita hoc ipso, quod nunc interrogatus es? etiam quod uolui concessisti. Si enim non fallor, recta uia uitae sapientia nominatur. – Tum Licentius: Nihil mihi tam ridiculum quam ista definitio uidetur, inquit. – Fortasse, ait ille; pedetemtim tamen quaeso, ut ratio praeueniat risum tuum. nihil enim est foedius risu inrisione dignissimo. – Quid enim, ait ille, nonne fateris uitae mortem esse contrariam? – Fateor, ait. – Mihi igitur, inquit ille, uia uitae nulla magis uidetur quam ea, qua quisque pergit, ne in mortem incidat. – Adsentiebatur Trygetius. – Ergo si uiator quispiam deuerticulum uitans, quod a latronibus obsideri audierit, recta ire pergat atque ita euadat interitum, nonne et uiam uitae et rectam secutus est? Et eam sapientiam nominat nemo? Quomodo igitur omnis recta uitae uia sapientia est? Concessi enim esse, sed non solam. – Definitio autem nihil conplecti debuit, quod esset alienum. Itaque rursus defini, si placet: quid tibi uidetur esse sapientia?

---

59 sapientia recta via est vitae: 키케로가 내린 다음 정의에 해당한다. "삶의 올바른 길에 해당하는 모든 학문들의 명분과 공부는 철학이라고 일컫는 지혜의 연구로 수렴된다"(omnium artium, quae ad rectam vivendi viam pertinerent, ratio et disciplina studio sapientiae, quae philosophia dicitur, contineretur: *Tusculanae disputationes* 1,1,1).

60 recta via vitae [vivendi]가 '삶의 올바른 길'과 '목숨을 살리는 재빠른 길'이라는 양의성을 띠는 데서 오는 리켄티우스의 수사학적 반박이 나온다.

삶의 바른길이 지혜인가

5.13. 여기서 트리게티우스가 나섰습니다. "삶의 바른길이 지혜라는 데 동의하겠느냐?"[59] 리켄티우스가 대답했습니다. "동의한다. 그건 의심이 없어. 하지만 네가 나한테 지혜라는 것에 정의를 내려 주었으면 한다. 과연 그 정의가 나한테나 너한테나 똑같은지 알고 싶어서." 그러자 트리게티우스가 말했습니다. "네가 방금 나한테 받은 바로 그 물음에 정의가 나왔는데, 그게 대수롭지 않아 보이니? 또 너는 내가 원하던 바를 수긍했던 거야. 내 말이 틀리지 않았다면 '삶의 바른길'이 지혜라고 일컬어진다." 그러자 리켄티우스가 응수했습니다. "나는 그런 정의처럼 웃기는 게 없다고 본다." 그러자 "그럴 수도 있겠지. 하지만 한 걸음씩 앞으로 나아가 보자고. 이치가 네 웃음을 싹 가시게 해 줄 테니까 말이야. 딱 비웃음을 살 만한 웃음보다 부끄러운 게 없다고"라는 대꾸가 나왔습니다. "어째서? 그럼 너는 죽음은 삶과 상반된다고 말하지 않을 셈이야?" "그야 맞는 말이지." "내 보기에는 죽음에 떨어지지 않으려고 발버둥치는 길보다 더 훌륭한 삶의 길이 없다." 이 말에는 트리게티우스가 동의하는 표를 했습니다. 그러자 "따라서 어느 나그네가 강도들이 샛길을 차지하고 있다는 소문을 듣고서, 샛길을 피하고 그래도 재바른 길을 간다고 하자. 그래서 죽임 당하는 일을 면한다고 하자. 그럼 그 사람은 삶의 길, 목숨을 살리는 올바른 길을 따른 셈 아니냐? 또 그것을 지혜라고 불러 주는 사람이 아무도 없다는 말이냐? 그렇다면 도대체 어떻게 해서 지혜가 삶의 올바른 길이라는 말이냐?"[60] 상대방이 대꾸하였습니다. "지혜라는 것이 삶의 올바른 길이라고 내가 승인하였지만 그것만 지혜라고 말한 것은 아니다." "정의라는 것은 이질적인 것을 아무것도 내포하지 말아야 하는 법 아니냐? 여하튼 마음이 내키면 정의를 다시 내려 보라고. 너한테는 지혜가 뭣으로 보이나?"

14. Diu ille tacuit; deinde: En, inquit, iterum definio, si hoc tu numquam finire statuisti. Sapientia est uia recta, quae ad ueritatem ducat. – Similiter et hoc, inquit ille, refellitur; nam cum apud Vergilium Aeneae dictum est a matre:

perge modo et, qua te ducit uia, dirige gressum

sequens hanc uiam ad id, quod dictum erat, id est ad uerum, peruenit. Contende, si placet, ubi pedem ille incedens posuit, sapientiam posse dici; quamquam stulte prorsus istam descriptionem tuam conor effringere; nam causam meam nulla plus adiuuat. Etenim sapientiam non ipsam ueritatem, sed uiam, quae ad eam ducat, esse dixisti. Quisquis ergo hac utitur uia, sapientia profecto utitur, et qui sapientia utitur, sapiens sit necesse est; sapiens igitur erit ille, qui perfecte quaesierit uentatem, etiamsi ad eam nondum peruenerit. Nam uia, quae ducit ad ueritatem, nulla, uti opinior, intellegitur melius quam diligens inquisitio ueritatis. Hac igitur sola uia utens iam iste sapiens erit. Et nemo sapiens miser; omnis autem homo aut miser aut beatus: beatum igitur faciet non

---

61 앞의 4,10(각주 47 참조)에서 리켄티우스가 definire(정의하다)와 finire(끝내다)라는 단어로 말장난을 한 데 대한 대꾸다(iterum definio).

지혜란 탐구하는 바른 이성이다

5.14. 트리게티우스는 한참 침묵하였습니다. 그러고 나서 이렇게 말했습니다. "이 얘기를 네가 어떻게든 끝낼 작정을 하지 않았다면 내가 다시 정의하겠다.[61] 지혜란 바른길이다. 진리로 인도하는 바른길." 상대가 반박했습니다. "이것도 배척당하기는 마찬가지야. 베르길리우스의 글에 아이네이스가 모친으로부터 이런 말을 들었거든.

> 그러니 계속 나아가거라! 길이 너를 이끄는 대로 발걸음을 돌려라![62]

곧 이 길을 따라감으로써 말해 준 그곳, 다시 말해서 진리에 도달한다는 얘기야. 그러니 마음 내키면 다시 겨루어 보렴, 그가 가다가 발을 디딘 곳이 바로 지혜라고 할 수 있는지! 그러니까 정의랍시고 내린 네 서술을 분쇄하려고 내가 뭘 시도하는 일 자체가 어리석은 짓이다. 그런 반박이 내 입장을 강화하는 데 조금도 도움이 되지 않거든. 지혜는 진리 자체가 아니고 진리로 인도하는 길이라고 네 입으로 말했어. 그러니 누구든지 이 길을 이용하는 사람은 지혜를 이용하는 셈이고, 지혜를 이용하는 사람은 응당 지혜로운 사람이어야만 한다. 따라서 비록 진리에 도달하지는 못했을망정 완벽하게 지혜를 탐구하는 그 사람이 지혜로운 사람일 것이다. 왜 그런가 하면 내가 보기에 진리로 인도하는 길은 진리에 대한 꾸준한 탐구보다 더 나은 길이 아무것도 없다고 여겨지는 까닭이다. 따라서 누구든 이 길을 이용하는 사람은 이미 지혜로운 사람이겠다. 또 누구도 지혜로운 사람이면서 불행하지는 않다. 그런데 모든 사람은 행복하거나 불행하거나 둘 중 하

---

62 Vergilius, *Aeneis* 1,401. 바로 다음 절(1,5,15)에 따르면 바로 그날 일행은 "하루 종일을 베르길리우스의 『아이네이스』 제1권 감상으로 보냈다".

tantum inuentio, sed ipsa per se inuestigatio ueritatis.

15. Tum ille arridens: Merito mihi, inquit, ista contingunt, dum aduersario in re non necessaria fidenter assentior; quasi uero ego sim magnus definitor aut quicquam in disputando magis superuacaneum puto. Quis enim modus erit, si ego rursus uelim definiri abs te aliquid et rursus eiusdem definitionis uerba et consequentium item singillatim omnia fingens, quod nihil intellegam, definiri flagitem? Nam quid planissimum non meo iure definiri cogam, si iure a me sapientiae definitio postulatur? Cuius enim uerbi in animis nostris apertiorem notionem natura esse uoluit quam sapientiae? Sed nescio quo modo, cum mentis nostrae ueluti portum notio ipsa reliquerit et uerborum sibi quasi uela tetenderit, occurrent statim calumniarum mille naufragia. Quam ob rem aut definitio sapientiae

---

63 따라서 불행하지 않은 사람은 이미 행복한 사람으로 간주된다.

64 다른 데서는(*De beata vita* 3,21) 진리인 "하느님을 찾는 사람은 하느님의 자비를 입고, 자비로우신 하느님을 모신 사람은 행복하다. 그는 하느님을 찾는 동안에도 행복하다. 따라서 소망하는 대상을 얻지 못하였지만 찾고 있는 사람은 행복하다"는 논지로 발전한다.

65 아카데미아학파와 스토아학파는 정의(定義)를 두고 논란을 벌였으므로(cf., Cicero, *Academica* 2,6,18) 두 젊은이는 신중을 기한다. 앞에서도(1,4,10) '방황'(quid sit error)을 두고 트리게티우스가 섣불리 정의를 내렸다가 리켄티우스에게 트집 잡힌 사실을 언급한다.

66 스토아가 정의를 보류하는 입장이더라도 '지혜'는 '자명한 개념'(apertiores notiones)에 해당한다는 반박이다. "미와 추, 정의와 불의처럼 자명한 개념을 망각한 사람은 아무도 없다"(*Stoicorum veterum fragmenta* 3,218).

나다.⁶³ 따라서 진리의 발견만 아니고 진리의 탐구도 그 자체로 인간을 행복하게 만들 것이다."⁶⁴

지혜가 각 사람에게 달리 보일지라도 지혜는 지혜로서 시인되어야 한다

5.15. 그러자 트리게티우스는 웃으면서 말을 꺼냈습니다. "내게 그런 반박이 떨어지는 것은 당연할지도 모르지. 내가 적수한테 필요치 않은 일을 두고 너무 믿음을 가지고 동의해 주었으니까 말이야. 마치 내가 정의를 내리는 데 대단한 인물이나 되는 양 행세했고, 또 토론을 한다면서 퍽 쓸데없는 것을 두고 왈가왈부했던 것처럼 여겨지니까 말일세. 만일 내가 이러저러한 사안을 두고 네가 다시 정의를 내려 주기를 바란다면, 만일 내가 아무것도 못 알아듣는 척 시늉하면서 그 정의를 구성하는 말마디 전부와 그 정의에서 따라 나오는 모든 내용을 두고 하나씩 하나씩 정의를 내려 달라고 너한테 조른다면, 과연 거기에 한정이 있을 수 있을까?⁶⁵ 내가 지혜에 대한 정의를 내려 달라고 누구한테 요구함이 정당하다면, 아주 평범한 내용을 두고도 다시 정의를 내려 달라고 강요할 내 권리마저 왜 없다는 말인가? 대자연이 우리 정신에 확연하게 드러내기 바란 단어들 가운데 '지혜'의 개념보다 우리에게 더 확연하게 드러내기 바란 그런 단어가 도대체 무엇이겠는가?⁶⁶ 하지만 그 개념이라는 것은 왜 그런지 몰라도 우리 지성의 항구를 떠나자마자 나름대로 온갖 어휘의 돛들을 활짝 펴고 나갔다가는 당장 궤변론자들의 중상모략에 걸려 걸핏하면 천만 가지로 난파를 당하곤 한다. 그러니 지혜에 대한 정의를 요구하지 말거나 우리 심판께서 지혜에 대한 정의를 변호해 주는 입장으로 내려와 주셔야 하거나 둘 중 하나겠다." 그런데 밤이 와서 펜촉으로 우리의 대화를 기록하는 데 지장이 있을

ne requiratur aut iudex noster in eius patrocinium dignetur descendere. – Tum ego, cum iam stilum nox impediret et quasi de integro magnum quiddam disserendum uiderem oboriri, in alium diem distuli. Nam disputare coeperamus sole iam in occasum declinante diesque paene totus cum in rebus rusticis ordinandis tum in recensione primi libri Vergilii peractus fuit.

VI 16. Deinde mox ut inluxit – ita enim res erant pridie constitutae, ut largum esset otium – statim peragendum negotium susceptum est. Tum ego: Heri postulasti, inquam, Trygeti, ut a iudicis munere ad sapientiae patrocinium descenderem, quasi uero quemquam in sermone uestro aduersarium sapientia pateretur aut ullo defendente ita laboraret, ut maius implorare deberet auxilium. Nam neque inter uos aliud quaerendum natum est quam quid sit sapientia – in quo eam uestrum neuter oppugnat, quia uterque desiderat – neque si tu in definienda sapientia defecisse te putas, propterea reliqua defensione sententiae tuae tibi deserenda est. Itaque a me nihil aliud habebis quam definitionem sapientiae, quae nec mea nec noua est, sed et priscorum hominum et quam uos miror non recordari. Non enim nunc primo auditis *sapientiam esse rerum humanarum diuinarumque scientiam.*

---

[67] sapientiam esse rerum humanarum divinarumque scientiam: 키케로가 전한(*Tusculanae disputationes* 4,26,57) 스토아의 정의이며 '철학은 지혜의 응용'으로 정의된다(*Stoicorum veterum fragmenta* 2,35-36).

뿐더러 큰 문제가 제기된 이상 전체적으로 토론에 부쳐야 할 것으로 보였습니다. 그래서 이튿날로 토론을 미뤘습니다. 우리가 토론을 시작한 때가 해가 서쪽으로 기운 다음이었고 우리는 하루 종일을 일부는 농사일 정리에, 일부는 베르길리우스『아이네이스』제1권을 감상하며 보냈기 때문이었습니다.

지혜는 인간사人間事와 신사神事에 관한 지식이다

6.16. 이튿날에는 날이 밝자마자 즉시 수행할 업무에 착수하였습니다. 토론을 준비할 여유를 넉넉히 갖게 토론 주제는 전날 정해 두었습니다. 먼저 내가 얘기를 꺼냈습니다. "트리게티우스, 너는 어제 나더러 심판의 직책에서 지혜를 변호하는 자리로 내려와 달라는 부탁을 했다. 마치 너희들의 토론에서 지혜가 어떤 적수라도 만난 듯이 말이다. 마치 변호하는 사람이 아무도 없어서 지혜가 큰 곤경을 치르고 있고, 그러다 보니까 무슨 대단한 도움을 요청해야 하는 것처럼 말이다. 그런데 너희들 사이에 발생한 토론 문제는 '지혜가 무엇이냐?'는 것이었다. 그 토론에서 너희 둘 중 누구도 지혜를 상대로 겨룬 것은 아니었다. 둘 다 지혜를 갈망하고 있으니까 말이다. 네가 지혜를 정의하는 데 결함이 있었다고 스스로 간주하더라도 그 일로 네 견해를 옹호하면서 다른 내용들을 포기해서는 안 된다. 그러니 나한테서는 지혜에 대한 정의 외에 다른 아무것도 못 얻을 것이다. 그 정의는 내 것도 아니고 새로운 것도 아니다. 선대의 것인데 너희들이 그것을 기억 못한다니 이상하다. '**지혜란 인간사와 신사에 관한 지식이다**'[67]라는 말은 너희가 처음 듣는 소리가 아닐 터인데."

17. Hic Licentius, quem post istam definitionem diua putabam quaesiturum esse quod diceret, subiecit statim: Cur ergo non, quaeso, sapientem uocamus flagitiosissimum illum hominem, quem ipsi bene nouimus per innumera scorta solere dissolui, Albicerium dico illum, qui apud Karthaginem multos annos consulentibus mira quaedam et certa respondit? Innumerabilia commemorare possem, nisi et apud eos loquerer, qui experti sunt, et paucis nunc satis sit ad id quod uolo. Nonne cochlearium – mihi autem dicebat – cum domi non inueniretur, tuo iussu percontatus non solum quid quaereretur uerum etiam nominatim, cuius res esset et ubi lateret, citissime uerissimeque respondit? Item me praesente – omitto illud, quod in eo quod rogabatur nihil omnino falsus est, sed cum puer, qui nummos ferebat, certam eorum partem, cum ad eum pergeremus, furatus esset, omnes sibi numerari iussit coegitque illum ante oculos nostros quos abstulerat reddere, priusquam omnino ipse aut eosdem nummos uidisset aut quantum sibi allatum fuerit audisset e nobis.

---

68 Albicerius: 교부의 다른 저작에는 언명되지 않는다.

69 아우구스티누스는 383년에 카르타고에서 수사학을 가르쳤고 리켄티우스의 부친 로마니아누스는 그때부터 아들을 아우구스티누스 문하에 보냈다.

신술神術도 지혜에 속하는가

6.17. 나는 리켄티우스가 내가 내린 그 정의를 두고 무슨 말을 할지 오래 궁리하리라고 추측했는데, 웬걸 당장 나섰습니다. "그럼, 방탕하기 짝이 없이 사는 저 사람도 왜 현자라고 불러선 안 되는지 묻고 싶다. 우리도 잘 아는 사람으로 헤아릴 수 없이 많은 매춘부들을 거느리고서 환락에 빠져 사는 자. 내가 얘기하는 것은 저 이름난 알비케리우스[68]이며, 카르타고에서 여러 해를 두고 손님들에게 신통하고도 정확한 점을 쳐 주었다.[69] 직접 겪어 보지 않은 사람들에게 얘기하는 경우가 아니라면 나로서는 그 사람의 예를 얼마든지 꼽을 수 있다. 다만 이 자리에서는 조금만 예를 들어도 내가 하려는 말로는 충분하리라 본다." 그다음 나를 향해서 말을 이었습니다. "집에서 숟가락이 없어졌을 적에 선생님 명으로 제가 물으러 갔는데,[70] 그자는 무엇을 찾는지, 그것도 이름을 대서 누구 물건이고 어디 숨겨져 있는지 아주 분명하고 정확하게 맞추지 않았습니까? 일단 물어보면 조금치도 거짓 답변이 없었다는 점은 빼놓고 얘기하겠습니다. 한번은 나도 있는 자리에서 일어난 일인데, 우리가 그를 만나러 가면서 동전을 들고 가라고 시킨 노예가 그중 일부를 슬쩍한 적이 있었습니다. 그런데 그자는 그 노예더러 동전을 일일이 세라고 명령했고 노예가 슬쩍한 돈을 우리 눈앞에서 내놓게 몰아세웠습니다. 마치 그 동전들을 미리 자기 눈으로 보았거나 우리가 자기한테 얼마를 가져가는지 우리한테서 미리 듣기라도 한 것처럼 말입니다."

---

70 "그러면서도 수리가(數理家)라고 부르는 협잡꾼들을 예사롭게 찾아다니며 문의하는 일을 계속하였습니다. … 왜냐하면 그런 책을 쓴 저자들의 권위가 저를 단단히 좌우하고 있기 때문입니다. 문의를 받은 사람들한테서 참말이 나올 경우, 우연으로나 운수로 일어나지 … 술법에 의한 것이 아니라는 점을 저에게 의심의 여지가 없이 드러내 줄 문헌을 찾고 있었지만 확실한 문헌을 제가 아직 하나도 못 찾아냈기 때문이었습니다"(『고백록』 4,3,4.6).

18. Quid, quod doctissimum et clarissimum uirum Flaccianum mirari solitum esse abs te accepimus, qui cum de fundo emendo esset locutus, ad illum diuinum rem ita detulit, ut quid egisset, si potis esset, ediceret? Atque ille statim non modo negotii genus sed etiam, in quo ille uehementer clamabat admirans, ipsum fundi nomen pronuntiauit, cum ita esset absurdum, ut uix eius Flaccianus ipse meminisset. Iam illud sine stupore animi non queo dicere, quod amico nostro, discipulo tuo, sese uolenti exagitare flagitantique insolenter, ut diceret, quid secum ipse tacitus uolueret, Vergilii uersum eum cogitare respondit. Cum ille obstupefactus negare non posset, perrexit quaerere, quisnam uersus esset; nec Albicerius, qui grammatici scholam uix transiens uidisset aliquando, uersum ipsum securus et garrulus canere dubitauit. Num igitur aut res humanae non erant, de quibus ille consulebatur, aut sine rerum diuinarum scientia tam certa consulentibus et uera respondit? At utrumque absurdum est. Nam et humanae res nihil sunt aliud quam res hominum, ut argentum nummi fundus postremo ipsa etiam cogitatio, et res diuinas quis non recte arbitretur esse, per quas homini

---

71 다른 곳(『신국론』 18,23,1)에 393년 아프리카 충독을 지낸 Flaccianus라는 인물이 등장한다.

72 grammaticus: 읽고 쓰기를 가르치는 교사이므로 이 문구는 '초등학교나 다니다 만'이라는 뜻이다.

점쟁이 알비케리우스를 두고 무슨 말을 해야 하는가

6.18. 그는 얘기를 계속했습니다. "저 박식하고 고명하신 플라키아누스가 놀라 마지않던 얘기는 또 어떡합니까?[71] 그 얘기는 우리가 선생님한테서 들었습니다. 그분이 자기가 매입한 농지 얘기를 한 적이 있는데, 그 건을 그 점쟁이한테 가져갔습니다. 자기가 뭣을 했는지 점쟁이가 과연 맞출 수 있는지 알아보려는 생각에서였습니다. 한데 점쟁이는 무슨 거래를 했는지 얘기했을 뿐만 아니라 그 농지의 이름도 댔습니다. 그분이 깜짝 놀라 소리를 지른 까닭은 그 농지의 이름이 하도 이상해서 플라키아누스 그분도 겨우 기억할까 말까 했기 때문입니다. 또 제가 얘기하면서도 놀라지 않을 수 없는 일이 있었습니다. 우리 친구 하나가 — 선생님의 제자이기도 합니다 — 그 점쟁이를 떠보고 몰아붙이고 싶어서 자기가 소리 내지 않고 속으로 우물거리는 것이 뭣이냐고 그에게 물은 적이 있습니다. 그런 경우는 보기 드물죠. 그런데 점쟁이는 베르길리우스의 시구를 생각하고 있다고 답변했습니다. 그가 너무 놀라기도 하고 아니라고 부인할 수도 없어서 어떤 구절이냐고 억지로 물었습니다. 알비케리우스는 언젠가 지나가는 길에 문법 선생[72]의 학교를 겨우 들여다본 적밖에 없었는데도 자신 있게 또 주저 없이 그 구절을 운율까지 넣어서 줄줄 암송하는 것이었습니다. 자, 그러니 그가 점을 쳐 준 사안들이 인간사가 아니었다는 말입니까? 아니면 신사에 관한 지식이 없었으면서도 점치러 온 사람들에게 그토록 확실하게 또 참말로 답변해 주었다는 말입니까? 하지만 둘 다 설명이 안 됩니다. 여기서 말하는 인간사란 그야말로 인간들의 사안, 곧 은수저, 동전, 농토 그리고 마지막으로 머릿속에 있는 생각입니다. 그리고 신술神術[73]이 인간에

diuinatio ipsa contingit? sapiens ergo fuit Albicerius, si sapientiam rerum humanarum diuinarumque scientiam illa definitione concedimus.

VII 19. Hic ille: Primo, inquit, ego scientiam non appello, in qua ille, qui eam profitetur, aliquando fallitur. Scientia enim non solum conprehensis sed ita conprehensis rebus constat, ut neque in ea quisquam errare nec quibuslibet aduersantibus inpulsus nutare debeat. Unde uerissime a quibusdam philosophis dicitur in nullo eam posse nisi in sapiente inueniri, qui non modo perfectum habere debet id, quod tuetur ac sequitur, uerum etiam inconcussum tenere. Scimus autem illum, quem commemorasti, multa saepe falsa dixisse, quod non solum aliis mihi referentibus comperi sed praesens aliquando ipse percepi. Eumne igitur scientem uocem, cum saepe falsa dixerit, quem non uocarem, si cunctanter uera dixisset? Hoc

---

◀73 divinatio: 리켄티우스는 '지혜'에 대한 정의에 들어 있는 res divina(신사)에서 divinare(신술을 부리다, 점치다), divinatio(신술, 점)가 유래함을 꼬집어 아우구스티누스가 제시한 정의를 희화화해 버렸다.

74 일부 사본에는 W.M. Green이 따르는 hic ille, inquit 대신(젊은 문하생 트리게티우스의 이토록 긴 발언은 무리라고 여겨진다) hic ego primo inquam(여기서 내가 나섰습니다)으로 되어 있어 8,22까지의 긴 발언이 아우구스티누스의 것으로 간주되고 있어 역자는 이를 따른다. 더구나 8,23은 Tum Trygetius(그때 트리게티우스가 ···)로 시작한다.

75 키케로(*Academica* 1,11,41-42)가 소개하는 스토아의 '지식' 개념이 '포착'(comprehensio: καταλεπτον = receptum iam et approbatum)에다 '항구한 신념'(constantia: *Academica* 2,8,23)이 덧붙여진다는 사실을 암시한다. perceptio와 comprehensio의 구분은 앞의 각주 24 참조.

게 말해 주는 사안을 두고 응당 신사라고 생각하지 않을 사람이 누구겠습니까? 그렇다면 알비케리우스야말로 현자입니다. 저 정의에서 지혜라는 것은 인간사와 신사에 대한 지식이라고 우리가 수긍했으니까 말입니다."

지식은 입증을 포함한다

7.19. 그러자 여기서 우선 내가 나섰습니다.[74] "우선 먼저, 사람이 '지식'이랍시고 발설하면서도 때때로 틀리는 것이면 나는 지식이라고 일컫지 않는다. 지식은 단지 사물을 포착하는 것으로 성립하는 것이 아니고 사물을 포착하되 누구든지 거기서 오류에 빠지지 않아야 하고 여하한 반대자들에게 몰리더라도 흔들리지 않아야 한다.[75] 그래서 몇몇 철학자들이 지식이란 현자 안에서가 아니면 발견할 수 없다고 한 말은 참으로 옳다.[76] 현자는 자기가 주장하고 추종하는 바를 완벽하게 갖추어야[77] 할 뿐만 아니라 흔들리지 않게 그것을 견지하지 않으면 안 된다. 네가 언급한 인물로 말하자면 흔히 많은 얘기를 거짓으로 말했고, 그 점은 단지 남들이 전해서 내게 알려진 것이 아니라 때로는 내가 직접 그 자리에 있다가 간파한 것이기도 하다. 그가 어쩌다 참말을 했다고 할지라도 나는 그런 사람을 현자라고 부르진 않겠다. 내가 여기서 한 말은 장복관臟卜官, 조점사鳥占師, 별자리로 점을 치는 모든 사람들, 해몽가들을 두고도 하는 말이라고 여겨 주기 바란다.[78]

---

[76] "스토아학파는 '지식'을 현자에게만 부여한다"(*Soliloquia* 1,4,9; cf., Cicero, *Academica* 2,47,145).

[77] 사본에 따라서는 perfectum 대신 perceptum(확고하게 '파악한')으로 나온다.

[78] 제사에 바쳐진 짐승의 내장을 관찰하는 auspices, 새들이 나는 포물선을 관찰하는 augures, 별자리를 관찰하는 astra consulentes, 꿈을 해몽하는 coniectores 그리고 곧이어 나오는 vates(복술가) 같은 점술사들에 관해서는 아우구스티누스가 『신국론』(8,16)에서 상론한다.

me de aruspicibus et de auguribus et de his omnibus, qui sidera consulunt, et de coniectoribus dixisse putatote aut aliquem ex hoc genere hominum proferte, si potestis, qui consultus numquam de responsis suis dubitauerit, numquam postremo falsa responderit. Nam de uatibus nihil mihi puto esse laborandum, qui mente loquuntur aliena.

20. Deinde res humanas esse ut concedam res hominum, quidquam tu existimas nostrum esse, quod nobis uel dare uel eripere casus potest? Aut cum rerum humanarum scientia dicitur, ea dicitur, qua quisque nouit uel quot uel quales fundos habeamus, quid auri, quid argenti, quid denique alienorum carminum cogitemus? Illa est humanarum rerum scientia, quae nouit lumen prudentiae, temperantiae decus, fortitudinis robur, iustitiae sanctitatem. Haec enim sunt, quae nullam fortunam metuentes uere nostra dicere audemus; quae si Albicerius ille didicisset, numquam, mihi crede, tam luxuriose deformiterque uixisset. Quod autem dixit, quem uersum uolueret animo ille, a quo consulebatur, neque

---

79 사추덕(四樞德)의 개념은 키케로(De inventione 2,53,159)를 통해 전수받았고 아우구스티누스 이후 그리스도교 윤리덕으로 깊이 뿌리내린다(De diversis quaestionibus 83,31,1).

그렇지 않으면 이런 부류의 인간들 가운데 점쳐 달라는 사람들에게 내놓은 자기 답변들에 대해서 절대로 의심을 품지 않은 사람이나 답변을 내놓았는데 후일 거짓으로 드러난 적이 한 번도 없는 그런 사람이 있거든 나에게 말해 보기 바란다, 여러분이 할 수 있으면 말이다. 복술가卜術家라면 내가 힘들여 얘기할 필요가 전혀 없으니 그런 사람은 남의 지성을 빌려 발설하는 까닭이다.

신술은 지혜에 해당하지 않는다

7.20. 그러니까 인간사가 인간들의 사안이라는 말은 수긍하겠다. 그런데 너는 우연偶然이 우리한테 주거나 앗아 가는 것을 우리 것이라고 생각할 작정이냐? 그렇지 않으면 인간사에 관한 지식이라고 말하니까, 우리가 얼마나 큰 농지, 또 어떤 농지를 가졌는지, 금과 은을 얼마나 가졌는지, 다른 사람들의 시가詩歌를 얼마나 잘 생각해 내는지를 서술하면 그것이 다 인간사에 대한 지식이라고 말할 셈이냐? 현명賢明의 광채를 알고, 절제節制의 영예를 알고, 용기勇氣의 위력을 알고, 정의正義의 성스러움을 아는 그것이 인간사에 대한 지식이다.[79] 여하한 운명도 두려워하지 않는 이것들이야말로 정말 우리 것이라고 우린 감히 말하는 바다. 저 알비케리우스라는 작자가 이것을 만약 배웠더라면, 내 말을 믿어 다오, 결코 저처럼 방탕하게 살지는 않았을 게다. 알아맞혀 보라고 요구하는 사람이 속으로 뇌고 있던 시구를 그자가 염송했다고 해서 나 같으면 그런 것을 '우리 것'에다 꼽아 넣어야 한다고 생각하지 않는다. 그렇다고 저 고귀한 학문들이

hoc puto inter res nostras esse numerandam, non quo negem honestissimas disciplinas ad possessionem quandam nostri animi pertinere, sed quia uersum alienum etiam inperitissimis canere ac pronuntiare concessum est. Ideo talia cum in memoriam nostram incurrerint, non mirum, si sentiri possunt ab huius aeris animalibus quibusdam uilissimis, quos daemonas uocant, a quibus nos superari acumine ac subtilitate sensuum posse concedo, ratione autem nego, atque id fieri nescio quo modo secretissimo atque a nostris sensibus remotissimo. Non enim, si miramur apiculam melle posito nescio qua sagacitate, qua hominem uincit, undeunde aduolare, ideo eam nobis praeponere aut saltem comparare debemus.

21. Itaque uellem magis iste Albicerius ab eo, qui discere cuperet, interrogatus ipsa metra docuisset uel coactus a quopiam consultorum de re sibi statim proposita uersus proprios cecinisset. Quod eundem Flaccianum saepe dixisse soles commemorare, cum illud diuinationis genus magna mentis altitudine derideret atque

---

80 aeris animalia vilissima, daemones: 로마 사회에 만연되어 있던 '정령'숭배에 관해서 아우구스티누스는 『신국론』 8권과 9권에서 장황하게 논한다.

우리 정신의 소유에 해당한다는 사실을 내가 부정하는 것은 아니다. 그보다는 다른 사람의 시구쯤이야 아주 무식한 사람들도 염송하고 발표하는 일이 가능하다는 얘기다. 그래서 그런 말들이 우리 기억에 한번 쳐들어오면 이 공기空氣의 아주 저속한 어떤 생물들한테서도 들리는 수가 있는데, 이상할 것이 없다. 그것들을 사람들은 정령精靈이라고 부른다.[80] 그것들이 감관의 예리함과 섬세함에서 우리를 능가한다는 점은 나도 인정하지만 이성으로 우리를 능가하리라는 점은 나는 부정한다.[81] 단 아주 비밀스럽고 우리 감관으로부터 아주 거리가 있는 사건들이 어떻게 일어나는지는 나도 모르겠다. 꿀벌이 얼마나 예민한지 모르는 감각으로, 인간을 능가하는 감각으로 이리저리 꿀 있는 데를 찾아 날아다니는 모습에 우리가 탄복한다고 하더라도 그것 때문에 꿀벌을 우리 인간보다 낫다고 하거나 인간과 비교해서는 안 된다.

신술은 공기의 어떤 생물들이 하는 짓으로 돌린다

 7.21. 따라서 나는 저 알비케리우스라는 자가 자기 비술을 배우고 싶어 안달하는 어떤 사람한테서 부탁을 받고서는 운율을 넣어서 가르침을 내렸거나, 그렇지 않으면 점을 봐 달라는 손님들 가운데 누가 억지로 권하는 바람에, 자기한테 털어놓은 사정을 두고 자기 나름대로 가락을 넣어서 구절들을 흥얼거렸거나 둘 중 하나였으리라고 여기고 싶다. 이 얘기는 플라키아누스도 자주 얘기하더라고 네가 내게 들려주곤 하였다. 그분은 심원한 정신 자세로 그따위 신술들을 비웃고 경멸하였으며, 그분이 그 짓을 어

---

81 정령들이 '공기 신체'(corpus aerium)를 갖추고 있다거나 인간처럼 이성혼을 갖추고 있다는 설화를 가리킨다(『신국론』 8,15-16 참조).

despiceret idque nescio cui abiectissimae animulae – sic enim dicebat – tribueret, quo ille quasi spiritu admonitus uel inflatus haec respondere solitus esset. Quaerebat enim uir ille doctissimus ab his, qui talia mirarentur, num grammaticam uel musicam uel geometricam posset Albicerius docere. Quis autem illum nosset et non istorum omnium imperitissimum fateretur? Quam ob rem ad extremum hortabatur, ut animos suos hi, qui talia didicissent, illi diuinationi sine dubitatione praeferrent darentque operam his disciplinis instruere atque adminiculare suam mentem, quibus aeriam istam inuisibilium animantium naturam transilire et eam supereuolare contingeret.

VIII 22. Iam res diuinae cum omnibus concedentibus meliores augustioresque multo quam humanae sint, quo pacto eas ille adsequi poterat, qui quid esset ipse nesciebat, nisi forte existimans sidera, quae cotidie contemplamur, magnum quiddam esse in comparatione uerissimi et secretissimi dei, quem raro fortasse intellectus,

---

82 animula: anima(영혼)의 애칭 내지 비속어.

83 aeria natura: 정령은 지상이 아닌 공중에 사는 생물로서 '공기 신체'와 '공기 본성'을 갖추어서 눈에 보이지 않는다는 속설이 있었다.

84 아우구스티누스는 두 제자가 알고 있는 플라키아누스의 말을 빌려 정령론을 언급하는 중이다.

느 천박한 '새끼 혼령'⁸² — 그분이 이렇게 부르시곤 하였다 — 에게 돌릴는지 나는 모르겠지만, 그분 말씀에 의하면, 저 알비케리우스라는 자는 아마도 어떤 귀신에 홀렸거나 귀신에게 충동질받아서 그런 답변들을 내놓곤 하였다고 한다. 박학하기 이를 데 없는 그분은 저런 일들을 두고 탄복하는 사람들에게 힐문한 적이 있었다. '알비케리우스가 문법이나 음악이나 기하학도 가르칠 수 있느냐?'는 물음이었다. 그자를 아는 사람치고 그가 이런 것들에 대해서는 전혀 경험이 없었다고 얘기하지 않을 사람이 누구겠는가? 그런 이유로 그분은 마지막으로, 이런 학문을 배운 사람들한테 저따위 신술보다는 자기 정신을 중시하라고 기탄없이 충고하였다. 또 이런 학문에 열심을 쏟으라고, 그러면 이런 학문들로 자기 지성을 훈련하고 지탱하여, 이런 학문으로 눈에 보이지 않는 생물들의 저따위 공기 본성⁸³을 넘어서고 그 위로 날아오르게 된다고 충고하였다.⁸⁴

진정한 인간사와 신사는 어떤 것인가

8.22. 모든 사람들이 인정하듯이, 신사는 인간사보다 훨씬 훌륭하고 고귀한 것인데, 자기 자신이 무엇인지도 모르던 사람이 어떻게 신사에 접할 수 있었겠느냐? 그는 신사라는 것을 우리가 날마다 쳐다보는 성좌라고 여기지나 않았을까? 성좌는 더없이 진실하고 더없이 감추어진 하느님⁸⁵과 비교하더라도 대단한 무엇이라고 여긴 것일까? 오성은 드물게라도 하느님을 파악하겠지만 감관은 결코 파악하지 못한다. 그런데 이 성좌는 우리 눈앞에 늘 있다. 그러니 이런 것들은 지혜 홀로 안다고 공언하는 그런 신성

---

85 verissimus et secretissimus deus: verus($\dot{a}$-$\lambda\epsilon\theta\eta$s: '감추어지지 않고 드러나')와 secretus (secerno: '따로 떼어 놓다')는 상충된 어감을 가진다. 1,1,3에서도 상반된 두 형용사를 하느님께 사용했다. Deus absconditus(숨어 계신 하느님)는 이사 45,15 참조.

sensus autem nullus attingit? Haec autem praesto sunt oculis nostris. Nec ista igitur sunt illa diuina, qualia se sola scire sapientia profitetur; caetera autem, quibus isti nescio qui diuinantes uel ad uanam iactantiam uel ad quaestum abutuntur, prae sideribus profecto uiliora sunt. Non igitur Albicerius rerum humanarum ac diuinarum scientiae particeps fuit frutraque abs te isto modo definitio nostra temptata est. Postremo cum quicquid praeter res humanas atque diuinas est, nos uilissimum ducere et omnino contemnere oporteat, quaero, in quibus rebus quaerat tuus ille sapiens ueritatem. – In diuinis, ait ille; nam uirtus etiam in homine sine dubitatione diuina est. – Has igitur Albicerius iam sciebat, quas tuus sapiens semper inquiret? – Tum Licentius: Diuinas, ait, et ille nouerat, sed non eas, quae a sapiente quaerendae sunt. Quis enim non euertat omnem loquendi consuetudinem, si ei diuinationem concedat, adimat res diuinas, e quibus diuinatio nominata est? Quare illa uestra definitio, nisi fallor, nescio quid aliud, quod ad sapientiam non pertineret, inclusit.

23. Tum Trygetius: Definitionem istam, inquit, defendet, si libebit, ille qui protulit. Nunc mihi tu responde, ut tandem ad id

---

86 점술사에게 divinatio(신술)를 허용하면서 그 어원이 되는 res divina(신사)를 배제한다면, 1,6,16에 나오는 지혜의 정의에는 res divina가 잘못 내포된 셈이라는 리켄티우스의 반론이다(앞의 각주 56 참조).

한 무엇이 아니다. 그 밖의 것들은 분명히 성좌들보다는 미천하다. 황당한 허세 때문인지 돈벌이 때문인지 몰라도 점치는 사람들은 저런 것들을 악용하고 있다. 여하튼 알비케리우스는 인간사와 신사에 대한 지식에 끼지 못하였다. 그리고 지혜에 관한 우리의 정의가 리켄티우스 너한테서 공박을 당했지만 그 공박은 허사였다. 인간사와 신사 외에도 무엇이 있다면 우리는 그 대상을 아주 하찮은 것으로 간주하며 전적으로 경멸해야 마땅할 것이다. 마지막으로 너한테 묻겠는데, 네가 말하는 저 현자는 도대체 무슨 사물에서 진리를 추구하더냐?" 그러자 리켄티우스가 대꾸하였습니다. "신사에서 찾습니다. 무릇 덕이라는 것은 비록 사람에게 있더라도 신적인 무엇임에 틀림없습니다." "그럼 네가 말하는 현자는 항상 탐구한다고 했는데, 알비케리우스는 그 대상을 벌써 알고 있었다는 말이냐?" 그러자 리켄티우스가 말했습니다. "신사들은 그도 알고 있었습니다. 단지 현자에 의해서 탐구되어야 마땅한 그런 식으로 탐구한 것은 아니었습니다. 그 사람에게 신술神術이라는 단어가 허용된다면서, 신술이라는 명칭이 유래한 신사神事라는 것을 그 사람에게서 배제해 버린다면 누구나 언어의 관습 전체를 뒤집어엎을 수 있지 않을까요? 내가 틀리지 않았다면, 여러분의 그 정의는, 무슨 이유에선지 모르겠지만, 지혜에 해당하지 않는 개념을 내포시켰습니다."[86]

지혜란 지식인 동시에 탐구인가

8.23. 그러자 트리게티우스가 나섰습니다. "그 정의로 말할 것 같으면 그것을 발설하신 분이 원하신다면 변호하실 것이다.[87] 지금은 네가 나한테

---

[87] 1,6,16 말미에서 "지혜란 인간사와 신사에 관한 지식이다"라는 스토아 정의를 소개한 사람은 트리게티우스가 아닌 아우구스티누스였다.

quod agitur ueniamus. – Istic sum, inquit ille. – Dasne, ait, Albicerium scisse uerum? – Do, inquit. – Melior igitur tuo sapiente. – Nulio modo, ait ille; nam quod genus ueri sapiens requirit, non solum ille delirus ariolus sed ne ipse quidem sapiens, dum in hoc corpore uiuit, adsequitur. Quod tamen tantum est, ut multo sit praestabilius hoc semper quaerere quam illud aliquando inuenire. – Necesse est, ait Trygetius, ut mihi in angustiis definitio illa subueniat. Quae si propterea tibi uitiosa uisa est, quia complexa est eum, quem non possumus uocare sapientem, quaero, utrum eam probes, si sapientiam rerum humanarum diuinarumque scientiam dicamus, sed earum, quae ad beatam uitam pertineant. – Est, inquit ille, et ista sapientia sed non sola. Unde superior definitio inuasit alienum, haec autem proprium deseruit; quare illa auaritiae, ista stultitiae coargui potest. Etenim ut iam ipse explicem definitione quod sentio, sapientia mihi uidetur esse rerum humanarum et diuinarum, quae ad beatam uitam pertineant, non scientia solum sed etiam diligens inquisitio. Quam descriptionem si partiri uelis, prima pars, quae scientiam tenet, dei est, haec autem, quae inquisitione contenta est, hominis. Illa igitur deus, hac autem homo beatus est. – Tum ille: Miror, inquit, sapientem tuum quomodo

---

88 ille delirus ariolus: hariolus는 점쟁이(haruspex: 장복관)를 낮추어 부르던 말이었다.

대답해 보아라. 그래야 토론에 부친 문제에 우리가 도달할 것이다." 그러자 상대방이 대꾸했습니다. "나는 그럴 태세가 되어 있다." 트리게티우스가 물었습니다. "너는 알비케리우스가 진리를 알았다고 인정하느냐?" "인정한다." "그렇다면 그가 너의 현자보다 나은 인물이다." "결코 그렇진 않다. 왜 그런가 하면, 현자가 탐구하는 종류의 진리는 저런 얼빠진 점쟁이가[88] 손에 넣는 그런 것이 아닐뿐더러 비록 현자라고 하더라도 이 육체 속에 살아가는 한에는 획득할 수 없는 것이기 때문이다. 하지만 이런 진리는 그것을 늘 찾는다는 사실만으로도, 때때로 발견되기도 하는 다른 종류의 진리보다도 훨씬 고귀한 무엇이다." 그러자 트리게티우스가 말했습니다. "내가 궁지에 몰린 이상 저 정의가 나한테 도움을 줘야겠다. 우리가 현자라고 부를 수 없는 사람을 포함시켰다고 해서 그 정의가 결함 있는 것으로 너한테 보였다면 한 가지 묻겠다. 우리가 지혜라는 것이 인간사와 신사에 관한 지식이라고 할 경우, 행복한 삶에 해당하는 사물들에 관한 지식이라는 사실을 너는 인정할 테냐?" 상대방이 말했습니다. "그것도 지혜는 지혜겠지만 그것 하나만이 아니다. 그래서 앞서 말한 정의는 남의 영역을 침범했는데, 지금 내린 정의는 자기 영역을 유기했다는 것이다. 따라서 앞서 나온 정의는 욕심 때문에, 이번 정의는 어리석음 때문에 손가락질받을 수가 있다.[89] 이 정의에다 내가 느끼는 바를 표명한다면, 내가 보기에도 인간사와 신사에 대한 지식이 지혜이지만, 그런 행복한 삶에 해당하는 사물들에 관한 지식만이 아니고 그런 사물에 대한 열성적인 탐구도 지혜다. 이 명제를 만일 네가 분석하고 싶다면, 전반부, 곧 지식에 해당하는 것은 하느님의 것이고 후반부, 곧 탐구로 만족하는 것은 인간의 것이라고 말하고

---

[89] 정의의 외연(外延)에 대한 리켄티우스의 시비는 앞의 각주 56 및 86 참조.

asseris frustra operam consumere. – Quomodo, inquit Licentius, frustra, cum tanta mercede conquirat? nam hoc ipso, quo quaerit, sapiens est, et quo sapiens, eo beatus, cum ab omnibus inuolucris corporis mentem quantum potest euoluit et se ipsum in semet ipsum colligit, cum se non permittit cupiditatibus laniandum, sed in se atque in deum semper tranquillus intenditur, ut et hic, quod beatum esse supra inter nos conuenit, ratione perfruatur et extremo die uitae ad id quod concupiuit adipiscendum reperiatur paratus fruaturque merito diuina beatitudine, qui humana sit ante perfruitus.

IX 24. Tum ego, cum Trygetius quid sibi esset respondendum diu quaereret: Non puto, inquam, Licenti, etiam huic argumenta defutura, si eum otiose quaerere permittamus. Quid enim ei quouis loco defuit ad respondendum? Nam primo ipse intulit, quoniam de beata uita quaestio nata est et beatum solum necesse est esse

---

90 스승이 내린 '신사'(res divinae)와 '인간사'(res humanae)의 구분을, 리켄티우스는, 행복을 주는 사물에 관한 '지식'은 '하느님의 것'(res dei), 탐구는 '인간의 것'(res hominis)으로 구분하여 탐구만으로도 현자가 된다는 주장을 고수한다.

91 in se atque in deum semper intenditur: 리켄티우스는 스승의 핵심 사상을 언급한다. "무엇을 알고 싶은가?" "하느님과 [내] 영혼을 알고 싶습니다"(deum et animam scire cupio). "더 이상 아무것도 없는가?" "아무것도 없습니다"(*Soliloquia* 1,2,7).

싶다. 즉, 하느님은 전자로 행복하시고 인간은 후자로 행복해진다."[90] 상대방이 말을 꺼냈습니다. "네 말마따나 너의 현자가 얼마나 무익하게도 헛수고를 하는지 내가 보기에도 참 이상하다." 리켄티우스가 대꾸했습니다. "그런 탐구 자체가 대단한 보상인데 어째서 헛수고냐? 그렇게 탐구하고 있다는 바로 그 점에서 그는 현자이며, 현자라는 그 점에서 그는 행복한 것이다. 지성이 힘껏 육체의 모든 매듭에서 풀려나고, 지성 자체에 오로지 몰두하고, 일신이 정욕으로 갈기갈기 찢겨 나가도록 허용하지 않고, 평온하게 자신과 하느님께 지향을 두고 있는 이상[91] — 앞서[92] 우리 사이에 합의한 대로 그런 사람이 행복하다고 할 만하다 — 그는 이성을 향유하고 생애 마지막 날에는 그토록 열망하던 바를 획득할 자세가 되어 있고, 이전에 지상에서 인간적 지복至福을 향유享有하였을 테니까, 당연히 신적 지복을 향유하기에 이를 것이다."

아우구스티누스가 지금까지의 토론을 간추리다[93]

9.24. 트리게티우스가 대답할 말을 찾느라고 오랫동안 망설이자 내가 개입하였습니다. "리켄티우스, 너의 이 반박에 대해서도 트리게티우스의 반론이 전무하리라고는 생각지 않는다. 우리가 그에게 여유를 가지고 궁리하도록 허락해 준다면 말이다. 어느 논점에서든 그에게서 답변이 빠진 적이 있었더냐? 처음에 행복한 삶에 관한 주제가 대두되었기 때문에 그는 지혜로운 사람만이 행복해야 한다는 명제를 내놓았다. 무릇 어리석음이란 어리석은 사람들의 판단에도 가련한 무엇이라면 말이다. 그리고 나서 그

---

92 1,2,5와 1,3,9 참조.
93 1,9,24-25는 제1권의 토론을 아우구스티누스가 리켄티우스에게 간추려 주는 형식을 띤다.

sapientem, si quidem stultitia etiam stultorum iudicio misera est, perfectum sapientem esse debere, non autem perfectum esse qui adhuc uerum quid sit inquirit, unde ne beatum quidem. Cui loco tu cum molem auctoritatis obiceres, modeste aliquantum Ciceronis nomine perturbatus tamen se statim erexit et generosa quadam contumacia in uerticem libertatis exsiluit rursumque arripuit quod erat de manibus uiolenter excussum quaesiuitque abs te, utrum tibi perfectus qui adhuc quaereret uideretur, ut, si fatereris non esse perfectum, ad caput recurreret demonstraretque, si posset, per illam definitionem perfectum esse hominem, qui secundum legem mentis uitam gubernaret, ac per hoc beatum nisi perfectum esse non posse. Quo te laqueo cum expedisses cautius, quam putabam, et perfectum hominem esse diceres inquisitorem diligentissimum ueritatis ipsaque illa definitione, qua beatam uitam illam demum esse dixeramus, quae secundum rationem ageretur, tu praefidentius apertiusque pugnasses, ille tibi plane reposuit; nam occupauit praesidium tuum, unde pulsus omnino summam rerum amiseras, ni te indutiae reparassent. Ubi enim arcem locauerunt Academici, quorum tueris sententiam, nisi in erroris definitione? Quae tibi nisi noctu fortasse per somnium rediret in mentem, iam quid responde-

---

94 첫날과 둘째 날 사이의 휴식 시간을 가리킨다.
95 이하 3,11,25에서는 '당신이 잠들었을 때에도 당신이 보는 것이 과연 이 세상인가?'라는 토론이 벌어진다.

는 지혜로운 사람은 완전한 사람이어야 하고, 진리가 무엇인지 아직 찾고 있는 사람이라면 완전한 사람이 아니므로, 행복한 사람도 아니라는 명제를 내놓았다. 너는 그 자리에서 권위라는 무게를 내세워 반대하였다. 그는 키케로라는 이름 때문에 약간 당황하였지만 즉시 기운을 되찾아 관대하고 결연하게 자유의 정상頂上까지 솟구쳐 올랐을뿐더러 손에서 거칠게 빼앗긴 것을 다시 잡아챘고 아직 진리를 찾고 있는 사람이 너한테는 완전한 사람으로 보이느냐는 반문을 너에게 던졌다. 네가 만일 그런 사람은 완전하지 못한 사람이라고 말했더라면, 첫머리로 돌아가서, 자기 힘이 미친다면, 그 정의를 이용해서 지성의 법칙에 따라서 삶을 통솔하는 사람은 완전한 인간이라고, 그래서 완전한 사람이 아니면 행복한 사람일 수 없지만 그는 완전한 사람이라고 증명해 보일 작정이었다. 그런데 내가 추측하던 것보다 더 조심스럽게 네가 그 올가미를 피해서는 열심히 진리를 탐구하는 사람은 완전한 사람이라고 말했고, 그다음 너는 너무 자신만만하게 아주 노골적으로 공격을 가했다. 그 행복한 삶이란 무엇인가 하고 우리가 재차 얘기했던 바로 그 정의를 가지고서, 다시 말해서 이성에 따라 영위하는 삶이 행복한 삶이라는 정의를 가지고서 말이다. 그러자 그는 간단하게 너에게 반격을 폈고 자기가 격퇴당했던 네 보루를 다시 점령해 버렸다. 휴전休戰이 너한테 기운을 되찾을 틈을 주지 않았더라면[94] 너는 그야말로 죄다 잃을 뻔했다. 그런데 네가 그 입장을 두둔하고 있는 아카데미아학파는 어디다 요새를 구축했던가? '오류誤謬에 대한 정의'가 아니면 어디였더냐? 밤새 아마도 꿈속에서였겠지만,[95] 너한테 그 정의에 관한 착상이 되돌아오지 않았더라면, 너는 아마 대꾸할 말이 없었을 것이다. 물론 네가 앞서 키케로

아카데미아학파 반박 _ 제1권 117

res non habebas, cum in exponenda Ciceronis sententia id ipsum tu ipse ante commemoraueris. Deinde uentum est ad definitionem sapientiae, quam cum tanta calliditate labefactare conareris, ut tua furta nec ipse auxiliator tuus Albicerius fortasse comprehenderet, quanta tibi uigilantia, quantis uiribus restitit, quam te paene inuoluit atque depressit, nisi te postremo tua definitione noua tutareris diceresque humanam esse sapientiam inquisitionem ueritatis, ex qua propter animi tranquillitatem beata uita contingeret! Huic iste sententiae non respondebit, praesertim si in proroganda diei uel parte, quae restat, reddi sibi gratiam postulabit.

25. Sed, ne longum faciamus, iam, si placet, sermo iste claudatur, in quo immorari etiam superfluum puto. Tractata enim res est pro suscepto negotio satis; quae post pauca omnino posset uerba finiri, nisi exercere uos uellem neruosque uestros et studia, quae mihi magna cura est, explorare. Nam cum instituissem uos ad quaerendam ueritatem magnopere hortari, coeperam ex uobis quaerere, quantum in ea momenti poneretis; omnes autem posuistis tantum,

---

96 exercere vos vellem: 아우구스티누스의 카시키아쿰 대화편들은 문하생들의 정신 훈련 (exercitatio animi)을 주목적으로 하고 있다(본서 2,7,17; 3,3,6 참조).

의 사상을 제시하면서 네가 할 답변을 미리 언급하기는 했지만 말이다. 하여튼 그리고 나서 지혜에 관한 정의가 나왔다. 너는 그 정의를 흔들어 무너뜨리려고 열성껏 노력하였고 아주 교묘한 술책을 부렸는데, 아마 네 훈수꾼 알비케리우스마저 그 점을 포착하지 못했으리라 본다. 트리게티우스가 너한테 버티느라고 얼마나 조심스럽게 얼마나 힘들여 싸움에 임했는지 모른다! 네가 마지막 순간에 새로운 정의를 내걸어서 너를 방어하지 못했던들 그는 너를 거의 드잡이해서 팽개칠 판이었다! 너는 인간적 지혜란 진리에 대한 탐구라고 말했고, 그 탐구로 정신의 평온을 이루어 행복한 삶이 닥친다고 말했다. 그는 이 문장에는 답변을 안 할 것이다. 적어도 오늘 남은 하루라도 자기에게 관대히 여유를 달라고 청한다면 더욱 그럴 것이다."

토론자들을 칭찬하다

9.25. 나는 다음과 같이 얘기를 매듭지었습니다. "그러나 우리가 너무 멀리 가지 않기 위해서, 여러분의 마음에 든다면, 이 토론은 일단 중단해야겠다. 나는 우리가 이 토론에 너무 오래 붙잡혀 있음은 쓸데없는 짓이라고 여긴다. 우리가 택한 의도에서 본다면 이 주제는 충분하리만큼 토론되었다. 실상 이 주제로 말할 것 같으면, 몇 마디로 끝날 만한 것이었는데, 나는 단지 여러분을 훈련시키고 싶었고,[96] 여러분의 심지를 강화하고 싶었을 뿐이다. 내 커다란 관심사는 토론에 임하는 여러분의 연구열을 관찰하는 일이다. 내가 진리를 탐구하는 데 매진하라고 여러분에게 적극 권유하

ut plus non desiderem. Nam cum beati esse cupiamus, siue id fieri non potest nisi inuenta siue non nisi diligenter quaesita ueritate, postpositis caeteris omnibus rebus nobis, si beati esse uolumus, perquirenda est. Quam ob rem iam istam, ut dixi, disputationem terminemus et relatam in litteras mittamus, Licenti, potissimum patri tuo, cuius erga philosophiam iam prorsus animum teneo. Sed adhuc quae admittat quaero fortunam. Incendi autem in haec studia uehementius poterit, cum te ipsum iam mecum sic uiuere non audiendo solum uerum etiam legendo ista cognouerit. Tibi autem, si, ut sentio, Academici placent, uires ad eos defendendos ualidiores para; nam illos ego accusare decreui. – Quae cum essent dicta, prandium paratum esse nuntiatum est atque surreximus.

기로 작심한 이상, 진리 탐구에 얼마나 큰 비중을 둬야 할지를 여러분에게 요구하기 시작했다. 왜 그러냐 하면 우리가 행복해지기를 욕구하는 이상, 진리가 발견되지 않는 한 행복해지는 일이 불가능하거나, 부지런히 진리를 탐구하고 있지 않는 한 행복해지는 일이 불가능할 것이기 때문이다.[97] 정말 행복해지고 싶다면 우리로서는 그 밖의 다른 모든 일은 뒤로 제쳐 두고 오로지 진리를 추구해야 하는 까닭이다. 따라서 리켄티우스, 내가 말한 대로, 이 토론은 끝을 내고 글로 옮긴 다음에 네 부친께 보내 드리자. 철학에 대한 그분의 정성을 내가 오래전부터 염두에 두고 있다. 하지만 아직은 그분이 철학에 종사할 그런 행운이 오기를 바라는 심경일 뿐이다. 당장에는 네가 이미 나와 함께 살게 된 이상 이번에 나눈 대화에 대해서 듣기만 하지 않고 글로 옮겨 놓은 것을 읽으면서 네 부친이 이 공부를 알게 되고, 그래서 이 공부에 더욱 열성을 기울일 수 있기 바란다. 내가 듣기에 너는 아카데미아학파에 공감하나 본데 아카데미아학파를 옹호할 좀 더 강력한 기력을 마련해 두어라! 나로서는 그들을 공격하기로 마음먹었으니까 말이다." 그런 얘기를 하고 나니까 점심이 마련되었다는 전갈이 와 우리는 자리에서 일어났습니다.

---

[97] 행복과 진리 발견 사이의 관계에 대해 토론이 계속되므로 아우구스티누스는 아직 결론을 내지 않는다.

LIBER SECUNDUS

I 1. Si quam necesse est disciplina atque scientia sapientiae ua-cuum esse non posse sapientem tam eam necesse esset inuenire, dum quaeritur, omnis profecto Academicorum uel calumnia uel pertinacia uel peruicacia uel, ut ego interdum arbitror, congrua illi tempori ratio simul cum ipso tempore et cum ipsius Carneadis Ciceronisque corporibus sepulta foret. Sed quia siue uitae huius multis uariisque iactationibus, Romaniane, ut in eodem te probas, siue ingeniorum quodam stupore uel socordia uel tarditate torpentium siue desperatione inueniendi – quia non quam facile oculis ista lux, tam facile mentibus sapientiae sidus oboritur – siue etiam, qui error omnino populorum est, falsa opinione inuentae a se ueritatis nec diligenter homines quaerunt, si qui quaerunt, et a quaeren-

---

1 disciplina atque scientia sapientiae: 철학의 학문적 성격을 지적한다. 본서 3,3,5: "아무 것도 배우지 않은 사람은 누구도 자기 정신에 학문을 갖추고 있을 수가 없다. … 그러니 지혜의 학문을 정신에 갖추고 있는 사람, [지혜의] 성품을 간직하고 있는 사람은 현자로서 진리를 알고 있다."

제2권 _ 아카데미아의 견해에 관하여 알리피우스가 무엇을 옹호하였는가

혼미함과 아둔함으로 인해서 아카데미아학파의 무기를 당해 내지 못하였다

1.1. 현자라면 지혜에 대한 학문과 지식[1]이 결여되어서는 안 되듯이, 지혜를 탐구하는 한, 지혜를 발견하는 일도 필수적입니다. 지혜가 발견되기만 한다면야 아카데미아학파의 온갖 궤변이나 완고나 집념,[2] 그리고 내가 자주 머리에 떠올리는 얘기지만, 시대에 영합하려는 그들의 명분일랑 땅속에 묻혀 버렸어야 할 것입니다. 그 시대와 더불어, 카르네아데스와 키케로의 몸뚱이와 더불어. 그렇지만 사람들은 열심히 지혜를 찾지도 않을뿐더러 찾고 있는 사람들마저도 자칫하면 찾겠다는 의지를 등지고 맙니다. 이 인생의 많고도 다양한 우여곡절 때문이기도 하고 — 로마니아누스, 그 곡절은 당신도 지금 겪고 있습니다 — 재능의 미비함과 우둔함이라든가 혼미한 인간들의 게으름 때문이기도 하고, 그렇지 않으면 하마 지혜를 발견할 수 있을까 하는 절망감 때문이기도 하고 — 하기야 지혜의 성좌星座가 인간 지성에 마치 육안에 보이는 저 빛처럼 그렇게 쉽사리 떠오를 리가 없습니다 — 전적으로 인간들의 잘못이겠지만 스스로 진리를 찾아냈노라는 거짓된 주장 때문이기도 할 것입니다. 그러다 보니까 지식이라는 것이 드물게 그것도 소수에게만 도달하는 현상이 생깁니다. 그뿐 아니라 이러저러한 핑계들과 더불어 아카데미아학파의 무기까지 손에 닿으면, 그게 도

---

2 본서 3권 11.26; 13.29; 17.39; 18.41에 다시 언급된다.

di uoluntate auertuntur, euenit, ut scientia raro paucisque proueniat, eoque fit, ut Academicorum arma, quando cum eis ad manus uenitur, nec mediocribus uiris sed acutis et bene eruditis inuicta et quasi Vulcania uideantur. Quam ob rem contra illos fluctus procellasque fortunae cum obnitendum remis qualiumcumque uirtutum tum in primis diuinum auxilium omni deuotione atque pietate implorandum est, ut intentio constantissima bonorum studiorum teneat cursum suum, a quo eam nullus casus excutiat, quominus illam philosophiae tutissimus iucundissimusque portus accipiat. Haec prima tua causa est; hinc tibi metuo, hinc te cupio liberari, hinc, si modo dignus sim, qui impetrem, cotidianis uotis auras tibi prosperas orare non cesso; oro autem ipsam summi dei uirtutem atque sapientiam. Quid est enim aliud, quem mysteria nobis tradunt dei filium?

2. Multum me autem adiuuabis pro te deprecantem, si non nos exaudiri posse desperes nitarisque nobiscum et tu, non solum uotis sed etiam uoluntate atque illa tua naturali mentis altitudine, propter

---

3 arma venitur: Vergilius의 문구[*Aeneis* 12,739: "불카누스가 벼른 신의 무기에 이른 다음에는"(postquam arma dei ad Vulcania ventum est)]를 연상시킨다.

4 본서 1,1,1에 나왔던 '운명과 덕성'의 긴장 관계, '지혜 — 여기서는 '철학'으로 대체됨 — 의 항구'라는 직유가 다시 등장한다. 두 곳 다 그 항해에 하느님의 도움이 요긴함을 역설한다.

저희 이길 수 없는 무기, 마치 불카누스가 만든 무기처럼 보입니다.³ 그것도 어중간한 사람들에게만 그런 게 아니라 예리하고 잘 숙련된 사람들에게도 그렇게 보입니다. 따라서 운명의 저 파도와 폭풍에 맞서 온갖 덕목의 노櫓를 꼭 붙들어야 할 뿐 아니라 무엇보다도, 경건敬虔과 신심信心을 다하여 신적인 도움을 애원해야 합니다. 그렇게 함으로써 숭고한 연학硏學에 대한 항구한 지향이 그 궤도를 유지하고, 무슨 우연한 사건이 발생하여 그 궤도에서 이 지향을 이탈하게 만듦으로써, 철학의 더할 나위 없이 안전하고 유쾌한 항구가 그를 못 받아들이게 훼방하는 일이 없어야 합니다.⁴ 이상의 얘기가 당신의 첫째가는 사정입니다. 당신을 두고 바로 이 점을 내가 우려하고 있으며, 내가 당신이 놓여나기 간절히 바라는 바가 이것이며, 내가 빌어 얻고자 하는 바가 이것이고, 합당하다면 하는 말이지만, 매일의 기도로 당신에게 순경順境이 닥쳐오기를 비는 일을 그치지 않는 까닭이 이것입니다. 나는 지존하신 하느님의 권능과 지혜를 상대로 기도를 올리고 있습니다. 성경이라는 비의秘義가 하느님의 권능과 지혜라고 우리에게 전하는 분은 하느님의 아드님 아니고 누구겠습니까?⁵

로마니아누스는 수덕修德에 적합한 인물이다

1.2. 당신을 위하여 이런 기도를 드리는 나에게 당신은 많은 도움을 주리라고 봅니다.⁶ 우리 기도가 받아들여지지 않을 수도 있다면서 당신이 절망하지 않는다면, 또 당신이 우리와 함께 노력을 기울인다면, 그것도 단지

---

⁵ 1코린 1,24 참조: "그리스도는 하느님의 힘이시며 하느님의 지혜이십니다." 아우구스티누스는 그냥 성경을 가리켜 '비사'(秘事, mysteria) 혹은 '비의'[秘義, veritatis arcana(본서 3,20,45)]라는 용어를 쓴다.

⁶ multum me adiuvabis: 미래 시칭이지만 '도와 달라!'는 관용어다.

quam te quaero, qua singulariter delector, quam semper admiror, quae in te – pro nefas! – illis rerum domesticarum nubibus quasi fulmen inuoluitur et multos ac paene omnes latet, me autem et alium uel tertium familiarissimos tuos latere non potest, qui saepe non solum attente audiuimus murmura tua sed etiam nonnulla fulgora fulminibus propiora conspeximus. Quis enim, ut caetera pro tempore taceam et unum commemorem, quis, inquam, tam subito umquam tantum intonuit tantumque lumine mentis emicuit, ut sub uno fremitu rationis et quodam coruscamine temperantiae uno die illa pridie saeuissima penitus libido moreretur? Ergone non erumpet aliquando ista uirtus et multorum desperantium risus in horrorem stuporemque conuertet et locuta in terris quasi quaedam futurorum signa rursus proiecto totius corporis onere recurret in caelum? Ergone Augustinus de Romaniano frustra ista dixit? Non sinet ille, cui me totum dedi, quem nunc recognoscere aliquantum coepi.

---

7 짙은 구름 속에서 번쩍이는 번개는, 천둥소리를 내더라도, 눈에는 잘 보이지 않는다.

8 fulgura fulminibus propiora: 호화 생활 중에서도 장탄식하면서 그 이상의 것을 갈구하던 지성을 엿보았다는 수사학적 표현이다.

9 로마니아누스 신변에 일어난 사건 같은데 아우구스티누스의 다른 문헌에는 언급되지 않는다.

10 "순결을 주소서. 절제를 주소서. 그러나 지금은 마옵소서"(sed noli modo, 『고백록』 8,7,17)라던 아우구스티누스 본인의 체험도 행간에 깔려 있다.

11 이 대목에 구사되는 라틴어 어휘들은 Vergilius의 글 — Aeneis 2,692-694: "홀연히 천둥이 울리고 별 하나가 하늘에서 떨어지며 눈부신 섬광 속에 긴 꼬리를 남기며 어둠 속으로 사그라들었다"; 12,701-702: "아페닌 산맥은 파도치는 참나무 숲들을 털면서 눈 덮인 봉우리로 하늘로 치솟는다" — 을 연상시킨다.

열망만 품는 것이 아니고 의지意志로도, 당신의 그 타고난 고매한 지성으로 노력을 기울인다면, 당신은 나에게 많은 도움을 주는 셈입니다. 바로 당신의 타고난 지성 때문에 내가 당신에게 이 부탁을 하는 것이고, 바로 그 점 때문에 내가 정말 기뻐하며, 바로 그 점을 두고 나는 늘 당신에게 경탄을 보내고 있습니다. 당신의 그러한 지성이 저런 집안일의 먹구름에 에워싸이는 것은 마치 번개가 먹구름에 감싸이는 것과 흡사하고,7 그래서 많은 사람들이, 아예 모두가 그것을 몰라보다니 한심한 일입니다! 허나 나나 당신과 아주 친근한 두세 사람한테마저 그것이 감추어질 수는 없습니다. 우리 일행은 자주 당신의 탄식하는 소리를 주의 깊게 들었을뿐더러 당신에게서 번개의 섬광과 흡사한, 지성의 빛을 언뜻언뜻 스쳐보았던 까닭입니다.8 딴 얘기들은 시간이 없어서 그만두겠습니다만 하나만 기억에 떠올려 보겠습니다. 내 말하거니와, 전날까지도 극심하던 정욕이 단 하루 만에 일소되는 경우를 어느 누구한테서 볼 수 있다는 말입니까? 이성理性의 단 한 번 제동으로, 절제節制의 어떤 섬광이 번쩍하고 나자 그 모든 욕정이 사라졌다는 말입니까?9 그처럼 지성이 엄청난 천둥소리를 내고 지성의 광휘가 그토록 엄청나게 빛을 발했다는 말입니까? 그러니 그와 똑같은 위력이 언젠가 다시 폭발하지 않겠습니까? 정욕을 주체 못하여 절망하는 많은 사람들의 비웃음을 공포와 경이로 바꿔 놓지 않겠습니까?10 그렇게 된다면 당신의 결단은 이 지상에서 장차 올 세상의 표지로서 두고두고 얘기되고, 육신 전체의 짐을 온전히 떨쳐 버리는 날 다시 하늘로 솟구치지 않겠습니까?11 아우구스티누스가 로마니아누스에 관해서 허황한 얘기를 했다는 말입니까? 내가 일신을 오로지 바친 그분, 내가 이제 막 겨우 알아보기 시작한 그분이 이를 용납지 않으실 것입니다.12▶

II 3. Ergo adgredere mecum philosophiam; hic est quicquid te anxium saepe atque dubitantem mirabiliter solet mouere. Non enim metuo aut a socordia morum aut a tarditate ingenio tuo. Quis te, quando aliquantum respirare concessum est, in sermonibus nostris uigilantior, quis acutior apparuit? Egone tibi gratiam non repensabo? An fortasse paululum debeo? Tu me adulescentulum pauperem ad studia pergentem et domo et sumptu et, quod plus est, animo excepisti; tu patre orbatum amicitia consolatus es, hortatione animasti, ope adiuuisti; tu in nostro ipso municipio fauore familiaritate communicatione domus tuae paene tecum clarum primatemque fecisti; tu Karthaginem inlustrios professionis gratia remeantem, cum tibi et meorum nulli consilium meum spemque aperuissem, quamuis aliquantum illo tibi insito – quia ibi iam docebam – patriae amore cunctatus es, tamen ubi euincere adulescentis cupiditatem ad ea quae uidebantur meliora tendentis nequiuisti, ex dehortatore in adiutorem mira beniuolentiae moderatione conuer-

◀12 본서 3,20,43; 필리 1,6 참조: "여러분 가운데에서 좋은 일을 시작하신 분께서 그 일을 완성하시리라고 나는 확신합니다."

13 "그해 제 공부가 중단되었습니다. 문학과 웅변술을 배우느라 가까운 도시 마다우라에서 객지 생활을 시작한 처지였는데, 거기서 돌아온 저를 두고 카르타고에서의 훨씬 먼 객지 생활로 보낼 비용이 마련되는 중이었습니다. 참으로 소박한 타가스테 자유 시민이던 부친의 재력보다 앞서는 그[로마니아누스]의 열성에서 나온 발상이었습니다"(『고백록』 2,3,5).

로마니아누스는 극진한 아량으로 아우구스티누스를 후원하였다

2.3. 그러니 나와 함께 철학에 정진하시오! 이상하게도 당신을 번번이 불안하게 만들고 의심하게 동요시키곤 하는 모든 탈이 여기 있습니다. 당신의 자질로 말하자면 도덕적 태만이라든가 지적 이완이라도 있을까 염려하지 않습니다. 우리의 담화에 당신이 어느 정도 호흡을 함께하는 틈이 있을 경우, 당신보다 주의를 집중하고 당신보다 날카롭게 그 자리에 임석한 사람이 누구였습니까? 내가 당신한테 입은 은덕을 보답하면 안 되겠습니까? 내가 진 빚이 대수롭지 않다는 말입니까? 당신은 내가 가난한 소년이었을 적에 공부를 계속하도록 붙들어 주었습니다.[13] 나를 집에 받아 주고 학비를 대 주고 더군다나 나를 격려해 주었습니다. 당신은 내가 부친을 여의자[14] 우애로 나를 위로해 주었고 충고로 나를 북돋아 주었고 금전으로 도와주었습니다. 당신은 우리 동네에서 당신 집안의 호의와 친분과 왕래로 나를 당신처럼 유명 인사로 만들어 주었고 유지(有志)처럼 만들어 주었습니다. 내가 보다 훌륭한 직업을 이유로 카르타고로 가려고 마음먹고 나서 나는 우리 집안 식구들 아무하고도 얘기를 나누지 않았지만 당신에게 내 생각과 포부를 열어 보였을 때였습니다. 내가 이미 그곳 타가스테에서 교편을 잡고 있었으므로 당신은 고향에 대한 타고난 애정으로 한참 망설였지만 자기 딴에는 더 낫다고 보이는 것을 지향하는 젊은이의 욕심을 꺾을 수 없자 나를 말리는 입장에서 도와주는 입장으로 바꿨고 놀라운 자제심과 후의(厚意)를 보여 주었습니다. 당신은 필요한 모든 것을 장만하여 내 여

---

14 "저는 그때 어린 나이로 그런 자들 틈에 끼어 웅변 서적들을 배우고 있었는데, 웅변술에 뛰어나고 싶었습니다. 그것은 인간적 허영심의 즐거움에서 비롯하여 … 저는 어느덧 열아홉 살이 되었고 아버지는 벌써 이태 전에 돌아가신 터여서 그런 기술은 어머니가 대주는 월사금으로 사려는 참이었습니다"(『고백록』 3,4,7). 부친 파트리키우스는 아우구스티누스가 카르타고로 떠난 직후(370년경) 사망한 것으로 추정된다.

sus es. Tu necessariis omnibus iter adminiculasti meum; tu ibidem rursus, qui cunabula et quasi nidum studiorum meorum foueras, iam uolare audentis sustentasti rudimenta; tu etiam, cum te absente atque ignorante nauigassem, nihil suscensens, quod non tecum communicassem, ut solerem, atque aliud quiduis quam contumaciam suspicans mansisti inconcussus in amicitia nec plus ante oculos tuos liberi deserti a magistro quam nostrae mentis penetralia puritasque uersata est.

4. Postremo quidquid de otio meo modo gaudeo, quod a superfluarum cupiditatium uinculis euolaui, quod depositis oneribus mortuarum curarum respiro resipisco redeo ad me, quod quaero intentissimus ueritatem, quod inuenire iam ingredior, quod me ad summum ipsum modum peruenturum esse confido, tu animasti, tu inpulisti, tu fecisti. Cuius autem minister fueris, plus adhuc fide

---

15 "어쨌든 저는 고향에서 달아났습니다. … 그래서 타가스테 읍에서 카르타고로 왔습니다"(『고백록』 4,7,12).

16 "로마로 가겠다는, 제가 카르타고에서 가르치던 것을 차라리 그곳에서 가르치겠다는 마음을 먹게 하심으로써 … 한사코 붙들고 늘어지면서 함께 집으로 돌아가든지 아니면 같이 떠나자고 애원하는 어머니를 저는 속여 넘겼습니다. … 그 밤을 틈타 저는 몰래 떠나 버렸고 그이는 못 떠났습니다"(『고백록』 5,8,14-15).

17 로마니아누스는 아우구스티누스의 카르타고 체류와 학문을 돕는 대신 아들들을 그의 문하에 맡겼다. 본서 2,7,16과 19에 리켄티우스의 '형' 얘기가 나온다.

18 redeo ad me: '너 자신을 알라'는 철학적 교훈과 더불어 "밖으로 나가지 마라. 그대 자신 속으로 돌아가라. 인간 내면에 진리께서 거하신다"(『참된 종교』 39,72)는 교부의 철학적 신념이 전제된 문구다.

비를 마련해 주었습니다. 당신은 내가 그곳에 도착해서도 다시 한 번 내 공부의 요람 내지 보금자리를 보살펴 주었고, 혼자서 날아오르려고 발버둥치는 젊은이의 시도를 지지해 주었습니다.[15] 당신은 내가 당신이 없을 때, 당신 모르게 배를 타고 떠나자 내가 으레 하던 바와는 달리 당신에게 아무 연락도 하지 않았다는 사실에 조금도 화를 내지 않았습니다.[16] 되레 당신은 모두가 내 집념 때문이려니 추측하고서 변함없이 우정을 간직해 주었습니다. 당신은 선생한테 버림받은 자식들을 안중에 두지 않고[17] 내 지성의 순수한 의도만을 염두에 두었습니다.

로마니아누스는 하느님의 시종

2.4. 여하튼 나는 내 여가를 여간 즐기고 있는 게 아닙니다. 황당한 욕정의 사슬에서 놓여났음과, 사람 죽을 노릇인 근심 걱정의 짐을 털어 버리고서 한숨 놓고 제정신이 들어 나 자신으로 돌아왔음과,[18] 참으로 진지하게 진리를 찾게 되었음과, 벌써 진리를 발견하는 초입에 들어섰음과, 내가 그 최고의 법도法度가 되시는 분에게[19] 도달하리라는 자신이 생겼음을 즐기는 중입니다. 당신이 나한테 이 모든 것을 독려했고 떠밀었고 시켰던 것입니다. 나로서는 그분을 이성理性으로 파악把握했다기보다는 아직은 신앙信仰으로 포착捕捉했으며[20] 당신은 내가 그분에게 도달하도록 그분의 시종 노릇을 해 주었습니다. 나는 당신과 얼굴을 마주하고서 내 정신의 내면적 움

---

[19] ad summum ipsum modum: 교부에게 진리 또는 "지혜는 지성의 '법도'이며"(modus animi sapientia est: *De beata vita* 4,32) 이미 자기 신앙의 대상인, 그리스도의 아버지 하느님을 최고의 법도라고 지칭하는 지경에 도달해 있다(*De beata vita* 4,34).

[20] fide concepi quam ratione comprehendi: 이사 7,9(불가타)를 인용하는 아우구스티누스의 학문적 원칙, "믿지 않으면 이해하지 못하리라"(nisi crederitis non intellegetis: 『자유의지론』 1,2,4)는 명제로 발전한다. '파악'과 '포착'의 구분은 제1권 각주 24 및 75 참조.

concepi quam ratione conprehendi. Nam cum praesens praesenti tibi exposuissem interiores motus animi mei uehementerque ac saepius assererem nullam mihi uideri prosperam fortunam, nisi quae otium philosophandi daret, nullam beatam uitam, nisi qua in philosophia uiueretur, sed me tanto meorum onere, quorum ex officio meo uita penderet, multisque necessitatibus uel pudoris uel ineptae meorum miseriae refrenari, tam magno es elatus gaudio, tam sancto huius uitae inflammatus ardore, ut te diceres, si tu ab illarum importunarum litium uinculis aliquo modo eximereris, omnia mea uincula etiam patrimonii tui mecum participatione rupturum.

5. Itaque cum admoto nobis fomite discessisses, numquam cessauimus inhiantes in philosophiam atque illam uitam, quae inter nos placuit atque conuenit, prorsus nihil aliud cogitare atque id constanter quidem, sed minus acriter agebamus, putabamus tamen

---

21 "그 무렵 많은 친구들이 마음이 산란했었고, 대화를 나누면서 또 인생의 소란스러운 번민에 혐오를 느끼면서, 군중을 멀리하고 한적하게 살아보자고, 다시 말해서 여가에 몰두하자는 결의를 거의 다 세우기에 이르렀습니다. … 로마니아누스는 저희 일에 각별히 관심을 보였고, 사람을 설득하는 데도 크나큰 권위를 갖고 있었습니다"(『고백록』 6,14,24).

22 그는 밀라노에서 아내와 아들(아데오다투스), 모친 그리고 아우 나비기우스와 그의 두 사촌까지 부양하는 처지였다(De beata vita 1,6).

23 이하 6-7절에도 나오지만 로마니아누스는 때마침 중대한 소송 사건이 있어서 밀라노 황궁의 경호실을 출입하던 중이었다.

24 같은 시기의 저작 — De beata vita 1,4: "귀하 역시 아주 열심히 연구하고 계시다는 플로티누스의 책을 내가 몇 권 읽고 난 다음" — 에 의하면 플로티누스의 Enneades라고 추정된다(『고백록』 7,9,13 참조: "비록 자만심이 대단하던 어떤 인물을 통해서였지만 플라톤학파의 모모한 책들, 그리스어에서 라틴어로 번역된 서적들을 제게 마련해 주셨습니다").

직임을 당신에게 털어놓았고, 내게는 철학하는 여가만큼 좋은 팔자로 보이는 게 없고 철학하면서 지내는 삶보다 행복한 삶이 없다는 사실을 얼마나 격하게 또 자주 피력하였는지 모릅니다.[21] 하지만 내 식솔들의 생계가 내 직업에 달려 있었으므로 나는 나 자신을 두고도 내 식구들의 짐을 지고서도 갖가지 난관에 허덕이고 있었습니다.[22] 그것은 창피해서 그랬을 수도 있고 내 식구들의 가련한 무능력으로 인해서 그랬을 수도 있었습니다. 그런데 당신은 철학에 종사하는 그런 종류의 삶에 크나큰 기쁨을 느끼는 듯했고 그런 삶에 대해서 성스러운 열정에 사로잡혀 있는 것처럼 보였습니다. 심지어는 그 같잖은 소송들의 굴레만 벗어난다면야[23] 나한테도 당신의 재산에 한몫 끼어들게 해서 내 모든 굴레를 일거에 해소해 주겠다는 말까지 했습니다.

플라톤학파들의 책과 바오로의 책을 읽다

   2.5. 그러니까 나한테 철학에 관한 불쏘시개를 지펴 놓은 다음 당신은 우리에게서 떠나갔지만 우리는 철학을 염원하고 그리고 우리끼리 마음이 맞고 적절한 그 삶을 염원하면서 여전히 그 밖에는 아무 생각도 하지 않았습니다. 그런 뜻을 항구하게 견지하면서도 좀 덜 모나게 행동하였으며 우선 그것으로 충분하다고 여겼습니다. 가장 뜨거운 열기로 우리를 사로잡을 그 불꽃은 아직 우리에게 닥치지 않았던 것입니다. 우리가 서서히 열기를 느끼던 그 불꽃이 아마 가장 센 불꽃이려니 했습니다. 자, 그러던 차에 당신에게 책들이, 내용이 대단한 책들이 나타났던 것입니다.[24] 켈시누스의 말마따나[25] 거기서 우리한테 아라비아 값비싼 문물을[26] 발산시켰고, 거기서 저 불꽃에 아주 값비싼 향유의 극소량의 방울들이 떨어졌는데, 그것만으로

satis nos agere. Et quoniam nondum aderat ea flamma, quae summa nos arreptura erat, illam qua lenta aestuabamus arbitrabamur esse uel maximam, cum ecce tibi libri quidam pleni, ut ait Celsinus, bonas res Arabicas ubi exhalarunt in nos, ubi illi flammulae instillarunt pretiosissimi unguenti guttas paucissimas, incredibile, Romaniane, incredibile et ultra quam de me fortasse et tu credis – quid amplius dicam? – etiam mihi ipsi de me ipso incredibile incendium concitarunt. Quis me tunc honor, quae hominum pompa, quae inanis famae cupiditas, quod denique huius mortalis uitae fomentum atque retinaculum commouebat? Prorsus totus in me cursim redibam. Respexi tamen, confiteor, quasi de itinere in illam religionem, quae pueris nobis insita est et medullitus inplicata; uerum autem ipsa ad se nescientem rapiebat. Itaque titubans properans haesitans arripio apostolum Paulum. Neque enim uere, inquam, isti tanta potuissent uixissentque ita, ut eos uixisse manifestum est, si eorum litterae atque rationes huic tanto bono aduersarentur. Perlegi totum intentissime atque castissime.

◀25 Celsinus: 박물학자 Aulus Cornelius Celsus(*Opiniones philosophorum*)로 추정되는데, 교부의 글에 "지혜가 최고선이요 육신의 고통이 최고악이다"라는 말이 인용되고(*Soliloquia* 1,12,21), "다양한 학파를 창건한 모든 철학자들의 견해를 여섯 권의 작지 않은 분량의 책으로 엮었다"(*De haeresibus* praef.5)는 언급이 나온다.

◀26 bonas res Arabicas: 당시 사치스러운 문물을 형용하던 관용어.

27 prorsus totus in me cursim redibam: 앞의 각주 18 참조.

도 믿기지 않을 만큼 큰 불길을 일으켰던 것입니다. 믿기지 않는, 로마니아누스여, 정말 믿기지 않는, 내가 나를 두고도 믿기지 않는 그런 불길이었습니다. 당신이 나를 두고 그러려니 하고 믿어 주는 것보다 훨씬 더 믿기지 않는 그런 불길이었습니다. 그러니 그 이상 무슨 얘기를 하겠습니까? 영예가 얼마나 나를 사로잡고 있었고, 인간들의 허영이 얼마나 나를 사로잡고 있었고, 헛된 명예욕이 얼마나 나를 사로잡고 있었고, 이 죽어 없어질 인생의 연줄과 밧줄이 얼마나 나를 뒤흔들어 왔던가요? 그리하여 나는 전심으로 달려서 자신으로 돌아오는 중이었습니다.[27] 하지만, 내 고백하거니와, 나 자신으로 돌아오는 그 여로에서 나는 저 종교를 되돌아보았던 것입니다. 어렸을 적에 우리에게 새겨진 종교, 우리 뼛속까지 스며든 종교 말입니다. 나도 모르는 새에 바로 그 종교가 나를 끌어당기고 있었던 것입니다.[28] 그래서 나는 비틀거리고 서두르고 망설이면서 사도 바오로의 책을 집어 들었던 것입니다.[29] 나는 이렇게 속으로 말했습니다. '이 종교의 글과 사상이 철학이라는 이 위대한 선에 상반된 것이었더라면 저 사람들이 그토록 훌륭한 일을 이루지도 못했을 것이고 그렇게 훌륭하게 살지도 못했을 것이다.' 그런데 그들이 훌륭하게 살았다는 것은 분명했습니다. 그래서 나는 그의 책 전체를 아주 정성 들여 아주 경건하게[30] 통독하였습니다.

---

[28] "저는 그 말로 [철학에] 끌렸고 불이 붙었고 스스로 타올랐습니다. 그런 열화 속에서도 어떤 사실 하나가 저를 싸늘하게 만들었으니 그리스도의 이름이 거기 나오지 않는다는 점이었습니다. … 이 이름이야말로, 아직 어머니의 젖에서부터 저의 여린 마음이 경건하게 들이킨 이름이요 깊숙하게 간직하고 있던 이름이었습니다"(『고백록』 3,4,8).

[29] "그래서 저는 의욕적으로 당신 성령의 외경스러운 붓끝, 다른 이들에 앞서 바오로 사도를 붙들었습니다. … 당신 사도 중에 극히 작은 인물의 글을 읽고 당신의 업적을 생각하며 놀라서 몸을 떨 적에, 이런 것들이 신기하게도 저의 가슴에 사무쳤습니다"(『고백록』 7,21,27).

[30] castissime: 사본에 따라서는 cautissime(아주 조심스럽게)로 읽힌다.

6. Tunc uero quantulocumque iam lumine asperso tanta se mihi philosophiae facies aperuit, ut non dicam tibi, qui eius incognitae fame semper arsisti, sed si ipsi aduersario tuo, a quo nescio utrum plus exercearis quam inpediaris, eam demonstrare potuissem, ne ille et Baias et amoena pomaria et delicata nitidaque conuiuia et domesticos histriones, postremo quidquid eum acriter commouet in quascumque delicias abiciens et relinquens ad huius pulchritudinem blandus amator et sanctus mirans anhelans aestuans aduolaret. Habet enim et ille, quod confitendum est, quoddam decus animi uel potius decoris quasi sementem, quod erumpere in ueram pulchritudinem nitens tortuose ac deformiter inter scabra uitiorum et inter opinionum fallacium dumeta frondescit; tamen non cessat frondescere et paucis acute ac diligenter in densa intuentibus, quantum sinitur, eminere. Inde est illa hospitalitas, inde in conuiuiis multa humanitatis condimenta, inde ipsa elegantia nitor mundissima facies

---

31 Cf., Vergilius, *Aeneis* 7,448: tanta se facies aperit(위대한 얼굴이 스스로를 드러냈다).

32 그에게 소송을 일으킨 장본인을 지칭하는 듯하나(앞의 각주 23 참조) 궁극적 가치를 희구하면서도 쾌락에 탐닉하고 있는 로마니아누스의 다른 면모를 지칭하는 것으로도 볼 수 있다.

33 Baiae(지금의 Bacoli): 나폴리 부근의 소읍으로 온천과 호화 별장으로 이름난 곳.

34 "그대가 지혜를 얼마나 사랑하는 애인인지, 지혜를 얼마나 순결하게 바라보고 포옹하고자 애타며 아무것도 가리지 않고 벌거벗은 모습으로 지혜를 들여다보고 끌어안고 있으려고 얼마나 열망하는지"(*Soliloquia* 1,13,22).

옛사람들의 덕성은 그만한 광채를 띠고서 예우를 받고 있다

2.6. 그러자 그때까지는 사방으로 희미하게 빛을 발하던 것뿐이었는데, 드디어 철학의 그 위대한 얼굴이 내게 드러났습니다.[31] 그것은 굳이 당신에게 얘기하지 않겠습니다. 당신은 철학을 모를 적에도 철학에 대한 기갈로 항상 타오르던 분이기 때문입니다. 단지 만약 당신의 적수[32] ― 그자 때문에 당신이 훼방당했는지 그보다는 차라리 단련받았는지 나로서는 모를 일입니다 ― 에게라면 내가 철학의 얼굴을 보여 줄 수도 있겠습니다. 철학의 얼굴을 보여 준다면 그자는 아마 바이아이[33]의 사치스러운 별장도 내버리고 경관이 수려한 정원도 내버리고 우아하고 진미에 찬 잔칫상도 내버리고 집안 전속 배우들도 내버리고 마지막에 가서는 열락悅樂을 찾아 그를 들쑤시는 것이라면 모조리 포기하여 내버리고서는 공손하고 경건한 철학의 애인이 되어 그 아름다움을 경탄하고 그리워하고 애가 타고 열을 내면서 덤벼들 것입니다.[34] 그런 사람에게도 일말의 고귀한 정신이 있고, 아니면 적어도 그 싹이 있으리라고 인정해야 할 것입니다. 그런 싹이 참다운 미美를 향해서 분출하고 싶어 애쓰는데도 왜곡되고 기형화된 채 지저분한 악덕들의 틈바구니에서, 사람을 기만하는 사상들의 가시덤불에서[35] 무성히 잎을 돋우고 있는지 모릅니다. 그렇더라도 잎을 틔우는 일은 중단하지 않고 있으며, 허락된 범위에서나마 예리하고 찬찬히 덤불 속을 들여다볼 수 있는 소수 인간들에게는 그 모습이 돋보이게 마련입니다. 바로 거기서 손님 환대가 나오고, 바로 거기서 잔칫상에 인문人文을 반찬으로 곁들인

---

35 dumeta: 키케로가 스토아의 검박함을 비꼬던 표현(dumeta Stoicorum: *De natura deorum* 1,24)을 차용한 것이다.

rerum omnium et undique cuncta perfundens adumbratae uenustatis urbanitas.

III 7. Philocalia ista uulgo dicitur. Ne contemnas nomen hoc ex uulgi nomine. Nam philocalia et philosophia prope similiter cognominatae sunt et quasi gentiles inter se uideri uolunt et sunt. Quid est enim philosophia? amor sapientiae. Quid philocalia? amor pulchritudinis. Quaere de Graecis. Quid ergo sapientia? nonne ipsa uera est pulchritudo? Germanae igitur istae prorsus et eodem parente procreatae; sed illa uisco libidinis detracta caelo suo et inclusa cauea populari uiciniam tamen nominis tenuit ad commo-

---

36 회심 직전 본인의 체험, 오직 그럴 뜻만 있으면 해낼 수 있는 것을, "저 사내들도 해내고 저 아낙들도 해낸 일을 너는 못한다니? 저 사내 저 아낙들이 자기 스스로의 힘으로 해낸다고 생각하느냐?"(『고백록』 8,11,27)라던 자책감을 드러내고 로마니아누스의 자존심을 자극하면서 철학에 귀의하도록 촉구하는 논법을 쓴다.

37 philocalia: 라틴문학에서는 아우구스티누스밖에 사용한 적이 없는 단어다.

38 φίλος + καλός: '아름다움에 대한 사랑'[애호], φίλος + σοφία: '지혜에 대한 사랑'.

39 "그런데 필로칼리아가 야담에나 나오는 얘기이고 따라서 철학과는 무슨 사연으로도 자매가 될 수 없거나, 그렇지 않고 이 명사가 그래도 존중되어야 한다면 라틴어로는 아름다움에 대한 사랑을 뜻하고 그것은 지혜에 대한 참답고 지고한 아름다움이며, 비물체적이고 지고한 사물들에서 필로칼리아와 필로소피아는 동일한 것이나 마찬가지이므로 어느 모로도 두 자매가 되지 않는다"(Retractationes 1,1,3).

40 philosophia, vera pulchritudo: 교부는 그 아름다움을 '하느님'이라고 일컫고 "늦게야 당신을 사랑했습니다! 이토록 오래되고 이토록 새로운 아름다움이시여, 늦게야 당신을 사랑했습니다!"(sero te amavi, pulchritudo tam antiqua tam nova, sero te amavi: 『고백록』 10,27,38) "참다운 철학자는 하느님을 사랑하는 사람[= 하느님의 애인]"(verus philosophus est amator dei: 『신국론』 8,1)이라고 정의함으로써 이 명제는 절정에 이른다.

분위기가 나오고, 바로 거기서 모든 것들의 우아미와 정갈함과 섬세한 면모가 나오며, 바로 거기서 교양미가 아리따운 그늘을 드리워 모든 것을 감싸 줍니다.[36]

물리적 아름다움에 대한 사랑이 지혜로 이끌어 주는가

3.7. 이런 것을 속칭 '필로칼리아'라고 말합니다.[37] 하지만 그런 속된 칭호 때문에 당신이 이것을 무시하면 안 됩니다. 왜냐하면 우선 필로칼리아나 필로소피아나 아주 흡사하게 이름이 붙은 유사어類似語들이기 때문이고[38] 마치 한집안이나 마찬가지로 보이며 실제로 그렇기 때문입니다.[39] 필로소피아란 도대체 무엇입니까? 지혜에 대한 사랑입니다. 필로칼리아란 무엇입니까? 미美에 대한 사랑입니다. 그리스인들에게 물어보시오. 진리란 무엇입니까? 그 자체가 참다운 미 아닙니까?[40] 그러니 이 둘은 자매요 같은 어버이한테서 나온 소생들입니다. 하지만 저 미는 욕정의 담쟁이 풀로 자기 하늘에서 끌어내려져 속인들의 새장에 갇혀 버렸는데,[41] 그래도 명목상의 유사성은 간직해서 아름다움이라는 새를 쫓아다니는 새사냥꾼도 필로칼리아를 멸시하지 말라고 경고합니다. 그의 자매[철학]는 자유롭게 날아다니면서, 날개도 없이 더러워지고 곤궁해진 이 자매를 곧잘 알아봅니다만 자매를 구출해 주는 일은 드뭅니다. 따라서 필로칼리아가 어느 족속에서 나왔는지는 필로소피아가 아니면 알아보지 못합니다.[42] 이 신화 전체는 — 어쩌다 보니까 내가 갑자기 이솝이 되었군요 — 리켄티우스가 당신에게

---

41 플라톤(*Phaedo* 62b; *Phaedrus* 82e)에게서 유래하는 은유다. "감각적 사물들의 넝쿨에 우리 날개 깃털이 얽혀서 … 결국 이 새장에 갇히고 말았는데"(*Soliloquia* 1,14,24).

42 아름다운 쾌락을 추구함도 궁극적인 무엇(지혜)을 탐구하는 열망의 일부라는 해석이다 (앞의 각주 8 참조).

nendum aucupem, ne illam contemnat. Hanc igitur sine pennis sordidatam et egentem uolitans libere soror saepe agnoscit, sed raro liberat; non enim philocalia ista unde genus ducat, agnoscit nisi philosophia. Quam totam fabulam – nam subito Aesopus factus sum – Licentius tibi carmine suauius indicabit; poeta est enim paene perfectus. Ergo ille, si ueram pulchritudinem, cuius falsae amator est, sanatis renudatisque paululum oculis posset intueri, quanta uoluptate philosophiae gremio se inuolueret? quomodo ibi te cognitum sicut uerum fratrem amplecteretur? Miraris haec et forsitan rides. Quid, si haec explicarem, ut uolebam? quid, si saltem uox, si adhuc facies uideri a te non potest, ipsius philosophiae posset audiri? Mirareris profecto, sed non rideres, non desperares. Crede mihi, de nullo desperandum est, de talibus autem minime; omnino sunt exempla. Facile euadit, facile reuolat hoc genus auium multis inclusis multum mirantibus.

8. Sed ad nos redeamus, nos, inquam, Romaniane, philosophemur; reddam tibi gratiam, filius tuus coepit philosophari. Ego eum reprimo, ut disciplinis necessariis prius excultus uigentior et firmi-

---

43 아우구스티누스가 훗날(394년) 리켄티우스에게 보낸 서한에는 이 젊은이가 스승 아우구스티누스에게 바친 6각운(hexameter) 154행의 시가 수록되어 있다(*Epistulae* 26,3).

44 ergo ille: 앞의 2,2,6(각주 32)에 나온 '로마니아누스의 다른 면모'일 수도 있고 리켄티우스 — 2,4,10에서도 어쭙잖게 심미가 행세를 한다고 아우구스티누스의 꾸중을 듣는다 — 일 수도 있다.

좀 더 우아하게 운문韻文으로 얘기해 드릴 것입니다. 그는 거지반 시인이 다 되었습니다.[43] 저 인물은[44] 거짓 아름다움을 사랑하는 애인인데 만일 그가 치유된 눈, 조금이라도 꺼풀이 벗겨진 눈으로 참된 아름다움을 바라볼 수 있다면, 얼마나 큰 열정을 갖고 철학의 품에 자기를 내던지겠습니까? 그 품속에서 당신을 알아보고서 형제처럼 당신을 끌어안지 않겠습니까? 나의 이 말이 이상하게 들리고 웃음을 자아낼지도 모릅니다. 내 마음 내키는 대로 설명을 할 수 있었으면 얼마나 좋겠습니까? 당신에게 아직 철학의 얼굴이 보이지 않더라도 적어도 그 음성이라도 들릴 수 있었으면 얼마나 좋겠습니까? 그러면 당신은 이상한 생각은 들겠지만 웃지는 않을 것이고 실망하지도 않을 것입니다. 내 말을 믿어 주시오. 그 누구를 두고도 실망해서는 안 되지만 특히 그와 같은 사람들을[45] 두고는 조금도 실망해서는 안 됩니다. 여기에는 좋은 선례들이 얼마든지 있습니다. 이런 종류의 새들은 달아나기도 쉽지만 그만큼 날아오르기도 쉽습니다. 그와는 달리 여전히 새장에 갇혀 있는 많은 새들은 그저 탄식만 할 따름입니다.

낙담하거나 선입견을 가지면 진리를 발견하는 데 지장을 받는다

3.8. 여하튼 우리 얘기로 돌아갑시다. 내 말하거니와 로마니아누스여, 우리 철학합시다. 당신에게 감사드립니다. 당신의 아들이 철학하기 시작했습니다. 나는 그를 붙들어 필수적인 학문들을 닦아 누구보다도 원기 왕성하고 강건한 인물로 일어서게 만들 생각입니다. 당신이 이런 학문에 조예가 깊지 않다고 걱정할 필요는 없습니다. 내가 당신을 잘 알지만 나는

---

[45] de talibus: 쾌락에서도 아름다움 — 궁극으로는 지혜 — 을 탐색하는 사람들을 뜻하므로 로마니아누스 본인을 포함한다.

or insurgat. Quarum te ne metuas expertem, si bene te noui, auras tibi liberas tantum opto. Nam de indole quid dicam? Utinam non tam rara esset in hominibus, quam certa est in te! Restant duo uitia et impedimenta inueniendae ueritatis, a quibus tibi non multum timeo; timeo tamen, ne te contemnas atque inuenturum esse desperes, aut certe ne inuenisse te credas. Quorum primum si tamen inest, ista tibi fortasse disputatio detrahet. Saepius enim suscensuisti Academicis eo quidem grauius, quo minus eruditus esses, eo libentius, quod ueritatis amore inliciebaris. Itaque iam cum Alypio te fautore confligam et tibi facile persuadebo quod uolo, probabiliter tamen; nam ipsum uerum non uidebis, nisi in philosophiam totus intraueris. Illud autem alterum, quod te fortasse aliquid inuenisse praesumis, quamuis a nobis iam quaerens dubitansque discesseris, tamen, si quid superstitionis in animum reuolutum est, eicietur profecto, uel cum tibi aliquam inter nos disputationem de religione misero uel cum praesens tecum multa contulero.

---

46 앞에서 "이 인생의 많고도 다양한 우여곡절"(2,1,1)과 "도덕적 태만이라든가 지적 이완"(2,2,3)을 꼽았지만 이하에 나오는 대로 진리 발견에 대한 '회의'와 진리를 벌써 얻었노라는 마니교식 '맹신'을 염려한다.

47 진리 발견에 대한 아카데미아학파의 회의론을 논박하는 본서를 로마니아누스에게 헌정하는 명분이 드디어 밝혀진다.

48 superstitio: 마니교를 가리킨다. 로마니아누스는 아우구스티누스 때문에 마니교에 빠졌고 아우구스티누스가 거기서 벗어난 지금도 로마니아누스는 마니교에 집착하고 있었다.

당신에게서는 자유로운 분위기만 바랍니다. 당신의 자질에 관해서야 내가 무슨 말을 하겠습니까? 그 자질이 당신한테 확실한 그만큼만 제발 사람들한테서 그런 자질이 드물지 않았으면 합니다. 진리를 발견하는 데는 두 가지 악습 내지 장애가 버티고 있습니다.[46] 그 점에 대해서 나는 당신을 두고 많은 걱정을 하지 않습니다. 단지 당신이 자신을 너무 폄하할까 걱정스럽고, 진리를 과연 발견할 것인가를 두고 실망하지나 않을까 두렵습니다. 그렇지 않고 당신이 이미 발견했노라고 믿을까 봐 염려됩니다. 만일 그중 먼젓번 장애가 당신 속에 자리 잡고 있다면 여기 나오는 토론이 그 장애를 제거해 줄 것입니다.[47] 당신은 아카데미아학파에 화를 내는 일이 자주 있었고, 그 학파에 관해서 배운 것이 적다면서 더 심하게 화를 냈으며, 진리에 대한 사랑에 끌리던 그만큼 더 격하게 화를 내곤 하였습니다. 하여튼 이 토론에서 나는 당신을 응원자로 내세워 알리피우스와 논쟁하게 될 것입니다. 내가 바라는 바는 당신을 무난히 설득하는 일입니다. 하지만 그것도 개연적인 데서 그칠 것입니다. 철학에 전적으로 몰입하지 않는 한 진리 자체를 못 볼 테니까요. 그리고 진리 발견의 두 번째 장애, 당신이 뭔가 발견했노라고 선입견을 가지는 일은, 비록 당신이 뭔가를 찾고 의심을 가지고 하면서 우리한테서 떠나갔다고 하더라도, 그런 미신迷信[48]의 뭔가가 당신의 정신 속에 스며들어 있더라도 결국 완전히 제거될 것입니다. 그 방법은 내가 종교에 관해서 우리 사이에 어떤 토론을 하고서 당신에게 보내 드리거나,[49] 내가 직접 나서서 당신과 함께 많은 얘기를 나누는 일입니다.

---

49 이 약속대로 얼마 뒤(390~391년) 『참된 종교』(*De vera religione*)를 집필하여 로마니아누스에게 헌정한다.

9. Ego enim nunc aliud nihil ago, quam me ipse purgo a uanis perniciosisque opinionibus. Itaque non dubito melius mihi esse quam tibi. Unum tantum est, unde inuideam fortunae tuae, quod solus frueris Luciliano meo. An et tu inuides, quia dixi 'meo'? Sed quid dixi aliud quam tuo et omnium, quicumque unum sumus? De quo tamen ut subuenias desiderio meo, quid te rogem? aut te ipse promereor? Tantum scis, quia debes. Sed nunc ambobus dico: cauete, ne quid uos nosse arbitremini, nisi quod ita didiceritis saltem, ut nostis unum duo tria quattuor simul collecta in summam fieri decem. Sed item cauete, ne uos in philosophia ueritatem aut non cognituros aut nullo modo ita posse cognosci arbitremini. Nam mihi credite, uel potius illi credite, qui ait: *quaerite et inuenietis*, nec cognitionem desperandam esse et manifestiorem futuram,

---

50 Lucilianus: 네브리디우스와 교환한 서한(*Epistulae* 5 et 10)에서도 이 이름이 거명되는데, 앞의 각주 17과 이하의 내용으로 미루어 리켄티우스의 형을 지칭하는 듯하다. 카르타고에서 아우구스티누스가 루킬리아누스를 가르쳤다면 '내 사람'(Lucilianus meus)이라고 부를 만하며, 이하에 나오는 대로 그를 곁에 두고 철학을 가르치고 싶다는 의사를 표명할 만하다.

51 본서 3,6,13 참조: "우정이란 '호의와 사랑으로 이루어진, 인간사와 신사에 대한 상통'이라고 정의되는데, 이건 정말 올바로 또 성스럽게 내려진 정의라고 하겠네."

52 de quo: '철학하는 문제를 두고'라고 할지 '루킬리아누스 그 사람을 두고'라고 할지에 따라서 뒤의 문맥도 달라진다.

53 원문 해독이 달라(tu te ipse pro me roga quantum scis, quia debes: "당신이 알다시피 오히려 당신이 나서서 내 대신 그 부탁을 해야 합니다. 당신은 그럴 만한 빚을 지고 있습니다") 해석이 달라질 수 있다.

54 신앙의 명제를 두고 수학적인 확실성을 요구하던 경험이 아우구스티누스에게는 있었다. "제가 눈으로 못 보는 것들을 두고서도 일곱에 셋이면 열이라고 확실해지는 그만큼 확실해지기를 저는 바랐던 것입니다"(『고백록』 6,4,6).

올바로 탐구하지 않으면 진리를 찾아내지 못한다

3.9. 다만 지금 나는 허황하고 해로운 사상에서 나 자신을 정화(淨化)하는 일 말고는 아무것도 안 하는 중입니다. 그래선지 당신보다는 내 처지가 더 낫다는 데 의심을 않습니다. 내가 당신의 행운을 두고 시샘을 품을 만한 일이 딱 하나 있습니다. 내 사람 루킬리아누스[50]를 당신 혼자서 아끼고 있다는 점입니다. 내가 그를 두고 '내 사람'이라고 말했다고 해서 당신도 시샘하는지요? 하지만 우리가 매사에 하나일진대 '내 사람'이라고 하는 말은 '당신의 사람'이라고 하는 말이나 진배없고 '우리 모두의 사람'이라고 하는 말이나 진배없지 않겠습니까?[51] 하여튼 그에 관해서[52] 당신이 내 소망을 들어 달라고 당신에게 부탁하는 까닭이 무엇이겠습니까? 내가 당신한테 그럴 만한 환심을 사고 있다는 말이 아니겠습니까? 적어도 당신은 그럴 만한 빚을 지고 있음을 알고 있습니다.[53] 그러나 당장은 다음에 나오는 사실을 두고 두 사람에게 얘기하겠습니다. 먼저, 하나 둘 셋 넷을 한데 합치면 열이 된다고 알 정도로 확실하게 배우기 전에는 당신들이 무엇을 안다고 여기지 않도록 조심하시오! 또 진리를 인식하지 못하리라고 여기거나, 그렇지 않으면 적어도 방금 든 예처럼 확실하게 인식하는 일은 절대로 가능하지 않다고 여기는 일도 없도록 조심하시오![54] 내 말을 믿으시오! 그렇지 않으면 적어도 **"찾아라, 너희가 발견할 것이다!"**[55]라고 말씀하신 분의 말을 믿으시오! 진리의 인식에 관해서 절망해서는 안 되며 진리 인식이 저런 숫자들보다 더 분명해질 때가 오리라고 여겨야 합니다.[56] 그럼 이제 본론

---

55 마태 7,7: "찾아라, 너희가 얻을 것이다."

56 이 성경 구절이 아우구스티누스에게는 하느님과 영혼을 사랑하는 지성들에게는 철학적·신학적 지식마저도 수학의 덧셈 못지않게 확실하게 드러나리라는 말씀으로 들렸다.

quam sunt illi numeri. Nunc ad propositum ueniamus. Iam enim sero coepi metuere, ne hoc principium modum excederet, et non est leue. Nam modus procul dubio diuinus est, sed fefellerit, cum dulciter ducit. Ero cautior, cum sapiens fuero.

IV 10. Post pristinum sermonem, quem in primum librum contulimus, septem fere diebus a disputando fuimus otiosi, cum tres tamen Vergilii libros post primum recenseremus atque, ut in tempore congruere uidebatur, tractaremus. Quo tamen opere Licentius in poeticae studium sic inflammatus est, ut aliquantum mihi etiam reprimendus uideretur. Ita enim ab hac intentione ad nullam se rem deuocari libenter ferebat. Tandem tamen ad retractandam quam distuleramus de Academicis quaestionem cum a me, quantum potui, lumen philosophiae laudaretur, non inuitus accessit. Et forte dies ita serenus effulserat, ut nulli prorsus rei magis quam serenandis animis nostris congruere uideretur. Maturius itaque solito lectos reliquimus paululumque cum rusticis egimus quod tempus urgebat. –

---

[57] modus divinus: modus('척도', '법도')는 앞에서(각주 19 참조) 진리의 궁극 척도인 하느님을 가리킬뿐더러 아우구스티누스의 저서(*De natura boni*)에서 modus(mensura), species(forma), ordo는 모든 존재자의 초월적 특성에 해당한다면서, 서문으로서의 한정사가 너무 길었다고 사과한다.

[58] 아우구스티누스의 『고백록』(1,13,20-22)에 의하면 『아이네이스』는 교부가 젊어서부터 특히 애독하고 문하생들에게도 즐겨 강독하던 저작이었다. 본서 1,5,15에 제1권을 감상하였다고 하였으니 연관성 있는 제2, 3, 4권을 강독한 듯하다.

으로 돌아갑시다. 벌써 내 걱정이 너무 늦지나 않았는지 모릅니다. 이 서두가 정도程度를 넘어 길었고 그건 사소한 잘못이 아닙니다. 정도라는 것은 신성한 무엇이지만[57] 나 같은 사람을 너무 유순하게 끌어가다 보니 그런 실수를 하게 됩니다. 내가 현명한 사람이 되면 좀 더 조심하겠지요.

리켄티우스와 트리게티우스가 이미 해명한 것이 무엇인가

4.10. 우리가 제1권에 실어 놓은 첫 토론이 있은 다음 거의 이레 동안 토론하는 일을 쉬고 있었습니다. 우리는 그새 베르길리우스의 첫째 권에 뒤이어 책 세 권을 복습하였으며 시기상으로 적절하다고 보여 그 내용도 다루었던 것입니다.[58] 그 작품에서 충동을 받아 리켄티우스는 시문詩文 공부에 몹시 열을 올려 나로서는 그를 좀 제지해야겠다고 느낄 정도였습니다. 그는 다른 무슨 일로도 그 공부에서 주의를 돌리기를 마다했습니다. 내가 하는 데까지 철학의 광명을 극구 칭송해 보임으로써 그가 마침내 우리가 뒤로 미룬 아카데미아학파에 관한 문제를 다시 다루는 일로 — 억지로는 아니었습니다 — 접근하기에 이르렀습니다. 때마침 우연히도 날이 아주 고요하게 밝아 와서 우리 정신을 가다듬는 것보다 더 적절한 일이 아무것도 없으리라 보였습니다. 우리는 평소보다 더 일찍 잠자리를 떨치고 나와서 시기를 놓쳐서는 안 될 일을 두고서 얼마 동안 농사꾼들과 일을 했습니다. 자리에 모이자 알리피우스가 말을 꺼냈습니다. "여러분이 아카데미아학파를 두고 토론하는 얘기를 듣기 전에, 나 없던 동안에 나눴던 여러분의 그 대화를 나한테 읽어 줬으면 한다. 나로서는 달리 어쩔 수가 없는 것이, 이 토론에 대해 심판할 기회가 나에게 주어진 이상, 그렇게 해야만, 여러분의 말을 들으면서 내가 헤매지 않을 테고 적어도 쓸데없이 수고하

Tum Alypius: Antequam uos, inquit, audiam de Academicis disputantes, uolo mihi legatur sermo ille uester, quem dicitis me absente perfectum; non enim possum aliter, cum inde huius disceptationis occasio nata sit, in audiendis uobis non aut errare aut certe laborare. – Quod cum factum esset et in eo paene totum antemeridianum tempus consumptum uideremus, redire ab agro, qui deambulantes nos acceperat, domum instituimus. – Et Licentius: Quaeso, inquit, ante prandium mihi breuiter totam Academicorum sententiam exponendo repetere ne graueris, ne quid in ea me fugiat, quod pro partibus meis sit. – Faciam, inquam, et eo libentius, quo de hac re cogitans parum prandeas. – Ne, inquit ille, istinc securus sis; nam et multos et maxime patrem meum saepe animaduerti eo edaciorem, quo refertior curis esset. Deinde tu quoque de istis metris cogitantem non sic expertus es, ut cura mea mensa secura sit. Quod quidem apud me ipsum mirari soleo; quid enim sibi uult, quod tunc primum pertinacius appetimus, cum in aliud intendimus animum? aut quis est, qui manibus et dentibus nostris occupatis nobis nimis imperiosus fit? – Audi potius, inquam, de Academicis quod rogaueras, ne te metra ista uoluentem non solum in epulis sine metro sed etiam in quaestionibus patiar. Si quid autem pro mea parte occultabo, prodet Alypius. – Bona fide tua opus est, inquit Alypius;

---

59 속기사를 불러 토론을 속기하는 중이어서 대강 읽어 줄 수 있었다.

는 일이 없을 듯하다." 그의 요구를 들어주었는데 우리가 알기로 그 일만으로 아침나절이 거의 다 갔습니다.⁵⁹ 그러므로 우리가 거닐던 들판을 떠나 집으로 돌아가기로 정했습니다. 그러자 리켄티우스가 말했습니다. "부탁합니다. 귀찮지 않으시다면 점심을 먹기 전에 아카데미아학파의 사상 전부를 짤막하게 간추려서 다시 한 번 들려주셨으면 합니다. 그래야만 저도 제 편에 이로운 논지들을 빼먹지 않을 것입니다." 나는 이렇게 대답했습니다. "이 문제를 고심하느라 네가 점심을 적게 먹을 것 같아서도 기꺼이 그렇게 해 주마." "그 점은 너무 믿지 마십시오. 많은 이가, 특히 제 아버님의 경우 근심 걱정에 골똘하실수록 눈에 띄게 포식을 하신답니다. 그리고 선생님도 제가 저 운율을 골똘하게 생각한다고 해서 식탁에 제 관심이 덜한 모습은 못 보셨지 않습니까? 정말 나는 이 점이 참 이상합니다. 말하자면 우리가 어디다 정신을 쏟을 때 식욕이 더 왕성하게 일어난다는 뜻이 아니겠습니까? 혹은 사람이 무엇에 너무 골똘할수록 우리의 손과 이빨에 너무 함부로 명령을 내리는 존재는 누구겠습니까?"⁶⁰ 내가 이런 말을 했습니다. "아카데미아학파에 관해서 네가 부탁하던 얘기를 먼저 들어 보아라. 그렇지 않고 네가 율문律文 타령만 한다면, 나는 네가 밥상에서만 절도 없는 꼴을 보아 넘겨야 하는 것이 아니라 질문을 쏟아 내는 마당에서도 절도 없는 꼴을 참아 주어야 할지 모르겠다. 내가 내 편을 드느라 무엇을 감출 양이면 알리피우스가 덤벼들 것이다." 그러자 알리피우스가 말을 받았습니다. "자네 선의를 믿는 수밖에 없겠구먼. 만일 자네가 무엇을 감출 요량이라면 그게 나한테서 발각되기란 여간 어려운 일이 아니리라 생각되

---

60 사본에 따라서는 'aut quid est quod ... animus imperiosus?'라고 되어 있어서 "우리 손과 이가 [음식 먹는 일로] 분주해지는 그만큼 정신도 활달해지는 까닭은 무엇이겠습니까?"라는 의미로 해석된다.

nam si metuendum est, ne aliquid occultes, a me deprehendi posse difficile arbitror eum, a quo me ista didicisse nullus qui me nouit ignorat, praesertim cum in prodendo uero non magis uictoriae quam animo tuo consulturus sis.

V 11. Agam, inquam, bona fide, quoniam de iure praescribis. Nam et Academicis placuit nec homini scientiam posse contingere earum dumtaxat rerum, quae ad philosophiam pertinent – nam caetera curare se Carneades negabat – et tamen hominem posse esse sapientem sapientisque totum munus, ut abs te quoque, Licenti, illo sermone dissertum est, in conquisitione ueri explicari; ex quo confici, ut nulli etiam rei sapiens adsentiatur; erret enim necesse est, quod sapienti nefas est, si adsentiatur rebus incertis. Et omnia in-

---

61 토론에서 승리에 연연하지 않으리라고 믿는다는 수사적 어법이다.

62 scientia: "이성으로 논박할 수 없게끔 포착한 것을 지식이라고 하고 그렇지 못하면 무지라고 일컫는다"(Cicero, *Academica* 1,11,41). 여기서 "이성으로 논박할 수 없게끔 포착한 것"(ita comprehensum ut convelli ratione non posset)은 스토아 개념이다(본서 1,2,5 각주 24 참조).

63 리켄티우스의 부탁대로, 여기서부터 아우구스티누스가 젊은 학도들에게 아카데미아학파의 학설을 간추려 들려준다.

64 Carneades: 본서 1,3,7(각주 31) 참조.

65 본서 제1권 2,6; 3,7; 5,14; 8,23에 그의 주요 발언이 수록되어 있다.

66 adsentire: "많은 것이 감관으로 포착되고 파악되는데(comprehendi et percipi) 이는 '동의' 없이는 이루어지지 못한다"(Cicero, *Academica* 2,12,37). 이 '동의'(adsensio atque adprobatio quam Graeci συγκατάθεσιν vocant)는 오관에 표상된 바가 실제에 부합한다는 판단을 의미한다. 그리스어 συγκατάθεσις를 키케로는 adsensio, adprobatio(시인), 심지어 adsensio atque adprobatio, adsensione adprobare 등으로 중복 번역한다(본서 1,4,11 각주 51 참조).

네. 내가 자네한테서 이런 것을 배웠다는 사실을, 나를 아는 사람치고, 모르는 사람이 아무도 없거든. 특히 진리를 밝히려는 마당에 자네 같으면 자네 지성에 자문을 구하지 승리의 여신에게 구하지는 않으리라 보네."[61]

아카데미아학파는 무엇에도 동의하려고 하지 않는다

5.11. "그래, 자네 말대로 선의로 임해 보겠네. 자네가 그걸 내게 요구함은 정당한 권리니까 말일세. 인간은 지식[62]에, 철학에 해당하는 사물들에 관한 지식에 이를 수 없다는 주장은 아카데미아학파도 좋아했다.[63] 카르네아데스[64]는 자기가 철학 말고 다른 것들에 관심을 쏟는다는 사실을 부인하곤 했다. 그렇지만 사람은 현자가 될 수가 있다고, 현자의 전적인 소임은, 리켄티우스 너도 저 발언에서 주장했듯이,[65] 진리의 탐구에 종사하는 그 자체라고 하였다. 그러므로 현자는 무슨 사안에도 동의하지[66] 않는다는 주장이 나온다. 불확실한 사안에 동의한다면 헤매는 짓[67]은 필연적인데 이것이야말로 현자에게 불가하다. 또 그들은 모든 것이 불확실하다는 말만 하지 않고 아주 다채로운 명분을 내세워서 그 주장을 재확인하였다. 그런데 진리가 포착될[68] 수 없다는 말은 스토아 제논[69]의 저 유명한 정의에서 끌어낸 것으로 보였다. 그는 말하기를 '존재하는 거기서 발생하여 정신에 각인되는데, 존재하지 않는 거기서 발생하여 마치 존재하는 것처럼 정신에 각인

---

[67] errare: 본서 1,4,10에 나오듯, '길을 헤매다'와 '오류를 저지르다' 둘 다 의미하는 동사다.

[68] comprehendi: 어원상 com + prehendere('손아귀에 잡아 쥐다', 1권 각주 24 참조). 스토아를 다루는 키케로의 저서에서는 percipere(per + capere: 꽉 붙잡다)와 함께(앞의 각주 62 참조) 그리스어 καταλαμβανω의 번역어로 쓰인다.

[69] Zenon Citius(333/332~262 B.C.): 스토아의 창시자(Diogenes Laertius, *Vitae philosophorum* 7,1-160)로 단편(Arnim, *Storicorum veterum fragmenta* 1,1-332)이 전해 온다.

certa esse non dicebant solum uerum etiam copiosissimis rationibus adfirmabant. Sed uerum non posse comprehendi ex illa Stoici Zenonis definitione arripuisse uidebantur, qui ait id uerum percipi posse, quod ita esset animo inpressum ex eo, unde esset, ut esse non posset ex eo, unde non esset. Quod breuius planiusque sic dicitur, his signis uerum posse conprehendi, quae signa non potest habere quod falsum est. Hoc prorsus non posse inueniri uehementissime ut conuincerent incubuerunt. Inde dissensiones philosophorum, inde sensuum fallaciae, inde somnia furoresque, inde pseudomenoe et soritae in illius causae patrocinio uiguerunt. Et cum ab eodem Zenone accepissent nihil esse turpius quam opinari, confecerunt callidissime, ut, si nihil percipi posset et esset opinatio turpissima, nihil umquam sapiens approbaret.

---

70 percipi: 어원상(앞의 각주 66, 68 참조) 감각적 대상에 관해서 '확실하게 인식하다' 또는 '확실한 지식을 얻다'라는 의미를 띤다.

71 이 정의는 Cicero(*Academica* 2,6,18)한테서 인용하고 있으며, 끝 문구는 id verum *visum* percipi posse("참으로 지각된 것이라고 파악할 수 있다")라고 보완된다.

72 signa: 감관(또는 정신)에 각인되는 표상을 가리키는데, 실재를 그대로 드러내는 표상 또는 기호(καταλεπτον)를 '포착할 만한'(comprehensibile) 표상이라고 불렀다.

73 전통적으로 "동시에 허위일 수 없는 그런 종류의 [기호만이] 진리로 파악될 수 있다"(id solum percipi posse quod esse verum tale quale falsum esse non posset)는 명제(Cicero, *Academica* 2,35,113)로 표현되어 왔다. 본서 3,9,18에서 재론된다.

되는 일이 불가능할 정도라면, 그것은 참이라고 파악될[70] 수 있다' 하였다.[71] 이 말을 더 간단하고 더 분명하게 표현하면 이렇다. '허위가 지닐 수 없는 그런 기호들[72]에 의해서는 진리가 포착될 수 있다.'[73] 그리고 아카데미아학파는 스토아가 말하는 그런 식의 진리는 결코 발견될 수 없음을 설득시키려고 아주 대단한 노력을 기울였던 것이다. 바로 여기서 철학자들의 의견 차이가 나오고, 바로 여기서 감각의 기만이라는 말이 나오고, 바로 여기서 꿈이니 광기니 하는 것이 나오고, 바로 여기서 오류 추리니 연쇄 추리니 하는 것들이[74] 나와서는 그 명제를 옹호한답시고 날뛴 셈이다. 그러고는 확실한 사실과 달리 무슨 의견을 가진다는 것보다 수치스러운 것이 없다는 명제를 제논 본인한테서 받아들이기라도 한 듯이[75] 아주 교묘하게 다음과 같은 명제를 만들어 냈던 것이다. 곧 '아무것도 진리라고 파악할 수 없고 또 확실한 사실과 달리 무슨 의견을 내놓는다는 것은 참으로 수치스러운 일이며, 그러므로 현자는 아무것도 결코 시인是認해서는[76] 안 된다!'

---

[74] 아카데미아학파와 스토아학파 사이의 논쟁에서 파생된 궤변으로, fallacia(오류 추리)는 평소에 거짓말을 일삼는 크레타인이 '나는 거짓말을 하고 있다'는 명제를 발설할 경우, 그 말이 참말이면 거짓말이 되고 거짓말이면 참말이 되는 궤변. soritae(연쇄 추리)는 삼단논법의 결론을 다음 논법의 대전제로 계속해서 사용하는 논법이며, 밀알 하나씩 쌓아 가면 어느 시점에서 무더기가 되느냐고 따지는 등의 궤변(Cicero, *Academica* 2권에서 빈번히 거론)을 가리킨다.

[75] 스토아학파는 '지식'(scientia, $\epsilon\pi\iota\sigma\tau\eta\mu\eta$)은 참다운 표상에 동의를 표할 때 발생하고, 진실 여부가 확실치 않은 표상에는 의견(opinio, $\delta o \xi a$)을 표할 따름이라고 말한 것으로 소개된다(Cicero, *Academica* 2,24,77). 그런데 의견은 "자기가 모를 것을 안다고 추정하는"(opinatio est iudicatio se scire quod nesciat: Cicero, *Tusculanae disputationes* 4,11,26) 위험, 곧 오류 추정의 위험이 있다.

[76] approbare: 본서 1,4,11(각주 51, 52), 앞의 각주 66 참조.

12. Hinc eis inuidia magna conflata est; uidebatur enim esse consequens, ut nihil ageret qui nihil adprobaret. Unde dormientem semper et officiorum omnium desertorem sapientem tuum Academici describere uidebantur, quem nihil approbare censebant. Hic illi inducto quodam probabili, quod etiam uerisimile nominabant, nullo modo cessare sapientem ab officiis asserebant, cum haberet quid sequeretur, ueritas autem siue propter naturae tenebras quasdam siue propter similitudinem rerum uel obruta uel confusa latitaret, quamuis et ipsam refrenationem et quasi suspensionem assensionis magnam prorsus actionem sapientis esse dicebant. Videor mihi breuiter totum, ut uoluisti, exposuisse nihilque recessisse a praescriptione, Alypi, tua, id est egisse, ut dicitur, bona fide. Si enim aliquid uel non ita, ut est, dixi uel forte non dixi, nihil uoluntate a me factum est. Bona ergo fides est ex animi sententia. Homini enim homo falsus docendus, fallax cauendus debet uideri, quorum prius magistrum bonum, posterius discipulum cautum desiderat.

---

77 sapiens tuus: 사본에 따라 suus로 읽어 '아카데미아학파는 자기네 현자를 …'이라고 해석한다.

78 카르네아데스가 probabile($\pi\iota\theta\alpha\nu\acute{o}\nu$) 또는 veri simile($\epsilon\acute{\iota}\kappa\omega\nu$) 개념을 만들어 냈다 (Cicero, *Academica* 2,10,32; 2,31,99).

79 refrenatio et quasi suspensio assensionis: '판단 유보'($\dot{\epsilon}\pi o\kappa\eta$)라고 알려져 있다.

80 animi sententia: 아우구스티누스에게서는 양심(conscientia)과 동의어로 사용된다.

아카데미아학파는 개연성을 따르는 한 무엇이든지 할 수 있다고 하였다

5.12. 여기서 그들에게 맞서서 엄청난 반발이 생겨났다. 아무것도 시인하지 않는 사람은 아무 행동도 하지 않는다는 결론이 나오는 것으로 보였다. 아카데미아학파는 너의 현자를[77] 묘사하여 항상 잠이나 자고 모든 직무를 방기하는 사람처럼 그려 내 보였던 까닭이다. 현자는 아무것도 시인하지 않는 사람이라고 간주했다는 말이다. 그러자 그들은 '개연적'蓋然的이라는 개념을 도입하였는데, 달리는 '진리의 근사치近似値'라고도 명명하였다.[78] 따라서 현자도 수행해야 할 일이 있을 경우에는 자기 본분을 방기하는 일이 결코 없다고 주장했다. 무릇 진리란 자연 본성의 어떤 어둠 때문이거나 사물의 유사성 때문에 가려지거나 혼동되어 감추어질 수도 있다. 그러므로 그들은 동의의 억제 또는 유보[79]라는 것 자체가 현자의 대단한 행위라는 말을 하였다. 내가 보기에는 이상으로 리켄티우스 네가 요청한 대로 간략하게 아카데미아학파 사상 전반을 제시하였고, 알리피우스, 자네 명령에서 아무것도 빠진 바 없네. 자네 말마따나 선의로 다 했단 말일세. 내가 뭔가를 있는 그대로 말하지 못했거나 말하지 않은 것이 혹시 있더라도 내가 고의로 그렇게 한 것은 전혀 없네. 그러니 양심에서 우러난[80] 선의일세. 속는 인간은 인간이 가르쳐야 할 것이고 속이는 인간은 인간이 조심해야 할 것으로 보아 마땅하네.[81] 그중 전자는 좋은 스승을 필요로 하고 후자는 조심스러운 제자를 필요로 하는 법이지."

---

[81] homini autem homo falsus docendus, fallax cavendus debet videri: 교부의 글에서 falsus('허위의', '속는')와 fallax('속이는')는 수동태와 능동태로 구분된다. homo homini fallax라는 문구는 homo homini lupus("인간은 인간에게 늑대": Plautus, *Asinaria* 2,4,88)를 연상시킨다.

13. Tum Alypius: Gratum, inquit, habeo, cum et Licentio a te satisfactum est et me onere inposito releuasti. Non enim magis tibi uerendum erat, ne quid explorandi mei causa minus a te diceretur – nam alio modo qui fieri poterat? – quam mihi, si in quoquam te prodere fuisset necesse. Quare faxis, ut illud quod deest non tam percontationi quam ipsi percontanti de differentia nouae ac ueteris Academiae ne te pigeat exponere. – Prorsus, inquam, fateor, piget. Quare beneficium dederis – nam hoc quod commemoras ad rem maxime pertinere negare non possum – si me paululum conquiescente apud me distinguere ista nomina et causam nouae Academiae aperire uolueris. – Crederem, inquit, me quoque a prandio te auocare uoluisse, ni et magis te a Licentio territum dudum putarem et eius postulatio ita nobis praescripsisset, ut ei ante prandium quidquid huius inuolutionis esset expediretur. – Et cum reliqua dicere tenderet, mater nostra – nam domi iam eramus – ita nos tru-

---

82 아카데미아학파를 간추려 소개하는 아우구스티누스의 해설이 없었다면 알리피우스가 그 일을 도맡아야 했다.

83 아우구스티누스가 뭔가 빠뜨렸다면 고의로 그런 것이지, 몰라서 그랬을 리 없다는 말이다.

84 non magis tibi verecundum erat ... quam mihi: 수사학적 기교가 들어간 문장이어서 번역이 난해하다.

85 non tam percontationi quam ipsi percontanti: 자기가 질문자의 입장에 서서 에둘러 질의하는 수사적 표현이다.

알리피우스에게 신아카데미아학파의 유래를 설명해 보라고 권하다

5.13. 그러자 알리피우스가 이런 말을 했습니다. "고맙네. 리켄티우스도 자네한테 만족했고 나한테 지워진 짐도 벗겨 주었으니 말일세.[82] 자네로서는 더 이상 개의할 필요가 없었네. 자네로서는 내 견해가 뭔가를 떠보기 위해서 자네가 하고 싶은 얘기를 줄일 리도 없었다는 말이네. 달리 무슨 방도가 있었겠는가?[83] 자네가 어느 선까지만 밝히 드러내야 할 필요가 있었다고 따질 생각이었다면 오히려 내가 꺼림칙했겠지.[84] 그럼, 신아카데미아학파와 구아카데미아학파의 차이에 대해서 설명해 주시게. 이것은 그 차이를 캐묻는 질문에 답변해 달라는 말이라기보다는 그런 질문을 할 만한 사람에게 부족한 점을 아예 보충해 달라는 뜻에서 하는 말일세."[85] 내가 대답했습니다. "솔직히 말하면 피곤한 일이네. 한 가지 부탁을 들어주게. 자네가 지적한 점은 상당히 중요한 측면에 해당한다는 사실을 부인할 수가 없네. 그러니 나는 잠깐 쉬어야겠고 그러는 동안에 자네는 신구아카데미아학파라는 그 명칭들을 구분해 보고 신아카데미아학파의 발생 경위에 관해서 준비했다가 내가 있는 자리에서 자네가 그 내용을 개진했으면 하네."[86] 그러자 알리피우스가 대답했습니다. "내가 한 저런 부탁이 자네마저 점심 식탁에 못 앉게 할 속셈이 아니었나 하고 믿을 뻔했네. 나는 리켄티우스가 조금 전에 자네를 당황하게 만들었다고 되짚을 뻔했고, 그의 부탁은 점심 먹기 전에 이 실타래에서 뭔가가 풀려야 한다는 부담을 우리한테 주고 있었다고 생각되네." 그러고서 알리피우스는 나머지 얘기를 다 할 요량으로 나섰는데, 우리는 벌써 집에 들어와 있었고 우리 어머니[87]▶가 우리를 점심상으로

---

86 아우구스티누스는 키케로(*Academica* 1,12,46)가 하던 대로 Carneades부터 '신(新)아카데미아학파'라고 분류하지만, "플레몬과 아르케실라스의 신아카데미아학파"(3,17,8), "카르네아데스가 제3 아카데미아학파의 창시자"(3,18,40)라는 표현도 쓴다.

dere in prandium coepit, ut uerba faciendi locus non esset.

VI 14. Deinde, cum tantum alimentorum accepissemus, quantum compescendae fami satis esset, ad pratum regressis nobis Alypius: Pareame, inquit, sententiae tuae nec ausim recusare. Si enim nihil me fugerit, gratabor cum doctrinae tuae tum etiam memoriae meae. At si in quoquam fortasse aberrauero, recurabis id, ut deinceps huius modi delegationem non pertimescam. Nouae Academiae discidium non tam contra ueterem conceptum quam contra stoicos arbitror esse commotum. Nec uero discidium putandum, si quidem a Zenone inlatam nouam quaestionem dissolui discutique oportebat. Nam de non percipiendo quamuis nullis conflictationibus agitata, incolens tamen etiam ueterum Academicorum mentes sententia non inpudenter existimata est. Quod etiam ipsius socratis platonisque ac reliquorum ueterum auctoritate probatu facile est, qui se hactenus crediderunt posse ab errore defendi, si se assensioni non temere commisissent, quamuis propriam de hac re disputa-

---

◀87 어머니 모니카가 이 대화에서는 국외자로 머물지만 같은 시기의 대화편 *De beata vita*, *De ordine*에서는 적극 끼어든다.

88 여기서부터는 알리피우스가 트리게티우스와 리켄티우스에게 건네는 발언에 해당하므로 어투를 바꾸어 번역한다.

89 '진리의 기준'에 관한 문제.

90 키케로(*Academica* 1,4,13)는 Larissa의 Philo(159~84 B.C.)를 인용해서 신구아카데미 아학파가 별개의 두 학파가 아니라고 주장한다.

밀어붙이기 시작하는 바람에 그가 더 이상 얘기할 틈이 없었습니다.

아르케실라스는 중기 아카데미아학파를 설립하였다

6.14. 허기를 채울 양만큼 음식을 취하고 나서 우리는 풀밭으로 나갔는데, 알리피우스가 먼저 말을 끄집어냈습니다. "나는 자네 생각을 따르기로 하고 반박할 마음을 감히 먹지 않기로 했네. 내가 하나라도 놓치지 않는다면 자네 가르침에 감사하고 내 기억력에 감사할 작정이네. 하지만 내가 어떤 대목에서 헤맨다면 자네가 바로잡아 주겠지. 그래야만 자네가 내게 위임한 이런 식의 일이 껄끄럽지 않을 테니까. 신아카데미아학파의 분리는[88] 옛 개념에 대항한다기보다는 스토아학파에 대항해서 움직였다는 것이 내 생각이다. 그나마 제논이 끌어들인 새로운 문제를[89] 해소하고 토론할 필요에서만 본다면 진짜 분리라고 여길 것도 아니다.[90] 사물을 확실하게 파악할 수 없다는 데 대해서는 그들 사이에 아무런 이의도 없었고, 구아카데미아학파의 지성들을 사로잡고 있던 사상도 파렴치한 생각으로 간주되지는 않았다. 그런 사상은 소크라테스와 플라톤 그리고 다른 고대인들의 권위로도 입증해 내기 쉬우며,[91] 그렇게 해서 그들은 사람이 함부로 동의에 허심(許心)하지 않음으로써 오류로부터 자신을 보호할 수 있다고 믿었던 것이다. 물론 저런 인물들은 이 사안에 관한 본격적 토론을 자기 학파에 도입하지는 않았고, 자기들에 의해서 진리가 파악될 수 있는지 없는지에 관한 문제가 한 번도 핵심적으로 제기된 적도 없었다. 제논은 이 문제를 초보적

---

91 키케로(*Academica* 1,12,44-46; 2,5,14)는 Anaxagoras, Empedocles, Democritus, Parmenides, Xenophanes까지 거명하여 '판단 유보'라는 것이 고대인들의 오래된 인식론 입장이었다고 소개한다.

tionem in scholas suas non introduxerint nec ab illis enucleate aliquando quaesitum sit, percipi necne ueritas possit. Quod cum Zeno rude ac nouum intulisset contenderetque nihil percipi posse, nisi quod uerum ita esset, ut dissimilibus notis a falso discerneretur, neque opinationem subeundam esse sapienti atque id Arcesilas audiret, negauit huius modi quicquam posse ab homine reperiri neque illi opinionis naufragio sapientis committendam esse uitam. Unde etiam conclusit nulli rei esse adsentiendum.

15. Verum cum ita res se habeat, ut uetus Academia magis aucta quam oppugnata uideretur, extitit Philonis auditor Antiochus, qui, ut nonnullis uisus est, gloriae cupidior quam ueritatis in simultatem adduxit Academiae utriusque sententias. Dicebat enim rem insolitam et ab opinione ueterum remotissimam Academicos nouos conatos inducere. In quam rem ueterum physicorum aliorumque magnorum philosophorum implorabat fidem ipsos etiam Acade-

---

92 nihil percipi posse, nisi quod uerum ita esset, ut dissimilibus notis a falso discerneretur: 앞의 2,5,11(각주 73) 참조.

93 키케로(*Academica* 2,20,66-21,68)가 소개하는 명제들이다.

94 Arcesilas(315/4~241/0 B.C.): 제2 아카데미아학파의 창시자로 알려져 있고 제논을 적극 공격하여 회의론을 강화하였다(cf., Diogenes Laertius, *Vitae philosophorum* 4,28-45).

95 "아르케실라스는 [확실히] 알 수 있는 것은 아무것도 없으며 아무것도 공언하거나 주장하거나 동의하여 승인해서는 안 된다고 하였다"(nihil oportere neque profiteri neque adfirmare quemquam neque adsensione adprobare: Cicero, *Academica* 1,12,45).

이지만 새로이 전면에 부각시키고서, 극히 상이한 기호들에 의해서 허위로부터 구분될 정도로 참되지 않는 한, 아무것도 진리로 파악될 수 없다[92]는 투로 시비를 걸었다. 따라서 현자는 대중의 의견이라는 것에 머리를 숙여서는 안 된다고 하였다.[93] 아르케실라스[94]는 그런 말을 듣고서 한 걸음 더 나아가 그런 확실한 인식을 발견하는 일은 인간에게 아예 불가능하다고 주장하고, 그러므로 현자의 삶이 저런 대중의 의견에 난파되게 내버려 두어서는 안 된다고 주장했다. 그리고 어떤 사안에도 동의해서는 안 된다는 결론까지 내렸다."[95]

아스칼로나의 안티오쿠스는 아카데미아학파에 분열을 가져왔다

6.15. 알리피우스는 말을 계속했습니다. "사정이 이러했고 그런 가운데 구아카데미아학파는 공박받았다기보다는 발전을 보았다고 하겠는데, 필론의 청강자 중에 안티오쿠스라는 사람이 있었다.[96] 그자는 적지 않은 사람들의 눈에 진리의 추종자라기보다는 영예의 추종자로 보였으며 두 아카데미아학파의 사상들을 적대 관계로 몰아붙였다. 그는 신아카데미아학파가 매우 생소하고 옛사람들의 생각에서 아주 동떨어진 사상을 이끌어 내려고 시도했다는 말을 하고 다녔다. 그는 자기 주장을 펴면서 고대 자연학자들[97]과 다른 위대한 철학자들의 신빙성까지 끌어들였으며, 아카데미아학파마저 공격하였다. 자기들은 진리 자체를 모른다고 말하면서 진리의

---

[96] Antiochus(130/120~68 B.C.): Philo의 제자였으나 지나친 회의주의에 대한 반발로 소위 '구아카데미아학파'(Academia vetus)를 설립하였다(cf., Cicero, *Academica* 2,4,10-19,62; 1,4,13-12,43).

[97] physici: 세계를 구성하는 근본 원소들을 거론하였으며 Thales, Anaximander, Anaximenes 등이 거론된다. 안티오쿠스의 문하생이었던 Cicero(*Academica* 37,118-41,129)에 의하면, 안티오쿠스는 고대 모든 철학자들의 사상이 하나라면서 그들의 명제들을 자유자재로 끌어다 인용하였다.

micos oppugnans, qui se ueri simile contenderent sequi, cum ipsum uerum se ignorare faterentur, multaque argumenta collegerat, quibus nunc supersedendum arbitror, nihil tamen magis defendebat quam percipere posse sapientem. Hanc puto inter Academicos nouos ac ueteres controuersiam fuisse. Quae si secus se habet, ut Licentium plenissime informes pro utroque postulauerim. Si uero ita est, ut dicere potui, susceptam disputationem peragite.

VII 16. Tum ego: Quamdiu, inquam, Licenti, in isto nostro longiore quam putabam sermone conquiescis? audisti, qui sint Academici tui? – At ille uerecunde adridens et aliquantum hac compellatione turbatior: Paenitet me, inquit, tantopere adfirmasse contra Trygetium beatam uitam in ueritatis inquisitione consistere. Nam me ista quaestio ita perturbat, ut uix non miser sim, qui certe uobis, si quid humanitatis geritis, uideor miserandus. Sed quid me ipse ineptus crucio? aut quid exhorreo tanta causae bonitate subnixus?

---

98 안티오쿠스의 신아카데미아학파 반박 논지는 아우구스티누스와 리켄티우스(이하 2,7,16-8,20)가 원용한다. '진리'를 모르면 그것에 가까운 '근사치'도 알지 못한다.

99 vix non miser sim: 자기 입으로 '진리 탐구 자체에 행복이 있다'고 주장했지만, 자기는 진리 탐구에 이제 겨우 착수한 처지라는 변명이다.

100 miser sim ... videor miserandus: 자기 입지를 말장난으로 피해 가고 있다.

근사치를 따르노라고 자처한다는 것이 그 이유였다.[98] 그는 많은 논지들을 수집 정리하였는데, 그것들은 지금으로서는 그냥 넘어가야 할 것으로 보인다. '현자는 진리를 파악할 수 있다'는 명제보다 그가 열렬하게 옹호한 것은 아무것도 없다. 나는 이것이 신아카데미아학파와 구아카데미아학파 사이에 논쟁점이었다고 본다. 그렇지 않다면 나나 리켄티우스 양편을 생각해서라도 자네가 더 나은 지식 정보를 리켄티우스에게 제공하라고 부탁할 참이네. 내가 설명할 수 있었던 내용이 참이라면 여러분은 기왕에 시작한 토론을 계속하고."

리켄티우스가 아카데미아학파에 관한 토론을 회피하려고 핑계를 찾다

7.16. 그래서 내가 말했습니다. "우리 얘기가 내가 생각하던 것보다 오래 끌고 있는데, 리켄티우스, 너는 언제까지 입을 다물고 가만 있을 생각이냐? 너의 아카데미아학파가 어떤 사람들인지 들었느냐?" 그러나 '너의 아카데미아학파'라는 내 말투에 약간 당황한 듯 그는 수줍게 웃으면서 이렇게 대꾸하였습니다. "제가 트리게티우스를 상대로 행복한 삶은 진리 탐구에 있다고 너무 세게 주장한 일이 쑥스러워집니다. 그 문제는 계속해서 나를 당황하게 만들었고 이제야 겨우 가련한 처지를 벗어났습니다.[99] 만일 여러분에게 조금이라도 인정이 있다면, 가련하게 봐줄 만한 놈입니다.[100] 하지만 내가 왜 바보같이 나 자신을 들볶는 것일까요? 내가 훌륭한 논지로 뒷받침을 받으면서도 이리도 두려움을 느끼는 까닭이 무엇일까요? 하여튼 나는 진리가 아니면 항복하지 않겠습니다."[101] 그래서 내가 물었습니다. "그럼

---

[101] *non cedam nisi veritati*: 젊은 기개로 Vergilius의 시가의 한 구절[*Ecloga* 10,69: "사랑은 모든 것을 이기느니, 우리도 사랑에는 항복합시다"(*omnia vincit amor, et nos cedamus amori*)]을 연상시키는 대꾸를 한다.

Prorsus non cedam nisi ueritati. – Placentne, inquam, tibi noui Academici? – Plurimum, inquit. – Ergo uerum tibi uidentur dicere? – Tum ille cum iam esset assensurus arrisione Alypii cautior factus haesit aliquantum et deinde: Repete, inquit, rogatiunculam. – Verumne, inquam, tibi uidentur Academici dicere? – Et rursus cum diu tacuisset: Utrum, ait, uerum sit, nescio; probabile est tamen. Neque enim plus uideo quod sequar. – Probabile, inquam, scisne ab ipsis etiam ueri simile nominari? – Ita, inquit, uidetur. – Ergo, inquam, ueri similis est Academicorum sententia. – Ita, inquit. – Quaeso attende, inquam, diligentius. Si quisquam fratrem tuum uisum patris tui similem esse affirmet ipsumque tuum patrem non nouerit, nonne tibi insanus aut ineptus uidebitur? – Et hic diu tacuit; tum ait: Non mihi hoc uidetur absurdum.

17. Cui ego cum respondere coepissem: Expecta, inquit, quaeso paululum. Ac post arridens: Dic mihi, ait, oro te, iamne certus es de uictoria tua? – Tum ego: Fac me, inquam, certum esse; non ideo tamen tu causam tuam debes deserere, praesertim cum haec inter nos

---

102 결코 '진리'를 알지 못한다면서, 그 진리의 '근사치'(veri simile: '진리와 비슷한 것')는 어떻게 아느냐는 반문을 아카데미아학파가 빈번히 당한다. 아우구스티누스의 힐문에 리켄티우스는 '확실히 안다'(= '진리다')는 말을 극력 피하고 있다.

신아카데미아학파가 네 마음에 드느냐?" "아주 마음에 듭니다." "그러니까 그들이 너한테 진리를 말해 주는 것처럼 보인다는 말이지?" 그러자 그는 내 말을 막 수긍하려다가 경고를 보내는 알리피우스의 미소에 약간 주춤하였고 얼마간 망설이더니 드디어 입을 열었습니다. "물음을 다시 해 주시겠습니까?" "너한테는 아카데미아학파가 진리를 말하는 것으로 보이느냐?" 그는 또다시 한동안 입을 다물고 있었습니다. "그들이 하는 말이 진리인지는 모르겠습니다. 허나 그럴 개연성은 있습니다. 내가 따르기에 더 나은 것이 없는 듯합니다." 내가 다시 물었습니다. "'개연적이라는 말이 그 사람들한테서 '진리에 근사近似한'이라는 용어로 불린다는 사실을 너 혹시 아느냐?" "그런 것 같습니다." "그렇다면 아카데미아학파의 명제는 '진리에 근사한' 것이다." "그렇습니다." "그럼 좀 더 주의해서 들어 보아라. 누가 네 형을 보고서, 너의 아버지를 알지도 못하면서, 네 형이 너의 아버지와 근사하다는 말을 한다고 하자. 너한테는 그가 정신이 나갔거나 엉뚱한 사람으로 보이지 않느냐?" 이 말에 그는 한동안 입을 다물고 있더니 이윽고 입을 열었습니다. "내게는 그게 모순으로 보이지는 않습니다."[102]

그는 연극을 즐긴다

7.17. 내가 그에게 막 대답하려는 순간 그가 말을 막았습니다. "잠깐 기다려 주십시오!" 그러더니 슬그머니 웃음을 띠면서 "제게 말씀해 보십시오. 부탁입니다. 이미 선생님 승산에 자신이 있습니까?"라는 물음을 나에게 던졌습니다. 그래서 내가 대꾸하였습니다. "내가 자신이 있는 것으로 해 두어라! 허나 그것을 핑계로 네가 네 토론 주제를 포기해서는 안 된다. 더군다나 우리 사이의 이 토론은 너를 훈련시키는 명분과 정신을 가다듬

disputatio suscepta sit exercendi tui causa et ad elimandum animum prouocandi. – Numquidnam, inquit, aut Academicos legi aut tot disciplinis eruditus sum, quibus tu ad me instructus aduentas? – Academicos, inquam, nec illi legerant, a quibus primo sententia ista defensa est. Eruditio autem disciplinarumque copia si te deficit, non usque adeo tamen ingenium tuum esse debet inualidum, ut nullo facto impetu paucissimus uerbis meis rogationibusque succumbas. Illud enim iam uereri coepi, ne tibi citius quam uolo succedat Alypius, quo aduersario non ita securus deambulabo. – Ergo utinam, inquit ille, iam uincar, ut aliquando uos audiam disserentes et, quod plus est, uideam, quo mihi spectaculo nihil potest felicius exhiberi. Nam quoniam placuit uobis ista fundere potius quam effundere, si quidem ore prorumpentia stilo excipitis nec in terram, ut dicitur, cadere sinitis, legere etiam uos licebit; sed nescio quo modo, cum admouentur oculis idem ipsi, quos inter sermo caeditur, bona disputatio si non utilius, at certe laetius perfundit animum.

---

103 exercendi tui causa et ad elimandum animum provocandi: 제1권 각주 96 참조.

104 적어도 본서에서 토론의 교재로 삼고 있는 키케로의 책(*Academica*)을 가리킨다. Carneades 등의 글은 키케로의 이 작품에 인용된 것만 전해 온다.

105 paucissimus(너무 시시하게): 다른 용례가 없어 paucissimis verbis meis(얼마 안 되는 내 말마디에)라는 독해가 더 정확하다.

106 리켄티우스가 쉽게 물러서 버리면 알리피우스가 아카데미아학파 입장을 두둔해야 하는 토론이 될까 걱정스럽다는 뜻이다.

도록 자극한다는 목적으로 채택한 것이다."[103] "내가 아카데미아학파 책들을 읽기라도 했단 말입니까?[104] 아니면 온갖 학문을 익히신 선생님이 나를 상대로 써먹는 그 학문들을 내가 다 떼기라도 했단 말입니까?" "앞서 다룬 첫째 명제를 옹호한 인물들도 아카데미아학파 책들을 모조리 읽은 것은 아니었다. 학습이라든가 제반 학문들의 풍부한 지식이 너한테 부족한 것은 사실이다. 그렇다고 해서 아무런 공격도 않고서 얼마 안 되는 내 말마디와[105] 힐문에 옹색하게 웅크리고 무조건 숙이고 들어갈 만큼 네 재능이 힘을 빼야 한다는 말은 아니다. 나는 알리피우스가 내가 기대하는 것보다 일찌감치 네 입장에 대신 서야 하지 않을까 그 점이 벌써 걱정되기 시작한다.[106] 저런 논적을 두면 나라고 해도 안심하고 나다닐 수가 없지." 그래도 리켄티우스는 이렇게 대꾸하였습니다. "저는 차라리 이쯤 해서 손을 들고서 얼마간은 그냥 두 분이 토론하는 것이나 듣고 있었으면 합니다. 연극을 보겠다는 말이 차라리 낫겠지요. 나한테야 연극보다 좋은 구경거리가 있을 수 없으니까요. 두 분은 토론하는 말씀을 흩뿌리기보다는 퍼 옮기는 일을 마음에 들어 하시니까 입에서 쏟아진 대로, 말하자면, 땅에 떨어지지 않게 펜촉으로 쓸어 담아 두신다면, 훗날 두 분도 읽어 볼 만하겠지요. 하기야 논적이 되어 말씨름하는[107] 바로 두 분이 말로 주고받은 바가 글로 적혀 눈으로 더듬어 읽을 적에 그 훌륭한 토론이 어떻게 해서 더 유익하지는 못하더라도 확실히 더 유쾌하게 정신을 가다듬어 준다는지는 나도 모르겠네요."[108]

---

107 Cf., Terentius, *Heauton Timorumenos* 242: interea, dum sermones caedimus, illae sunt relictae("우리가 말씨름이나 하고 있는 새 저 여자들은 제쳐지고 말았구먼").

108 '흩뿌리다', '퍼 넣어 주다'(fundere potius quam effundere)라는 단어의 구사로 미루어, 스승의 가르침이나 토론을 경청하겠다는 말이라기보다 제자한테 곤란하게 따져 묻고 실수하는 내용을 속기사를 시켜 기록까지 하는 일이 못마땅하다는 비아냥이다.

18. Gratum habemus, inquam; sed repentina ista gaudia tua temere illam sententiam euadere coegerunt, qua dixisti nullum tibi spectaculum exhiberi posse felicius. Quid, si enim patrem illum tuum, quo profecto nemo philosophiam est post tam longam sitim hausturus ardentius, nobiscum ista quaerentem ac disserentem uidebis, cum ego me fortunatiorem numquam putabo, quid te tandem sentire ac dicere conuenit? – Hic uero ille aliquantum lacrimauit et, ubi loqui potuit, porrecta manu caelum suspiciens: Et quando ego, inquit, deus, hoc uidebo? sed nihil est de te desperandum. – Hic cum paene omnes ab intentione disputationis remitti in lacrimas coepissemus, obluctans mecum et uix me colligens: Age potius, inquam, et in uires tuas redi, quas ut congereres undeunde posses patronus Academiae futurus, longe ante monueram, non opinor ideo, ut modo

ante tubam tremor occupet artus

aut ut uisendae alienae pugnae desiderio tam cito te optes esse captiuum. – Hic Trygetius, ubi satis attendit iam uultus nostros

---

109 Vergilius, *Aeneis* 11,424.

리켄티우스가 아우구스티누스에게서 꾸중을 듣다

7.18. 내가 나서서 대꾸하였습니다. "그 말 참 고맙구나. 하지만 네 돌연한 그 기쁨이 저따위 말마디를 함부로 내뱉게 만들었구나. 그 말마디에서 너는 '나한테야 연극보다 좋은 구경거리가 있을 수 없다'고 했으니까 말이다. 너의 부친으로 말하자면 철학을 두고 그 오랜 갈증을 느끼신 다음이라서 철학에 접하면 그분만큼 열렬하게 들이마실 분이 아무도 없다. 네 부친이 우리와 함께 이 문제를 토론하시고 연구하시는 모습을 네가 본다면 어떻겠느냐? 이 점에서는 나 자신마저도 그분보다 운이 좋았다고 결코 생각 못할 지경이다. 자, 그러니 너는 무슨 생각을 하고 무슨 말을 하는 것이 좋겠니?" 여기서 리켄티우스는 잠시 눈물을 글썽이더니 말을 할 수 있게 되자 팔을 들어 올리고 하늘을 쳐다보며 이런 말을 하는 것이었습니다. "하느님, 저는 언제나 그런 광경을 보게 됩니까? 하지만 하느님 당신을 두고는 무슨 일로도 절망해서는 안 됩니다." 여기서 우리는 거의 모두가 토론할 기분이 싹 가시고 눈물이 쏟아질 지경이었다. 나도 겨우 자제하고서 마음을 추슬렀습니다. "자 그럼, 정신을 가다듬고 네 기운을 차려라! 네가 장차 아카데미아학파의 변호인으로 나설 생각이라면, 일찌감치 너에게 충고한 대로, 어디서든 상관없이 기운을 끌어 모아야 한다. 너한테야

나팔이 울리기도 전에 공포가 팔다리를 사로잡았다[109]

는 구절은 생각도 못하겠고, 그렇다고 네가 다른 사람들의 전투나 구경하겠다는 속셈으로 일찌감치 손을 들고 포로가 되길 바라지도 않을 게다." 그러자 우리 얼굴이 평상으로 돌아온 것을 한참 지켜보더니 트리게티우스가 앞으로 나섰습니다. "저 친구가 굳이 뭘 바라는지 모르겠네요. 하도 경

serenatos: Quidni iste optet, inquit, homo tam sanctus, ut hoc ei deus ante uota concesserit? Crede iam, Licenti; nam qui non inuenis quid respondeas, et adhuc ut uincare optas, paruae fidei mihi uideris. – Arrisimus. – Tum Licentius: Loquere beatus, inquit, non inueniendo uerum, sed certe non quaerendo.

19. Qua hilaritate adulescentulorum cum essemus laetiores: Attende, inquam, rogationem et in uiam firmior et ualentior redi, si potes. – En adsum, inquit, quantum possum. Quid enim, si ille fratris mei uisor fama compertum habeat eum esse similem patris, potest insanus aut ineptus esse, si credit? – Stultusne, inquam, saltem dici potest? – Non continuo, inquit, nisi se id scire contenderit. Nam si ut probabile sequitur quod crebra fama iactauit, nullius temeritatis argui potest. – Tum ego: Rem ipsam paulisper consideremus et quasi ante oculos constituamus. Ecce fac illum nescio quem hominem, quem describimus, esse praesentem; aduenit alicunde frater tuus. Ibi iste: cuius hic puer filius? Respondetur: cuiusdam

---

110 언쟁을 해야 이기고 지는 판가름이 나지, 미리 손을 들면 승패도 없지 않느냐는 반문이다.

111 2,6,16의 '진리의 근사치'에 대한 질문에 리켄티우스는 아직 답변하지 않았다.

112 stultus: insanus aut ineptus('정신이 나갔거나 엉뚱한 사람')는 욕설이므로 '지혜로운 사람'(sapiens)의 반대말 '어리석은 사람'(stultus)으로 대체하였다.

건한 인물이어서 하느님은 그가 청원을 올리기 전에도 그의 소원을 다 들어주실 텐데 굳이 무엇을 바라야겠습니까? 리켄티우스, 믿음을 가지라고! 넌 아직 답변할 말을 찾아내지 못한 것 같은데 그러면서도 여전히 싸움에 지기로 마음먹은 것을 보면 내겐 네가 믿음이 적은 것으로 보인다."[110] 우리는 일제히 웃음을 터뜨렸습니다. 그러자 리켄티우스가 응수했습니다. "그럼 행복한 사람이 말씀을 해 보지. 너는 진리를 발견해서 행복한 것이 아니라 진리를 찾지 않아서 행복한 인간이니까!"

어떤 사람을 전혀 모르면서도 그와 비슷한 사람을 알아볼 수 있는가

7.19. 젊은이들의 맹랑한 언사에 우리는 한결 유쾌해졌는데, 나는 리켄티우스에게 이렇게 말했습니다. "내 질문을 귀담아들어라![111] 할 수만 있으면 본론으로 들어가라, 더 당당하고 더 힘차게!" "저는 하는 데까지 조심하고 있다고요! 그럼 누군가가 내 형을 본 사람이 소문에 듣던 터라서 내 형이 아버지와 닮았다고 믿는다면 그래도 정신 나갔거나 엉뚱한 사람일 수 있습니까?" 내가 나섰습니다. "적어도 어리석은 사람[112]이라고는 할 만하다는 뜻이냐?" "꼭 그렇지는 않습니다. 그 사람이 자기는 확실히 그렇게 안다고 주장하지 않는 한 말입니다. 흔한 소문으로 나돌던 대로 개연적인 것을 따른다면 어느 누구의 무모함을 탓할 수는 없습니다." 그래서 내가 다시 말했습니다. "이 사안을 좀 따져 보자. 눈앞에 놓고 생각해 보자. 누군지 모르겠지만 우리가 묘사하는 그 사람이 이 자리에 있다고 가정해 보자. 그런데 어디선가 네 형이 나타난다. 그러자 그 사람이 묻는다. '이 아이가 누구의 아들이지?' '로마니아누스라는 사람의 아들이오.'라는 대답이 나온다. 그러자 그 사람이 외친다. '아버지를 얼마나 빼닮았나! 나한테 당도한 소문이 도시 헛소리가 아니었구나!' 그러자 너나 다른 사람이 그에게 묻

Romaniani. At hic: quam patris similis est! quam non temere hoc ad me fama detulerat! Hic tu uel quis alius: nosti enim Romanianum, bone homo? Non noui, inquit; tamen similis eius mihi uidetur. Poteritne quisquam risum tenere? – Nullo modo, inquit. – Ergo, inquam, quid sequatur uides. – Iam dudum, inquit, uideo. Sed tamen ipsam conclusionem abs te audire uolo; oportet enim alere incipias quem cepisti. – Quidni, inquam, concludam? Ipsa res clamat similiter ridendos esse Academicos tuos, qui se in uita ueri similitudinem sequi dicunt, cum ipsum uerum quid sit ignorent.

VIII 20. Tum Trygetius: Longe mihi, inquit, uidetur dissimilis Academicorum cautio ab huius quem descripsisti ineptia. Illi enim rationibus assequuntur quod dicunt esse ueri simile, iste autem ineptus famam secutus est, cuius auctoritate nihil est uilius. – Quasi uero, inquam, non esset ineptior, si diceret: patrem quidem eius minime noui nec fama comperi, quam sit similis patris, et mihi tamen similis uidetur. – Ineptior certe inquit. Sed quorsum ista? – Quia tales, inquam, sunt qui dicunt: uerum quidem non nouimus,

---

113 논적을 손아귀에 넣었으니 해명도 처분도 본인이 시작해야 한다는 말로 들린다.

는다. '신사 양반, 로마니아누스를 아십니까?' 이에 대해서 이런 답변이 나온다. '알지 못하오. 하지만 나한테는 저 아이가 그와 닮은 것으로 보인다는 말이오.' 그럴 경우 웃지 않고 배길 사람이 누구 같으냐?" "아무도 못 배길 것입니다." "그러니 어떤 결론이 나올지 알 만하다." "그것은 내내 알고 있었습니다. 하지만 선생님한테서 결론을 직접 듣고 싶습니다. 선생님이 나를 포로로 잡으셨으니 선생님이 먹여 살리기 시작하셔야죠."113 "결론을 왜 안 내리겠니? 그런데 이 문제는 너의 아카데미아학파 사람들을 똑같이 우스운 사람으로 만들고 만다. 진리 자체가 무엇인지 모른다고 하면서 자기들은 삶에서 진리의 근사치를 따른다고 말들 하니까 말이다."

진리를 모른다면 진리의 근사치를 따르는 일도 못하리라

8.20. 그러자 트리게티우스가 발언하였습니다. "아카데미아학파의 조심스러운 입장은 선생님이 방금 묘사하신 이 사람의 어리석음과는 상당히 다른 것으로 보입니다. 저 사람들은 여러 가지 이치에 근거해서 진리의 근사치라고 하는 것을 얻어 냅니다. 그런데 이 어리석은 사람은 그냥 소문을 따랐습니다. 소문의 권위보다 보잘것없는 것이 또 없습니다." 내가 나섰습니다. "그렇다면 '저 아이의 아버지를 나는 전혀 모르오. 저 아이가 자기 아버지를 빼닮았다는 소문을 들은 것도 아니오. 하지만 나한테는 저 아이가 자기 아버지를 닮았다고 보이오'라고 하는 말은 더 바보 같은 소릴 텐데 네 말은 그렇지 않다는 투로구나." "물론 더 바보 같은 소립니다. 하지만 이 얘기를 어디까지 끌고 가실 작정입니까?" "우리는 진리를 알지 못한다. 그런데 우리가 보는 것은 우리가 알지 못하는 그 진리와 근사하다'라고 하는 사람들이 바로 그런 사람들이기 때문이다." "그들은 '개연적'이라고 합니다." 그에게 내가 대답했습니다. "어떻게 그런 말을 하느냐? 그들이

sed hoc quod uidemus eius quod non nouimus simile est. – Probabile, inquit, illi dicunt. – Cui ego: Quomodo istuc dicis? an negas eos ueri simile dicere? – Et ille: Ego, inquit, ob hoc dicere uolui, ut illam similitudinem excluderem. Videbatur enim mihi fama inprobe inruisse in quaestionem uestram, cum Academici ne oculis quidem credant humanis, nedum famae mille quidem, ut poetae fingunt, sed monstrosis tamen luminibus. Nam quis ego tandem sum Academiae defensor? an in quaestione ista inuidetis securitati meae? En habes Alypium, cuius aduentus nobis quaeso ferias dederit, quem te iam dudum non frustra formidare arbitramur.

21. Tum facto silentio oculos ambo in Alypium contulerunt. Tum ille: Vellem quidem, inquit, ut meae uires patiuntur, auxiliari aliquatenus partibus uestris, nisi mihi omen uestrum terrori esset. Sed hanc formidinem, ni me spes fefellerit, facile fugem. Simul enim

---

114 '소문의 눈'(oculi famae)이니 '괴물 같은 눈'(monstosis luminibus)이라는 표현은 Vergilius(Aeneis 4,173-185: "소문이 도성을 치닫는다. … 온몸에 돋아난 깃털만큼 많은 눈을 아래로 번득이며 … 심지어 잠들어 감기지도 않는다")에게서 착상한 문구이다.

115 이 대목에서 힐문을 받은 대상은 리켄티우스였으므로 트리게티우스는 일단 토론의 표적에서 벗어나 있었다.

116 앞의 2,7,17(알리피우스 같은 "논적을 두면 나라고 해도 안심하고 나다닐 수가 없지") 참조.

117 omen vestrum: omen이라는 단어의 사용에 관한 교부의 후회는 제1권 각주 49 참조.

'진리의 근사치'라는 말을 쓴다는 사실을 부인할 셈이냐?" "나로서는 아카데미아학파와 이 어리석은 사람을 비교하는 비유를 배척할 생각에서 그 말씀을 드리고 싶었습니다. 여러분이 토론하는 문제에 '소문'이 끼어든 사실이 내게는 적절치 못하다고 보입니다. 왜 그러냐 하면 아카데미아학파는 인간의 눈도 신임하지 않는 터에 소문의 눈이야 더욱 믿을 턱이 없기 때문입니다. 시인들이 꾸며 내는 대로, 천 가지로 나돌아 다니는 소문의 괴물 같은 눈을 그들이 믿을 턱이 없습니다.[114] 그런데 내가 어쩌다 아카데미아학파의 변호사가 되었지요? 그렇지 않으면 이 힐문에서 내가 안전하게 벗어나 있다는 점을 두고 여러분이 시샘을 하는 것입니까?[115] 선생님, 여기 알리피우스가 계십니다. 그분의 도착이 우리에겐 좀 휴가를 주었으면 하고 부탁드립니다. 이분이 선생님께 두려움을 준다던 말씀이 그냥 하신 말씀은 아니었다고 여깁니다."[116]

알리피우스가 질의응답에 끼어들다

8.21. 그러자 잠시 침묵이 오고 리켄티우스와 트리게티우스 두 사람 다 알리피우스에게 눈을 돌렸습니다. 이윽고 그가 입을 열었습니다. "내 힘이 미치는 대로 내가 너희들 편에서 어느 모로 도움이 될 수 있었으면 한다. 단 너희들의 축원이[117] 도리어 나한테 두려움을 끼쳐서는 안 된다. 하지만 희망이라는 것에 내가 기만당하지 않는다면야 이런 두려움 따위야 쉽사리 피하리라 본다. 우선 나한테 위안이 되는 것은 아카데미아학파의 비판자가 이 자리에 임석해 있어서[118] 패자敗者[119] 트리게티우스의 집을 거의 떠맡

---

118 이 책(*Contra Academicos*)의 저자 아우구스티누스를 가리킨다.
119 앞의 1.9.24에서 제1권의 토론을 간추리면서 아우구스티누스는 리켄티우스와 트리게티우스가 각기 일승일패였다고 평가했다.

solatur me, quod praesens Academicorum oppugnator onus Trygetii uicti paene subierit, et nunc eum uictorem uestra confessione probabile est. Illud magis uereor, ne et deserti officii neglegentiam et inuasi inpudentiam deuitare non possim. Non enim uos oblitos credo iudicis mihi munus fuisse delatum. – Hic Trygetius: Illud, inquit, aliud, hoc autem aliud est; quare quaesumus, ut te aliquando patiare priuatum. – Ne renuerim, ait, ne, cum inpudentiam uel neglegentiam uitare cupio, in superbiae, quo uitio nihil est inmanius, laqueos incidam, si honorem mihi a uobis concessum diutius quam permittitis teneam.

IX 22. Proinde uelim mihi exponas, bone accusator Academicorum, officium tuum, id est, in quorum defensione hos oppugnes. Metuo enim, ne Academicos refellens Academicum te probare uelis. – Accusatorum, inquam, ut opinor, duo genera esse bene nosti. Non enim si a Cicerone modestissime dictum est ita eum esse Verris accusatorem, ut Siculorum defensor esset, propterea necesse est eum, qui aliquem accuset, habere alterum, quem defendat. – Et

---

[120] 원래 양편의 입장을 듣고 심판하는 자리를 내놓고, 아우구스티누스의 요청대로 자칫 아카데미아학파를 변호하는 입장이 될 우려가 있다는 얘기다.

[121] 본서 3,5,11-12에서는 아카데미아학파는 "자기가 패배한 바로 그 사실로 인해서 자기는 승리자라고 뻐기는" 역설을 담고 있다고 지적한다.

다시피 할 것 같고, 지금 같아서는 그가 승자勝者가 될 개연성이 높다는 점은 여러분이 인정하리라 본다. 사실 내가 더 꺼리는 것은 내가 내 직책을 유기하는 태만이라든가 남의 역할을 침범하는 무분별함을 피할 수 없으리라는 점이다.[120] 나한테 심판의 직무가 부여되어 있다는 사실을 너희가 잊지 않았으리라 믿는다." 트리게티우스가 대답했습니다. "그 점하고 이 점은 다릅니다. 그래서 우리가 부탁드리지만, 당신은 당분간 토론자도 심판도 아닌 사인私人의 위치를 견지해 주셨으면 합니다." "그건 반대 않겠다. 내가 나의 태만과 무분별을 피하려는 욕심 때문에 오만의 덫에 걸려들어서는 안 되겠지. 오만이라는 악덕보다 무시무시한 게 없으니까. 여러분이 나에게 부여한 명예직, 곧 심판의 직무도 여러분이 허용하는 것보다 오래 붙잡고 있으려고 한다면 그것도 오만이겠지."

관건은 말이 아니라 삶에 있다

9.22. 알리피우스가 내게 말을 돌렸습니다. "친애하는 아카데미아학파 고발인이여, 자네 직분이 무엇인지 내게 제시해 주기 바라네. 누구를 변호하여 자네가 이 사람들을 공격하는지 말해 주었으면 하네. 자네가 아카데미아학파를 반박한다면서 자신을 아카데미아학파로 입증해 내고 싶어 하지나 않는지 걱정스럽기 때문이네."[121] 그래서 내가 이렇게 응수하였습니다. "고발인들의 직분은 두 종류가 있음을 자네도 잘 알리라고 보네. 키케로가 한, 퍽 점잖은 말에 의하면 그는 시칠리아 사람들의 변호인이 되다 보니까 베레스의 고발인이 되었다고 하네.[122] 그래서 누군가를 고발하는

---

[122] Verris accusator, Siculorum defensor: Gaius Verres는 시칠리아의 총독(73~71 B.C.)으로 재직하면서 주민을 수탈하여 키케로의 비판(*Orationes in Verrem*)을 받아 몰락한 인물이다.

ille: saltem habesne tu quidquam, in quo sententia tua iam fundata constiterit? – Facile est, inquam, huic rogationi respondere mihi praesertim, cui repentina non est; iam hoc totum mecum egi et diu multumque uersaui animo. Quam ob rem audi, Alypi, quod, ut arbitror, iam optime scis: non ego istam disputationem disputandi gratia susceptam uolo. Satis sit quod cum istis adulescentibus prolusimus, ubi libenter nobiscum philosophia quasi iocata est. Quare auferantur de manibus nostris fabellae pueriles. De uita nostra de moribus de animo res agitur, qui se superaturum inimicitias omnium fallaciarum et ueritate conprehensa quasi in regionem suae originis rediens triumphaturum de libidinibus atque ita temperantia uelut coniuge accepta regnaturum esse praesumit securior rediturus in caelum. Vides quid dicam. Tollamus iam cuncta ista de medio

arma acri facienda uiro

nec quicquam minus semper optaui quam inter eos, qui secum

---

123 "그런 다음 깊은 바다 속으로 내려가 보았어도 진리를 발견하지 못하고 저는 불신과 절망에 빠졌습니다"(『고백록』 6,1,1). "그 무렵 아카데미아학파라고 부르는 사람들이 나머지보다 더 현명한 철학자였다는 생각이 제게 떠올랐습니다. 그들이 모든 것에 관해서 의심을 품어야 한다고 간주하였고 인간에 의해 여하한 진리도 파악될 수 없다고 단정하였다는 점 때문이었습니다"(『고백록』 5,10,19).

124 temperantia velut coniuge: 이 무렵의 저서 *Soliloquia*(1,9,16-13,23)에서는 사추덕 특히 '절제'를 '정숙한 아내'(uxor)로 은유하는 대화가 나온다.

125 후일 교부는 이 대목을 다음과 같이 수정한다. "여기서 '돌아가려고 한다'고 말하기보다 '가려고 한다'고 했더라면 더 안전했을지 모른다. 인간 영혼이 자기 죗값으로 하늘에서 추락하거나 쫓겨나서 이 육체 속으로 떠밀려 왔다고 생각하는 사람들 때문이다. 내가 주저 없

사람은 필히 변호하는 사람도 두게 되는 법이네." 그러자 그가 대꾸하였습니다. "그러니까 자네는 적어도 자네 사상이 토대를 두는 무엇인가를 이미 가지고 있다 그 말인가?" 내가 말했습니다. "이런 힐문에는 답변하는 일이 나한테는 특히 쉽지. 나 같은 사람한테는 그게 갑작스런 질문이 아니니까. 벌써 나 혼자서 이 문제 전부를 다루었고 여기다 정신을 무척 많이 쏟았다네.[123] 그러니 알리피우스, 들어 보게. 내가 이 문제를 어떻게 생각하는지는 자네가 제일 잘 알고 있네. 나는 이 토론이 단지 토론을 위한 토론으로 받아들여지지 않기를 바라네. 그런 것이야 이 젊은이들하고 행한 훈련으로 충분해야 마땅하지. 그들과의 토론에서는 철학이 우리와 마치 허물없이 장난을 하며 논 셈이네. 그러니 유치한 이야기는 우리 손에서 치워야겠지. 여기는 삶에 관해서, 행동거지에 관해서, 정신에 관해서 논하는 것이네. 정신은 온갖 기만적 허위의 적을 극복하고자 하고, 진리를 포착하며, 정욕에 대해서 개선 행진을 하고, 절제를 배우자처럼[124] 맞아들여서 군림하기로 작정한 것이지. 그렇게 해서 정신은 자기가 출생한 지방으로 돌아가듯이 더 안전하게 하늘로 돌아가려고 하네.[125] 내가 무슨 얘기를 하려는지 알겠는가? 여하튼 이런 것들은 치우기로 하세.[126] 지금은

날렵한 사나이한테 병기를 만들어 줘야 할[127] ▶

자리일세. 나는 그보다 간절했던 적이 없을 만큼 바라던 소원이 늘 하나

이 이런 말을 한 이유는 내가 '하늘로'(in caelum)라고 할 적에는 '하늘의 창조주요 조물주인 하느님께로'라는 말을 하고 싶었기 때문이다. … 영혼의 행복이 있는 본향(本鄕)이 하느님 당신이심은 토론의 여지가 없다"(*Retractationes* 1,1,3).

126 곧이어 대화 기록을 변명하는 말투로 미루어, 이 말마디는 그 자리에 있던 속기사나 그의 책상에 놓여 있었을 서판이나 펜촉을 가리키며 한 얘기로 추측된다.

multum uixerunt multumque sermocinati sunt, oriri aliquid, unde nouus quasi conflictus exsurgat. Sed propter memoriam, quae infida custos est excogitatorum, referri in litteras uolui, quod inter nos saepe pertractauimus, simul ut isti adulescentes et in haec attendere discerent et aggredi ac subire temptarent.

23. Tune ergo nescis nihil me certum adhuc habere quod sentiam, sed ab eo quaerendo Academicorum argumentis atque disputationibus impediri? Nescio quo enim modo fecerunt in animo quandam probabilitatem – ut ab eorum uerbo nondum recedam – quod homo uerum inuenire non possit; unde piger et prorsus segnis effectus eram nec quaerere audebam, quod acutissimis ac doctissimis uiris inuenire non licuit. Nisi ergo prius tam mihi persuasero uerum posse inueniri, quam sibi illi non posse persuaserunt, non audebo quaerere nec habeo aliquid, quod defendam. Itaque istam interrogationem remoue, si placet; potius discutiamus inter nos, quam saga-

◀127 Vergilius, *Aeneis* 8,441.

128 novus conflictus: *De ordine*(1,5,13)에서는 바람에 날려 가는 낙엽이 실개천에 떠내려 가면서(conflictus: 갈등) 때로는 물길을 막아 그 현상에 의문을 품는 "인간들로 하여금 사물의 이치를 사색하게 만든다"는 비유를 든다.

129 acutissimis ac doctissimis viris: 본서 3,19,42에 의하면 신플라톤주의 철학자들을 가리킨다.

130 『고백록』(8,8,18: "네 딴에는 진리가 확실하지 않아서 허망의 짐더미를 내려놓기 싫다고 해 왔겠다. 그런데 보라, 확실해진 지 오래다. 저 짐더미가 여태껏 너를 짓누르는 데 비해서 저 사람들은 어깨를 자유롭게 털고서 가벼운 날개를 얻는 중이다")을 보면 카시키아쿰에 은둔할 무렵에는 사실상 회의론을 극복한 다음이었다.

있네. 한참을 함께 살아온 사람들, 많은 얘기를 주고받은 사람들 사이에 뭔가 일어나고 새로운 갈등 같은 것이 발생했으면 하네.[128] 내가 우리끼리 나눈 토론을 문자로 옮겨 놓기 바란 것은 기억이라는 것이 우리가 생각해 낸 바를 간직하는 데 그다지 신빙성이 없는 까닭이며, 우리끼리 자주 취급한 그 주제를 저 젊은이들이 배우게 하려는 이유였네. 젊은이들이 내용을 두고 공격을 하기도 하고 공격을 받기도 하면서 주의를 집중해서 이것들을 배우게 하려는 참이네.

개연적인 것은 사람마다 달리 볼 수 있다

9.23. 자네는 여태 나한테까지도 내가 생각하는 그 무엇도 확실해 보이지 않고, 확실한 것을 탐구하는 일조차 방해받고 있다는 사실을 모르는가? 그게 다 아카데미아학파의 논지와 논쟁들 때문이라네. 나는 그 사람들이 어떻게 해서 인간이 진리를 발견할 수 없다는 데 모종의 개연성 — 아직은 그들의 용어에서 거리를 둘 생각이 없네 — 이 있다는 생각을 내 머리에 주입시켰는지 모르겠네. 그래서 나는 게을러지고 그러저러한 표지에 영향을 받아서, 가장 명민하고 가장 박학한 인물들에게도[129] 발견될 수 없다는 생각에 그것을 탐구할 엄두도 내지 못했다네.[130] 진리는 발견될 수 있다고 나 자신에게 먼저 강력하게 설득하지 못한다면 — 저 사람들은 자기들이 진리를 발견할 수 없다는 신념을 남들에게 불어넣었네 — 나는 감히 진리를 탐구할 엄두를 내지 못할 테고 따라서 옹호할 무엇도 전혀 지니지 못할 것일세. 그러니 자네의 힐문일랑 우선 취소해 주게. 그보다는 진리가 과연 발견될 수 있느냐는 주제를 두고서 할 수 있는 데까지 머리를 짜내어 우리끼리 토론을 갖도록 하세. 그리고 내 편에서는 상당히 많은

citer possumus, utrumnam possit uerum inueniri. Et pro parte mea uideor mihi habere iam multa, quibus contra rationem Academicorum niti molior; inter quos et me modo interim nihil distat, nisi quod illis probabile uisum est non posse inueniri ueritatem, mihi autem inueniri posse probabile est. Nam ignoratio ueri aut mihi, si illi fingebant, peculiaris est aut certe utrisque communis.

X 24. Tum Alypius: Iam, inquit, securus incedam; uideo enim te non tam accusatorem quam adiutorem fore. Itaque ne longius abeamus, uideamus quaeso prius, ne per hanc quaestionem, in qua successisse uideor his, qui tibi cesserunt, in uerbi controuersiam decidamus, quod te ipso insinuante et auctoritate illa Tulliana turpissimum esse saepe confessi sumus. Cum enim, ni fallor, Licentius placuisse sibi diceret de probabilitate Academicorum sententiam, subiecisti, quod ille haud dubie confirmauit, sciretne hanc ab eisdem etiam ueri similitudinem nominari. Et bene noui, si quidem

---

131 si illi fingebant: 본서 말미(3,17,37-20,43)의 어투를 보면 아우구스티누스는 아카데미아학파의 입장이 '방법론적 회의'라고 단정하고 있다.

132 verbi controversia: 본서 — 3,13,29: "무릇 개념 때문에 언어가 표현되는 법이므로 (propter rem verba dicuntur), 언어로 표명된 개념이 명료한 경우 언어를 문제 삼아서는 안 된다" — 에는 로마인들의 사고방식 — "내용을 파악하라. 용어는 저절로 따라 나온다"(rem tene, verba sequuntur) — 이 엿보인다.

133 Cf., Cicero, *De finibus bonorum et malorum* 2,12,38: "내용을 두고 하는 토론인지 아니면 용어상의 말싸움인지"(si perspexerit rerum inter eas verborumne sit controversia).

논지들을 가지고 있다고 보며, 그것으로 아카데미아학파의 이론을 상대하여 힘을 써 볼 작정이네. 당장에는 그들과 나 사이에 아무런 차이가 없네. 그들한테는 진리를 발견할 수 없다는 것이 개연성 있다고 보였고, 나한테는 진리를 발견할 수 있다는 것이 개연성 있다는 점만 차이 나지. 왜 그러냐 하면 그들이 진리를 알면서도 모른다고 시늉해 왔다면[131] 진리에 대한 무지가 나에게만 특이한 것이거나 그렇지 않으면 양편에 공통되거나 둘 중 하나네."

아카데미아학파가 개연적이라는 어휘로 말하려는 내용이 무엇인가

10.24. 그러자 알리피우스가 이런 말을 했습니다. "그럼 안심하고 앞으로 나아가겠네. 자네는 비판자라기보다는 조력자가 되어 줄 것으로 보이네. 우선 너무 멀리 가지 않도록 제발 이 점을 살펴보기로 하세. 자네 앞에서 뒤로 물러선 사람들 자리를 내가 물려받은 것으로 보이는데, 용어의 문제를 가지고 말싸움하는 것은 그만두기로 하세.[132] 자네도 암시한 바 있거니와 툴리우스의 권위 때문에도[133] 우리는 그런 짓이 매우 부끄러운 일이라고 자주 공언하였네. 내 말이 틀리지 않다면 리켄티우스가 개연성에 관한 아카데미아학파의 사상이 마음에 들었다고 발언했을 적에 자네는 아카데미아학파가 이 개연성이라는 것을 '진리의 근사치'라고 명명한다는 사실을 아느냐고 연달아 물었네. 그는 주저 없이 그렇다고 수긍했네. 또 아카데미아학파의 학설이 뭔가 나에게 알려져 있다면 자네를 통해서였고 자네한테서 배웠음을 내가 잘 알고 있네.[134] 내 말마따나 아카데미아학파의 학설이 자네 머리에 박혀 있을 텐데 무엇 때문에 자네가 그렇게 용어들을 놓

---

134 『고백록』(6.12.21 이하)을 보면 알리피우스의 사상적 방향에 아우구스티누스의 영향이 컸음이 드러난다.

ex te mihi nota sunt, non absque te esse Academicorum placita. Quae cum, ut dixi, animo tuo infixa sint, quid uerba secteris ignoro. – Non est ista, inquam, mihi crede, uerborum, sed rerum ipsarum magna controuersia; non enim eos illos uiros fuisse arbitror, qui rebus nescirent nomina imponere, sed mihi haec uocabula uidentur elegisse et ad occultandam tardioribus et ad significandum uigilantioribus sententiam suam. Quod quare et quomodo mihi uideatur exponam, cum prius illa discussero, quae ab eis tamquam cognitionis humanae inimicis dicta homines putant. Itaque perlibenter habeo huc usque hodie nostrum processisse sermonem, ut satis quid inter nos quaereretur aperteque constaret. Nam illi mihi uidentur graues omnino ac prudentes uiri fuisse. Si quid est autem, quod nunc disputabimus, aduersus eos erit, qui Academicos inuentioni ueritatis aduersos fuisse crediderunt. Et ne me territum putes, etiam contra eos ipsos non inuitus armabor, si non occultandae sententiae suae causa, ne ab eis temere pollutis mentibus et quasi profanis quaedam ueritatis sacra proderentur, sed ex animo illa, quae in eorum libris legimus, defenderunt. Quod hodie facerem, nisi nos solis occasus iam domum redire compelleret. – Hactenus illo die disputatum est.

---

135 Arcesilas는 철학자의 권위 때문이 아니라 각자가 이성으로 진리를 찾아내라는 뜻에서 선대 사상가들의 이론을 비밀리에 전수시킨다고 설명한다(Cicero, *Academica* 2,18,60). 본서 3,20,43 참조.

136 본서 제3권에서 아카데미아학파의 회의론적 사상을 먼저 개괄하고(3,7,15-16,36) 이어서 아우구스티누스의 견해를 개진한다(3,17,37-20,43).

고 따지는지 나는 까닭을 모르겠네." 그래서 내가 대답하였습니다. "내 말을 믿게나. 이것은 용어를 따지는 말싸움이 아니고 내용 자체를 두고 하는 대대적인 논쟁일세. 나는 저 사람들이 내용도 알지 못한 채 용어를 채택할 그런 사람들은 아니었다고 생각하네. 내가 보기에 각별히 이런 용어들을 채택한 것은 이해가 더딘 사람들에게는 자기네 사상을 감추고 주의 깊은 사람들에게는 의미를 암시해 주기 위해서였네.[135] 내가 왜 어떻게 해서 그런 생각을 하는지는 설명할 참이네. 그런데 먼저 저 명제들, 사람들이 생각하기로는 마치 인간 인식에 대해서 적대감을 가진 사람들이 만들어 낸 것 같은 명제들을 두고 따질 생각이네.[136] 나는 오늘까지 우리가 나누고 있는 대화가 우리들 사이에서 무엇이 시비가 되고 있는지 충분하게 드러내고 공공연하게 밝혀 주는 지점까지 진척되어 기분이 참 좋네. 내가 생각하기에 저 인물들은 아주 진중하고 또 현명한 사람들이었네. 우리가 지금 토론하겠지만, 무슨 얘긴가 나온다면, 아카데미아학파가 진리의 발견을 적대시한다고 믿었던 사람들을 상대로 하는 얘기가 될 것일세. 그렇다고 내가 겁먹었다고 여기지 말도록, 나는 아카데미아학파를 상대로 해서도 무장하고 나설 생각이네. 물론 억지로 하는 시늉은 아니지. 그들의 저서에서 우리가 읽은 것들이 진정에서 우러나온 얘기라면 그런 내용을 두고는 싸움을 할 생각이네. 물론 진리의 어떤 성스러움이 오염되고 속물이 다 된 정신을 가진 사람들에게 새 나가지 않도록 감추려는 뜻에서, 자기들의 사상을 숨기려는 이유였다면 얘기가 다르지만.[137] 그건 오늘 중으로 다룰 생각이었네. 해가 저물어 집으로 돌아가라고 떠밀지만 않았더라면 말일세." 그날 토론한 것은 여기까지였습니다.

---

137 앞의 각주 131 참조.

XI 25. Postridie autem, quamuis non minus blandus tranquillusque dies inluxisset, uix tamen domesticis negotiis euoluti sumus. Nam magnam eius partem in epistolarum maxime scriptione consumpseramus et, cum iam duae horae uix reliquae forent, ad pratum processimus. Nam inuitabat caeli nimia serenitas placuitque, ut ne ipsum quidem quod restiterat tempus perire pateremur. Itaque cum ad arborem solitam uentum esset et mansissemus loco: Velim uos, inquam, adulescentuli, quoniam non est hodie magna res aggredienda, in memoriam mihi reuocetis, quomodo hesterno die rogatiunculae, quae uos turbauit, Alypius responderit. – Hic Licentius: Tam breue est, inquit, ut nihil negotii sit hoc recordari; quam leue sit autem, tu uideris. Nam, ut opinor, uetuit te, res cum constaret, de uerbis mouere quaestionem. – Et ego: Hoc ipsum, inquam, quid sit quamue habeat uim, satis animaduertistis? – Videor, inquit, mihi uidere quid sit; sed quaeso tu id paulisper exponas. Nam saepe abs te audiui turpe esse disputantibus in uerborum quaestione inmorari, cum certamen nullum de rebus remanserit. Sed hoc subtilius est, quam ut explicandum a me debeat flagitari.

---

[138] rogatiuncula: 교부의 저작에서는 앞의 2,7,16과 여기 두 곳에서 사용되며 '질문'을 애교스럽게 지칭한다.

아카데미아학파가 생각한 '개연성'으로 말하자면

11.25. 이틀날도 못지않게 쾌청하고 조용하게 날이 밝았으나 우리는 집안일로부터 놓여나기가 무척 힘들었습니다. 우리는 그날 태반을 편지 쓰는 데 보냈고 낮이 두어 시간가량 남았을 때에야 비로소 풀밭으로 나갔습니다. 하늘이 너무 맑아서 우리를 불러냈고 남은 시간이나마 놓치지 않는 편이 좋다고 생각했던 까닭입니다. 늘 가던 나무 밑까지 다다르자 우리는 거기서 멈췄습니다. 내가 먼저 입을 열었습니다. "젊은이들, 오늘은 큰 문제를 두고 겨룰 것이 아니니까 나는 어제 여러분을 곤란케 만들었던 물음이[138] 무엇이었고 거기에 알리피우스가 뭐라고 대답해 주었던가를 내 기억에 상기시켜 주었으면 한다." 리켄티우스가 나서서 대답하였습니다. "아주 간단합니다. 그걸 기억해 내는 건 일이 아닙니다. 얼마나 대수롭지 않은가는 선생님도 즉시 아실 것입니다. 내가 제대로 알아들었다면, 요점이 분명한 경우 선생님은 용어에 관해서 문제 삼지 못하게 금하셨습니다." 내가 물었습니다. "여러분은 요점이 도대체 무엇이고 얼마나 힘겨운 사안인지 제대로 깨우쳤는가?" 그가 대꾸하였습니다. "나 같아선 뭔가 알아본 것 같습니다. 하지만 약간 설명해 주셨으면 합니다. 저는 토론하는 사람들이 내용에 있어서 아무것도 차이가 남아 있지 않은 터에 용어 문제를 가지고 지체하는 일이 아주 치사하다는 말씀을 선생님한테서 자주 들었습니다. 그러나 나더러 나서서 설명하라고 닦아세우기에는 너무도 미묘한 문제 같습니다."

26. Audite ergo, inquam, quid sit, uos. Id probabile uel ueri simile Academici uocant, quod nos ad agendum sine adsensione potest inuitare. Sine adsensione autem dico, ut id quod agimus non opinemur uerum esse aut non id scire arbitremur, agamus tamen: ut uerbi causa, utrum hesterna nocte tam liquida ac pura hodie tam laetus sol exorturus esset, si nos quispiam rogaret, credo, quod nos id scire negaremus, diceremus tamen ita uideri. *Talia*, inquit Academicus, *mihi uidentur omnia, quae probabilia uel ueri similia putaui nominanda; quae tu si alio nomine uis uocare, nihil repugno. Satis enim mihi est te iam bene accepisse, quid dicam, id est quibus rebus haec nomina inponam. Non enim uocabulorum opificem, sed rerum inquisitorem decet esse sapientem.* Satisne intellexistis, quomodo mihi ludicra illa, quibus uos agitabam, de manibus excussa sint? – Hic cum ambo se intellexisse respondissent uultuque ipso responsionem postularent meam: Quid putatis, inquam, Ciceronem, cuius haec uerba sunt, inopem fuisse latinae linguae, ut minus apta rebus, quas sentiebat, nomina imponeret?

---

139 '확실한 인식이 불가능하다면 아무 행동도 해서는 안 되는 것 아니냐?'라는 반문에 신 아카데미아학파는 '개연성'을 근거로, 판단을 유보한 채 행동할 수 있다는 답변을 내놓았다 (cf., Cicero, *Academica* 2,10,30-32).

140 바로 아래서 언명하듯이, 키케로의 글(*Academica*)을 직접 인용한 것으로 보이는데, 아우구스티누스에게서만 인용되는 단편이다. 앞의 각주 132 참조.

141 ludicra: 초등학교 선생(ludi magister)이 사용하는 서판(생도들이 가지고 다니는 것은 tabula). 번역이 다양하지만 '이제 그만 닦아세워도 되겠는가?'라는 뜻으로 보인다.

지혜의 탐구로 인도하는 무엇이었을 수 있다

11.26. 내가 나섰습니다. "그게 무엇을 의미하는지 너희가 들어 보아라! 아카데미아학파가 '개연성' 내지 '진리의 근사치'라고 일컫는 것은 우리가 무엇에 '동의'하지 않은 채 행동하라는 초대일 수 있다.[139] '동의하지 않은 채'라고 내가 말했는데, 우리가 행동하는 그것이 진리라는 의견을 내지도 않고 진리를 알지 못한다고 판단하지도 않은 채로 행동한다는 뜻이다. 예를 들어, 어젯밤이 하도 밝고 청명하여 '오늘도 해가 웃는 낯으로 솟을 것이냐?'라고 우리한테 누가 물었다고 하자. 우리라면 그럴 경우, 내가 믿기로는, '우리가 그걸 안다'고 말하지는 않았으리라. 다만 '날씨가 그럴 것 같다'고 말했음 직하다. 아카데미아학파는 이런 말을 하였다. **나한테는 모든 것이 그렇다고 보인다. 나는 그런 것을 '개연적'이라거나 '진리와 근사한 것'이라고 불러야 한다는 생각이다.** 그것을 당신이 다른 용어로 부르고 싶다면 나로서는 조금도 반대하지 않겠다. 내가 무슨 말을 했는지 당신이 잘 알아들었다면, 즉 내가 이 용어를 어떤 내용에다 부여했는지 알아들었다면 나로서는 그것으로 충분하다. 무릇 현자란 용어를 만들어 내는 **장인**匠人이라기보다는 내용을 탐구하는 **연구가라야만** 합당하다.[140] 여러분은 제대로 알아들었는가? 내가 여러분을 몰아세우는 데 사용해 온 이 서판書板[141]들을 손에서 내려놓아도 되겠는가?" 그러자 젊은이들 둘 다 알아들었노라고 대답했고 얼굴 표정으로 내 반응을 구하는 것 같아서 내가 이 말을 했습니다. "방금 인용한 것은 키케로의 말인데 여러분은 키케로를 어떻게 생각하는가? 그가 라틴어에 서툰 사람이었다고 생각하거나, 자기가 파악하던 내용을 표현하는 데 적절하지 않은 용어들을 구사했다고는 차마 생각하지 않겠지?"

XII 27. Tum Trygetius: Iam, inquit, placet nobis, cum res nota sit, de uerbis nullas calumnias commouere. Quare uide potius, quid huic respondeas, qui nos liberauit, in quos tu impulsus temptas iterum inruere. – Et Licentius: Mane, ait, quaeso; nam mihi sublucet nescio quid, quod uideam non tibi tam facile tantum argumentum eripi debuisse. Et cum defixus in cogitatione siluisset aliquantum: Rogo, inquit, nihil esse uidetur absurdius quam dicere se ueri simile sequi eum, qui uerum quid sit ignoret; nec illa me tua similitudo conturbat. Nam recte ego interrogatus, utrum ex ista temperie caeli nulla in crastinum pluuia cogatur, respondeo esse ueri simile, qui me non nego nosse aliquid ueri. Nam scio arborem istam modo argenteam fieri non posse multaque talia uere non inpudenter me scire dico, quorum uideo esse similia ea, quae ueri similia nomino. Tu uero, Carneades, uel quae alia Graeca pestis, ut nostris parcam –

---

142 트리게티우스가 리켄티우스에게 건네는 말이다. 아우구스티누스에게 행한 대꾸라면 '우리를 일단 풀어 주신 알리피우스님에게 뭐라고 답변하실지 말씀해 보십시오! 선생님은 일단 나와 알리피우스에게 반박을 당하셨으면서도 다시 한 번 반박을 시도하시는데 말입니다'라는 어색한 말투가 된다.

143 리켄티우스가 아우구스티누스에게 건네는 말이라면 다음과 같은 말씨로 바뀌어야 한다. '잠깐 기다리십시오, 부탁입니다. 뭔가 모르지만 내 머리에 떠오르는 게 있습니다. 이토록 중요한 주제를 그렇게 쉽사리 선생님에게 빼앗겨서는 안 된다는 생각이 듭니다.'

144 앞 절에 나온 날씨 얘기.

145 Graeca pestis: 사상적으로 유해 인물(有害人物)을 가리키던 언사였다.

리켄티우스가 아카데미아학파의 입장을 포기하면서

12.27. 그러자 트리게티우스가 나섰습니다. "사실 내용이 분명하면 단어에서 꼬투리를 잡지 않는 말을 우리도 좋아합니다. 자,[142] 우리를 일단 풀어 주신 알리피우스님에게 대체 뭐라고 답변할지 생각해 봐라! 너는 일단 우리한테 반박을 당하였으면서도 다시 한 번 덤벼 보려고 벼르는데 말야." 리켄티우스가 응수하였습니다. "잠깐 기다려! 부탁이라고. 뭔가 모르지만 내 머리에 떠오르는 게 있어. 그래서 중요한 주제를 그렇게 쉽사리 너한테 빼앗겨서는 안 된다는 생각이 들거든."[143] 그는 얼마간 침묵을 지키며 골똘히 생각하더니 나를 향해서 이렇게 말을 이었습니다. "죄송합니다만, 진리가 무엇인지 모르겠다는 사람이 자기는 진리의 근사치를 따른다고 말하는 것보다 더한 모순이 결코 없는 것처럼 보이기도 합니다. 하지만 선생님이 든 비유도[144] 나를 곤란하게 만들진 못합니다. 왜 그런가 하면, 내가 제대로 질문을 받았고, 하늘의 그 상태로 미루어 이튿날 비가 조금도 내리지 않을 것 아니냐는 질문이 나왔다면 나는 그럴 만한 진리의 근사치가 있다고 대답하겠습니다. 그런데 진리의 근사치라는 말을 했다고 해서 내가 뭔가 진리를 알고 있다는 사실마저 부정하는 것은 아닙니다. 그 이유는 우리 눈앞에 있는 저 나무가 은사시나무로 변할 수 없다는 사실을 나는 알고 있으며, 그 밖에 여러 가지 사실을 내가 아는 까닭입니다. 그렇다고 해서 내가 무엇을 참으로 안다고 함부로 발설하는 것은 아닙니다. 그리고 내가 참으로 아는 그런 것과 비슷한 무엇을 가리켜 나는 진리의 근사치라고 이름 붙입니다. 그런데 '카르네아데스여, 또 다른 그리스발發 재앙이여,[145] 그대가 아무도 진리를 알지 못한다고 말할 적에 그대는 무엇에 근거해서 진리의 근사치를 따른다는 말이오?' (우리나라 사람들은 빼겠습니

quid enim dubitem in hanc partem transire ad eum, cui captiuus debeor iure uictoriae? – tu ergo, cum te nihil ueri scire dicas, unde hoc ueri simile sequeris? At enim non ei potui aliud nomen inponere. Quid ergo nobis disputandum est cum eo, qui nec loqui potest?

28. Non ego, inquit Alypius, perfugas metuam; quanto minus ille Carneades, in quem nescio utrum iuuenali an puerili leuitate commotus maledicta potius quam aliquod telum putasti esse iaciendum. Nam illi quidem ad roborandam sententiam suam, quae semper tenus probabili fundata fuit. hoc interim aduersum te facile suffecerit, ita nos a ueri inuentione procul esse positos, ut tu tibi ipse magno argumento esse possis, qui ita una interrogatiuncula loco motus es, ut ubi tibi standum esset penitus ignorares. Sed haec atque scientiam tuam, quam tibi inpressam de hac arbore paulo ante confessus

---

146 아카데미아학파를 로마에 소개하다 보니 회의론에 기울어진, 키케로 같은 인물들.
147 '스승 아우구스티누스는 어떻게 하더라도 나를 논리로 이겨 내서 승리자의 노획물로 삼고 말 텐데 …'라는 말투다.
148 리켄티우스가 여태까지 아카데미아학파 입장에서 발언하다가 돌연 카르네아데스를 공격하였으므로 '탈주병'(perfuga)이라고 우롱당한다.
149 tu *tibi* ipse *magno argumento esse* possis: '리켄티우스의 경솔한 처신이 인간이 진리에 접근하기 힘들다는 사실을 보여 주는 좋은 실례가 된다.'
150 interrogatiuncula: 앞의 각주 138(rogatiuncula) 참조.

다.¹⁴⁶ 무엇 때문에 내가 이편으로 넘어가 그분 편에 서기를 망설여야 한다는 말입니까? 그는 승리자의 권리로 나를 사로잡힌 포로로 삼아야 마땅할 터인데 말입니다¹⁴⁷) 하지만 나로서는 카르네아데스 외에 다른 이름을 댈 줄 몰라서 미안합니다. 진리의 긍정을 기피하여 아예 말도 할 줄 모르는 사람과 무슨 토론을 한다는 말입니까?"

토론의 명분을 견지하지 못하다

12.28. 그러자 알리피우스가 말했습니다. "나 같으면 탈주병들을 무서워하진 않겠다.¹⁴⁸ 그러니 저 위대한 카르네아데스라면 그런 자들을 더욱 무서워하지 않을 것 같다. 그게 네 젊은이다운 경솔에서 비롯했는지 어린애 같은 유치함에서 비롯했는지 모르겠지만, 너는 그 인물을 겨냥하여 공격의 창을 던지기보다는 저주의 말을 던져야 한다고 생각한 듯하다. 그런데 그 인물로 말하자면, 자기 사상 — 항상 개연성에만 근거를 두었다 — 을 강화하여 너를 반박하는 데는 우리가 진리를 발견하는 데서 멀리 떨어져 있다는 점을 지적하는 일로 우선 충분할 것이다. 그리고 그 점에 관한 한 너야말로 대단한 논거가 되고 남는다.¹⁴⁹ 너는 아주 하찮은 힐문 하나로¹⁵⁰ 입장을 바꾸었고 네가 어느 편에 서야 할지를 아예 묵살해 버렸을 정도다. 그러나 이 얘기나 네 지식 — 네가 조금 전 이 나무에 관해서 네 인상에 박혔다고 자인한 그 지식 말이다¹⁵¹ — 에 관한 시비는 다음 기회로 미루기로 하자. 한데 네가 비록 다른 편을 들기로 택하였다고 하더라도 너는 내가 아까 뭐라고 했는지에 대해 열심히 배워 둬야 한다.¹⁵² 내 생각에 아직도

---

151 앞에서(2,12,27-28) 리켄티우스는 눈앞에 서 있는 은사시나무에 대한 지각은 확실하다고 주장한 바 있다.

152 앞의 2,10,24에서 알리피우스와 아우구스티누스 사이에 주고받은 대담 내용.

es, in aliud tempus differamus. Quamuis enim iam alias partes delegeris, tamen sedulo docendus es, quid paulo ante dixerim. Nondum, ut opinor, in eam quaestionem, qua utrum inueniri uerum possit quaeritur, progressi fueramus, sed illud tantum in ipso uestibulo defensionis meae praescribendum putaui, in quo te lassum prostratumque prospexeram, hoc est utrum ueri simile an probabile an alio si quo nomine appellari potest, quod sibi Academici sat esse dicant, quaerendum non esse. Nam si tu optimus iam inuentor ueritatis tibi uideris, nihil ad me. Postea si ingratus non fueris huic patrocinio meo, eadem fortasse me docebis.

XIII 29. Hic ego, cum uerecunde Licentius Alypii impetum formidaret: Omnia potius, inquam, Alypi, loqui maluisti quam quem ad modum nobis cum his, qui loqui nesciant, disputandum sit. – Et ille: Quoniam olim cum mihi tum omnibus notum est et nunc tua professione satis indicas te loquendi peritum esse, uelim explices

---

153 앞의 2,12,27 말미에서 리켄티우스가 카르네아데스를 "아예 말도 할 줄 모르는 사람"이라고 폄하한 사실을 농담조로 상기시킨다.

154 loquendi peritus: 수사학자(rhetor)와 웅변가(orator)를 '발언 전문가'로 지칭하던 말.

155 tua professione: 곧이어 나오는 '교사의 직무'(magistri officium)로 미루어, 아우구스티누스가 카르타고부터 종사해 온 수사학 '교수'를 말하는 듯하지만, 여기서는 알리피우스를 발언시키고 제자들을 토론시키는 수완을 가리킨다.

156 huius inquisitionis suae: 사본에 따라서는 tuae로 되어 있어 '자네가 리켄티우스를 상대로 하는 이 심문'으로 번역된다. 2,10,24에서 거론된, '개연성'과 '진리의 근사치'의 상관관계를 따지는 듯하다.

우리는 '과연 진리가 발견될 수 있느냐?'를 묻는 그 질문에 접근하지 못한 것 같다. 그렇지만 나는 내가 변호하는 문제의 초입 단계에서는 진리 발견의 가능성 여부가 규정되어야 한다고 생각했다. 다시 말해서 개연적이냐, 진리의 근사치냐, 그렇지 않고 그런 적절한 단어가 있다면 어떤 다른 명칭이냐를 따져서는 안 된다는 것이다. 그런데 내가 지켜본 것은, 너는 벌써 그 단계에서 지치고 늘어진 모습이었다. 아카데미아학파는 자기들한테는 그것으로 충분하다고 말하는 참이다. 만일 너한테는 네가 진리를 발견한 최선의 인물로 보일지 모르지만 그게 나한테는 조금도 중요하지 않다. 다음에 나의 이 변호에 고마운 마음이 없지 않거든 아마도 네가 발견했노라는 바로 그것을 나한테 가르쳐 주었으면 한다."

알리피우스가 아직까지는 아카데미아학파를 편들어 방어하지만

13.29. 그 시점에서 리켄티우스가 알리피우스의 공박에 부끄럽기도 하고 겁이 나기도 한 것 같아서 내가 개입하였습니다. "알리피우스, 자네는 우리가 '말도 할 줄 모르는' 사람들을 상대로[153] 토론해야 하는 마당임에도, 더구나 아카데미아학파가 아닌 우리를 상대로 모든 얘기를 다 털어 내놓고 싶어 했네." 그러자 그가 이렇게 응수하였습니다. "자네가 말하기 전문가[154]라는 사실은 나만 아니고 모든 사람들한테 알려진 일일세. 지금도 자네 직업으로[155] 그 점을 여실히 드러내고 있네. 그러니 리켄티우스가 따지는 이 문제[156]가 무슨 유용성을 가지는지 먼저 설명해 주었으면 하네. 이 문제가 내 견해로는, 퍽 피상적이어서 거기에 대꾸하기는 더더욱 피상적인 일이네. 그렇지 않으면 비록 유용성이 있는 듯이 보였을지라도 나로서는 설명할 능력이 없을 것 같네. 그러니 자네가 나를 가르치는 교사의 직

utilitatem primo huius inquisitionis suae, quae aut superflua est, ut opinor, et ei multo magis respondere superfluum est aut, si commoda uisa fuerit et a me explicari nequiuerit, precario abs te impetrem, ut magistri officium ne grauere. – Meministi, inquam, heri me esse pollicitum de istis uocabulis post acturum. Et nunc ille sol admonet, ut quae ludicra pueris proposui redigam in cistas praesertim cum ea ornandi iam potius quam uendendi gratia proponam. Nunc antequam stilum nostrum tenebrae occupent, quae patronae Academicorum solent esse, uolo inter nos hodie plenissime constet, ad quam quaestionem nobis explicandam mane surgendum sit. Itaque responde quaeso, utrum tibi uideantur Academici habuisse certam de ueritate sententiam et eam temere ignotis uel non purgatis animis prodere noluisse, an uero ita senserint, ut eorum se disputationes habent.

30. Tum ille: Quid illis animi fuerit, inquit, non temere confirmabo. Nam quantum ex libris colligi datur, tu melius nosti, quae in uerba sententiam suam promere soleant; me autem de me ipso si consulis, inuentum nondum esse uerum puto. Addo etiam, quod de

---

157 소피스트들이 학문으로 돈을 벌었다는 비판을 염두에 둔 농담처럼 들린다.
158 전날도 아카데미아학파를 반박할 순간이 오자 날이 저물어 토론을 끝냈다는 말이다(본서 2,10,24 참조).

무가 짐이 되지 말았으면 하는 것이 자네한테 건네는 내 부탁일세." 내가 대답하였습니다. "자네는 어제 저런 용어에 관해서는 다음에 논하겠다고 내가 약속한 사실을 기억하는가? 그런데 어느덧 해가 저기에 가 있어서 내가 아이들에게 내놓았던 서판을 다시 가방에 집어넣으라고 타이르는 듯하네. 더구나 나는 그것을 돈 받고 팔 속셈보다는 필요한 경우에 갖추어 두겠다는 뜻에서 내놓을 생각이네.157 우선은 어둠이 속기사의 펜촉을 안 보이게 만들기 전에 ― 어둠은 늘 아카데미아학파의 변호사 노릇을 한단 말일세158 ― 우리 사이에 한 가지만은 아주 분명하게 드러났으면 하네. 내일 아침에 일어나서 우리가 궁리할 주제가 무엇이냐는 문제일세. 그러니 부탁이네, 자네가 대답해 보게. 자네한테는 아카데미아학파가 진리에 관해서 확실한 견해를 간직하고 있었다고 보이는가? 또 차라리 무식하고 정화되지 않은 정신들에게는 자기네 견해가 함부로 드러나는 것을 싫어했다고 여겨지는가? 안 그렇다면 그들은 그들의 토론에서 드러난 그대로 생각하던 참이었을까?"

지혜의 시작에 관해서는 그들과 공감하지 않다

13.30. 그가 답변하였습니다. "이 문제에 관해서 그들에게 과연 어떤 생각이 있었는지는 섣불리 주장 않겠네. 그들의 책에서 읽어 알아낸 바로 말하자면 자네가 더 잘 알고 있겠지. 또 그들이 자기네 생각을 보통 어떤 단어로 표현하는지도 자네가 더 잘 아네. 굳이 내 생각에 관해서 자네가 묻는다면 나는 진리가 아직 발견되지 않았다고 생각하네. 한마디 덧붙인다면, 자네로 말할 것 같으면 아카데미아학파에 관해서 알아내려고 집요하게 노력해 왔는데, 나는 그것이 확연하게 밝혀지는 일이 가능하다고는 생각하지 않는다는 점일세. 내가 이런 생각을 하게 된 것은 자네가 늘 나한

Academicis flagitabas, nec posse inueniri me putare non solum in-
olita quam semper fere animaduertisti opinione mea sed etiam auc-
toritate magnorum excellentiorumque philosophorum, quibus nos
praebere colla siue inbecillitas nostra siue sagacitas ipsorum, ultra
quam nihil iam inueniri posse credendum est, nescio quo modo
compellit. – Hoc est, inquam, quod uolui. Nam uerebar, ne, cum
tibi quoque id uideretur quod mihi, disputatio nostra manca rema-
neret nullo existente, qui ex altera parte rem uenire in manus coge-
ret, ut diligenter quantum possumus uersaretur. Itaque si id euenis-
set, paratus eram te rogare, ut Academicorum partes ita susciperes,
quasi tibi non solum disputasse sed etiam sensisse uiderentur ue-
rum non posse comprehendi. Quaeriter ergo inter nos, utrum illo-
rum argumentis probabile sit nihil percipi posse ac nulli rei esse
assentiendum. Quod si optinueris, cedam libenter; si autem demon-
strare potuero multo esse probabilius et posse ad ueritatem perue-
nire sapientem et adsensionem non semper esse cohibendam, nihil
habebis, ut opinor, cur non te in meam sententiam transire patiaris.
– Quod cum illi placuisset et eis qui aderant, iam uespere obumbra-
ti domum reuertimus.

---

[159] 본서 3권(7,14; 9,18; 15,33-17,38)에 철인들의 예지(sagacitas philosophorum)에 대한 경의가 드러난다.

[160] 앞의 각주(131)대로, 아카데미아의 회의론이 그 학파의 소신에서 온 주장이기보다 방법론적인 전략에 그치지 않았을까 하는 추측을 다시 드러낸다.

[161] 3,10,22 참조.

테서 감지해 왔겠지만, 나의 뿌리 깊은 견해 때문에만 그런 것이 아니고, 위대하고 훌륭한 철학자들의 권위에 근거해서도 그러하네. 그런 인물들에게는 우리가 언제나 고개를 숙이게 되지. 그렇게 만드는 게 우리의 어리석음인지 그들의 현명함인지, 또 어떻게 그렇게 되는지는 나도 모르겠네. 적어도 철학자들의 현명함 그 이상으로는 이미 아무것도 발견할 수 없다고 믿어야 한다는 말이네."[159] 내가 대답하였습니다. "내가 바라던 바가 바로 그것일세. 내가 두려워하던 점은, 만일 내게 보이는 바가 자네에게도 그대로 보인다면, 우리가 하는 토론이 아무 소용 없는 불모의 것이 되어 버린다는 사실일세. 반대편 입장에 서서 팔씨름을 하자고 나설 사람이 아무도 없을 테니까. 그럴 상대가 있어야만 우리가 할 수 있는 최선을 다하면서 우리의 주제가 진지하게 취급된다는 말이네. 만약 반대 입장이 전혀 없는 그런 일이 생긴다면 자네한테 아카데미아학파 편에 서 달라고 부탁할 작정이었네. 자네가 보기에는 그들이 진리는 포착될 수 없다는 시비를 놓고 토론을 벌이는 데서 그치지 않고 실제로 그런 신념을 품고 있었다는 식으로[160] 나와 주었으면 했네. 그러니 우리 사이에서는 바로 이 점을 탐구해야 하네. 아무것도 포착될 수 없다는 명제나 어떤 것에도 동의해서는 안 된다는 명제가 그들의 전체 논지에 입각해서 과연 개연성이 있느냐 없느냐는 것일세.[161] 자네가 그 개연성을 입증해 낸다면 나는 기꺼이 손을 들겠네. 그런데 현자는 진리에 도달할 수 있고, 현자라고 해서 동의라는 것을 항상 유보해야 하는 것은 아니라는 명제가 훨씬 개연성 있다고 내가 입증해 낼 수 있다면, 자네는 하는 수 없이라도 내 입장으로 옮겨 오지 않아야 할 이유가 없으리라는 것이 내 생각이네." 나의 제안이 그의 마음에 들었고 그 자리에 있던 사람들의 마음에 들었으므로 우리는 이미 어둑해진 참에 집으로 돌아왔습니다.

LIBER TERTIUS

I 1. Cum post illum sermonem, quem secundus liber continet, alio die consedissemus in balneis – nam erat tristior, quam ut ad pratum liberet descendere – sic exorsus sum: Arbritror uos iam satis animo aduertisse, qua de re inter nos discutienda quaestio constituta sit. Sed antequam ad partes meas ueniam, quae ad eam pertinent explicandam, pauca quaeso de spe de uita de instituto nostro non ab re abhorrentia libenter audiatis. Negotium nostrum non leue aut superfluum, sed necessarium ac summum esse arbitror, magnopere quaerere ueritatem. Hoc inter me atque Alypium conuenit. Nam et caeteri philosophi sapientem suum eam inuenisse putauerunt et Academici sapienti suo summo conatu inueniendam esse professi sunt idque illum agere sedulo, sed quoniam uel lateret

---

1 alio die: 이하에 언급하는 것처럼 하루를 쉬면서 토론을 중단하고 각자 공부로 소일했다.
2 in balneis: 본서 1,4,10(각주 48) 참조.

제3권 _ 아우구스티누스가 지혜에 동의하는 일이 적절한지 토론하다

앞서 다룬 바를 간추리다

1.1. 제2권에 담긴 그 대담이 있고 나서 둘째 날[1] 우리는 욕탕에서[2] 합석하였습니다. 날씨가 너무 우중충하여 풀밭으로 내려가고 싶은 마음이 내키지 않았던 것입니다. 내가 이렇게 말을 꺼냈습니다. "우리끼리 무엇을 두고 토론을 해야 하느냐 하는 문제는 미리 정해져 있었다는 사실을 여러분은 충분히 염두에 두었으리라고 본다.[3] 그러나 내가 맡은 역할에 들어서기 전에, 즉 그 주제에 해당하는 설명을 내놓기 전에, 희망에 관해서, 인생에 관해서 그리고 우리 학습에 관해서 몇 마디 하겠는데, 주제와 배치된 내용이 아닌 만큼 기꺼이 귀담아듣기 바란다. 나는 우리가 하는 업무[4]가 미천하거나 쓸데없이 부과된 무엇이 아니라고, 성의껏 진리를 탐구하는 일은 필수적일뿐더러 막중한 업무라고 본다. 이 점에서는 나와 알리피우스 사이에 의견이 일치한다. 아카데미아학파를 빼놓고 나머지 철학자들은 자기네 현자가 진리를 발견하였다고 여겼다. 아카데미아학파 역시 자기네 현자는 최상의 노력을 기울여 진리를 발견해야 한다고 공언하였고, 현자는 열심히 그렇게 행동해야 마땅하다고 믿었고, 진리가 파묻혀서 숨어 있

---

[3] 앞의 2,13,30에서 '인간은 아무것도 확실히 인식할 수 없다'는 명제와 '현자는 아무 일에도 확인을 제공해서는 안 된다'는 명제가 과연 개연성 있느냐를 토론 주제로 정하고 아우구스티누스 본인은 그렇지 않다는 입장임을 전제하였다.

[4] negotium nostrum: 철학적 토론을 보통 '여가'(otium)라고 부르는데, 교부는 이 일을 '업무'(negotium)로 중시했다. 본서 3,8,18에는 negotium philosophandi라는 용어도 나온다.

obruta uel confusa non emineret, ad agendam uitam id eum sequi, quod probabile ac ueri simile occurreret. Id etiam uestra pristina disceptatione confectum est. Nam cum alter inuenta ueritate beatum fieri asseruerit hominem, alter uero tantum diligenter quaesita, nulli nostrum dubium est nihil esse a nobis huic negotio praeponendum. Quam ob rem qualem uobis quaeso hesternum diem uidemur duxisse? Vobis quidem in studiis uestris uiuere licuit. Nam et tu, Trygeti, Vergilii te carminibus oblectasti et Licentius fingendis uersibus uacauit, quorum amore ita perculsus est, ut propter eum maxime mihi istum sermonem inferendum putarem, quo in eius animo philosophia – nunc enim tempus est – maiorem partem non modo quam poetica sed quaeuis alia disciplina sibi usurpet ac uindicet.

II 2. Sed quaeso uos, nonne miserati nos estis, cum pridie ita cubitum issemus, ut ad dilatam quaestionem et prorsus ad nihil aliud surgeretur, quod tanta de re familiari necessario peragenda extiterunt, ut his penitus occupati uix duas extremas diei horas in nosmet

---

5 전자는 트리게티우스, 후자는 리켄티우스의 지론이었다.

거나 혼재하여 밝히 드러나지 않으므로 현자가 삶을 영위하려면 개연적이거나 진리의 근사치로 드러나는 것을 따른다고 주장하였다. 여러분의 지난 토론에서 확정된 내용이 이것이다. 여러분 중 한 사람은 진리가 발견되어야 사람이 행복해진다고 주장했고, 한 사람은 근면하게 진리를 탐구하는 일만으로도 행복해진다고 주장했는데,[5] 이 작업보다 우선할 일이 아무것도 없다는 데 대해서는 우리 중 누구도 의심을 않는다. 그러니 우리가 보낸 어제 하루를 여러분은 어떻게 생각하는가? 여러분의 공부에 하루를 보내도록 여러분에게 허용되었다. 트리게티우스, 너는 베르길리우스의 시가詩歌를 감상하였고, 리켄티우스는 시문詩文을 지으면서 여가를 보냈다. 리켄티우스가 시문에 대한 애정에 하도 빠져 있는 터였으므로 나로서는 다름 아닌 리켄티우스 때문에 지금 이 발언을 해야겠다고 생각했다. 그렇게 해서 철학이 그의 정신에서 보다 큰 자리 — 단지 시문학보다 큰 자리가 아니라 그 어느 학문보다도 큰 자리 — 를 차지하고 그런 몫을 주장하게 하려는 데 뜻이 있고 이제 그럴 때가 되었다.

행운이 삶의 필요에 무엇을 베풀어 주는가

2.2. 그 전날[6] 우리가 잠자리에 들면서는 미루어진 문제를 이튿날 토론하기로 작정하였는데, 정작 일어나자마자 온갖 피치 못할 가사로 할 일이 너무 많아서 그날 마지막에 가서야 겨우 두 시간을 내어 한숨을 돌리고 그 토론에 전적으로 할당했다. 그러니 여러분은 우리를 두고 동정을 하지 않았겠는가? 여하튼 지혜로운 사람에게는 이미 아무것도 필요치 않다는 것

---

[6] 토론 넷째 날을 가리킨다(2,4,10-8,21).

ipsos respirare possemus? Quare semper fuit sententia mea sapienti iam homini nihil opus esse; ut autem sapiens fiat, plurimum necessariam esse fortunam, nisi quid aliud uidetur Alypio. – Tum ille: Quantum iuris, inquit, fortunae tribuas, nondum bene noui. Nam si ad contemnendam fortunam fortuna ipsa opus esse arbitraris, me quoque comitem in hanc sententiam do tibi. Sin fortunae nihil aliud concedis quam ea, quae corporis necessitati non possunt nisi ipsa uolente suppetere, non ita sentio. Aut enim licet eadem repugnante atque inuita nondum sapienti, cupido tamen sapientiae ea sumere, quae uitae necessaria confitemur, aut concedendum est etiam in omni sapientis uita eam dominari cum et ipse sapiens his, quae corpori necessaria sunt, non indigere non possit.

3. Dicis ergo, inquam, fortunam esse necessariam studioso sapientiae, sapienti uero negas. – Non ab re est eadem repetere, inquit. Itaque nunc etiam abs te quaero, utrum fortunam ad se ipsam contemnendam aliquid iuuare aestimes. Quod si arbitraris, dico sapientiae cupidum magnopere indigere fortuna. – Arbitror, inquam, si

---

7 sapienti homini nihil opus esse: 그리스철학이 추구하는 '자족'(自足) 개념이다.

8 알리피우스의 발언을 "자네 말이 행운을 경멸하는 현자가 되려면 행운이 필요하다(ad contemnendam fortunam fortuna opus esse)는 역설적인 표현이라면" 이라고 되잡는다.

이 늘 내 생각이기는 하지만[7] 현자가 되려면 각별히 행운이 필요하다는 것도 사실이다. 알리피우스에게는 달리 보이는지 모르지만."[8] 그러자 그가 나섰습니다. "자네가 행운에 얼마나 대단한 권리를 부여하는지 난 아직 잘 모르겠네. 만일 자네가 행운을 업신여기면서도 행운이 필요하다고 여긴다면 나 자신도 그런 생각에는 자네 동조자로 나서겠네. 그 대신 자네가 행운에 부여하는 바가 행운이 허용하지 않으면 신체의 필요마저 충당할 수 없다는 그런 것뿐이라면, 난 그렇게 생각지 않네. 그러니 둘 중 하나일세. 아직 현자가 아니로되 지혜를 절원切願하는 사람의 경우, 행운이 배척하고 심지어 싫어함에도 불구하고, 우리가 말하는, 삶에 필요하다는 것들이 주어지고 있거나, 그렇지 않으면 현자의 삶 전부에서 행운이 지배하고 있어서 현자라는 사람에게도 몸에 필요한 것들이 부족하지 않을 수 없거나 둘 중 하날세."[9]

현자는 행운을 업신여기고 사는데

2.3. 내가 말을 이었습니다. "자네는 지혜를 추구하는 사람한테는 행운이 필요하고 이미 지혜를 얻은 현자에게는 그 점을 부인하는 셈이네그려." "자네가 내가 한 말을 똑같이 되풀이하는 것도 쓸데없지는 않네. 하여튼 행운이라는 것이 행운 자체를 업신여겨도 좋을 만큼 무슨 도움을 베푼다고 생각하는지 자네한테 묻고 싶네. 만일 자네가 그렇다고 생각한다면, 지혜를 궁구하는 사람한테 행운이 무척이나 많이 필요하다고 말하겠네." "행

---

[9] 키케로(*Tusculanae disputationes* 5,9,25)가 인용하는 시구 — vitam regit fortuna non sapientia('인생을 지배하는 것은 행운이지, 지혜가 아니지') — 를 연상시킨다. 본서 1,1,1(각주 1 참조)에서 '행운'을 언급한 사실을 후대에 아우구스티누스 스스로 바로잡은 사실을 참조할 만하다(*Retractationes* 1,1,2).

quidem per illam erit talis, qualis eam possit contemnere. Nec absurdum est; nam sic etiam paruis nobis ubera necessaria sunt, quibus efficitur, ut sine his postea uiuere ac ualere possimus. – Sententias, ait, nostras, si animi conceptio non dissonat, concordare mihi liquet, nisi forte disserendum cuiquam uidetur, quod fortunae uel uberum non ipsa ubera seu fortuna, sed alia res quaedam nos faciat contemtores. – Nihil magnum est, inquam, alio simili uti. Nam ut sine naui uel quolibet uehiculo aut omnino, ne uel ipsum Daedalum timeam, sine ullis ad hanc rem accommodatis instrumentis aut aliqua occultiore potentia Aegeum mare nemo transmittit, quamuis nihil aliud quam peruenire proponat, quod cum ei euenerit, illa omnia, quibus aductus est, paratus sit abicere atque contemnere, ita quisquis ad sapientiae portum et quasi firmissimum et quietissimum solum peruenire uoluerit – quoniam, ut alia omittam, si caecus ac surdus fuerit, non potest, quod positum est in potestate fortunae – necessariam mihi uidetur ad id quod concupiuit habere fortunam. Quod cum obtinuerit, quamuis putetur indigere quibusdam rebus ad corporis ualitudinem pertinentibus, illud tamen constat,

---

10 신화(Vergilius, *Aeneis* 6,14-33; Ovidius, *Metamorphoses* 8,183-235)에 의하면 아들 이카루스와 함께 크레타 섬에서 탈출하려고 몸에 새의 깃털을 초로 붙이고 공중을 날아 보려 했던 인물.

11 Plotinus(*Enneades* 1,6,8: "우리가 떠나온 고국, 우리 아버지가 계시는 곳은 발로 다다르지 못한다. 마차나 배를 타서는 못 간다. 눈을 감고 다른 사고방식을 지녀야 한다")에게서 비롯한 착상이며, 『고백록』(1,18,28)에도 인용된다.

운을 입어 지혜를 궁구하는 지경에 이르러야 행운을 업신여길 수 있는 경지에 도달한다는 것이 내 생각일세. 내 말이 모순은 아니네. 왜 그러냐 하면 우리가 어릴 적에는 젖이 정말 필요하네. 젖으로 채워져야 다음에 그걸 먹지 않고도 살 수 있고 튼튼하게 자랄 수도 있기 때문일세." 그가 말을 이었습니다. "정신에 들어 있는 개념이 충돌하지 않는다면야 우리의 말마디도 서로 일치하리라는 것이 내 생각이네. 하지만 우리로 하여금 행운 또는 젖을 경멸하게 만드는 것이 젖 또는 행운이 아닌 다른 무엇인지는 토론을 해 봐야 한다고 누군가 생각한다면 얘기는 다르네." 내가 대답하였습니다. "다른 비유를 드는 것도 대수롭지 않네. 예컨대 에게 해를 건너는데, 배나 어떤 운송 수단이나 다른 무엇이 전혀 없이는, 곧 이런 목적에 알맞은 수단들이나 다른 무슨 비밀스러운 능력을 갖추지 않고서는 아무도 못 건너네. (자네가 다이달루스의[10] 예를 끌어대더라도 겁이 나지 않네.) 목적지에 도달하는 일 외에는 아무것도 염두에 두지 않더라도 말일세.[11] 일단 목적지에 도달하는 일이 생기면 그가 타고 온 저 모든 수단들을 버리고 업신여길 태세가 된 셈이네.[12] 그와 마찬가지로 누구든지 지혜의 포구, 아주 든든하고 아주 조용한 물에 도달하기 바란다면 그가 열망하던 바를 달성케 해 줄 행운이 필요할 것으로 보이네. (다른 경우는 접어 두더라도, 예컨대 만일 그가 소경이나 귀머거리라면 목적을 달성하지 못할 텐데, 소경이나 귀머거리가 되고 안 되고는 행운의 권세에 달려 있네.) 그것을 일단 달성하였다면, 신체의 건강에 해당하는 무엇이 소용된다고 할지라도, 그게 현자가 되는 데 필수적은 아니고 그냥 사람들 사이에 살아가는 데 필요할 따름

---

[12] illa omnia quibus advectus est, paratus sit abicere atque contemnere: 지혜[진리]의 추구와 그 수단 방법의 관계를 규정한 명언으로 꼽힌다.

non his opus esse, ut sapiens sit, sed ut inter homines uiuat. – Immo, ait ille, si caecus ac surdus sit, et sapientiam adipiscendam et ipsam uitam, propter quam sapientia quaeritur, mea sententia iure contemnet.

4. Tamen, inquam, cum ipsa uita nostra, cum hic uiuimus, sit in potestate fortunae nec nisi uiuens quisque sapiens fieri possit, nonne fatendum est opus esse eius fauore, quo ad sapientiam peruehamur? – Sed cum sapientia, inquit, non nisi uiuentibus necessaria sit remotaque uita nulla sit indigentia sapientiae, nihil in propaganda uita pertimesco fortunam. Etenim quia uiuo, propterea uolo sapientiam, non quod sapientiam desidero, uolo uitam. Unde fortuna si mihi abstulerit uitam, auferet causam quaerendae sapientiae. Nihil igitur habeo, cur ut fiam sapiens aut fauorem optem fortunae aut impedimenta formidem, nisi alia fortasse protuleris. – Tum ego: Non igitur censes sapientiae studiosum posse fortuna, ne ad sapientiam perueniat, impediri, etiamsi ei non auferat uitam? – Non arbitror, inquit.

---

13 sapientiae studiosi: 아우구스티누스는 '철학자'를 이렇게 규정한다(『신국론』 8,2: "피타고라스는 자기가 철학자라고, 다시 말해 '지혜를 궁구하는 사람' 혹은 '지혜를 사랑하는 자'(philosophum, id est, studiosum vel amatorem sapientiae)라고 답변했다").

14 현자와 행운(fortuna)의 상관관계는 스토아철학의 토론 주제였고 여기서 불운을 당하는 사람을 위무하는 문학서들이 출현하였다(e.g., Plutarchus, *De fato*; Seneca, *Ad Marciam de consolatione*; *De providentia*, *De tranquilitate animi*; Marcus Aurelius, *Meditationes*).

이라는 사실이 분명해지지." 그러자 그가 말을 이었습니다. "내 생각에는 소경이나 귀머거리라면 획득해야 할 지혜도 업신여길 것이고, 지혜란 삶을 생각해서 찾는 법인데 삶 자체도 당연히 업신여길 것 같네."

죽으면서도 그렇게 할 것이다

2.4. 그래서 내가 반박하였습니다. "하지만 우리가 이승에 살아 있는 한에는 우리네 삶 그 자체가 행운의 권하에 놓여 있는데, 살아 있는 사람이 아니고는 지혜로운 사람이 될 수 없으니까, 행운의 호의를 입어야 할 필요가 있고 그 호의로 우리가 지혜를 향해서 나아간다고 말해야 하지 않을까?" 그러자 알리피우스가 이렇게 대꾸하였습니다. "그렇지만 지혜가 살아 있는 사람들에게만 필요하다면 삶이 끝나고 나면 지혜는 더 이상 필요치 않다는 것이고 그렇다면 삶을 연장하는 데 내가 굳이 행운을 두려워할 것이 전혀 없다는 말이 되네. 왜냐하면 내가 살아 있어서 지혜를 원하는 것이지, 그 역으로 내가 지혜를 희구하기 때문에 내가 삶을 원하는 것은 아니네. 그러니까 행운이 내게서 삶을 앗아 가 버린다면 지혜를 탐구할 명분도 앗아 가 버리는 셈이지. 그러니 내겐 아무것도 남지 않네. 현자가 되는 데 행운의 호의를 바랄 필요도 없고 행운의 방해를 두려워할 필요도 없는 것이지. 자네가 딴 논거를 댄다면 얘기가 다르겠지만." 그때 내가 말했습니다. "자네는 행운이 지혜의 연구자硏究者를[13] 방해하여 (그에게서 생명을 빼앗지 않고서도) 지혜에 도달하지 못하게 가로막을 수 있다고는 생각지 않는다는 말인가?" "그렇게 생각지 않네."[14]

III 5. Volo, inquam, mihi paululum aperias, quid tibi inter sapientem et philosophum distare uideatur. – Sapientem ab studioso, ait, nulla re differe arbitror, nisi quod quarum rerum in sapiente quidam habitus inest, earum est in studioso sola flagrantia. – Quae sunt tandem istae res? inquam; nam mihi nihil aliud uidetur interesse, nisi quod alter scit sapientiam, alter scire desiderat. – Si scientiam, inquit, modesto fine determinas, ipsam rem planius elocutus es. – Quoquomodo, inquam, eam determinem, illud omnibus placuit scientiam falsarum rerum esse non posse. – In hoc mihi, inquit ille, uisa fuit obicienda praescriptio, ne inconsiderata consensione mea facile in principalis illius quaestionis campis tua equitaret oratio. – Plane mihi, inquam, nihil ubi equitare possem reliquisti. Nam, nisi fallor, quod iam dudum molior, ad ipsum finem peruenimus. Si enim, ut subtiliter uereque dixisti, nihil inter sapientiae studiosum et sapientem interest, nisi quod iste amat, ille autem habet

---

15 [sapientia] in sapiente quidam habitus: 키케로의 정의 — *De inventione rhetorica* 2,159: "덕이란 정신의 성품으로서, 자연 본성에 준하고 이성에 부합하는 성품이다" — 에서 기인하는 문구다.

16 알리피우스는, 아카데미아학파 입장에 서서, '앎'(scire)을 절대 확실한 인식(percipere)에 두지 않고 '의견'을 지니는 인식'(opinari)으로 한정한다면 온건한 정의가 된다고 응수한다.

17 scientia falsarum rerum: '확실한 인식'의 차선인 '의견'의 대상은 틀릴 가능성을 염두에 두므로 아예 falsum(혹자는 opinabile, not-true로 번역)으로 표기한다.

18 '앎'의 범위에 이 편에서 동의하고 나면 상대방은 곧장 '철학자'와 '현자'의 구분으로 돌아가서 '현자는 확실한 인식을 가질 수 있다'는 명제로 유도하고 말 것이다.

현자는 지혜가 무엇인지 알아야 한다

3.5. 내가 말했습니다. "자네한테 현자와 철학자 사이에는 어떤 거리가 있는 것으로 보이는지 나한테 좀 얘기해 보게." "현자는 연구자와 어느 면에서도 다른 점이 없다고 보네. 있다면 현자에게서는 탐구하는 대상이 일종의 성품으로 내재하고[15] 연구자에게서는 단지 일종의 염원으로 내재한다는 것일세." "그러면 탐구하는 대상이란 게 뭔가? 내 보기에는 전자는 지혜를 알고 있고, 후자는 알고자 염원한다는 점이 아니면 아무런 차이가 없는 것으로 보이네." "자네가 '앎'이라는 것을 온건한 범위에다 한정한다면, 사안을 보다 분명하게 언표한 셈이네."[16] "내가 앎, 곧 지식의 범위를 어디까지 한정하든 간에, 한 가지 사실은 모두가 동의했네. 즉, 거짓된 사물들에 관한 지식이란 있을 수 없다는 것이네."[17] 그가 대꾸하였습니다. "바로 그런 한정限定이 배격되어야 한다고 생각했다네. 그렇지 않아서 내가 깊은 생각 없이 지식에 관한 자네 말에 동의할라치면 그것을 이용해서 자네 언변은 당장 저 주제의 영역으로 몰아갈 것이란 말일세."[18] "그런데 분명히 자네는 내가 자네를 어느 구석으로든 몰아갈 틈을 전혀 안 주거든. 여하튼 내가 틀리지 않았다면, 내가 오래전부터 벼르고 있던 바로 그 목표 지점에 우리가 도착했네. 자네 말마따나 지혜의 연구자와 현자 사이에 아무런 차이가 없다면 (자네는 아주 치밀하게 또 진실을 발언했네), 전자는 지혜의 학문을[19] 사랑하고 후자는 그것을 갖추고 있다는 말 외에는 딴 얘기가 아니네. 더구나 지혜의 학문을 갖추고 있다는 말을 자네는 무슨 '성

---

[19] sapientiae disciplina: '지혜에 대한 상시적 지식.' 본서 2,1,1[disciplina atque scientia sapientiae("지혜에 대한 학문과 지식")] 참조.

sapientiae disciplinam, – unde etiam nomen ipsum, id est habitum quendam exprimere non cunctatus es – nemo autem habere disciplinam potest in animo, qui nihil didicit, nihil autem didicit, qui nihil nouit, et nosse falsum nemo potest, nouit igitur sapiens ueritatem, quem disciplinam sapientiae habere in animo, id est habitum iam ipse confessus es. – Nescio, inquit, cuius impudentiae sim, si habitum inquisitionis diuinarum humanarumque rerum esse in sapiente confessum me negare uoluero. Sed qui tibi uideatur inuentorum probabilium habitus non esse, non uideo. – Concedis, inquam, mihi falsa neminem scire? – Facile quidem, inquit. Dic iam, si potes, inquam, sapientem nescire sapientiam. – Quid enim? ait, hoc limite uniuersa concludis, ut uideri sibi non possit comprehendisse se sapientiam? – Da, inquam, dexteram. Nam, si meministi, hoc est quod heri me dixi effecturum, quod nunc non a me conclusum, sed a te ultro mihi oblatum esse gaudeo. Nam cum

---

[20] habitus: 키케로는 ἕξις — "그것으로 한 사물이 어떤 성향을 띠는 상태가 되어 있는 성품": Aristoteles, *Metaphysica* 5,1022b,10-15 — 의 번역어라고 소개하였다(*De inventione rhetorica* 1,25,36).

[21] disciplina(학문)는 동사 discere(didicit: 배우다)에서 유래한다.

[22] nihil didicit qui nihil novit: 아우구스티누스는 그의 고유한 인식론인 '조명설'(照明說)에도 불구하고, 모든 지식은 배움에서 기인한다는 경험론을 견지한다.

[23] nosse falsum nemo potest: 제논이 표상(visum)을 "존재하는 그대로(ex eo quod esset) 각인되고 표현되고 묘사된 것"(Cicero, *Academica* 2,24,77)이라고 정의하였으므로, falsum은 표상 그대로 존재하지 않는 것이며, 존재하지 않는 것은 인식되지 않는다는 결론이 도출된다.

품'性品[20]이라는 명사로 표현하는 일마저 주저하지 않았거든. 아무것도 배우지 않은 사람은 누구도 자기 정신에 학문을 갖추고 있을 수가 없네.[21] 또 아무것도 모르는 사람은 아무것도 못 배운 것이네.[22] 그리고 허위는 아무도 알 수 없는 법이네.[23] 그러니 지혜의 학문을 정신에 갖추고 있는 사람, 다시 말해서 자네 입으로 공언했다시피 지혜의 성품을 간직하고 있는 사람은 현자로서 진리를 알고 있네." 그가 말했습니다. "인간사와 신사에 대한 탐구의 품성이[24] 현자에게 내재한다는 사실을 내가 공언한 일이 없다고 부인하고자 한다면 내가 상당히 섣부른 사람이 될지도 모르겠네. 하지만 현자에게 내재한다는 것이 개연적인 발견들에 관한 성품이 아니라고 자네가 생각하는 까닭을 나는 모르겠네." "그럼 허위는 아무도 알 수 없다는 말에 대해서는 나에게 수긍하겠는가?" "그건 쉽지." "그럼 나한테 말해 보게. 지혜로운 사람이 지혜를 모를 수 있다는 말을 자네가 할 수 있는가?" "뭐라고? 자네는 뭣 때문에 이 테두리 안에다 모든 문제를 가둬 놓으려고 하는가? 지혜로운 사람이 자기가 지혜를 포착한 것으로 보이는 일이 불가능하다는 식으로 말일세."[25] 그래서 내가 대꾸하였습니다. "나한테 오른손을 내놓게.[26] 자네가 기억을 더듬는다면 내가 어제 오늘 중으로 해내겠다고 말한 얘기가 이것이야. 그런데 지금 내 입에서 그런 결론이 난 것이 아니라, 다름 아닌 자네가 나한테 자발적으로 그 말을 제공해 주었으니 나로

---

[24] 본서 1.6,16(각주 67)에서 아우구스티누스가 지혜를 "인간사와 신사에 관한 지식(scientia)"으로 정의한 것을, 여기서 알리피우스가 "인간사와 신사에 대한 탐구의 품성(habitus inquisitionis)"으로 완화시킨다.

[25] "지혜로운 사람이 지혜를 모를 수 있느냐?"는 식의 힐문을 알리피우스는 "지혜로운 사람이 자기가 지혜를 포착한 것으로 보이지(videri) 않을 수 있느냐?"로 바꾼다.

[26] da mihi dexteram: 의견이 합치하거나 협상이 이루어지면 오른손을 서로 잡거나 서로 손바닥을 마주치던 관습을 표현한다.

inter me et Academicos hoc interesse dixissem, quod illis probabile uisum est ueritatem non posse comprehendi, mihi autem nondum quidem a me inuentam, inueniri tamen posse a sapiente uideatur, nunc, cum mea interrogatione urgereris, utrum sapiens nesciat sapientiam, 'uidetur sibi scire' dixisti. – Quod tum postea? inquit. – Quia, si uidetur sibi, inquam, scire sapientiam, non ei uidetur nihil scire posse sapientem; aut, si sapientia nihil est, uolo affirmes.

6. Crederem uere, inquit, ad calcem nos finemque uenisse, sed repente, cum dexteras interposuisti, disiunctissimos nos esse et in longum progressos uideo, uidelicet quod hesterno die a nobis nulla alia quaestio constituta uidebatur, nisi quod sapientem ad comprehensionem ueri peruenire posse affirmante te ego negaueram, nunc uero nihil aliud me opinor concessisse tibi quam uideri posse sapienti probabilium rerum se consecutum esse sapientiam; quam tamen sapientiam in inuestigatione diuinarum humnarumque rerum

---

27 "현자는 아무것도 알지 못한다"(nihil scire posse sapientem)는 라틴어로 "현자는 '아무 것도 아닌 것을'(nihil) 알다"이므로, 이 명제를 억지로 고수한다면 결국 '지혜는 아무것도 아 니다'(sapientia nihil est)라는 해괴한 문장이 되고 만다.

서는 참 기쁘네. 나와 아카데미아학파 사이에는 이런 차이가 있다고 내가 말한 적 있네. 그들에게는 진리를 파악할 수 없다는 명제가 개연성 있는 것으로 보였고, 나한테는 진리가 비록 나에게 아직 발견되지는 않았더라도 현자에 의해서 진리가 발견되는 일은 가능해 보인다는 점이지. 이제 자네가 '현자가 지혜를 모를 수 있느냐?'는 내 질문에 몰리자 '현자에게는 지혜를 아는 것으로 보인다'고 했단 말일세." "그래서 어떻게 된다는 말인가?" "현자에게는 자기가 지혜를 아는 것으로 보인다면 현자는 아무것도 알 수 없다고 보이지는 않는단 말일세. 그렇지 않으면 자네가 '지혜란 아무것도 아니다'라는 주장을 내놓으려는 것인지[27] 알고 싶네."

현자는 자기가 지혜를 안다고 수긍해야 한다

3.6. 그가 말했습니다. "나도 우리가 결승점[28] 내지 끝맺음에 와 있다고 생각할 뻔했네. 그런데 갑자기 자네가 합의를 요구하자 우리가 얼마나 견해차가 크고 얼마나 멀리 떨어져 있는지 문득 깨닫게 되네. 어제만 해도[29] 우리에게는 지혜로운 사람은 진리의 파악에 이를 수 있다는 것 ― 자네는 주장하고 나는 부인했지 ― 외에 다른 문제는 상정되지 않았던 것으로 보였지. 그런데 지금 보니까, 지혜로운 사람에게는 자기가 보다 개연적인 것을 따랐다는 사실이 지혜라고 보일 수 있다는 점 외에는 내가 자네에게 수긍한 바가 없다는 생각이 드네. 다만 그 지혜라는 것이 신사와 인간사에 대한 탐구에 있다고 설정하였음은 우리 중 누구에게도 의심의 여지가 없

---

[28] 단어 calx는 '석회로 그어 놓은, 달리기 경주의 종착점'이다(이하 각주 34 참조).
[29] 본서 2,18,30 참조.

me constituisse nulli nostrum arbitror dubium. – Non, inquam, ideo, quia inuoluis, euolueris; uideris enim iam mihi exercendi tui causa disputare et, quia bene nosti istos adulescentulos uix adhuc posse discernere, quae acute ac subtiliter disseruntur, tamquam iudicum abuteris ignorantia, ut tibi quantum libet loqui nullo liceat reclamante. Nam paulo ante dixisti, cum quaererem, utrum sciret sapiens sapientiam, scire sibi uideri. Cui ergo uidetur sapientem scire sapientiam, non utique uidetur nihil scire sapientem. Hoc enim contendi non potest, nisi quisquam dicere audeat nihil esse sapientiam. Ex quo fit, ut hoc tibi, quod etiam mihi, uideatur, nam mihi uidetur sapientem non nihil scire et tibi, opinor, cui placet uideri sapienti sapientem scire sapientiam. – Tum ille: Non magis me ingenium exercere uelle quam te arbitror et id miror; non enim tibi ulla in hac re exercitatione opus est. Nam mihi adhuc fortasse caeco uidetur interesse inter uideri sibi scire et scire et inter sapien-

---

[30] iudicum ignorantia: 동사 ignoro가 '모르다, 무지하다'와 '무시하다, 모르는 체하다'라는 양의성을 띠므로, 심판은 어느 한편의 주장을 무시하고 평결을 내릴 수 있다.

[31] nihil scire: '아무것도 모른다'라고 의역되지만 자구적으로는 '아무것도 아닌 것[무(無)]을 알다'라는 긍정문이 된다(앞의 각주 27 참조).

[32] 또는 자구적으로 '아무것도 아닌 것이 지혜다'라고 한다면 지혜를 궁극 목표로 삼는 철학함은 희화화되고 만다.

으리라는 것이 내 생각이네." 내가 답변하였습니다. "일을 복잡하게 얽어 매 놓고서 도망가는 법이 아닐세. 나한테는 자네가 아까부터 연습 삼아 토론하는 것처럼 보이네. 자네가 잘 알다시피 이 젊은이들은 치밀하고 세세하게 토론하는 내용을 겨우 분별할 줄 아는 수준인데 자네는 소위 '심판들의 무지'[30]를 악용하는 사람처럼, 이의異議를 일체 받지 않고 자네 마음에 내키는 대로 발언하고 있는 듯하네. 내가 이런 말을 하는 이유는 이렇네. 조금 전에 '지혜로운 사람이 지혜를 알고 있느냐?'고 내가 물었을 적에 자네는 '당사자에게는 아는 것처럼 보인다'는 말을 했네. 지혜로운 사람이 지혜를 아는 것처럼 보이는 사람에게는 지혜로운 사람이 '아무것도 아닌 것을' 아는 것처럼 보이지는 않을 걸세.[31] 이것은 시비를 걸 수 있는 내용이 아니네. 감히 '지혜는 아무것도 아니다'[32]라고 말할라치면 모르지만 말일세. 이 점에서는 내가 생각하는 바를 자네도 그렇게 생각한다고 보인다는 결론이 나오네. 내게는 지혜로운 사람이 아무것도 알지 못하는 것처럼 보이지 않는데, 이 점은 자네한테도 그렇게 보이리라고 여기네. 지혜로운 사람에게는 지혜로운 사람이 지혜를 아는 것처럼 보인다는[33] 말을 자네는 좋아했거든." 그러니까 그가 이렇게 반박했습니다. "재능을 훈련하기 바라는 데야 내가 자네보다 덜하면 덜했지 더하지는 못하다고 생각하네. 자네가 그것에 집착하는 그 점이 나한테는 이상하네. 자네는 이런 사안을 두고 훈련이 필요치 않거든. 내가 아직도 소경이라서 그런지 몰라도, 현자 본인에게도 '아는 것처럼 보인다'는 말과 '안다'는 것 사이에는 거리가 있다고 보이네. 또 지혜 ― 지혜는 탐구하고 있다는 그 사실에 자리 잡고 있지 ― 라

---

33 videri *sapi*enti *sapi*entem *sci*re *sapi*entiam: S의 연속 발음은 상대방을 놀리는 듯한 음성으로 들린다. 실제로 알리피우스가 강조한 것은 esse('…이다') 아닌 videri('…처럼 보인다')라는 단어였다.

tiam, quae in inuestigatione posita est, et ueritatem. Quae a nobis cum alterutra dicantur, sibi quem ad modum quadrent non inuenio. – Tum ego, cum iam ad prandium uocaremur: Non, inquam, mihi quod tantum reniteris displicet; aut enim ambo nescimus, quid loquamur, et danda est opera, ne tam turpes simus, aut unus nostrum, quod item relinquere atque neglegere non minus turpe est. Sed postmeridianis horis rediemus ad inuicem. Mihi enim, cum uideretur iam nos ad calcem peruenisse, pugnos etiam miscuisti. – Hic cum arrisissent, discessimus.

IV 7. Et cum redissemus, inuenimus Licentium, cui numquam sitienti Helicon subuenisset, excogitandis uersibus inhiantem. Nam de medio paene prandio, quamuis nostri prandii idem initium qui finis fuit, clam surrexerat nihilque biberat. Cui ego: opto quidem, inquam, tibi, ut istam poeticam, quam concupisti, conplectaris aliquando, non quod me nimis delectat ista perfectio, sed quod uideo te tantum exarsisse, ut nisi fastidio euadere ab hoc amore non

---

34 calx는 '석회로 그은, 달리기 종착점'(앞의 각주 28 참조)과 '발뒤꿈치'를 의미하는 두 단어로 쓰이므로 이 문장은 '우리가 자네를 막 따라잡을 즈음에 자네가 주먹까지 휘둘렀어!'라는 어감도 띤다.

는 것과 이미 발견된 진리라는 것 사이에도 차이가 있다고 보이네. 이것을 두고 우리가 하나는 이렇다고 하고 하나는 저렇다고 한다면 어떻게 자네 말처럼 합의가 된다는 말인지 나는 종잡을 수가 없네." 그런데 벌써 점심을 먹으라는 심부름이 왔으므로 내가 이런 말을 했습니다. "자네가 단단히 붙잡고 늘어지는 게 기분 나쁘지는 않아. 이건 둘 중 하나야. 우리가 무슨 말을 하고 있는지 우리 둘 다 모르고 있어서 정말 창피해지지 않으려면 상당한 노력을 해야겠어. 그렇지 않고 우리 둘 중 하나가 무슨 얘기를 나누고 있는지 모르고 있는 것인데 이를 그냥 버려두고 소홀히 넘어가는 것도 똑같이 창피한 일이지. 하지만 오후에 돌아와서 서로 따져 보세. 나한테는 우리가 결승점에 이미 도달했다고 여겨지던 참에 자네가 주먹을 휘둘러 버렸거든."34

리켄티우스는 헬리콘의 샘에서나 물을 마시고 싶어 했다

4.7. 우리가 식탁에 돌아갔을 때 리켄티우스를 발견하였습니다. 여전히 시문詩文에 대한 갈증에 허덕이는 그에게 헬리콘35이 도움을 주지 않았는지, 그는 시문을 짓느라 골똘히 생각에 잠겨 있었습니다. 점심을 먹는 중간쯤에 — 우리 점심이야 시작이 곧 끝이라고 할 만큼 짧았지만 — 그는 아무것도 마시지 않은 채 슬그머니 자리에서 일어났습니다. 그에게 내가 이런 말을 했습니다. "네가 그토록 탐닉하는 그 시문을 언젠가 끝맺음할 수 있기를 너에게 축원한다. 하지만 정작 나를 기쁘게 하는 것은 그런 완성이 아니라 네가 시에 그토록 열광하게 되었음을 지켜보는 일이다. 언젠

---

35 Helicon: 그리스 보이오티아에 있는 산으로, 시신(詩神) 아폴론의 영감을 받는 곳이라고 한다. 그곳에 있는 샘(fons Ippocrenius)은 페가수스의 발굽에 찍혀 솟기 시작했다고 전한다.

possis, quod euenire post perfectionem facile solet. Deinde cum sis bene canorus, malim auribus nostris inculces tuos uersus quam ut in illis Graecis tragoediis more auicularum, quas in caueis inclusas uidemus, uerba quae non intellegis cantes. Ammoneo tamen, ut pergas potum, si uoles, et ad scholam redeas nostram, si tamen aliquid iam de te Hortensius et philosophia meretur, cui dulcissimas primitias iam uestro illo sermone libasti, qui te uehementius quam ista poetica incenderat ad magnarum et uere fructuosarum rerum scientiam. Sed dum ad istarum disciplinarum, quibus excoluntur animi, circulum reuocare uos cupio, metuo, ne uobis labyrinthus fiat, et prope me paenitet ab illo te impetu repressisse. – Erubuit ille discessitque, ut biberet. Nam et multum sitiebat et occasio dabatur euitandi me plura fortasse atque asperiora dicturum.

[36] 본서 2,3,7(각주 41)에서 철학(philosophia)과 미학(philocalia)을 비교하면서 "저 미는 욕정의 담쟁이풀로 자기 하늘에서 끌어내려져 속인들의 새장에 갇혀 버렸다"는 비유를 든 적이 있다.

[37] 본서 1,1,4(각주 22) 참조.

[38] ad scholam nostram: 본서에 나오는 토론을 갖는 벗들의 모임을 아우구스티누스는 그냥 '학교'라고 부르기도 한다(e.g., *De ordine* 1,3,7).

가 싫증이 나지 않는 한 이런 탐닉으로부터 빠져나올 수는 없을 테고 끝장을 본 다음에야 쉽사리 그런 일이 일어나게 마련이란다. 그런 데다 너는 목청도 잘 내는 아이니까 우리 귀에 쏙쏙 들어오게 네 시구를 읊어 주었으면 더 좋겠다. 그리스 비극시悲劇詩 가락이면 더 좋고. 뻔한 얘기지만 새장에 갇힌 새 새끼들이 하듯이[36] 네가 알아듣지도 못하는 말을 노래랍시고 부르겠지. 너한테 충고하는데, 우선, 마음이 내키거든, 음료부터 마셔라. 그리고 『호르텐시우스』[37]와 철학이 너를 두고 뭔가 해 준 것이 있다면 제발 우리 학교로[38] 돌아오너라! 철학으로 말하자면, 너희들이 나눈 첫째 토론에서 너는 다디단 첫술을 철학의 여신에게 부어 드렸다.[39] 그 토론은 위대하고 참으로 결실 풍부한 사물들에 관한 지식을 향해서 너를 달아오르게 만들었다. 저 시가詩歌보다 더 뜨겁게 말이다. 하지만 정신을 단련하는 일련의 학문들을 향해서[40] 내가 너희를 불러오려고 간절히 바라다 보니까 그게 너희에게 되레 미로迷路가 되지나 않는지 걱정된다. 처음에 너를 사로잡았던 그 열성에서 억지로 너에게 제동을 건 일이 후회스럽기도 하구나."[41] 리켄티우스는 얼굴이 빨개져서 물을 마시겠다고 물러갔습니다. 사실 그는 목이 몹시 말랐을 것이고 그게 내 눈앞에서 피해 가는 핑계를 준 셈입니다. 나는 더 심한 말들을 좀 더 할 참이었습니다.

---

39 학예를 시작하는 마당에 수호신에게 헌주(獻酒)하는 습속을 언급하면서 본서 1권에서는 리켄티우스와 트리게티우스가 토론에서 주역을 했음을 상기시킨다.

40 disciplinarum circulus: 아우구스티누스가 젊은 학도들에게 함양시키고자 했던 '학문'(disciplinae) 혹은 '학예'(artes liberales)는 다른 데서 비교적 상세히 다루고 교재 집필을 약속하기도 한다(*De ordine* 2,12,35-15,43).

41 2,4,10에서 리켄티우스의 태도를 꾸지람한 사실을 언급하는 것 같다.

8. Et cum redisset, intentis omnibus sic coepi: Itane est, Alypi, ut inter nos de re iam, ut mihi uidetur, manifestissima non conueniat? – Non mirum est, inquit, si quod tibi in promptu esse asseris mihi obscurum sit, si quidem pleraque manifesta possunt aliis manifestiora et item obscura quaedam nonnullis obscuriora esse. Nam si et hoc tibi uere manifestum est, mihi crede esse alium quemquam, cui et hoc manifestum tuum manifestius sit, et item alium, cui meum obscurum sit, obscurius. Sed ne me perpugnacem diutius putes, obsecrauerim, ut hoc manifestum manifestius edisseras. – Attende, inquam, quaeso diligenter et quasi seposita paululum respondendi cura. Si enim bene me atque te noui, facile data opera clarebit quod dico et alter alteri cito persuadebit. Dixistine tandem an fortasse obsurdueram, uideri sapienti se scire sapientiam? – Annuit. – Omittamus, inquam, paululum istum sapientem. Tu ipse sapiens es an non? – Nihil, inquit, minus. – Volo tamen, inquam, respondeas mihi, quid ipse sentias de sapiente Academico, utrumnam tibi uideatur scire sapientiam? – Utrum sibi, inquit, scire uideatur an

---

42 알리피우스는 회의주의자 Pyrrho가 사물 인식을 상대화하는 열 가지 아포리아(Diogenes Laertius, *Vitae philosophorum* 9,74-88)를 염두에 두고서 긍정이나 부정 내에서도 '더하거나 덜한 경우'를 내세우고 있다.

자기에게 그렇게 보인다는 말은 그렇게 보인다는 사실을 안다는 말이다

4.8. 그가 돌아오자 모두가 듣는 데서 내가 이렇게 말을 시작했습니다. "알리피우스, 아까 토론한 일이 나한테는 아주 분명한데도 그 일을 두고 우리 사이에 합의가 이뤄지지 않은 셈인가?" 그가 말했습니다. "자네한테는 합의에 이를 만한 자세가 다 갖추어져 있더라도 나한테는 모호한 점이 있다고 해서 이상할 것 없네. 많은 사안들이 명료하지만 어떤 사람들한테는 더욱 명료하게 보이는 데 비해서, 많은 사안들이 애매하지만 어떤 사람들한테는 유독 애매하게 보일 수도 있으니까 말일세. 자네한테 이 사안이 참으로 명백하다면, 내 말을 믿어 주게. 어떤 사람한테는 자네의 이 사안이 더욱 명백할 수 있는 반면에, 다른 사람에게는 나의 모호한 사안이 더욱 모호할 수도 있는 법이네.⁴² 하지만 자네가 나를 너무 오래 버티는 쌈꾼으로 간주하지 않으려면, 자네한테 분명하다는 자네의 그 사안을 좀 더 분명하게 표명해 달라고 부탁할 셈이네." 그 말에 내가 대답했습니다. "잘 들어 보게. 어떻게 대꾸할까 하는 걱정은 잠시 접어 두고서 내 말을 잘 들어 보라고. 내가 나를 잘 알고 자네를 잘 아는데, 응분의 노력을 한다면 내가 하는 말이 쉽사리 밝혀질 것이고 서로서로 설득이 될 걸세. 내가 가는귀가 먹어서 하는 말인데 지혜로운 사람에게는 자기가 지혜를 알고 있는 것처럼 보인다는 말을 자네가 했던가?" 그가 고개를 끄덕였습니다. 그래서 내가 말을 이었습니다. "당분간 그 지혜로운 사람은 제쳐 놓고 얘기를 하세. 자네는 지혜로운 사람인가 아닌가?" "절대 아닐세." "그럼 자네가 아카데미아학파의 지혜로운 사람에 관해서 어떻게 생각하고 있는지 나한테 답해 주었으면 하네. 자네한테는 아카데미아학파의 지혜로운 사람은 지혜를 알고 있는 것처럼 보이는가?" 그가 반문하였습니다. "'자기한테 아는 것처럼 보이는가?', '그가 알고 있는가?' 자네는 이 두 질문이 하나라고 여기는가, 그렇

sciat, unumne an diuersum putas? Metuo enim, ne haec confusio cuiquam nostrum suffugium praebeat.

9. Hoc est, inquam, Tuscum illud iurgium, quod dici solet, cum quaestioni intentatae non eius solutio, sed alterius obiectio uidetur mederi. Quod etiam poeta noster – ut me aliquantum Licentii auribus dedam – decenter in Bucolico carmine hoc rusticanum et plane pastoricium esse iudicauit, cum alter alterum interrogat, ubi caeli spatium non amplius quam tres ulnas pateat, ille autem

quibus in terris inscripti nomina regum
nascantur flores.

Quod quaeso, Alypi, ne in uilla nobis licere arbitreris, certe uel

---

[43] 아우구스티누스의 질문을 수긍하면 아카데미아학파의 회의론 입장은 무너지므로 알리피우스는 한사코 답변을 피한다. 본서 2,12,28(각주 148)에서 리켄티우스가 입장을 바꾸었다가 '탈주병'이라는 말을 들었다.

[44] Tuscum iurgium: 알리피우스의 반문을 동문서답이라고 비꼬는 말투다.

[45] iurgium rusticanum et pastoricium: Vergilius, *Ecloga* 3에서 목동 Damoetas가 친구 Menalcas와 주고받는 수수께끼 놀음을 가리킨다.

[46] Vergilius, *Ecloga* 3,104-105: dic quibus in terris ... tris pateat caeli spatium non amplius ulnas. 답은 '우물 속'이다. 만토바의 Caelius라는 부호가 재산을 탕진하여 한 몸 뉠 묏자리 밖에 남지 않았더라는 소문에 따르면 '무덤 속'[caeli spatium]도 된다.

[47] Vergilius, *Ecloga* 3,106-107: quibus in terris inscripti nomina regum nascantur flores. 이번에는 Menalcas가 Damoetas에게 던진 수수께끼로, 답은 '그리스 땅의 히아신스(hyacinthus) 꽃'이다. 이 꽃이 코린토 미소년 Hyacinthos 혹은 트로이전쟁 영웅 Aiax가 죽어서 피어났다는 두 전설과, 꽃잎에 I 자와 A 자 또는 Y가 무늬로 새겨져 있다는 설명에 부합한다.

지 않으면 다르다고 여기는가? 이런 혼동이 자네 말마따나 우리 가운데 어느 한 사람에게는 도주로逃走路가 되지 않을까 걱정스럽기는 하네만."[43]

지혜로운 사람에게는 지혜로운 사람이 지혜를 알고 있는 것처럼 보인다

4.9. 내가 말을 받았습니다. "이건 소위 저 유명한 '토스카나 말다툼'[44]이라고 일컫는 어법이지. 딴지를 건 물음에는 답변을 않고서 엉뚱한 반문을 내놓는 방식 말이야. 우리네 시인 ─ 잠시 리켄티우스 귀에 솔깃할 얘기를 하려는 참이네 ─ 은『목가』牧歌에서 이것은 촌뜨기들 그러니까 양치기들의 말다툼이라고 평했다네.[45] 하나는 하나에게 '하늘의 넓이가 팔꿈치 셋보다 더 크지 않은 곳이 어디냐?'고[46] 묻고 상대방은 이렇게 반문하지.

> 어느 땅이라야 군주들의 이름이 새겨진 꽃들이
> 돋아나는가 말해 다오.[47]

그렇다고 알리피우스, 우리가 시골 별장에 와 있어서 이런 우스갯소리가 가당하다고 생각하진 말게나. 저 조그만 수영장이 우리한테 거대한 체육관[48]의 위용을 상기시킬 수도 있네.[49] 여하튼 내가 하는 질문에 대답을 해주었으면 하네. 자네한테는 아카데미아학파의 지혜로운 사람은 지혜를 알고 있다고 보이는가?" "긴 얘기를 않고 자네가 던진 말을 한마디씩 받자

---

48 '철학자들이 기품 있게 토론을 가질 만한 공간.' 본서 3,16,35 ─ "그대는 아마 쿠마의 체육관이나 나폴리의 체육관에서 하듯이"(in gymnasio Cumano atque adeo Neapolitano) ─ 로 미루어 철학자들이 체육관에서 토론을 가진 일도 있었던 것 같다.

49 '이곳을 고상한 플라톤의 아카데미아라고 생각하게나'라는 의미도 된다. 키케로(*Academica* 1,4,17)는 플라톤의 아카데미아를 alterum Gymnasium이라고 부르기도 했다.

istae balneolae aliquam decoris gymnasiorum faciant recordationem; ad id, si placet, quod rogo, responde: uideturne tibi sapiens Academicorum scire sapientiam? – Ne uerba uerbis referendo, inquit, in longum eamus, uidetur uideri sibi scire. – Videtur ergo, inquam, tibi nescire? Non enim ego quaero, quid tibi uideatur uideri sapienti, sed utrum tibi uideatur sapiens scire sapientiam. Potes, ut opinor, hic aut aiere aut negare. – O utinam, inquit, aut ita mihi facile esset ut tibi aut ita tibi difficile ut mihi, nec tam molestus esses nec in his quicquam sperares. Nam cum me interrogares, quid mihi de Academico sapiente uideatur, respondi uideri mihi, quod uideatur sibi scire sapientiam, ne aut temere me scire affirmarem aut illum non minus temere scire dicerem. – Pro magno, inquam, beneficio mihi obsecro concedas primo, ut ad id quod ego, non ad id quod tute interrogas respondere digneris, deinde ut spem meam, quam tibi non minus curae quam tuam esse scio, nunc paululum omittas – certe si me ista interrogatione decepero, cito transibo in tuam partem controuersiamque finiemus

---

50 videtur videri sibi scire: 아카데미아학파 입장에서 동의(assensus)와 확인(approbatio)을 전제하는 긍정이나 부정을 피하고 의견 표명(videri)으로 그치려고 한다.

51 aut aiere aut negare: 토론과 재판에 쓰이는 용어. 회의장에서는 UR(ut rogas, 찬성), A(antiquo, 반대)로 기표된 표를 바구니에 던졌다[키케로『법률론』(성염 역주) 3,4,11 참조].

52 *videri mihi*, quod *videatur sibi* scire sapientiam: 알리피우스 본인과 현자 둘 다 의견 표명으로 그치는 답변이다.

53 tute interrogas: 사본에 따라서는 tu te interrogas('자네가 자네에게 질문하고 대답하고') 라고 되어 있어 문맥[quod ego(interrogo)]과 더 일치한다.

54 알리피우스가 확실한 인식(scire)과 의견(videri)이 차이 난다는 점에 초점을 두다 보면 상대방의 질문을 파악하는 입장마저 유보적이 되어 도저히 토론이 진척되지 않는다.

면, 지혜로운 사람 본인은 알고 있는 것처럼 여긴다고 보이네."[50] "그럼 자네한테는 그가 알지 못하는 것처럼 보인다는 말인가? 내가 자네에게 묻는 것은, 현자가 어떻게 여기는가가 아니라, 자네의 눈에 지혜로운 사람은 지혜를 알고 있는 것처럼 보이느냐 하는 것이네. 내 생각에 여기서 자네는 긍정하든가 부정하든가[51] 양자택일을 할 수 있네." 그가 이렇게 대꾸하였습니다. "이 문제가 자네한테 그렇듯이 나한테도 쉬운 문제든가, 나한테 그렇듯이 자네한테도 어렵든가 양자택일을 할 수 있었으면 좋겠네. 그러면 자네는 내가 선뜻 대답을 못한다고 짜증 내지도 않을 테고 이런 양도논법으로 나를 곤경에 몰아넣겠다는 무슨 기대를 걸지도 않을 테니까 말일세. 아카데미아학파 현자를 두고 나에게 어떻게 보이느냐는 질문을 자네가 나한테 했을 적에 난 이렇게 대답했네. '나에게 지혜로운 사람은 자기가 지혜를 알고 있는 것처럼 보인다.'[52] 그것은 내가 무엇을 안다고 함부로 주장하지 않기 위함이었든가, 그가 지혜를 알고 있다는 말을 함부로 얘기하지 않기 위함이었든가 둘 중 하나일세." "그럼 대단한 호의를 베푸는 셈 치고 자네가 나한테 다음 세 가지를 허락하라고 간청하겠네. 우선 먼저, 자네가 안전하다고 생각해서 혼자서 묻고 대답하고 하지 말고,[53] 내가 자네한테 질문하는 물음에 대답해 달라는 말일세. 그다음으로, 내 기대라는 것은 (그게 자네한테도 자네의 기대 못지않게 관심의 대상이 되리라는 것을 내가 알지만) 당장은 잠시 접어 두라는 얘기네. (이 질문에서 내가 그르치게 된다면 나는 당장 자네 편으로 넘어가겠고 따라서 토론을 여기서 끝낼 것이 분명하네.) 마지막으로, 자네를 사로잡고 있는 우려가 뭔지는 모르겠지만 당분간 그런 우려를 불식하고서, 자네가 나한테 답변해 주기 바라는 바가 무엇인지, 더 진중하게 주의를 기울여 달라는 점이네. (자네가 알아듣기 얼마나 쉬운 말인지 모르네.)[54] 자네는 방금 내 질문에 긍정도 않

– postremo ut pulsa nescio qua sollicitudine, qua te tangi uideo, diligentius animaduertas, quo facile intellegas, quid mihi abs te responderi uelim. Dixisti enim ideo te non aut aiere aut negare – quod utique faciendum est ad id quod rogo – ne temere te scire dicas quod nescis; quasi uero ego quid scias quaesierim et non quid tibi uideatur. Itaque nunc idem planius – si tamen planius dici potest – interrogo: uideturne tibi scire sapientiam sapiens an non uidetur? – Si inueniri, inquit, sapiens, qualem ratio prodit, queat, potest uideri mihi scire sapientiam. – Ratio igitur, inquam, talem tibi prodit esse sapientem, qui sapientiam non ignoret; et recte istuc. Non enim aliter decebat uideri tibi.

10. Quaero ergo iam, utrum possit sapiens inueniri. Si enim potest, potest etiam scire sapientiam omnisque inter nos quaestio dissoluta est. Si autem non posse dicis, iam non quaeretur, utrum sapiens aliquid sciat, sed utrum sapiens quisquam esse possit. Quo constituto iam recedendum erit ab Academicis et tecum ista quaes-

---

55 in hominem *scientiam cadere* non posse: Arcesilas처럼 '모든 것이 감추어져 있다' (Cicero, *Academica* 1,12,45: omnia latere)고 생각한다면 지식은 인간과 '우연히 마주치는' (cadere) 무엇이지, 의도적으로 탐구되고 파악되는 대상이 아니다.

고 부정도 않는다는 말을 했네. 자네가 모르는 바를 안다고 함부로 말하지 않기 위함이라고 했네. 그런데 내가 물은 데 대해서는 긍정하든 부정하든 둘 중 하나로 답변하는 수밖에 없네. 자네한테 어떻게 보이는지 물은 게 아니라, 자네가 무엇을 아는지 물었다고 여기고서 말일세. 지금 다시 좀 더 분명하게 (더 분명히 할 수 있다면 하는 말이지만) 자네에게 묻겠네. 자네에게는 지혜로운 사람이 지혜를 알고 있는 것처럼 보이는가, 그렇지 않은 것처럼 보이는가?" 그가 말했습니다. "만일 이성理性이 지혜로운 사람이라고 표방하는 그런 지혜로운 사람이 과연 발견될 수 있다면, 나에게는 그가 지혜를 알고 있는 것으로 보일 수 있네." 내가 말했습니다. "그러니까 이성이 자네에게 누구를 지혜로운 사람이라고 표방하고 그 사람은 지혜를 모르고 있지 않으리라는 말이지. 여기까진 좋네. 자네에게 달리 보인다는 건 이치에도 맞지 않았을 테니까."

지혜로운 사람이 지혜를 알고 있든 알고 있는 것처럼 보이든 지혜는 존재하는 무엇이다

4.10. 나는 말을 계속했습니다. "그럼 과연 지혜로운 사람이 발견될 수 있느냐고 나는 묻겠네. 그럴 수 있다면, 그는 지혜라는 것을 알 수 있을 테고 우리들 사이의 모든 문제는 해결된 셈이네. 그럴 수 없다고 자네가 말한다면, 지혜로운 사람이 무엇을 아느냐는 질문은 더 이상 나오지 않고 과연 누군가가 지혜로운 사람이 될 수 있느냐는 물음이 될 걸세. 그런데 이 점만 확정되더라도 아카데미아학파를 떠나야 한다는 결론이 나올 테고 우리 힘닿는 대로 자네하고 두 번째 문제를 진지하고 조심스럽게 따져야 할 것일세. 아카데미아학파에게는 인간이 지혜로운 사람이 될 수 있다는 명제, 다만 지식이 인간과 조우遭遇하지 못한다는[55] 명제가 마음에 들었고 적어도 그렇게 보였을 걸세. 그래서 그 사람들은 지혜로운 사람이 아무것도

tio, quantum ualemus, diligenter cauteque uersanda. Nam illis placuit uel potius uisum est et esse posse hominem sapientem et tamen in hominem scientiam cadere non posse – quare illi sapientem nihil scire adfirmarunt – tibi autem uidetur scire sapientiam, quod non est utique nihil scire. Simul enim placuit inter nos, quod etiam inter omnes ueteres interque ipsos Academicos, scire falsa neminem posse; unde illud iam restat, ut aut contendas nihil esse sapientiam aut talem sapientem ab Academicis describi, qualem ratio non habet, fatearis et his omissis consentias, ut quaeramus, utrum possit homini talis prouenire sapientia, qualem prodit ratio. Non enim aliam debemus aut possumus recte uocare sapientiam.

V 11. Etsi concedam, inquit, quod te magnopere niti uideo, sciri a sapiente sapientiam et aliquid inter nos deprehensum, quod sapiens

---

56 scire falsa neminem posse: 앞의 각주 23 참조. "아카데미아학파의 주장대로 사물들 가운데 어떤 것들은 개연적으로 보이고 어떤 것들은 그렇지 못하여 차이가 크다. 그렇지만 이것이 어떤 사물들은 파악되고 다른 것은 파악될 수 없다는 논거는 아니다. 다수의 허위가 개연성을 가지지만 허위는 아무것도 [확실하게] 파악되거나 인식될 수 없는 까닭이다(nihil autem falsi perceptum et cognitum possit esse)"(Cicero, *Academica* 2,40,103).

57 nihil esse sapientiam: 앞의 각주 27, 32, 33 참조.

58 '현자가 지혜를 안다'고 말하든 '현자는 지혜를 아는 것처럼 보인다'고 말하든 발설자가 택일하는 것이며, 발설자가 택일하여 그 입장에서 철학한다면 그 발설자는 뭔가를 '확실하게 알고서' 자기 입장을 정립한 셈이다.

알지 못한다고 주장했네. 그런데 자네가 보기에는 지혜로운 사람은 지혜를 알 수 있고, 그 말은 지혜로운 사람이 아무것도 모르는 처지는 아니라는 뜻이네. 그러니까 우리 사이에는, 아니 모든 옛사람들 사이에, 심지어 아카데미아학파 사이에서도 아무도 허위를 알 수 없다는 명제는 통했네.[56] 그렇다면 남은 얘기는 이것뿐이네. 자네로서는 '지혜란 아무것도 아니다'라고 주장하거나,[57] 그렇지 않으면 '아카데미아학파가 이러저러한 사람이 지혜로운 사람이라고 서술하는 그 사람은 이성이 지혜로운 사람이라고 표방하는 사람이 아니다'라고 말하지 않으면 안 되네.[58] [5.11.][59] 그러니 이런 얘기들은 빼놓고서, 자네는 우리가 따지고 있듯이, 인간에게 저런 지혜가 도달할 수 있는지 언명해야 하네. 이성이 지혜라고 표방하는 그 지혜 말일세. 그 밖의 다른 것을 그냥 지혜라고 불러서도 안 되고 그렇게 부를 수도 없지."

어떤 것이 누구에게나 그렇게 보인다면, 우리는 신성의 도우심을 입어 진리에 도달할 수 있는가

5.11. 그가 다음과 같이 답변하였습니다. "비록 내가 지혜로운 사람이 지혜를 안다고 수긍하더라도 — 내가 보기에도 자네는 내가 그 말에 수긍하도록 만들려고 어지간히 힘을 쓰고 있네 — 그리고 지혜로운 사람은 뭔가를 확실하게 파악할[60] 수 있다는 사실에 우리 사이에 모종의 공감이 이루어지더라도,[61] 내게는 아카데미아학파의 모든 명제가 무너졌다는 결론

---

[59] 일부 사본은 여기서부터 5,11이 시작한다.

[60] percipere: 본서 1,2,5(각주 24) 참조.

[61] aliquid deprehensum: comprehensum(포착)과 대조되는 말마디로 아우구스티누스의 재촉을 피해 간다.

possit percipere, tamen nequaquam mihi occurrit Academicorum labefactata omnis intentio. Prospicio enim defensionis eis locum non minimum reseruatum nec illam assensionis suspensionem esse praecisam, cum hoc ipso causae suae deese non possint, quo conuictos putas. Dicent enim usque adeo nihil conprehendi nullique rei assensionem praebendam, ut etiam hoc de nihilo percipiendo, quod tota sibi paene uita usque ad te probabiliter persuaserant, nunc ista conclusione sibi extortum sit, ut, siue tunc huius argumenti uis tarditate ingenii mei siue re uera suo robore inuicta sit, eos loco mouere non possit, cum audacter affirmare adhuc ualeant ne nunc quidem ulli rei consentiendum esse. Forte enim aliquando contra hoc quoque nonnihil uel a se uel a quopiam reperiri posse, quod acute probabiliterque dicatur, suamque imaginem et quasi speculum quoddam in Proteo illo animaduerti oportere, qui traditur eo solere capi, quo minime caperetur, inuestigatoresque eius numquam eundem tenuisse nisi indice alicuius modi numine. Quod si

---

62 assensionis suspensio: iudicii suspensio(판단 유보)라고도 표기된다.

63 tota vita: '아카데미아학파의 역사 전체를 거쳐서.'

64 Proteus: 대양의 신(Oceanus)의 아들로 예언의 능력을 갖추고 있었으나 좀처럼 예언을 발설하려 하지 않고 변장과 변신을 거듭하기 때문에, 그를 꼼짝 못하게 묶어 놓아야만 예언을 얻어 낼 수 있었다(Homerus, *Odysseia* 4,383-424; Vergilius, *Georgica* 4,387-414).

65 『오디세이아』의 등장인물 Menelaus는 이 신령의 딸 Eidothee의 도움으로, 『아이네이스』에 등장하는 Aristaeus는 요정 Cyrene의 도움으로, 변장한 프로테우스를 알아채서 필요한 신탁을 받아 냈다고 전해 온다.

이 절대로 나오지 않네. 그들에게는 자기네 입장을 옹호할 만한 적잖은 여지가 남아 있을뿐더러 그들의 저 유명한 '동의 유보'[62]라는 것도 배척되지 않았음을 나는 꿰뚫어 보고 있다네. 그들로서는 자네가 그들을 설득했다고 생각하는 바로 그 논거에서 자기 입장을 옹호할 제 나름의 명분들이 없지 않을 것이거든. 왜냐하면 그들은 한사코 '아무것도 포착할 수 없다'고 말할 것이고, '어떤 사안에도 동의를 부여해서는 안 된다'고 말할 것이며, 심지어 '아무것도 포착할 수 없다'는 이 명제에 대해서까지 아무것도 확실하게 파악하지 못했다고 말할 것이네. 그들은 이런 명제들이 어디까지나 개연적이라는 신념을 평생을 두고[63] 간직해 온 터이고 그러다 보니까 자네한테까지도 그런 주장이 전해 와서 자네가 내린 그 결론에 의해서 지금 와서는 그 명제가 그들에게 뒤틀리는 지경이 되었네. 자네의 논지가 가지는 힘은 내 재능이 미숙하여 그런지 아니면 그 논지가 그만한 위력을 지녀서 그런지 몰라도 패배를 모르는 것 같네. 그렇더라도 그게 그들을 자기네 입장에서 물러서게 만들 수는 없네. 지금도 여전히 그들은 어떤 사안에도 동의해서는 안 된다고 과감하게 주장할 만한 힘이 있단 말일세. 아마도 이런 입장에 반대해서 앞으로 언젠가는 어떤 사람들이, 즉 아카데미아학파 스스로나 다른 어떤 인물이 예리하고 개연성 있게 발언하는 논지를 찾아낼 수도 있을걸세. 그러니 그들을 두고는 저 유명한 프로테우스[64]를 비유 내지는 거울로 삼아서 그들의 입장을 감지해야 할지 모르겠네. 전설에 의하면 그 신화의 주인공은 그를 붙잡을 가망이 거의 없을 때라야만 붙잡히는 것이 예사였고, 그를 붙잡으러 다니는 사람들은 실제로 그를 붙잡고 있으면서도 어느 신령이 나서서 가리켜 보여 주지 않으면 그를 알아보고 붙잡을 수가 없었다는구먼.[65] 제발 그런 신령이 지금 이 자리에 임석하였으면 하네. 그리고 우리가 노심초사하는 저 진리를 우리에게 손가락질해서 알

assit et illam nobis ueritatem, quae tantum curae est, demonstrare dignetur! Ego quoque uel ipsis inuitis, quod minime reor, illos superatos esse confitebor.

12. Bene habet, inquam, prorsus nihil amplius optaui. Nam uidete quaeso, bona mihi quot et quanta prouenerint. Primum est, quod Academici iam sic conuicti esse dicuntur, ut nihil eis restet ad defensionem, nisi quod fieri non potest. Quis enim hoc aut intellegere ullo modo aut credere ualeat eum, qui uictus sit, eo ipso, quo uictus est, uictorem se esse gloriari? Deinde si quid iam remanet cum his conflictionis, non ex eo est, quod dicunt nihil sciri posse, sed ex eo, quod nulli rei assentiendum esse contendunt. Nunc itaque concordes sumus. Nam ut mihi, ita etiam illis uidetur sapientem scire sapientiam. Sed tamen ab assensione illi temperandum

---

66 아우구스티누스의 다른 저작(*De ordine* 2,15,43)에서도 진리를 수긍하지 않고 끊임없이 아포리즘을 내놓는 아카데미아학파를 프로테우스에 견준다.

67 직역하면 '그야말로 [장차] 일어날 수 없는 것 말고는 그들에게 변호할 것이 아무것도 남아 있지 않다'.

68 앞 절에서 "자네가 그들을 설득했다고 생각하는 바로 그 논거에서 [아카데미아학파가 자기 입장을 옹호할] 제 나름의 명분들이 없지 않을 것이다"라고 한 알리피우스의 말을 되받은 문장이다.

69 videri sibi tantum ... scire autem nullo modo: 혹자는 '그렇다는 의견뿐이지 지식은 아니라고 주장한다'라고 간추려 번역한다.

70 제3자의 인식 사태는 우리가 추정할 따름이지 단언할 것은 아니다.

려 주었으면 좋겠네. 그렇게만 한다면야 나는 아카데미아학파가 극복되었다고 당당히 공언할 수 있을 텐데 말일세. 하기야 그렇더라도 그들이 이를 순순히 수긍하리라는 생각은 전혀 안 드네."[66]

지혜로운 사람은 진리에 동의해야 마땅하다

   5.12. 내가 일동에게 말했습니다. "좋아, 내가 바라던 것도 그 이상이 결코 아니다. 여러분도 알리피우스의 발언에서 얼마나 많고 얼마나 유리한 점이 나에게 돌아오는지 알아주었으면 한다. 첫째로, 아카데미아학파는 아예 설득을 당했다고 알리피우스가 수긍했다. 그야말로 억지를 빼놓고는 그들에게 변호할 것이 아무것도 남아 있지 않을 정도라는 말이다.[67] 이미 패배했는데, 자기가 패배한 바로 그 사실로 인해서 자기는 승리자라고 뻐기는 사람을 도대체 누가 알아주거나 믿을 수 있겠나?[68] 그다음, 이 사람들과 언쟁할 무엇이 아직 남아 있다면, '아무것도 알 수 없다'고 하는 그 명제에서 나오는 게 아니라 '어느 사안에도 동의해서는 안 된다'는 그 시비에서 나온다. 그런데 지금은 우리가 합의에 이르렀다. 왜냐하면 나에게도 그 사람들에게도 '지혜로운 사람이 지혜를 안다'는 것처럼 보이니까 말이다. 그럼에도 그들은 이렇게 합의된 명제마저 동의하는 일을 삼가라고 충고한다. 그들이 하는 말에 의하면, 지혜로운 사람이 지혜를 아는 것처럼 자기들에게 보일 따름이요 지혜로운 사람이 정말 지혜를 아는지는 결코 알 수 없다는 것이다.[69] 마치 내가 '지혜로운 사람이 지혜를 알고 있음을 나는 아노라!'라고 공언이라도 한다는 식이다. 나도 '내가 보기에 지혜로운 사람이 지혜를 아는 것처럼 보인다'고 말한다.[70] 그렇게 말하는 이유는 나는 어리석은 사람[71]▶이기 때문이다. 저 사람들도 지혜라는 것을 알지 못하는 한 어리석은 사람들이듯이 말이다. 그렇더라도 우리 인간은 무엇을 승인하지

monent. Videri enim sibi tantum dicunt, scire autem nullo modo; quasi ego me scire profitear. Mihi quoque uideri istuc dico; sum enim stultus ut etiam ipsi, si nesciunt sapientiam. Approbare autem nos debere aliquid puto, id est ueritatem. De quo eos consulo, utrum negent, id est utrum eis placeat ueritati assentiendum non esse. Numquam hoc dicent, sed eam non inueniri asseuerabunt. Ergo et hic ex nonnulla parte socium me tenent, quod utrisque non displicet atque adeo necessario placet consentiendum esse ueritati. Sed quis eam demonstrabit? inquiunt. Ubi ego cum illis non curabo certare; satis mihi est, quod iam non est probabile nihil scire sapientem, ne rem absurdissimam dicere cogantur, aut nihil esse sapientiam aut sapientiam nescire sapientem.

VI 13. Quis autem uerum possit ostendere, abs te, Alypi, dictum est, a quo ne dissentiam magnopere mihi laborandum est. Etenim numen aliquod aisti solum posse ostendere homini, quid sit uerum, cum breuiter tum etiam pie. Nihil itaque in hoc sermone nostro libentius audiui, nihil grauius, nihil probabilius et, si id numen, ut confido, assit, nihil uerius. Nam et Proteus ille – quanta abs te men-

◀71 로마인들은 sapiens(σοφος, 지혜로운 사람)의 반대어를 stultus[어리석은 사람, ἀμαθής (못 배운 사람)]라고 사용해 왔으므로 '아직 현자가 못 된 사람'이라는 겸양의 뜻을 가진다.

72 approbare nos debere veritatem: 의견을 표명하든(sibi videri) 인식하든(scire) 당사자가 진리 앞에서 취하는 입장 정리이므로 결국 둘 다 진리에 대한 '승인'이라는 논리다.

않으면 안 된다고, 즉 진리에 동의하지 않으면 안 된다고[72] 나는 생각한다. 나는 이 점을 두고 그들로서는 이것을 부인하느냐고 그들에게 묻겠다. 다시 말해서, 진리에 동의하지 말아야 한다는 말이 그들의 마음에 드느냐고 묻겠다. 그들도 이런 말은 절대 안 할 것이고 단지 진리는 발견할 수 없다고 우길 것이다. 그러므로 여기서도 그들이 상당한 부분에서 나를 동지로 간주해 줄 듯하다. 나나 그들이나 양편 다 진리가 알려지면 진리에 동의해야 한다는 점은 싫어하지 않을뿐더러 필연적으로 좋아한다. 하지만 그들은 '그러면 누가 진리를 보여 주겠는가?'라고 반문한다. 이 점을 두고 나는 그들과 싸울 마음이 없다. '지혜로운 사람은 아무것도 모른다'는 명제가 개연적이 아니라는 사실로 내게는 충분하다. 이에 동의하지 않는다면 그들은 둘 중 하나, 곧 '지혜란 아무것도 아니다'라고 하거나 '지혜로운 사람은 지혜를 알지 못한다'고 하는, 아주 모순적인 말을 하지 않으면 안 되는 처지로 몰린다.

우리에게 어떻게 보이든 그렇다고 믿어야 한다

6.13. 알리피우스, 자네는 과연 진리를 보여 줄 수 있는 존재가 누군지를 얘기했네. 나는 자네가 한 말에 이의를 제기하지 않으려고 무던히 노력해야 하는 처지일세. 자네는 진리가 무엇인지는 어떤 신령만이 인간에게 보여 줄 수 있다는 말을 했지. 간결하지만 경건함을 담은 표현이기도 하네.[73] 우리의 이 대화에서 내가 들은 얘기 중에서 자네의 그 말보다 더 기껍고 더 진지하고 더 개연성 있고, 내가 믿는 대로 신령이 돕는다면야, 이

---

[73] 신령(numen)을 언급하는 그 문장이 '신적 계시'를 암시한다면 옳은 말이라는 뜻이다. "저는 마치 전문가라도 되는 양 지껄이고 다녔습니다만 저희 구원자이신 그리스도 안에서 당신의 길을 찾지 않는다면 전문가가 아니라 망할 놈이었습니다(non peritus sed *periturus essem*)"(『고백록』 7,20,26).

tis altitudine commemoratus, quanta intentione in optimum philosophiae genus! – Proteus enim ille, ut uos adulescentes non penitus poetas a philosophia contemnendos esse uideatis, in imaginem ueritatis inducitur; ueritatis, inquam, Proteus in carminibus ostentat sustinetque personam, quam obtinere nemo potest, si falsis imaginibus deceptus comprehensionis nodos uel laxauerit uel dimiserit. Sunt enim istae imagines, quae consuetudine rerum corporalium per istos, quibus ad necessaria huius uitae utimur, sensus nos, etiam cum ueritas tenetur et quasi habetur in manibus, decipere atque inludere moliuntur. Hoc ergo tertium bonum mihi accidit, quod non inuenio quanti aestimem. Mecum enim familiarissimus amicus meus non solum de probabilitate humanae uitae uerum etiam de ipsa religione concordat, quod est ueri amici manifestissimum indicium, si quidem amicitia rectissime atque sanctissime definita est *rerum humanarum et diuinarum cum beniuolentia et caritate consensio.*

---

74 in optimum philosophiae genus: cf., Cicero, *Academica* 1,2,7: "신들이 인간에게 준 것 가운데 [철학보다] 훌륭하고 이보다 좋은 선물이 없다"(nec ullum maius aut melius a dis datum munus homini). 아우구스티누스는 『신국론』(22,22,4)에서 키케로를 인용하고서 "아무 철학이나가 아니라 참된 철학을 알기 위해서는 신의 은총이 필요하다고 자백하지 않을 수 없었다"고 매듭짓는다.

75 Proteus veritatis persona: '프로테우스, 진리의 가면'으로도 알아들을 만하다.

76 '허위'(falsum)를 아우구스티누스는 이렇게 정의한다. "존재하지 않는 것을 존재하는 것처럼 가장하거나 존재하기를 시도하는데 결국 존재하지 않는 것"(aut se fingit esse quod non est, aut omnino esse tendit et non est: *Soliloquia* 2,9,16).

77 첫 번째 — '아카데미아학파는 붕괴되었다' — 와 두 번째 — '사실에의 동의 여부만 남았다' — 는 3,5,12에서 언급했다.

보다 더 진실한 말이 없었네. 저 유명한 프로테우스를 자네가 상기시킨 것은 얼마나 심원한 지성에서 우러난 일인지 모르며, 얼마나 진지하게 최선의 철학을 향하여[74] 우리의 주의를 돌리게 만든 일인지 모르네. 저 유명한 프로테우스가 진리의 모상模像으로 소개되는 것은 여러분 젊은이들이 철학을 내세워 시인들을 경멸하지 말아야 함을 깨닫게 만들기 위함이다. 내가 말하거니와 프로테우스는 여러 시가詩歌에서 진리의 인물상[75]을 제시하고 또 견지하고 있다. 인간이 거짓 표상에 기만당하면서 포착捕捉의 매듭을 느슨하게 만들거나 놓아 버린다면, 아무도 그를 붙잡지 못한다. 우리를 기만하고 착각하게 유도하는 표상들이 존재한다. 감관을 통해서, 현세 생활의 필요를 위해 우리가 사용하는 감관을 통해서, 물리적 사물들의 관성慣性을 띠고서, 감각이 우리를 기만하고 사물을 착각하게 유도한다.[76] 진리가 붙잡히고 막 손아귀에 붙드는 순간에도 그런 일이 생긴다. 그리고 나한테 오는 세 번째 호기好機[77]는 이것이다. 그게 얼마나 값진 것인지는 나도 짐작을 못한다. 나의 절친한 친구는 인생의 개연성에 관해서뿐만[78] 아니라 종교심[79] 자체에도 나와 일치한다는 이 점이다. 그건 자네가 나의 진짜 친구라는 가장 뚜렷한 표이기도 하지. 우정이란 '**호의와 사랑으로 이루어진, 인간사와 신사에 대한 공감**共感'[80]이라고 정의되는데, 이건 정말 올바로 또 성스럽기까지 한 정의라고 하겠네.

---

[78] de probabilitate humanae vitae: 본서의 논지를 따르자면 '인간은 개연적으로 진리를 추정할 따름이고 신적 권위만이 확실한 진리를 계시한다'는 사실을 암시한다.

[79] religio: 교부는 키케로의 정의 ― "신성(神性)이라고 일컫는 상위 존재에 대한 사랑과 공경을 지향함"(religio est quae superioris cuiusdam naturae quam divinam vocant curam cerimoniamque affert: *De inventione rhetorica* 2,162) ― 를 따른다(*De diversis quaestionibus* 83 30,1).

[80] Cicero, *De amicitia* [*Laelius*] 6,20.

VII 14. Tamen ne aut Academicorum argumenta quasdam nebulas uideantur offundere aut doctissimorum uirorum auctoritati, inter quos maxime Tullius non mouere nos non potest, superbe nonnullis resistere uideamur, si uobis placet, prius pauca contra eos disseram, quibus uidentur disputationes illae aduersari ueritati, deinde, ut mihi uidetur, ostendam, quae causa fuerit Academicis occultandae sententiae suae. Itaque, Alypi, quamuis te totum in meis partibus uideam, tamen suscipe pro his paululum mihique responde. – Quoniam hodie, inquit, auspicato, ut aiunt, processisti, non impediam plenissimam uictoriam tuam et partes illas iam securius, quo abs te imponuntur, temptabo suscipere, si tamen hoc, quod interrogationibus te acturum esse significas, in orationem perpetuam, si tibi commodum est, malis conuertere, ne uere ut pertinax aduersarius, quod a tua humanitate longissimum est, minutis illis telis abs te iam captiuus excrucier.

---

81 이하 3,7,15-16,36의 내용.

82 이하 3,17,37-19,42의 내용.

83 공공 행사나 전쟁 등을 앞두고 조점(鳥占) 등의 '신탁(神託)을 묻는 절차를 거쳤으리라'는 인사말(cf., Cicero, *De divinatione* 1,2,3).

84 Cf., Cicero, *De finibus bonorum et malorum* 1,8,29: uti oratione perpetua malo quam interrogare aut interrogari("나는 질문하고 질문받고 하기보다는 연속 강연을 구사하기를 더 좋아합니다").

지혜를 거론하면서 어느 편을 들기로 한다면

7.14. 그렇지만 아카데미아학파의 논지가 모종의 안개를 퍼뜨리고 있는 것처럼 보이지 않게 하려는 뜻에서나, 다른 한편에서 우리가 오만방자하게 아주 박식한 인사들 — 그중에서도 툴리우스는 우리에게 각별한 영향을 끼치지 않을 수 없는 인물일세 — 의 권위에 감히 맞서는 것처럼 보이지 않게 하려는 뜻에서, 여러분이 괜찮다면 몇 가지 생각을 제시해 볼까 한다. 먼저, 여태까지 제시된 토론들이 진리에 상반된다고 간주하고 있는 사람들에게 맞서서 몇 가지 생각을 제시해 보겠다.[81] 그다음에는 아카데미아학파가 자기네 사상을 은폐하려는 이유가 무엇이었는지 내가 생각하는 대로 보여 주도록 하겠다.[82] 그러니 알리피우스, 나는 자네를 전적으로 내 편이라고 간주하기는 하지만, 당분간은 저 사람들의 편을 들면서 나한테 대답을 하게나." 그가 말했습니다. "오늘은 사람들 말마따나, 자네가 길조를 얻어 나섰으니[83] 부디 내가 자네의 완전 승리를 훼방하는 일이 없었으면 좋겠네. 그렇더라도 자네가 나한테 부여한 역할, 곧 그들의 편을 드는 일은 가급적 결연히 감당하도록 힘써 보겠네. 단지 자네 편하라고 하는 말인데, 자네가 질의응답식으로 진행하려는 그 내용은 그냥 죽 이어서 연속 강연으로 했으면 더 좋겠네.[84] 나는 이미 자네의 포로가 된 몸이지만 좀처럼 항복할 생각이 없는 고집 센 적수여서 자네가 수시로 찔러 대는 질문의 조그만 화살로 끊임없이 고문당하는 처지가 될까 봐 하는 말일세. 하기야 그런 취급은 자네의 인정人情과는 아주 거리가 먼 짓이지만."

15. Atque ego, cum et illos hoc expectare animaduerterem, quasi aliud ingressus exordium: Morem, inquam, uobis geram et, quamuis post illum laborem scholae rhetoricae in hac me leui armatura nonnihil requieturum esse praesumseram, ut interrogando ista potius agerem quam dicendo, tamen quia et paucissimi sumus, ut clamare mihi contra ualitudinem meam non sit necesse, et istum stilum causa eiusdem salutis quasi aurigam moderatoremque sermonis mei esse uolui, ne concitatius rapiar animo, quam cura corporis poscit, perpetua, ut uultis, oratione audite quid sentiam. Sed primo illud uideamus quale sit, unde amatores Academicorum gloriari nimium solent. Nam est in libris Ciceronis, quos in huius causae patrocinium scripsit, locus quidam, ut mihi uidetur, mira urbanitae conditus, ut nonnullis autem, etiam firmitate roboratus. Difficile est prorsus, ut quemquam non moueat quod ibi dictum est: *Academico*

---

85 문하생들의 지적 훈련(exercitatio animi)을 위하여 여러 사람과 함께 나누던 대화식 토론(dialogus)이 여기서부터 아우구스티누스 혼자서 하는 강연(oratio perpetua)으로 바뀌고 본서의 주제가 본격적으로 다뤄진다.

86 post laborem scholae rhetoricae: "그해 여름에 과중한 문학 수업으로 폐가 약해지기 시작했고, 숨을 들이쉬기가 힘들어졌습니다. 가슴의 통증으로 거기에 병이 들었다는 증거가 나타났고, 맑은 목청을 내기도, 길게 소리를 뽑기도 힘들었습니다. 처음에는 저도 당황했었습니다. 그 교직의 짐을 어쩔 수 없이라도 내려놓게 만들거나, 만에 하나 제가 치료받고 회복될 수 있더라도 한동안 교직을 중단하도록 강요하는 것임은 확실했기 때문입니다"(『고백록』 9,2,4).

87 질의응답의 토론을 '경무장'(levis armatura)이라고 부르는 것은 키케로의 어법이다 (Cicero, *De divinatione* 2,10,26).

88 고대의 저술가들은 구술(口述) 도중에 속기사에게 받아쓸 여유를 주면서 다음 생각을 가다듬고는 하였다.

질의응답보다는 강의가 낫겠다

7.15. 그리고[85] 나는 다른 사람들마저도 같은 기대를 가지고 있음을 눈치 채고서 흡사 서론을 또 한 번 개진하는 심산으로 이렇게 본론에 들어갔습니다. "여러분의 소원대로 하겠다. 사실 수사학 교수로서 과로過勞[86]한 다음이라서 나로서는 이런 경무장輕武裝을 한 채[87] 약간 몸을 쉬기로 작정했었다. 말하자면 강의를 하기보다는 질의응답을 함으로써 좀 쉴 수 있겠거니 하였다. 우리는 숫자도 아주 적기 때문에 강연을 하더라도 나도 내 건강을 상해 가면서까지 목청을 높일 필요는 없을 것 같다. 또 같은 건강상의 이유로 속기사의 저 철필이 내 강연의 속도를 조절하는, 그야말로 마차부 노릇을 해 주었으면 한다. 그래야만 몸을 돌봐야 하는데도 지나치게 정신이 흥분에 사로잡히는 일이 없을 테니까 말이다.[88] 여하튼 여러분이 연속 강연을 원한다니 그럼 내가 무슨 생각을 하는지 그 강연으로 들어 보기 바란다. 우선 먼저, 아카데미아학파의 친구들이 지나치리만큼 뽐내는데 과연 무엇을 두고 그러는지 살펴보자. 키케로가 이 사안을 옹호하여 저 책들을 집필하였는데[89] 키케로의 저 책들에는 놀라운 교양을 발휘하여 엮어 놓은 대목이 있다는 것이 내 생각이다. 어떤 사람들이 보기에는 강력한 논지로 보강되어 있는 대목도 있다.[90] 누구든지 거기 나오는 말로 감동받지 않기가 퍽 어렵겠다.[91] '스스로 현자로 자처하는 다른 학파들의 모든 인

---

[89] 아우구스티누스가 본서에서 따라가는 *Academica* — "나는 여기서 [아카데미아학파에 관한] 두 책의 종합서를 큰 책으로 집필하였네(duo magna συνταγματα absolvi). 달리는 이 참담한 상황에서 벗어날 수가 없네"(*Epistulae ad Atticum* 12,45,1) — 를 가리킨다.

[90] Cicero, *Academica*의 Editio posterior(Liber primus, 일명 *Catullus*)가 원래 4권으로 되어 있었는데 현재는 1, 2권밖에 전수되지 않으므로 유실된 부분에 나오는 내용인 듯하다.

[91] 이하의 인용문은 *Academica*의 Editio posterior(Liber primus)의 유실된 단편으로 추정된다(Müller, frg.20).

sapienti ab omnibus caeterarum sectarum, qui sibi sapientes uidentur, secundas partes dari, cum primas sibi quemque uindicare necesse sit. Ex quo posse probabiliter confici eum recte primum esse iudicio suo, qui omnium caeterorum iudicio sit secundus.

16. *Fac enim uerbi causa stoicum adesse sapientem; nam contra eos potissimum Academicorum exarsit ingenium. Ergo Zeno uel Chrysippus si interrogetur, qui sit sapiens, respondebit eum esse, quem ipse descripserit. Contra Epicurus uel quis alius aduersariorum negabit suumque potius peritissimum uoluptatum aucupem sapientem esse contendet. Inde ad iurgium. Clamat Zeno et tota illa porticus tumultuatur hominem natum ad nihil esse aliud quam honestatem; ipsam suo splendore in se animos ducere nullo prorsus commodo extrinsecus posito et quasi lenocinante mercede, uolup-*

---

92 스토아는 자기네가 첫째, 아카데미아학파가 둘째, 에피쿠로스학파가 셋째라고 하고, 에피쿠로스학파는 자기네가 첫째, 아카데미아학파가 둘째, 스토아가 셋째라고 하며, 아카데미아는 자기네가 첫째, 나머지 둘은 둘째라고 평가한다면 산술적으로 아카데미아학파가 첫째가 된다는 뜻이다.

93 이하는 아우구스티누스의 일방적 '연속 강연'이지만 각주 104까지는 여전히 앞절 하단 (각주 91 참조)처럼 키케로의 글을 인용하고 있는 것으로 추정된다.

94 Chrysippus(281/0~205/4 B.C.: Diogenes Laertius, *Vitae philosophorum* 7,179-202): 아카데미아의 Arcesilas와 스토아의 Cleanthes에게 사사한 뒤 스토아의 제2 창설자로 추앙받았으나(*Op.cit.*, 189-202까지가 저서 목록일 만큼) 방대한 저작이 단편만 남았다.

95 Epicurus(342/1~271/0 B.C.: Diogenes Laertius, *Vitae philosophorum* 10,1-154).

96 제논은 인간 교류($κοσμόπολις$)를 중시하여 '회랑'($στοα$, porticus)에서 문하생들과 토론을 가졌으므로 이런 학파 이름이 생겨났다.

물들은 아카데미아학파 현자에게는 두 번째 자리를 부여하는 것으로 보인다. 첫 번째 자리야 자기들의 것이라고 필히 주장하기에 이른다. 그러고 보면 그 밖의 모든 사람들의 판단에 둘째가는 인물은 본인의 판단으로는 의당히 첫째가는 인물로 간주될 수 있는 개연성이 크다고 하겠다.'[92]

툴리우스가 아카데미아학파 현자에 관하여 논하는 바를 인용하여 소개한다

7.16. '그럼[93] 예를 들어 스토아학파의 현자가 그 자리에 있다고 가정해 보라. 그들을 상대로 가장 격렬하게 공격하는 것이 아카데미아학파의 특징이기 때문이다. 누가 지혜로운 사람이냐는 질문을 제논이나 크리시푸스[94]가 받는다고 하면 그는 자기가 나서서 묘사하는 사람이 그런 인물이라고 답변할 것이다. 그와는 반대로 에피쿠로스[95]라든가 반대 학파에 속하는 누군가가 그런 질문을 받는다면 제논이 묘사한 그런 사람은 지혜로운 사람이 아니라고 부정할 것이고 그보다는 쾌락을 열렬히 추구하는 자기네 사람이 가장 유식한 사람이라고 주장할 것이다. 그래서 언쟁이 벌어진다. 제논은 고함을 지르고 회랑 전체가 소란을 피우면서[96] 인간이 태어난 것은 도덕道德[97]을 위해서지 다른 무엇을 위해서도 아니라고 할 것이다. 도덕이야말로 그 고유한 광휘와 더불어 인간 정신을 자기 자신에게로 인도한다고, 그것은 외적인 유용성을 고려에 넣지 않는다고, 어떤 대가가 도덕을 연마하라고 인간을 꾀는 것이 아니라고, 에피쿠로스가 말하는 저 쾌락快樂

---

97 honestas: 역자에 따라서 '덕'(virtue), '도덕'(moral worth), '청렴'(honesty)으로 번역하는데 본서에서는 '도덕'으로 시역해 본다. "제논은 행복한 삶에 해당하는 모든 것을 오로지 한 가지 덕에 부여하였고 그것을 '도덕'(honestas)이라고 불렀다"(Cicero, *Academica* 1,10,35). 그에게 도덕이란 '자연 본성대로 삶'(convenienter naturae vivere)을 의미한다(Cicero, *De finibus bonorum et malorum* 4,14).

tatemque illam Epicuri solis inter se pecoribus esse communem, in quorum societatem et hominem et sapientem trudere nefas esse. Contra ille conuocata de hortulis in auxilium quasi Liber turba temulentorum, quaerentium tamen, quem incomptis unguibus bacchantes asperoque ore discerpant, uoluptatis nomen, suauitatem, quietem teste populo exaggerans instat acriter, ut nisi ea beatus nemo esse posse uideatur. In quorum rixam si Academicus incurrerit, utrosque audiet trahentes se ad suas partes, sed si in illos aut in istos concesserit, ab eis, quos deseret, insanus imperitus temerariusque clamabitur. Itaque cum et hac et illac aurem diligenter admouerit, interrogatus, quid ei uideatur, dubitare se dicet. Roga nunc Stoicum, qui sit melior, Epicurusne, qui delirare illum clamat, an Academicus, qui sibi adhuc de re tanta deliberandum esse pronuntiat: nemo dubitat Academicum praelatum iri. Rursus te ad illum conuerte et quaere, quem magis amet, Zenonem, a quo bestia

---

98 inter se pecoribus esse communem: 에피쿠로스는 자연 본성에 따라서 도덕은 우리를 뒤로 이끌어 쾌락으로, '짐승들과 공통된 동작'으로 이끌어 간다고 주장한 것으로 전해진다 (Cicero, *Academica* 2,45,139).

99 스토아는, 에피쿠로스가 "도덕을 쾌락과 야합시키고 인간을 짐승과 야합시키려는 것인가?"(honestatem cum voluptate tamquam hominem cum belua copulabis?: Cicero, *Academica* 2,5,139)라고 성토했다.

100 de hortulis: 에피쿠로스는 은둔 생활을 즐겨 '정원'($\kappa\eta\pi o s$, hortus)을 구하여 그곳에서 동조자들과 공동생활을 하였다.

101 Liber: Bacchus의 라틴어 명칭. 자연의 순리에 따른 삶을 즐기는 에피쿠로스학파는 걸핏하면 쾌락주의자라는 공격을 받았다. 사본에 따라서는 libera(turba)라고 되어 있어 이 문장이 '주정뱅이들의 거침없는 무리로 휩쓸고 다니면서'라는 번역이 가능하다.

이라는 것은 오로지 짐승들과 서로 공유하는 무엇이라고,[98] 그들과의 친교에 인간과 현자를 몰아넣는 것은 혐오스런 일이라고 할 것이다.[99] 그러면 저 위대한 에피쿠로스는 장원莊園으로부터[100] 무리를 불러내어 원군援軍으로 삼을 텐데, 마치 리베르나 된 듯이[101] 그 무리는 주정뱅이 패거리를 이루어 휩쓸고 다니면서 다듬지 않은 손톱과 거친 입으로 찢어발길 대상을 찾아 두리번거릴 것이다. 그 무리는 쾌락이라는 이름과 안락과 안식을 과대평가하면서, 백성을 증인으로 내세워,[102] 쾌락이 아니고서는 아무도 행복한 사람이 될 수 없다는 듯이 보이려고 설친다. 저 사람들의 말싸움에 아카데미아학파에 속하는 누가 맞부딪친다면, 둘 다 그를 자기편으로 끌어들이려는 가운데 그는 양편 얘기를 다 듣게 될 것이다. 만약 그가 이 사람들 편이나 저 사람들 편으로 기울어진다면, 그런 사람은 그가 동조 않아서 버림받았다는 사람들한테서 미친 놈, 미숙한 놈, 경솔한 놈이라고 성토 받을 것이다. 그러므로 이편으로든 저편으로든 부지런히 귀를 기울이면서 어떻게 생각하느냐는 질문을 받게 될 경우, 자기는 어느 편이 맞는지 의심스럽다고 대꾸할 것이다. 그러면 스토아학파에게 누가 더 나은가 물어보라![103] 스토아학파를 제정신이 아니라고 욕하는 에피쿠로스인가? 그렇지 않으면 그 많은 사안을 두고 결정을 못해서 아직 결정을 내려야 한다고 공언하는 아카데미아학파인가? 스토아가 아카데미아학파가 더 낫다고 말하리라는 점은 누구도 의심치 않는다. 그럼 이번에는 그대가 에피쿠로스에게 얼굴을 돌리고서 물어보라! 누구를 더 좋아하는가? 당신을 짐승이라고 부르던 제

---

102 키케로의 증언에 의하면, 에피쿠로스학파는 "이웃 간의 믿음을 호소하고 투쟁하였으므로 많은 사람이 그들을 편들어 모여들곤 하였다"(*Tusculanae disputationes* 3,20,21).
103 3,7,15 끝머리와 각주 91 참조.

nominatur, an Arcesilan, a quo audit: 'tu fortasse uerum dicis, sed requiram diligentius': nonne apertum est totam illam porticum insanam, Academicos autem prae illis modestos cautosque homines uideri Epicuro? Ita peraeque prope de omnibus sectis copiosissime Cicero iucundissimum legentibus quasi spectaculum praebet uelut ostendens nullum illorum esse, qui non, cum sibi primas partes dederit, quod necesse est, secundas ei dicat dare, quem non repugnare sed dubitare conspexerit. In quo ego nihil aduersabor nec eis ullam auferam gloriam.

VIII 17. Videatur sane quibuslibet Cicero hic non iocatus sed inania et uentosa quaedam – quod ab ipsorum Graeculorum leuitate abhorreret – sequi et colligere uoluisse. Quid enim me impedit, quin, si huic uanitati resistere uelim, facile ostendam, quanto minus malum sit indoctum esse quam indocilem? Unde fit, ut, cum se ille

---

104 대개의 비판본들이 여기까지를 키케로(*Academica*, Editio posterior, Müller, frg.20)의 인용문으로 간주한다.

105 누구를 가리키는지는 불분명하다.

106 사본에 따라서는 여기까지를 3,8,16으로 편집한다.

107 quanto minus malum sit *indoctum* esse quam *indocilem*: '배우지 못함'(in-doctus: 이하 nihil didicisse)도 '남의 가르침을 순순히 받아들이지 못함'(in-docilis: nihil posse discere)도 동사 '가르치다'(docere)에서 유래한다.

논인가? 당신이 혹시 참말을 하는지도 모르지만 나는 더 한참 궁리해 보아야겠소라고 하던 아르케실라스인가? 에피쿠로스에게는 스토아의 회랑(回廊) 전체가 광인들로 보이지 않겠는가? 그에 비해서 아카데미아학파는 그들보다는 온건하고 신중한 사람들로 보이지 않겠는가?[104] 키케로는 이런 식으로 모든 학파들에 관해서 아주 내용 풍부한 얘기를 들려주었으며 독자들에게는 마치 아주 재미있는 연극을 보여 주듯이 글로 썼다. 그래서 이러저러한 학파들 가운데 자기들 스스로는 첫자리를 차지하면서, 그렇다고 논쟁을 하지 않고 의심을 할 뿐이라는 아카데미아학파 사람에게 두 번째 자리를 주라고 하지 않을 자들이 아무도 없다는 사실을 독자들에게 일깨워 주었다. 이에 관해서 나는 조금도 반대하지 않을 생각이고 아카데미아학파가 차지하는 이런 영예를 박탈할 생각 역시 추호도 없다.

현자들이 임석하고 키케로가 변호하는 장면을 가상하고서 아우구스티누스는 아카데미아학파가 허영을 도모하는 것으로 단죄한다

8.17. 혹자들에게는[105] 키케로가 여기서 단지 말장난을 하고 있는 것이 아니라 (그리스인들의 경솔함을 혐오할 만한 인물로서) 저런 허황하고 황당한 얘기들을 추적하고 또 수집하려 한 것처럼 보일지도 모른다.[106] 내가 만일 아카데미아학파 이론의 황당함을 반박하려고 마음먹는다면야 나를 말릴 게 뭐이겠는가? 간단하게 나는 학문 앞에서 유연성을 못 가지는 일보다는 차라리 무식한 편이 훨씬 작은 악덕임을[107] 보여 줄 수 있겠다. 그러니까 뽐내기 좋아하는 아카데미아학파 인물이 차례대로 저런 학파들 밑에 문하생으로 들어섰다고 할 경우, 자기가 무엇을 안다고 생각하는 바를 문하생에게 설득시킬 수 있던 사람이 아무도 없었다고 하자. 그러면 자기들 사이에 공감을 이루어 그런 인물을 비웃을 만하다. 누구나 자기 적수들 가

Academicus iactanticulus quasi discipulum singulis dederit nemoque illi quod se scire putat persuadere potuerit, magna illorum postea consensione rideatur. Iam enim quisque alium quemlibet aduersariorum suorum nihil didicisse, hunc uero nihil posse discere iudicabit. Ex quo deinceps de omnium scholis non ferulis, quod esset deformius quam molestius, sed illorum palliatorum clauis et fustibus proicietur. Non enim magnum negotium erit contra communem pestem uelut Herculea quaedam postulare auxilia Cynicorum. Si autem ista uilissima gloria cum his certare libeat, quod philosophanti mihi iam quidem sed nondum sapienti faciliore uenia concedendum est, quid habebunt, quod possint refellere? Ecce enim faciamus me atque Academicum in illas lites philosophorum inruisse; omnes prorsus assint, exponant breuiter pro tempore sententias suas. Quaeratur de Carneade, quid censeat. Dubitare se dicet. Itaque illum singuli praeferent caeteris, ergo omnes omnibus, magna

---

108 palliati: '외투(pallium)를 입은 사람들.' 그리스 철학자들의 복장. 그러나 '곤봉(clava)이나 몽둥이(fustis)를 든 사람들'은 견유학파를 특징하였다.

109 견유학파들이 지팡이를 들고 다니던 습속을 헤라클레스의 몽둥이에 비교하고 있다. 견유학파(犬儒學派)라는 이름(Cynici, κυνικοι)은 창설자 Antisthenes(ca.455~360 B.C.)가 Cynosarges 체육관에서 활동한 데서 유래하거나 Diogenes(ca.400~325 B.C.)가 모든 관습을 무시하면서 '개(κυων)같이 사는 사람들'이라는 별명이 붙은 것으로 추정된다.

110 ista vilissima gloria: 철학의 세 학파 가운데 아카데미아학파가 첫째를 자처하는 '영광'.

111 philosophanti mihi iam quidem sed nondum sapienti: Thales 이래 철학하는 사람의 기본 자세였다.

112 "모든 이가 회의론자인 카르네아데스를 그 밖의 모든 사람들보다 낫다고 여길 것이다."

운데 아무라도 꼽아서 그 사람은 아무것도 못 배웠다고 단정하는 일은 있 겠지만, 이런 사람의 경우에는 배울 가망이 아무것도 없는 사람이라고 판단하기에 이를 것이다. 그런 사람은 끝내 모든 학파의 학교로부터 쫓겨날 것이다. (이런 일은 불쾌하다기보다는 망신스럽다고 해야 하리라.) 그것도 그냥 회초리로 맞아 쫓겨나는 것이 아니고 두루마기를 차려입은 분들의 곤봉과 몽둥이에 맞아 쫓겨날 것이다.[108] 철학계의 공통된 이 병폐를 퇴치하는 데는, 헤라클레스의 도움을 청하듯이, 견유학파의[109] 도움을 청하는 것은 큰일이 아닐 것이다. 만일 그 치사하기 이를 데 없는 영광이라는 것을 두고[110] 내가 아카데미아학파와 겨루어도 된다면 그들은 과연 나를 상대로 자기네가 반박할 무슨 건수를 찾아낼까? 내가 이런 짓을 하더라도 나한테는 좀 더 무난한 관용이 베풀어져야 할 것이다. 나는 이미 철학하는 사람이기는 하지만 아직 지혜로운 사람은 못 되니까 말이다.[111] 자, 그러니 나와 아카데미아학파가 철학자들의 저 거창한 논쟁으로 들어가는 장면을 상상해 보자. 그 자리에는 모두가 임석해 있어야 하고 상황에 맞추어 누구나 자기 사상을 간략하게 진술하게 하자. 카르네아데스에게 어떻게 생각하느냐고 물어보자. 자기는 의심한다고 말하리라. 그러면 모두가 그를 그 밖의 다른 사람들보다 낫다고 앞세울 것이다. 모든 이가 모든 이에게 그를 앞세운다면[112] 그에게는 참으로 위대하고 드높은 영광이 아닐 수 없다! 그러면 누가 그 사람을 본받으려고 하지 않겠는가? 같은 질문을 받는다면 나도 똑같은 대답을 하겠다. 그래야 똑같은 영예가 내게 돌아올 테니까. 그래서 지혜로운 사람이 영광을 누리는데 그런 영광이라면 어리석은 사람도 그와 동등한 위치에 놓이게 된다.[113] 만약 어리석은 자가 그를 가볍게 능가

---

113 어리석은 사람도 '나는 모른다, 나는 의심한다'는 답변은 할 줄 알 테니까 그렇다면 그 대답으로 어리석은 자가 당장에 현자가 되는 것이냐는 힐문이다.

nimirum atque altissima gloria. Quis istum nolit imitari? Et ego itaque interrogatus idem respondebo; par erit laus. Ea igitur gloria gaudet sapiens, in qua illi stultus aequatur. Quid, si eum etiam facile superat? nihilne agit pudor? Nam istum Academicum iam de iudicio discedentem tenebo; quippe auidior huius modi uictoriae stultitia est. Ergo eo retento prodam iudicibus quod ignorant et dicam: ego, uiri optimi, hoc cum isto commune habeo, quod dubitat, quis uestrum uerum sequatur. Sed habemus etiam proprias sententias, de quibus peto iudicetis. Nam mihi incertum est quidem, quamuis audierim decreta uestra, ubi sit uerum, sed ideo, quod qui sit in uobis sapiens ignoro. Iste autem etiam ipsum sapientem negat aliquid scire, ne ipsam quidem unde sapiens dicitur sapientiam. Quis non uideat, palma illa cuius sit? Nam si hoc aduersarius meus dixerit, uincam gloria; si autem erubescens confessus fuerit sapientem scire sapientiam, uincam sententia.

IX 18. Sed ab hoc iam litigioso tribunali secedamus in aliquem locum, ubi nobis nulla turba molesta sit, atque utinam in ipsam

---

114 '패배를 자인하는 상대방을 붙들고서 억지로 승리를 다짐해 내는 것은 어리석은 짓이다.'

115 의심하는 일이 후한 평가를 받는다면 심판관들의 판결마저 의심하는 사람은 더욱 후한 평가를 받아야 한다.

해 버린다면 어찌 되겠는가? 전혀 수치심이 일지 않을까? 나 같으면 재판석에서 이미 내려서는 아카데미아학파를 당장 붙들겠다. 어리석음이라는 것은 이런 식의 승리를 너무 탐하는 법이다.[114] 그 사람을 붙들고서 나는 재판관들이 모르는 사실을 진술하여 이렇게 말하겠다. '고명하신 선량들이시여, 본인이 이분과 공통으로 지니고 있는 관점이 이것입니다. 여러분 가운데 누가 과연 진실을 따르고 있는지 의심한다는 사실입니다. 하지만 우리는 각자 고유한 사상도 갖추고 있습니다. 그 사상에 관해서 판단을 내려주십사 요청하는 바입니다. 여러분의 판결을 듣기는 하겠습니다만 어디에 진실이 있는지가 내게 불확실하다 이겁니다. 여러분 가운데 누가 지혜로운 사람인지 이 점을 나는 모르겠다 이겁니다. 이분은 '지혜로운 사람도 무엇을 알 수 있다'는 사실을 아예 부인합니다. 지혜로 말미암아 사람이 지혜로운 사람이 되는 법인데 이분은 지혜로운 사람이 지혜마저도 알지 못한다고 합니다.' 여기서 승리의 종려가지가 누구의 차지인지를 누가 모르겠는가? 만약 나의 적수가 '지혜로운 사람도 무엇을 알 수 있다'는 말을 한다면 내가 승리하는데, 영광이라는 관점에서다.[115] 또 만일 그가 부끄러워 얼굴을 붉히면서 '지혜로운 사람은 지혜를 안다'고 수긍한다면 그때도 내가 승리하는데, 이번에는 여러분의 판결로 이기는 셈이다.[116]

아카데미아학파는 제논과 논쟁하면서 진리를 정의하려고 시도한다

9.18. 그러나 이 시비 많은 법정에서 딴 데로 물러나기로 하자. 어떤 패거리도 우리를 귀찮게 하지 않는 곳, 가능하다면 플라톤의 학교로 갔으면 좋겠다.[117]▶ 그리고 여기서 우리는 더 이상 영광을 두고 토론할 것이 아니

---

116 상대방이 이쪽의 명제를 수긍했으니까 이쪽이 이겼다는 판결이 나와야 한다.

scholam Platonis, quae nomen ex eo dicitur accepisse, quod a populo sit secreta. Hic iam non de gloria, quod leue ac puerile est, sed de ipsa uita et de aliqua spe animi beati, quantum inter nos possumus, disseramus. Negant Academici sciri aliquid posse. Unde hoc uobis placuit, studiosissimi homines atque doctissimi? Monuit nos, inquiunt, definitio Zenonis. Cur quaeso? Nam si uera est, nonnihil ueri nouit qui uel ipsam nouit, sin falsa, non debuit constantissimos commouere. Sed uideamus quid ait Zeno: tale scilicet uisum comprehendi et percipi posse, quale cum falso non haberet signa communia. Hocine te mouit, homo Platonice, ut omnibus uiribus ab spe discendi studiosos retraheres, ut totum negotium philosophandi adiuuante quodam etiam mentis ingemiscendo torpore desererent?

19. Sed quomodo illum non permoueret, si et nihil tale inueniri potest et, nisi quod tale est, percipi non potest? Hoc si ita est, di-

◀117 schola Platonis: 플라톤의 '아카데미아'(Academia)는 체육관이 있던 땅의 주인공 Hecademos의 이름에서 유래하므로(Diogenes Laertius, *Vitae philosophorum* 3,7) '세간에서 멀리 떨어진'(ἕκας + δῆμος) 곳임을 의미한다는 것이 아우구스티누스의 말이다.

118 본서 2,5,11 참조: "존재하는 거기서 발생하여 정신에 각인되는데, 존재하지 않는 거기서 발생하여 마치 존재하는 것처럼 정신에 각인되는 일이 불가능할 정도라면, 그것은 참이라고 파악될 수 있다."

119 사본에 따라 monuit 아닌 movit으로 되어 있어 '그렇게 하라고 우리를 움직였소'라는 번역이 된다. 다음 문장 참조.

120 visum: 제논이 감각적 사물이 지성에 각인된 표상을 일컫는 용어(φαντασια, φανταστον)를 키케로는 visum으로 표기한다(본서 1,2,5 각주 24 참조). 현대어 번역(object of sense, sense datum, sense-presentation, rappresentato, rappresentazione)을 참조할 것.

라 — 너무 경박하고 유치하다 — 인생 자체를 두고, 행복한 영혼이 품을 만한 어떤 희망을 두고 우리끼리 힘닿는 대로 토론하기로 하자. 아카데미아학파는 무엇을 알 수 있다는 것을 부인한다. '학구열이 대단하고 지극히 박식한 분들이여, 대체 어쩌다 이런 명제를 만들어 낼 마음이 생겼다는 얘기요?' 그러면 이렇게들 말한다. '제논의 정의[118]가 우리더러 그렇게 하라고 충고했소.'[119] '왜 그렇다는 것인지 물어도 되겠소?' 제논의 정의가 참이라면, 그 정의만 안다는 사람도 뭔가 참을 알고 있다는 결론이 되고, 만약 그의 정의가 거짓이라면 그처럼 개성이 강한 인물들을 감동시키지 말았어야 한다. 그럼 제논이 뭐라고 했는지 살펴보자. '허위와 공통된 표지를 가지고 있지 않은 표상이라면[120] 확실하게 포착하거나 파악할 수 있다.'[121] 플라톤의 사람이여,[122] 이 말이 당신을 움직였다는 말인가? 당신이 모든 힘을 다해서 학도들을 진리를 배우리는 희망으로부터 떼어 낼 만큼 당신을 움직였다는 말인가? 거기다 지성의 한심한 태만이 거들어 학도들로 하여금 철학하는 온갖 업무를[123] 포기하게 만들었다는 말인가?

지혜에 대한 탐구가 존재하지 않거나 지혜가 존재하거나 둘 중 하나다

9.19. 하지만 정말로 진리라고 할 것이 아무것도 발견될 수 없거나, 진리라고 할 것이 파악되는 일이 불가능하다면, 어떻게 제논이라는 저 인물을 동요케 하지 않겠는가? 만일 이렇다면 차라리 지혜라는 것이 인간과 조

---

[121] 본서 2,5,11에서는 '더 간단한 정의'라고 하면서 '허위가 지닐 수 없는 그런 기호들에 의해서는 진리가 포착될 수 있다'(각주 73 참조)고 소개되어 있다.

[122] homo Platonice: 아우구스티누스의 저서에서 Platonici는 주로 '신플라톤학파'를 가리키지만 여기서는 아카데미아학파를 얘기하면서도 그들이 플라톤의 가르침을 비의(秘義)로 전수받은 사실을 암시한다(본서 3,17,37- 20,43 참조).

[123] negotium philosophandi: 본서 3,1,1(앞의 각주 4) 참조.

cendum potius erat non posse in hominem cadere sapientiam quam sapientem nescire, cur uiuat, nescire, quem ad modum uiuat, nescire, utrum uiuat, postremo, quo peruersius magisque delirum et insanum dici nihil potest, simul et sapientem esse et ignorare sapientiam. Quid enim est durius, hominem non posse esse sapientem an sapientem nescire sapientiam? Nihil hinc disputandum est, si res ipsa ita posita satis non est ad diiudicandum. Sed illud forte si diceretur, penitus homines a philosophando auerterentur; nunc uero inducendi sunt sapientiae dulcissimo et sanctissimo nomine, ut, cum contrita aetate nihil didicerint, postea te summis execrationibus prosequantur, quem relictis saltem uoluptatibus corporis ad animi tormenta secuti sunt.

20. Sed uideamus, per quem potius a philosophia deterreantur, per eumne, qui dixerit: audi, amice, philosophia non ipsa sapientia, sed studium sapientiae uocatur; ad quam te si contuleris, non qui-

---

[124] non posse in hominem cadere sapientiam: 본서 3,4,10(각주 54) 참조.
[125] 아우구스티누스의 '코기토'(cogito ergo sum)의 첫 언급으로 평가된다. 이 질문은 그 무렵의 "적어도 그대가 살아 있음을 아는가?" "압니다"(scisne saltem te vivere? scio: *De beata vita* 2,7)와 "그대가 존재함을 아는가?" "압니다"(scisne te esse? scio: *Soliloquia* 1,2,1)로 이어지고, "그대가 존재하지 않으면 속을 수 없다"(si non esses, falli omnino non posses: 『자유의지론』 2,3,7)를 거쳐서 "만일 내가 속는다면 나는 존재한다"(si enim fallor, sum: 『신국론』 11,26)로 매듭짓는다.

우遭遇하지 못한다고¹²⁴ 단언해야지, 지혜로운 사람이라면서 지혜가 무엇인지 모른다고 말해서는 안 된다. 왜 사는지 모르고, 어떻게 살아야 하는지 모르고, 과연 살아 있는지 모른다고¹²⁵ 해서는 안 된다. 결국에 가서 지혜로운 사람이라고 하면서¹²⁶ 동시에 그가 지혜를 모른다는 말보다 더 비뚤어지고 그보다 더 정신 나가고 미쳤다 할 게 없다. 어느 것이 더 가혹한가? 인간은 지혜로운 사람이 될 수 없다는 말인가, 그렇지 않고 지혜로운 사람이 지혜를 모른다는 말인가? 만일 질문을 후자로 설정하고서 제대로 따질 것이 없다면 여기서부터는 더 이상 토론이라는 것을 할 필요가 없다. 그렇지만 만일 인간은 지혜로운 사람이 될 수 없다는 전자를 명제로 삼는다면, 인간들은 당장 철학하는 일을 그만두고 돌아서야 한다. 자, 이런데도 인간들이 아직도 '지혜'라는 지극히 달콤하고 경건한 이름에 끌려 들어가야만 하는가? 그랬다가 말년에 가서도 아무것도 터득하지 못한 처지가 된다면 철학을 가르친 그대는 저 사람들에게서 쏟아지는 최악의 저주에 시달려야 할 것이다. 저들이 적어도 육체의 쾌락은 누릴 수 있었는데 지혜를 얻겠다면서 그것마저 버리고 오로지 영혼의 고뇌를 뒤쫓아 다녔으니 말이다.¹²⁷

인간을 지혜의 탐구에서 돌아서게 만들어서는 안 된다

9.20. 그럼 과연 누구 때문에 사람들이 철학을 등지게 되는지 살펴보자. 다음과 같이 말을 할 사람인가? '벗이여, 들어 보시오! 철학 자체가 지혜는

---

¹²⁶ sapientem esse: esse 동사의 특성상 '지혜로운 사람이 존재한다'와 '지혜로운 사람이다' 둘 다를 의미한다.

¹²⁷ 아우구스티누스는 아카데미아학파의 회의론이 가져올 학문적 병폐를 양도논법으로 격파하고자 한다.

dem, dum hic uiuis, sapiens eris – est enim apud deum sapientia nec prouenire homini potest – sed cum te tali studio satis exercueris atque mundaueris, animus tuus ea post hanc uitam, id est cum homo esse desieris, facile perfruetur, an per eum, qui dixerit: uenite, mortales, ad philosophiam! magnus hic fructus est; quid enim homini sapientia carius? uenite igitur, ut sapientes sitis et sapientiam nesciatis! 'Non', inquit, 'a me ita dicetur'. Hoc est decipere; nam nihil aliud apud te inuenietur. Ita fit, ut, si hoc dixeris, fugiant tamquam insanum, si alio modo ad hoc adduxeris, facias insanos. Sed credamus propter utramque sententiam aeque homines nolle philosophari. Si aliquid philosophiae perniciosum Zenonis definitio dicere cogebat, mi homo, idne homini dicendum fuit, unde se doleret, an id, unde te derideret?

---

[128] 욥 12,13(후일 『고백록』[3,4,8]에서 인용한다) 참조: "오직 그분께만 지혜와 능력이 있고 경륜과 슬기도 그분만의 것이라네."

[129] 그러나 '신적 지혜'가 그리스도로 육화하여 인간에게 다다르는 경지 — 3,19,42: "지존하신 하느님이 신적 오성(悟性)의 권위를 인간 육체의 위치까지 낮추신다면" — 를 곧 상정한다.

[130] 교부는 철학함을 지성의 훈련(exercitatio)인 동시에 정화(mundatio)로 간주하였다.

아니지만 지혜의 탐구라고 불린다오. 그대가 만일 지혜를 추구한다면 그대가 이승에 살아 있는 동안에는 지혜로운 사람이 되지는 못하오. 지혜란 하느님 앞에 있는 것이고[128] 인간에게 다다를 수 없는 무엇인 까닭이오.[129] 그러나 그대가 열성껏 자신을 단련하고 정화한다면[130] 그대의 영혼은 이 삶을 끝낸 다음에, 다시 말해서 사람이기를 그친 다음에는 그 지혜를 쉽게 향유할 수 있을 것이오.' 그렇지 않고 다음과 같이 말할 사람인가? '죽을 인간들이여, 철학에게로 오시오! 거기서 얻을 성과는 참으로 위대하오. 인간에게 지혜보다 귀한 것이 무엇이겠소? 그러니 여기 와서 지혜로운 사람이 되도록 하되 지혜는 모르기로 하시오!' 그러면 아카데미아학파는 이렇게 대꾸할 것이다. '내가 그런 식으로 말하지는 않겠소.' 하지만 말을 그렇게 하지 않겠다는 것은 사람을 기만欺瞞하겠다는 것이다. 사실 그대에게는 딴 방도가 아무것도 발견되지 않을 테니까 말이다. 그대가 만일 저런 식으로 말을 할라치면 사람들은 그대를 미치광이 피하듯이 피해 버리는 결과를 낸다. 하지만 그대가 다른 식으로 말해서 사람들이 이런 생각을 가지게 유인한다면 그대는 다른 사람들을 미치광이로 만드는 셈이다. 그러니 이렇게 믿기로 하자, 어떤 명제를 내세우든 간에 사람들은 똑같이 철학하기를 싫어하리라고. 만일 제논의 정의가 어쩔 수 없이 그대로 하여금 철학에 해로운 말을 한마디 하지 않을 수 없게 만들었다고 하자. 그렇더라도 사람이 과연 어떤 말을 했어야 하는가? 사람들로 하여금 스스로를 두고 고민하게 만드는 그런 말을 했어야 할까? 그렇지 않으면 사람들이 그대를 두고 조롱을 하게 만들 그런 말을 했어야 할까?[131]

---

[131] unde se doleret ... unde te derideret: 철학함이 허구라면 그보다 비웃음 살 일이 없겠다는 말을 각운으로 처리하였다.

21. Tamen quod Zeno definiuit, quantum stulti possumus, discutiamus. Id uisum ait posse comprehendi, quod sic appareret, ut falsum apparere non posset. Manifestum est nihil aliud in perceptionem uenire. Hoc et ego, inquit Arcesilas, uideo et hoc ipso doceo nihil percipi. Non enim tale aliquid inueniri potest. Fortasse abs te atque ab aliis stultis; at a sapiente cur non potest? Quamquam et ipsi stulto nihil responderi posse arbitror, si tibi dicat, ut illo memorabili acumine tuo hanc ipsam Zenonis definitionem refellas et ostendas eam etiam falsam esse posse; quod si non potueris, hanc ipsam quam percipias habes, si autem refelleris, unde a percipiendo impediaris non habes. Ego eam refelli posse non uideo et omnino uerissimam iudico. Itaque cum eam scio, quamuis sim stultus, nonnihil scio. Sed fac illam uersutiae tuae cedere. Utar complexione securissima. Aut enim uera est aut falsa. Si uera, bene teneo; si fal-

---

132 stulti: 앞의 각주 70 참조.

133 키케로가 소개하는 정의. "참된 대상으로부터 비롯하여 각인되었고, 허위의 대상으로부터 비롯하여 각인될 수 없는 그런 것은 [확실하게] 파악될 수 있으며"(id percipi posset, quod impressum esset e vero ... quomodo non imprimi posset e falso) 도저히 "허위일 수 없을 만큼 참된 것은 [확실하게] 포착될 수 있다"(comprehendi possit ... tale verum quale falsum esse non possit: *Academica* 2,35,112-113).

134 '파악'(perceptio)은 '감각적 지각'과 '오성적 인식'을 동시에 가리켜 '확실하게 진리라고 인지함'을 의미하면서도 그것이 감각적 지각에서 비롯함을 함의한다.

135 Arcesilas: 2,6,14(각주 94, 95) 참조.

아르케실라스에 맞서서 진리를 파악할 수 있다거나, 아니면 지혜란 존재하지 않는다고 단언해야 마땅하다

9.21. 그럼 우리가 비록 어리석은 사람들이기는 하지만[132] 우리 힘이 닿는 대로 제논이 정의한 바를 토론해 보자. 그가 한 말에 의하면 '허위가 발현할 수 없을 정도로 그렇게 발현하는 표상은 확실한 것으로 포착될 수 있다.'[133] 그 밖의 다른 무엇이 확실한 파악에 당도할[134] 수 없다는 것도 분명하다. 그래도 아르케실라스[135]가 나서서 이렇게 말할 것이다. '이것은 나도 그렇게 생각하오. 그리고 바로 여기에 근거해서 나는 아무것도 확실하게 파악할 수 없다고 가르치오. 무엇이 있는 그대로 발견되는 일은 불가능하기 때문이오.' 아르케실라스 당신이나 다른 어리석은 인간들에게는 그럴지도 모르겠다. 하지만 지혜로운 사람에게도 있는 그대로 발견될 수 없다는 까닭이 무엇인가? 만일 저 어리석다는 사람이 나서서 당신더러 기억에 남을 당신의 명민한 재능으로[136] 제논의 정의를 반박해 보라고 말할라치면, 그 정의가 허위일 수 있다는 사실을 입증해 보라고 요구한다면, 내 생각에 당신은 저 어리석다는 사람한테마저 제대로 답변을 못할 것 같다. 그래서 둘 중 하나가 된다. 만약 당신이 그런 반박과 반증을 해내지 못한다면 그대는 제논의 정의를 그대가 파악한 그대로 인정하는 셈이다.[137] 그리고 만일 당신이 그의 정의를 반박해 낸다면 당신이 무엇인가를 확실하게 파악하는 데 장애될 것이 없는 셈이다. 나로서는 그 인물의 정의를 반박할 수 있다고 보지 않으며 전적으로 참되다고 판단한다. 그러므로 내가 그 정의를 알게 되는 경우, 내가 비록 어리석은 사람이기는 하지만, 나는 뭔가를

---

136 아르케실라스의 탁월한 변증술을 전해 주는 사료들이 없지 않다(Diogenes Laertius, *Vitae philosophorum* 4,36; Cicero, *Academica* 2,18,60).

137 의역: '당신이 제논의 정의를 확실한 진리라고 파악하는 셈이다.'

sa, potest aliquid percipi, etiamsi habeat communia signa cum falso. Unde, inquit, potest? Verissime igitur Zeno definiuit nec ei quisquis uel in hoc consensit, errauit. An paruae laudis et sinceritatis definitionem putabimus, quae contra eos, qui erant aduersum perceptionem multa dicturi, cum designaret quale esset quod percipi posset, se ipsam talem esse monstrauit? Ita comprehensibilibus rebus et definitio est et exemplum. Utrum, ait, etiam ipsa uera sit nescio; sed quia est probabilis, ideo eam sequens ostendo nihil esse tale, quale illa expressit posse comprehendi. Ostendis fortasse praeter ipsam et uides, ut arbitror, quid sequatur. Quods etiam eius incerti sumus, nec ita nos deserit scientia. Scimus enim aut ueram esse aut falsam; non igitur nihil scimus. Quamquam

---

138 방금 '명민한 재능'(memorabile acumen)이라고 했다가 지금은 '교묘한 변증술'(versutia: 간교한 장난)이라고 희롱한다.

139 complexio: 상대방이 전에 한 발언들에 근거하여 상대방을 반박함으로써 그의 과거의 주장과 현재의 주장 사이에 양도논법을 설정하는 화법(e.g., *Auctor ad Herennium* 4,14,20).

140 communia signa cum falso: 본서 2,5,11에서 "허위가 지닐 수 없는 그런 기호들에 의해서는 진리가 포착될 수 있다"는 제논의 '간단한' 정의가 소개되었고, "[진리임과] 동시에 허위일 수 없는 그런 종류의 [표상만이] 진리로 [확실하게] 파악될 수 있다"는 명제(Cicero, *Academica* 2,35,113)도 각주(73)에 소개되었다.

141 '비록 허위와 공통된 기호를 갖추고 있더라도, 내가 뭔가 파악하는 일은 가능하다'는 주장이 어떻게 성립하느냐는 반문이다.

142 '그 정의를 두고 그나마 칭송을 바치고 솔직했다고 평가할 만하지 않은가?'라는 번역도 가능하다.

143 '내가 개연성을 따른다는 말은, 제논의 정의가 확실하게 파악할 수 있다고 표명한 그러한 특성을 갖춘 사물은 하나도 없다는 뜻이다'라는 의미다.

알고 있다. 그렇지만 그 정의를 당신의 교묘한 변증술에[138] 대입해 보라! 여기서 나는 아주 안전한 양도논법[139]을 구사해 보겠다. 제논의 정의는 참이거나 거짓이거나 둘 중 하나다. 만일 참이라면 '나는 뭔가를 알고 있다'는 내 입장을 견지하는 일은 잘하는 것이다. 만일 거짓이라면, 비록 허위와 공통된 기호를 갖추고 있더라도,[140] 내가 뭔가 파악하는 일은 가능하다. 그러면 상대방은 즉시 이렇게 반문할 것이다. '그런 일이 어떻게 가능하오?'[141] 따라서 제논은 아주 진실하게 정의를 내린 것이다. 그의 정의에 동조한 사람도 오류에 떨어진 것이 아니라면 바로 이 점에서다. 그럼 우리는 그가 내린 정의를 칭송할 가치가 적고 솔직하지 못하다고 간주할 작정인가?[142] 그가 내린 정의는 확실한 파악에 관해서 반대할 말이 많았던 사람들을 겨냥해서, 확실하게 파악될 수 있는 것이 도대체 어떤 성격의 것인지 지적하는 가운데, 그 정의 자체가 그런 성격의 것임을 가리켜 보인 셈이다. 그러므로 제논의 정의는 파악 가능한 사물들이 무엇인지 보여 주는 정의이자 동시에 표본이기도 하다. 그러면 아르케실라스는 이렇게 대꾸한다. '그것이 참인지 나는 모르오. 하지만 그럴 개연성은 있으니까 그 정의를 따르오. 그렇기는 하지만 나는 그 정의를 따름으로써 그 정의가 확실하게 파악될 수 있다고 표명한 대상이 실제로 그렇게 존재하는 경우는 아무 것도 없음을 내가 보여 주고 있는 셈이오.'[143] 당신이 그것을 보여 준다면 아마 제논의 정의는 빼놓고 다른 것들을 보여 주는 것이며 그러면서도 당신은 제논의 정의를 따르고 있다는 것이 내 생각이다. 심지어 우리가 제논의 정의에 대해서까지 확실한 인식을 못 가진다고 하더라도, 지식이 우리를 아예 버려두는 것은 아니다. 제논의 정의가 참이거나 거짓이거나 둘 중 하나라는 사실은 우리가 아는 까닭이다. 그러니 아무것도 알지 못한다는 말은 안 된다. 하여튼 나는 저 정의가 절대 참이라고 판단한다. 내가 이런

numquam efficiet, ut ingratus sim, prorsus ego illam definitionem uerissimam iudico. Aut enim possunt pericipi et falsa, quod uehementius Academici timent et re uera absurdum est, aut nec ea possunt, quae sunt falsis simillima; unde illa definitio uera est. Sed iam caetera uideamus.

X 22. Quamuis haec, nisi fallor, possint ad uictoriam satis esse, non tamen fortasse ad uictoriae satietatem. Duo sunt, quae ab Academicis dicuntur, contra quae, ut ualemus, uenire instituimus: nihil posse percipi et nulli rei debere assentiri. De assentiendo mox; nunc alia pauca de perceptione dicemus. Nihilne prorsus dicitis posse comprehendi? Hic euigilauit Carneades – nam nemo istorum minus alte quam ille dormiuit – et circumspexit rerum euidentiam.

---

144 '허위'(falsum): 본서 3,3,5(각주 23) 참조.

145 "허위가 확실한 것으로 파악될 수 없음은 물론, 허위가 띠는 여러 특징을 구비하고 있는 표상도 '확실한 것으로' 파악될 수 없다고 한 이상, 이 정의는 옳다."

146 2,13,30 참조.

147 키케로는 아카데미아학파에 '판단 유보'($\epsilon\pi o\chi\eta$)가 발생하는 맥락을 "표상으로 지각된 것을 아무것도 확실하게 파악할 수 없다면, 동의 역시 유보되어야 한다. 인식되지도 않는 것을 승인한다는 것은 얼마나 터무니없는 일인가?"(*Academica* 2,18,59)라고 제시한다.

148 카르네아데스가 '오류'의 원인을 꿈과 연결시킨 점이나, 궁리를 하느라 머리털과 손발톱도 자르지 않았다는 구전(Diogenes Laertius, *Vitae philosophorum* 4,62)을 암시하고, Arcesilas를 상대하다 이제는 Carneades를 상대하고 싶다는 의사를 나타내기도 한다.

149 카르네아데스는 '말 없는 사색'($\dot{a}\phi a\sigma\iota a$)을 즐기고 누구와 '대화'($\delta\iota a\lambda\epsilon\kappa\tau\iota\kappa\eta$)하는 토론을 싫어했다고 전한다.

말을 하는 것은 배은망덕한 사람이 될까 봐서 하는 말이 결코 아니다. 허위를 두고도, 그것이 파악될 수 있거나 그런 것은 파악될 수 없거나 둘 중 하나일 것이다. 허위가 파악될 수 있다는 말은 아카데미아학파가 몹시 경원시할뿐더러 실제로 허위가 파악될 수 있다는 명제는 모순에 해당한다.[144] 그렇다면 허위와 아주 유사한 사물도 파악될 수 없을 것이다. 그러니 제논의 정의는 참이다.[145] 그 밖의 것은 차차 살펴보기로 하자.

카르네아데스가 무엇이 과연 확실하게 파악되는지 시비한 것은 잠꼬대였다

10.22. 내가 스스로 속는 것이 아니라면, 지금까지 말한 것으로도 이 토론에서 승리를 거두기에는 충분하겠지만, 승리를 만끽하기에는 충분치 않을지도 모른다. 아카데미아학파가 내세우는 논지가 둘 있다.[146] 우리는 반대 입장에서 우리 힘이 미치는 한에서 따져 보기로 작정했다. 그들의 논지란 '아무것도 파악把握할 수 없다', '아무것에도 동의同意해서는 안 된다'는 두 명제이다.[147] 동의하는 문제는 조금 있다가 논하기로 한다. 당장은 확실한 파악에 관해서 몇 마디만 하겠다. 정말 여러분은 무엇이든지 아무것도 파악하지 못한다고 말하는가? 자, 카르네아데스가 눈을 떴다.[148] 그래도 자기네 동료 가운데 그보다 덜 깊이 잠든 사람이 아무도 없었다. 그는 주위를 둘러 사물의 명료성을 관찰하였다. 그러고는 간간이 일어나듯이, 자기 혼자서[149] 이런 말을 할 것으로 보인다. '카르네아데스, 그러니까 너는 네가 사람인지 개미인지 모른다고 할 셈이냐? 그렇지 않았다가는 크리시푸스가 너를 두고 개선 행진을 할 텐데 말이다.[150] 철학자들 사이에서나 따

---

150 스토아학파 Chrysippus — 감각적 지각의 신빙성을 옹호하였다 — 와 적수여서 카르네아데스는 "크리시푸스가 없었던들 나는 도대체 어디 가 있었을까?"(Diogenes Laertius, *Vitae philosophorum* 4,62)라는 말을 남겼다.

Itaque credo secum ipse, ut fit, loquens: ergone, ait, Carneade, dicturus es nescire te, utrum homo sis an formica? aut de te Chrysippus triumphabit? Dicamus ea nos nescire, quae inter philosophos inquiruntur, caetera ad nos non pertinere, ut si in luce titubauero cotidiana et uulgari, ad illas imperitorum tenebras prouocem, ubi soli quidam diuini oculi uident, qui me, etiamsi palpitantem atque cadentem aspexerint, caecis prodere nequeant praesertim arrogantibus et quos doceri aliquid pudeat. Laute quidem, o Graeca industria, succincta et parata procedis, sed non respicis illam definitionem et inuentum esse philosophi et in uestibulo philosophiae fixam atque fundatam. Quam si succidere temtabis, rediet bipennis in crura; illa enim labefactata non solum potest aliquid percipi sed etiam id potest, quod simillimum falso est, si eam non audebis euertere. Est enim latibulum tuum, unde in incautos transire cupientes uehemens erumpis atque exilis; aliquis te Hercules in tua spelunca tam-

---

151 철학적 안목(oculi divini)을 갖추지 못한 사람들이 '소경'으로, 스토아학파는 오만한 교조주의자로 묘사되고 있다.

152 플라톤이 얘기한 '동굴의 신화'(*Respublica* 515-516)를 연상시킨다. 태양의 이데아를 목격한 철학자는 동료들을 구하러 다시 동굴로 돌아온다.

153 rediet bipennis in crura: "쌍날 도끼가 무릎을 찍을 것이다."

154 그러니 회의론에 입각한 첫째 명제는 저절로 붕괴된다.

155 exilis = exsilis(ex-salio): '뛰어올라 덮치다.'

지는 과제를 두고, 또는 우리한테 해당하지 않는 그 밖의 것이야 우리가 모른다고 말하자. 그러나 내가 나날의 범속한 빛 속에서마저 비틀거리다 보면 무식한 사람들의 어둠에다 하소연하겠지. 그 어둠 속에서는 신성한 눈들만이 사물을 볼 수 있다고 하니까. 그런 눈들이라면 내가 더듬거리고 넘어지고 하는 꼴을 지켜보더라도 차마 소경들한테 내 정체를 폭로하지는 못하겠지. 더군다나 그 소경들이 건방진 데다가 가르침 받는다는 것을 아예 부끄러워하는 자들이라면[151] 더 그렇게 못할 것이다.'[152] 오, 그리스인다운 주도면밀함이여! 그대는 참으로 세련되게 차려입고서, 철저하게 무장하고서 나돌아 다니면서도 저 정의가 철학자의 발견이라는 사실을 돌이켜 보지 않고 있다. 또 저 정의가 철학의 현관에 박혀 있고 초석을 이루고 있음을 염두에 두지 않고 있다. 그대가 그것을 뽑아내려고 시도한다면 도끼로 발등을 찍힐 것이다.[153] 어떻게 해서든지 그것을 흔들어 놓기라도 한다면 그대는 이미 뭔가를 파악할 수 있는 처지가 될뿐더러, 허위와 아주 유사한 것도 파악할 수 있을 것이다. 그대가 그것을 감히 뒤집어엎으려고 하지 않는다면 말이다.[154] 그대에게는 회의론이라는 소굴이 있어 조심하지 않고 그곳을 지나가려는 자들을 그대는 거기서부터 사정없이 공격하고 덮칠 것이다.[155] 하지만 어느 헤라클레스가 등장하여 그대의 굴속에서 반인半 人의 괴물을 처치하듯이 그대를 목 졸라 죽일 것이고 그자의 몸뚱이를 갖고서 그대를 짓누를 것이다.[156] 그렇게 해서 그대에게 가르칠 것이다, 철학에는 뭔가가 있다고, 그것이 그대 한 사람에 의해서 마치 허위와 유사한 것처럼 불확실한 무엇이 될 수 없다고! 나는 지금 서둘러 다른 주제로 넘

---

[156] 반인반수의 괴물 Cacus와 Hercules 이야기(Vergilius, *Aeneis* 8,193-267)를 빗대면서 지나친 회의론은 반드시 극복되리라는 소견을 펴고 있다. 지나친 회의론을 반인(半人, semi-homo)에 비유함은 인식에 관한 상식(sensus communis)을 벗어난 억지 주장 때문인 것 같다.

quam semihominem suffocabit et eiusdem molibus opprimet docens aliquid esse in philosophia, quod tamquam simile falso incertum abs te fieri non possit. Certe ad alia properabam; hoc quisquis urget, te ipsum, Carneade, magna afficit contumelia, quem a me uel mortuum putat ubicumque aut undecumque posse superari. Si autem non putat, immisericors est, qui me passim deserere praesidia et tecum in campo certare cogit; in quem descendere cum coepissem, solo tuo nomine territus pedem retuli et de superiore loco nescio quid iaculatus sum, quod utrum ad te peruenerit uel quid egerit, uiderint, sub quorum examine dimicamus. Sed quid metuo ineptus? Si bene memini, mortuus es nec iam pro sepulchro tuo iure pugnat Alypius; facile me contra umbram tuam deus adiuuabit.

23. Nihil ais in philosophia posse percipi et, ut orationem tuam large lateque diffundas, arripis rixas dissensionesque philosopho-

---

157 ubicumque undecumque: 구상어 라틴어의 특성상 '무슨 주제에서든 무슨 논증으로든' 이라는 번역이 가능하다.

158 아우구스티누스 본인이 회의론에 빠져 아카데미아학파에 경도된 경험을 얘기하는 듯하다.

159 본서의 토론에 참석한 알리피우스, 트리게티우스와 리켄티우스, 그리고 이 저서의 독자인 로마니아누스를 지칭한다.

160 본서 3,7,14에서 아우구스티누스는 알리피우스에게 아카데미아학파를 옹호하는 역할을 맡긴 바 있다.

161 여기서부터 아우구스티누스는 자연학(23-26절), 윤리학(27-28절), 그리고 논리학(변증술 29절)을 차례대로 짚고 넘어가면서 회의론을 반박한다.

어가는 중이었다. 여기서 나더러 그렇게 하라고 다그치는 사람이 누구든지 간에, 카르네아데스여, 그 사람은 대단한 능멸로 그대를 대할 것이다. 그는 그대가 이미 죽은 것이나 다름없다고 여겨 내가 어디서든지 어디로부터든지[157] 그대를 이겨 낼 수 있다고 생각하는 연고다. 만일 그렇게 생각하지 않는 사람이더라도 그는 인정사정없는 사람이어서 나더러 요새를 버리고 걸어 나가 평지에서 그대와 결투를 벌이라고 떠민다. 결투를 한답시고 들판으로 내려서기 시작하자마자 그대 이름만 듣고서도 나는 겁이 덜컥 났고 걸음아, 날 살려라 도망갔다. 그러고는 높은 데서 뭔지도 모를 무기를 그대에게 마구 던졌던 것이다.[158] 그게 과연 그대에게 닿기라도 했는지, 어떤 결과를 냈는지는 우리가 심판으로 세운 이들이 보게 될 것이다.[159] 하지만 나는 바보같이 도대체 뭘 두려워하는 것일까? 내가 제대로 기억한다면 그대는 이미 죽은 사람이다. 알리피우스도 그대의 무덤을 지키자고 싸우는 것은 물론 아니다.[160] 그러니 분명히 하느님이 나를 그대의 망령에서 보우해 주실 것이다.

물리 세계에 관하여는 반립 명제도 참일 수 있다[161]

10.23. 그래도 그대는 철학에서는 아무것도 확실하게 파악할 수 없다고 말한다. 그대의 강연을 널리 그리고 멀리 펼치려고 그대는 철학자들의 언쟁과 의견 대립을 조장한다. 그리고 저 철학자들에게 맞서서 그 언쟁과 의견 대립을 무기로 휘두르고 있노라고 자부할 것이다. '데모크리토스[162]와 초기 자연론자들[163] 사이에 세계의 단일성과 무수한 세계에 관해서[164]▶ 벌

---

[162] Democritus(470/69~380/79 B.C.)는 원자론의 창시자로 알려져 있고 수많은 저서명이 전해 오지만(Diogenes Laertius, *Vitae philosophorum* 9,34-49) 단편밖에 남지 않았다.

[163] superiores physicos: 2,6,15(각주 97) 참조.

rum et eas tibi contra illos arma ministrare arbitraris. Quomodo enim inter Democritum et superiores physicos de uno mundo et innumerabilibus litem diiudicabimus, cum inter ipsum heredemque eius Epicurum concordia manere nequiuerit? Nam iste luxuriosus cum atomos quasi ancillulas suas, id est corpuscula, quae in tenebris laetus amplectitur, non tenere uiam suam sed in alienos limites passim sponte declinare permittit, totum patrimonium etiam per iurgia dissipauit. Hoc uero nihil ad me attinet. Si enim ad sapientiam pertinet horum aliquid scire, id non potest latere sapientem. Si autem aliud quiddam est, sapientiam illam scit sapiens, ista contemnit. Tamen ego, qui longe adhuc absum uel a uicinitate sapientis, in istis physicis nonnihil scio. Certum enim habeo aut unum esse mundum aut non unum; et si non unum, aut finiti numeri aut infiniti. Istam sententiam Carneades falsae esse similem doceat. Item scio mundum istum nostrum aut natura corporum aut aliqua prouidentia sic esse dispositum eumque aut semper fuisse et fore aut coepisse esse minime desiturum aut ortum ex tempore non

---

◀164 키케로(*Academica* 2,17,55)에 의하면 "데모크리토스는 세계의 숫자가 무수히 많다"(innumerabiles esse mundos)고 주장하였다.

165 에피쿠로스는 데모크리토스의 제자 Nausiphanes의 강의를 들었는데(Diogenes Laertius, *Vitae philosophorum* 10,13-14) 우주 공간의 무한함(infinitas locorum), 세계의 무수함(innumerabilitas mundorum)에 관해서 견해를 달리하였다(Cicero, *De natura deorum* 1,26,73).

166 atomos(원자) ... id est corpuscula(소립자): 아카데미아학파 화자는 "에피쿠로스가 원자들을 하녀들의 '작은 몸뚱이'[소립자]처럼 어둠 속에서 끌어안았다"는 짓궂은 표현을 써서 그를 쾌락주의자로 매도하고 있다.

어진 언쟁을 우리가 어떻게 판단해야겠소? 더구나 그와 그의 후계자와 에피쿠로스 사이에도 의견 일치가 지속되지 못한 터인데 말이오.[165] 후자는 쾌락주의자로서 원자原子라는 것들을 마치 자기 하녀들 다루듯 작은 몸뚱이들을[166] 어둠 속에서 재미 보며 포옹하고서는 각자의 궤도에 붙들어 놓지 않고서 멋대로 다른 원자들의 경계로 기울어지게[167] 놓아두는 그런 사람이오. 그는 데모크리토스가 물려준 유산 전부를 말싸움에다 탕진해 버렸소.' 하지만 이런 얘기는 나한테 전혀 관심이 없다. 다만 방금 원자론을 두고 한 얘기들 가운데 뭔가를 알아듣는 일도 지혜에 해당하는 일이라면, 지혜로운 사람에게 그런 내용이 감춰질 리가 없다. 그 대신 그것이 지혜와는 별개의 일이라면 지혜로운 사람은 저 지혜를 알 것이고 따라서 이런 얘기들이야 무시하게 마련이다. 나로 말하자면 아직까지 지혜로운 사람이 되기에는 멀고 지혜로운 사람 가까이 가기에도 멀지만 저 자연학자들에 관해서는 뭔가를 알고 있다. 내가 확실히 아는 것은 세계가 하나이거나 하나가 아니라는 점이다. 하나가 아니라면 숫자가 유한하거나 무한하거나 둘 중 하나다. 저런 명제를 카르네아데스라면 '허위와 유사한' 것이라고 가르쳐야 하리라. 또 내가 알기로 저 사람들이 말하는 세계가 지금처럼 정돈되어 있음은 물체들의 자연 본성에 의해서거나 어떤 안배에 의해서거나 둘 중 하나이리라. 또 세계는 항상 존재했고 항상 존재할 것이거나, 존재하기 시작했으나 결코 소멸하지 않을 것이거나, 시간 속에 기원을 가지지 않으나 종말을 가지게 되거나, 지속하기 시작했으나 영구히 존속하지 않

---

[167] declinare(clinamen, παρέγκλισις: Lucretius, *De rerum natura* 2,251-293): 데모크리토스는 원자의 운동이 직선적이라고 하여 결정론을 주장하였는데, 에피쿠로스는 원자가 직행하다가 자기의 중력으로 '기울어지거나' 원자끼리 충돌하면서 '자유의지' 혹은 '우연발생'의 가능성을 추정하였다(Cicero, *De natura deorum* 1,25,69).

habere, sed habiturum esse finem aut et manere coepisse et non perpetuo esse mansurum et innumerabilia physica hoc modo noui. Vera enim sunt ista disiuncta nec similitudine aliqua falsi ea quisquam potest confundere. Sed adsume aliquid, ait Academicus. Nolo; nam hoc est dicere: relinque quod scis, dic quod nescis. Sed pendet sententia. Melius certe pendet quam cadit; nempe plana est; nempe iam potest aut falsa aut uera nominari. Hanc ego me scire dico. Tu, qui nec ad philosophiam pertinere ista negas et eorum sciri nihil posse asseris, ostende me ista nescire; dic istas disiunctiones aut falsas esse aut aliquid commune habere cum falso, per quod discerni omnino non possint.

---

168 아우구스티누스가 '세계의 시원'이라는 자연학 주제를 두고 설정하는 이율배반 명제들이다.

169 disiunctiva('분리적 · 반립적 · 이율배반적' 명제들)는 'X이거나 X 아니거나 둘 중 하나다'라는 형태의 반립 명제들이지만, 필연성을 띠는 항목들이 아닌 한, 반드시 모순율로 해결되는 것은 아니다.

170 키케로(*Academica* 2,30,97)는 "헤르마르쿠스는 내일 살아 있거나 살아 있지 않거나 둘 중 하나다"라는 명제를 예거하면서 자기의 이튿날 생존이 필연성을 띠느냐 아니냐를 따지던 논쟁을 소개한다.

171 pendet sententia: 판결문을 공회당 벽에 붙여 놓던 관습을 연상하면 '[시비가 가려지지 않은 채] 허공에 매달려 있는 셈이다'라는 의미로 보인다.

을 것이거나 할 것이다.[168] 이렇게 해서 나는 물리 세계에 관하여 무수한 지식을 알고 있는 셈이다. 이런 반립 명제들은[169] 참이며, 누구든 '허위와의 유사성'을 핑계로 이런 명제들을 무조건 배척할 수는 없다. 그러면 아카데미아학파가 나서서 이런 말을 할 것이다. '하지만 반립 명제들 가운데 어느 하나를 택하시오!'[170] 하지만 나는 그렇게 하고 싶지 않다. 그렇게 하라는 말은 '네가 아는 바는 제쳐 두라! 그리고 네가 모르는 바를 말하라!'는 소리나 마찬가지다. 상대방은 이렇게 응수한다. '그렇지만 그러다가는 그 명제는 그냥 매달려 있는 셈이다.'[171] 떨어지느니 차라리 매달려 있는 편이 확실히 낫다.[172] 명제는 평평하게 매달려 있다.[173] 그렇다면 명제가 참이거나 그렇지 않으면 거짓이거나 둘 중 하나라는 말을 할 수 있는 까닭이다. 나는 명제가 참이거나 거짓이거나 둘 중 하나라는 이 점을 알고 있다고 말한다. 그런데 그대는 이런 것들이 철학에 해당한다는 사실을 부정하지 않으면서 동시에 이것들에 대해서 아무것도 알 수 없다는 주장을 한다. 그럼 어디 내가 이것들을 모르고 있다는 사실을 나에게 입증해 보이라! 또 저런 반립 명제들이 허위라고 말하라! 그렇지 않으면 허위와 공통된 무엇을 지녔으며 그런 이유로 그것들이 참인지 허위인지 전혀 구분할 수 없다고 말해 보라!

---

[172] "반립 명제를 '양날 도끼'에 비한다면, 그것이 땅바닥에 떨어지면 날 한편은 흙 속에 박힌 채 보이지 않을 터이므로 차라리 허공에 매달린 채 양편이 다 보이는 편이 좋다(melius certe pendet quam cadit)."

[173] nempe plana est: 명제가 평평하게 매달려 있다고 할 경우 반립 명제의 양편이 다 보이게 걸려 있다는 뜻.

XI 24. Unde, inquit, scis esse istum mundum, si sensus falluntur? Numquam rationes uestrae ita uim sensuum refellere potuerunt, ut conuinceretis nobis nihil uideri, nec omnino ausi estis aliquando ista temtare, sed posse aliud esse ac uidetur uehementer persuadere incubuistis. Ego itaque hoc totum, qualecumque est, quod nos continet atque alit, hoc, inquam, quod oculis meis apparet a meque sentitur habere terram et caelum aut quasi terram et quasi caelum, mundum uoco. Si dicis nihil mihi uideri, numquam errabo. Is enim errat, qui quod sibi uidetur temere probat. Posse enim falsum uideri a sentientibus dicitis, nihil uideri non dicitis. Prorsus enim omnis disputationis causa tolletur, ubi regnare uos libet, si non solum nihil scimus, sed etiam nil nobis uidetur. Si autem hoc, quod mihi uidetur, negas mundum esse, de nomine controuersiam facis, cum id a me dixerim mundum uocari.

---

[174] 키케로(*Academica* 2,25,79-28,90)가 그 논변을 소상하게 소개한다.

[175] hoc totum ... mundum voco: 그리스인들은 '세계'(κοσμος)와 '우주'(οὐρανος)를 구분하기도 하고("세계는 우주의 한계 지어진 한 부분": Diogenes Laertius, *Vitae philosophorum* 10,88) '세계'라는 말로 '우주'를 가리키기도 하였다.

[176] "보통 사람은 감각적 지각(visum)에 수긍하고 받아들이며 동의한다. 그럴 때 현자는 그것에 사로잡히지 않도록 노력하고 혹시 속지 않는지 살핀다(cavere ne capiatur, ne fallatur videre). 현자가 극구 피하려는 것은 오류, 경솔, 무모함이다"(Cicero, *Academica* 2,20,66).

세계에 관해서 신체의 감관은 속을 수 있으나 정신의 지각은 속지 않는다

11.24. 질문이 나온다. '하지만 만일 감관이 속는다면 저런 세계가 존재함을 무엇으로 아는가?' 당신들의 명분이 무엇이든, 감관의 힘을 철저히 배제할 수 있었던 적은 한 번도 없었다. 우리에게 아무것도 보이지 않는다고 우리를 설득시킬 수는 결코 없었다. 당신들도 감히 그런 일까지 시도하지는 않았다. 단지 당신들은 사물이 감관에 보이는 것과는 달리 존재할 수 있다는 점을 설득시키려고 무던히 노력하였다.[174] 그런데 나는 저 전체 全體를 세계 世界라고 부르는 바다. 그것이 어떤 것이든지 간에 우리를 품고 우리를 키우는 그것, 내가 말하거니와 내 눈에 나타나고 나에게 지각되는 그것, 땅과 하늘을 갖추고 있는 것으로 나에게 지각되고 그렇지 않으면 적어도 땅 비슷하고 하늘 비슷한 것을 갖추고 있는 것으로 나에게 지각되는 그것을 나는 세계라고 부른다.[175] 그대가 실제로 나에게 아무것도 보이는 것이 아니라고 말하더라도, 나는 조금도 오류를 범하지 않을 것이다. 오류를 범하는 것은 자기에게 보이는 것이 보이는 그대로 존재한다고 여겨 함부로 동의하는 그 사람이다.[176] 당신들은 지각하는 사람들에게 거짓이 보일 수 있다는 말을 하지, 아무것도 안 보인다는 말은 하지 않는다. 우리가 아무것도 알지 못할뿐더러 아예 아무것도 우리에게 보이지 않는다면, 지금 하는 토론의 온갖 명분이 아예 제거되는 셈이요 당신들은 완벽하게 군림할 만하다. 그런데 나에게 나타나는 저것이 세계라는 사실을 그대가 부인한다면, 나는 그것을 세계라 명명하노라고 말한 이상, 그대는 '세계'라는 용어에 관해서 토론을 제기하는 셈이다.[177]

---

177 아카데미아학파는 내용이 논리에 맞는 경우 용어를 가지고 시비하지 않음을 자랑해 왔다. 2,10,24(각주 132, 133) 참조.

25. Etiamne, inquies, si dormis, mundus est iste quem uides? Iam dictum est, quidquid tale mihi uidetur, mundum appello. Sed si eum solum placet mundum uocare, qui uidetur a uigilantibus uel etiam a sanis, illud contende, si potes, eos, qui dormiunt ac furiunt, non in mundo furere atque dormire. Quam ob rem hoc dico, istam totam corporum molem atque machinam, in qua sumus siue dormientes siue furentes siue uigilantes siue sani, aut unam esse aut non esse unam. Edissere, quomodo ista possit falsa esse sententia. Si enim dormio, fieri potest, ut nihil dixerim; aut si etiam ore dormientis uerba, ut solet, euaserunt, potest fieri, ut non hic, non ita sedens, non istis audientibus dixerim; ut autem hoc falsum sit, non potest. Nec ego me illud percepisse dico, quod uigilem. Potes enim dicere hoc mihi etiam dormienti uideri potuisse, ideoque hoc potest esse falso simillimum. Si autem unus et sex mundi sunt, septem mundos esse, quoquo modo affectus sim, manifestum est et id me scire non impudenter affirmo. Quare uel hanc conexionem uel illas superius disiunctiones doce somno aut furore aut uanitate sensuum

---

[178] totam corporum *molem atque machinam*: 세계를 통칭하는 Lucretius의 표현이다(*De rerum natura* 5,96: moles et machina mundi).

수의 이치는 확실하게 파악될 수 있는가

11.25. 그러면 그대는 이런 의문을 제기할 것이다. '당신이 잠들었을 때에도 그대가 보는 것이 이 세상인가?' 이미 말했지만, 무엇이든지 나에게 보이는 그것을 통틀어 나는 세상이라고 부르고 있다. 깨어 있는 사람들에게 또는 정신이 온전한 사람들에게 보이는 그것만을 세상이라고 부르고 싶거든, 그대가 할 수 있다면 그렇게 해 보라. 그리고 잠자고 있는 사람들과 발광하는 사람들은 '세상에서' 발광하는 것이 아니고 '세상에서' 잠자고 있는 것이 아니라고 시비해 보시라. 그래서 나는 이렇게 말한다. 저 물체들의 덩어리와 장치 전체를[178] 세계라고 부른다고. 우리가 잠을 자든 발광을 하든 깨어 있는 제정신이든, 그 속에서 우리가 존재하고, 그것이 하나든 하나가 아니든 그 속에서 우리가 존재하는 그 전체를 나는 세계라고 부른다는 말이다. 이 명제가 어떻게 허위가 될 수 있는지 입증해 보시라! 만일 내가 잠을 자고 있다면 내가 아무 말도 못하리라는 것은 있을 수 있다. 간혹 일어나듯이 잠자는 내 입에서 무슨 말이 튀어나왔다면 그것은 내가 여기에서가 아니고, 이렇게 앉아서가 아니고, 저 사람들이 경청하는 자리에서 한 말도 아닐 것이다. 그렇다고 세계가 하나이거나 아니거나 둘 중 하나라는 명제 모두가 허위라는 것은 있을 수 없다. 지금은 깨어 있으니까 잠자다 한 말을 내가 파악하였다는 얘기를 하려는 것이 아니다. 그대는 내가 잠자는 동안에 나한테 그것이 보였을 수 있다고, 그러니까 '허위와 아주 유사할' 수 있다고 나에게 반박할 수 있겠다. 하지만 그것과는 달리 세계가 하나 있고 또 여섯 있다면 합쳐서 일곱 세계가 있다는 것이 분명해진다. 이 사실은 내가 어떤 처지에 있었느냐는 상관없다. 그 사실을 내가 안다고 해서 '섣불리 무엇을 긍정하는' 것도 아니다. 그러므로 이런 명제라든가 앞서 예거한 저 반립 명제들이 꿈이기 때문에, 광란 중이기 때문에, 감관의

posse esse falsas et me, si expergefactus ista meminero, uictum esse concedam. Credo enim iam satis liquere, quae per somnum et dementiam falsa uideantur, ea scilicet quae ad corporis sensus pertinent; nam ter terna nouem esse et quadratum intellegibilium numerorum necesse est uel genere humano stertente sit uerum. Quamquam etiam pro ipsis sensibus multa uideo posse dici, quae ab Academicis reprehensa non inuenimus. Credo enim sensus non accusari, uel quod imaginationes falsas furentes patiuntur uel quod falsa in somnis uidemus. Si enim uera uigilantibus sanisque renuntiarunt, nihil ad eos, quid sibi animus dormientis insanientisque confingat.

26. Restat, ut quaeratur, utrum cum ipsi renuntiant uerum renuntient. Age, si dicat Epicureus quispiam; 'nihil habeo quod de sensibus conquerar; iniustum est enim ab eis exigere plus quam possunt; quidquid autem possunt uidere oculi, uerum uident', ergone uerum

---

179 quadratum intelligibilium: 3 × 3 = 9라는 대수(代數)가 기하학적인 점으로 환산하여(:::) 정사각형이 되고 10×10도 정사각형이 되는 현상이 고대인들에게는 퍽 신기하였다.

180 "에피쿠로스는 말하기를 '어느 감관이 한 사람의 일평생 단 한 번이라도 거짓말을 하였다면, 모든 감관은 절대 믿지 말아야 한다'고 하였다"(Cicero, *Academica* 2,25,79).

181 de remo in aqua: 키케로(*Academica* 2,25,79: infracto remo)에게서 언급되어 아우구스티누스가 감관의 신빙성을 보장하는 증거로 빈번히 인용한다(『참된 종교』 29,53; 33,62).

허황함 때문에 거짓이 될 수 있다고 나한테 가르쳐 보시라! 내가 잠이나 광기에서 깨어나 정신이 드는 순간에 그런 명제들을 꿈이나 광란 중에 보았음을 기억해 냈다면 당신의 논리에 졌다고 인정하겠다. 나는 수면이나 광기로 인해서 허위로 나타나는 것들은 신체의 감관에 해당하는 것임이 상당히 분명해졌다고 본다. 그 대신 셋 곱하기 셋은 아홉이요, 가지수可知數들로 이루어진 평방형平方形[179]이라는 것은 전 인류가 잠들어 코를 골고 있더라도 필연적으로 참이다. 나는 감관이라는 것을 옹호해서도, 아카데미아학파에게서 비판을 받지 않은 범위 내에서 많은 얘기를 할 수 있다고 본다. 나는 광기에 사로잡힌 사람들이 거짓 영상을 겪는다거나 우리가 꿈에 거짓 영상을 본다고 해서 감관이 비난받아서는 안 된다고 믿는다. 깨어 있고 정신이 온전한 사람들에게 감관이 참된 것을 알려 준다면, 잠자는 사람이나 정신 나간 사람의 지성이 상상해 낸 바를 두고 감관을 탓해서는 안 된다.

개별적 표상을 두고 신체의 감관이 속을 수 있겠지만 정신의 지각은 속지 않는다

11.26. 감관이 무엇을 전달한다면 과연 참된 것을 전달하느냐는 물음이 남아 있다. 에피쿠로스파 누군가가 이렇게 말한다고 하자. 내가 '감관을 불평할 일이 전혀 없다. 감관이 할 수 있는 것 이상으로 감관에게 요구함은 부당하다. 무엇이든지 눈이 볼 수 있는 것이면 참을 본다.'[180] '그렇다면 노櫓가 물속에서[181] 꺾여 있음을 보는 것은 참인가?' 물론 참이다. 물속의 노가 꺾여 보이는 것은 그럴 만한 이유가 있어서 그렇게 보이기 때문이다. 그래서 물속에 담긴 노가 직선으로 시각에 나타난다면 나는 오히려 거짓 정보를 전달했다고 내 눈을 탓하겠다. 그만한 이유가 존재하는 이상, 물속의 노를 직선으로 보았다면 내 눈이 봐야 할 것을 제대로 보지 않은 것이

est quod de remo in aqua uident? prorsus uerum. Nam causa accedente, quare ita uideretur, si demersus unda remus rectus appareret, magis oculos meos falsae renuntiationis arguerem. Non enim uiderent, quod talibus existentibus causis uidendum fuit. Quid multis opus est? Hoc de turrium motu, hoc de pinnulis auium, hoc de caeteris innumerabilibus dici potest. 'Ego tamen fallor, si adsentiar', ait quispiam. Noli plus assentiri, quam ut ita tibi apparere persuadeas, et nulla deceptio est. Non enim uideo, quomodo refellat Academicus eum qui dicit: hoc mihi candidum uideri scio, hoc auditum meum delectari scio, hoc mihi iucunde olere scio, hoc mihi sapere dulciter scio, hoc mihi esse frigidum scio. Dic potius, utrum per se amarae sint oleastri frondes, quas caper tam pertinaciter appetit. O hominem inprobum! nonne est caper ipse modestior? Nescio, quales pecori sint, mihi tamen amarae sunt. Quid quaeris amplius? Sed est fortasse aliquis etiam hominum, cui non sint amarae. Tendisne in molestiam? numquidnam ego amaras esse omnibus hominibus dixi? Mihi dixi et hoc non semper affirmo. Quid, si enim alias alia

---

[182] de turrium motu: 배를 타고 가면서 바라보면 배는 서 있고 육지의 탑이 움직이는 것처럼 보인다(Cicero, *Academica* 2,29,79).

[183] de punnulis avium: 회의론자 Pyrrho가 감관을 불신하는 열 가지 사례 중 일곱 번째로 햇빛의 각도와 비둘기의 목의 움직임에 따라서 깃털의 색깔이 달리 보이는 현상을 꼽았다 (Diogenes Laertius, *Vitae philosophorum* 9,86).

[184] 회의론자 Pyrrho가 꼽은 첫 번째 사례. 감각의 상대성으로 염소에게는 '맛있는' 올리브 잎이 사람에게는 '쓴맛'이 난다는 언급(Diogenes Laertius, *Vitae philosophorum* 9,80).

다. 뭣 때문에 많은 얘기를 해야 하는가? 탑의 움직임에 관해서도[182] 같은 얘기를 할 수 있고 새들의 깃털에 관해서도[183] 같은 얘기를 할 수 있고 그 밖에 헤아릴 수 없이 많은 예를 들어서도 같은 얘기를 할 수 있다. 그러면 누가 이런 말을 할지 모른다. '하지만 물속의 노가 꺾여 있다고 내가 동의하는 경우 내가 속는 것이다.' 그러니 그대에게 노가 물속에서 꺾인 것처럼 나타나더라도 그에 동의하지 마시라. 그러면 아무런 기만欺瞞도 발생하지 않는다. '나한테는 이것이 하얀 것으로 보인다는 사실을 나는 안다. 이것이 내 청각을 즐겁게 한다는 것을 나는 안다. 이것이 나한테는 기분 좋은 냄새를 풍긴다는 것을 나는 안다. 이것이 나한테는 달콤한 맛을 낸다는 것을 나는 안다. 이것이 나한테는 차게 느껴진다는 것을 나는 안다'고 말하는 사람이 있다고 하자. 나로서는 아카데미아학파가 이렇게 말하는 사람을 어떻게 반박하는지 모르겠다. '산양山羊이 저토록 맛있게 입맛을 들이는 야생 올리브의 잎사귀가 그 자체로는 쓴맛인지 나에게 한번 말씀해 보시라!'[184] 오, 솔직하지 못한 사람아! 차라리 산양이 그대보다 분수를 아는 경우가 아닐까? 짐승한테 그게 무슨 맛인지는 나는 모르겠다. 다만 나한테는 쓴맛이다. 그 이상 무엇을 알고 싶은가? '하지만 개중에는 그 잎이 쓰지 않을 사람이 있을지 모른다.' 정말 사람을 귀찮게 할 셈인가? 내가 '모든 사람들에게 올리브 잎은 쓰다'라는 말이라도 했단 말인가? 나는 '나한테 그것이 쓰다'고 했지만 '항상' 그렇다고 주장하지는 않는다. 다른 경우에 다른 까닭이 있어서 똑같은 것이 어떤 때는 입에 달고 어떤 때는 입에 쓰게 느껴진다고 해서 뭐가 이상한가? 어떤 사람이 무엇을 맛보고 나서 자기 입천장에는 그것이 달다거나 그 반대라는 사실을 안다고 오로지 선의에서 맹세

causa nunc dulce quippiam, nunc amarum in ore sentiatur? lllud dico, posse hominem, cum aliquid gustat, bona fide iurare se scire palato suo illud suaue esse uel contra nec ulla calumnia Graeca ab ista scientia posse deduci. Quis enim tam inpudens sit, qui mihi cum delectatione aliquid ligurrienti dicat: fortasse non gustas, sed hoc somnium est? numquidnam resisto? Sed me tamen illud in somnis etiam delectaret. Quare illud, quod me scire dixi, nulla confundit similitudo falsorum et Epicureus uel Cyrenaici et alia multa fortasse pro sensibus dicant, contra quae nihil dictum esse ab Academicis accepi. Sed quid ad me? Si uolunt ista et si possunt, etiam me fauente rescindant. Quicquid enim contra sensus ab eis disputatur, non contra omnes philosophos ualet. Sunt enim qui omnia ista, quae corporis sensu accipit animus, opinionem posse gignere confitentur, scientiam uero negant, quam tamen uolunt intellegentia contineri remotamque a sensibus in mente uiuere. Et forte in eorum numero est sapiens ille, quem quaerimus. Sed de hoc alias. Nunc ad reliqua pergamus, quae propter ista, quae iam dicta sunt, paucis, nisi fallor, explicabimus.

---

185 Cyrenaici: 키레네의 Aristippus(fl. ca.400~365 B.C.)에 의해서 창설된 학파. 쾌(快)와 고(苦)를 느끼는 내면의 감관만이 그르침 없는 감관이라고 주장하였다. Sextus Empiricus(*Adversus mathematicos* 7,190-200)가 소개한다.

186 아우구스티누스의 인식론에서도 감각적 지각은 이성(ratio)의 실용적 지식 획득을 초래하는 데서 그치며 지성이 추구하는 진리는 오성(悟性)을 비추는 내면적 조명(照明)에 의해서 파악된다.

187 플라톤학파의 이 주장은 3,17,37 참조.

한다고 하자. 그럴 경우 제아무리 그리스식 궤변이라 하더라도, 그 사람이 그런 지식을 못 갖게 만들 만한 실마리를 끄집어내지 못할 것이다. 내가 뭔가를 맛나게 빨아 먹고 있는데 나를 보고서 '당신은 맛을 보는 게 아니오. 이건 꿈에 불과하오'라고 말할 만큼 정신 나간 사람이 누굴까? 그 말을 들었다고 해서 내가 그 짓을 그만둘 것 같은가? 나 같으면 꿈속이라도 좋으니 그 맛을 계속해서 즐기겠다. 그러니 내가 안다고 말한 그것을 '허위와의 유사성'이니 뭐니 하는 말이 혼란에 빠뜨리지 못한다. 에피쿠로스파나 키레네학파[185]라면 이런저런 말을 할 것이고 그 밖에도 감관을 옹호하여 할 말이 아주 많을 테지만, 내가 아는 범위 내에서는, 아카데미아학파 측에서 그런 말에 반대해서 한 말이 아무것도 없다. 하지만 그게 나한테 무슨 상관인가? 감관을 옹호하는 저런 이론을 아카데미아학파 측에서 분쇄하고 싶겠고 또 그럴 능력이 있으면 분쇄해 보시라. 나도 거들겠다.[186] 그들이 감관을 공격하면서 시비한 것들이 모든 철학자들을 상대로 통용되는 것이 아니다. 정신이 신체의 감관으로 받아들이는 모든 것은 억견臆見을 낳을 수 있다고 공언하고 지식을 낳는다는 것은 부인하는 자들이 있다.[187] 그런 지식은 오로지 오성悟性에 의해서 포착되며, 감각과는 멀리 떨어져 지성 속에만 살아 있다는 것이다. 우리가 찾는 저 현자가 아마 그들의 무리 속에 끼어 있을지 모르겠다.[188] 그러나 이 얘긴 딴 데서 하자. 지금은 나머지 다른 얘기를 마저 하자. 내 말이 틀리지 않았다면, 이미 말한 내용으로 미루어 그 나머지란 단지 몇 마디로 간단히 설명할 수 있겠다.

---

188 "가장 숭고한 이성으로 탐구해야 할 바를 임시적으로 플라톤학파에게서 찾아내야겠다는 생각을 품고 있다"(3,20,43).

XII 27. Quid enim de moribus inquirentem uel iuuat uel impedit corporis sensus? Nisi uero illos ipsos, qui summum hominis bonum in uoluptate posuerunt, nihil impedit aut columbae collum aut uox incerta aut graue pondus homini, quod camelis leue est, aut alia sescenta, quominus dicant eo, quo delectantur, delectari se scire uel eo, quo offenduntur, offendi, quod refelli posse non uideo. Eum commouebunt, qui finem boni mente complectitur? Quid horum tu eligis? Si quid mihi uideatur quaeris, in mente arbitror esse summum hominis bonum. Sed nunc de scientia quaerimus. Ergo interroga sapientem, qui non potest ignorare sapientiam; mihi tamen tardo illi atque stulto licet interim scire boni humani finem, in quo inhabitet beata uita, aut nullum esse aut in animo esse aut in corpore aut in utroque. Hoc me, si potes, nescire conuince, quod notis-

---

189 감각의 불확실함과 상대성에서 회의론을 끄집어내는 구체적인 사례들(Diogenes Laertius, *Vitae philosophorum* 9,79-89).

190 finis boni: "선의 목적은 … 그것으로 선이 완결되고 충만해지는 목적을 이야기하므로 … 그 목적은 곧 최고선이다"(『신국론』 19,1,1).

191 "윤리 철학, 그리스어로 에티케 … 여기서는 최고선에 관해 탐구한다. 우리가 행하는 모든 것이 최고선에 결부되며, 이 최고선은 다른 것 때문이 아니라 최고선 자체 때문에 추구된다"(『신국론』 8,8).

192 키케로(*Academica* 28,91)는 변증술(dialectica)이 감관의 착각들을 논하는 일과 인간의 궁극선을 다루는 일과 이율배반과 반립 명제들을 두고 삼단논법으로 접근하는 일을 예거한다.

193 mens: '지성'은 아우구스티누스가 anima(동식물을 포함한 모든 생명의 '혼'), animus(인간 고유의 '영혼'), ratio(경험과 현상계를 추론하는 '이성'), intellectus(진리와 궁극선을 포착하는 '오성')와 구분하여 영적 존재의 정신적 기능을 일반적으로 지칭하는 데 사용하는 용어다.

윤리 도덕에 관해서 반립 명제들로 언표되더라도 어떤 것들은 참이다

12.27. 그러면 윤리 도덕에 관하여 연구하는 사람에게 신체의 감관은 도움이 되는가, 장애가 되는가? 인간의 최고선을 쾌락에 둔 사람들에게라면 신체 감관의 착각 현상들이 아무런 장애가 되지 않을 것이다. 비둘기 목의 깃털이라든지, 희미한 소리라든지, 같은 짐이 사람에게는 커다란 무게지만 낙타들에게는 가볍다든지, 다른 수백 수천 가지 사례들[189]이 지장이 되지 않는다. 그들은 그냥 유쾌함을 주는 감관에서는 자기가 쾌락을 누린다는 것을 알고, 불쾌감을 주는 감관에서는 자기가 불쾌를 느낀다는 것을 알고 있다고 주장하는 데 거침이 없다. 그런 사람들의 주장은 반박할 수 있다고 보지 않는다. 지성으로 선의 목적[190]을 포착하는 사람에게 저런 주장이 감동을 줄까?[191] '이런 일들 가운데 그대는 어느 편을 택하겠는가?'[192] 내 보기에 어떠냐고 물어 오는 질문이라면 나는 인간의 최고선은 지성知性[193]에 있다고 여긴다.[194] 그러나 지금 우리는 지식知識을 두고 따지는 중이다. 그러니 지혜로운 사람, 지혜를 모를 수 없는 사람에게 질문하시라! 나같이 덜 떨어지고 어리석은 사람한테도 인간의 선의 목적 — 행복한 삶이 거기에 깃들어 있다 — 이라는 것이 전혀 존재하지 않거나 존재한다면 정신에 있거나 신체에 있거나 양자에게 있다고 아는 것이 가당하다.[195] 그대가 능력이 있다면 내가 그것을 모른다는 사실을 나한테 설득시켜 보시라! 그렇더라도 당신들의 그 유명한 논지도 아무 쓸모가 없을 것이다.[196] 그대는 그

---

194 *Retractationes*(1,1,4)에서는 이 구절을 이렇게 수정 보완한다. "제3권에서는, 이 질문이 나한테 오는 질문으로 보인다면 나는 인간의 최고선은 지성에 있다고 여긴다라는 말을 한 적이 있다. [인간의 최고선은] 하느님께 있다고 말했더라면 더 정확했을 것이다. 영혼이 행복해지려면 그분을 자기의 최고선으로 향유한다."

195 『신국론』 11권에서 아우구스티누스는 최고선을 상론한다(11,1-9).

196 예를 들면 키케로(*Academica* 2,42,129-46,141; *De finibus bonorum et malorum*, 2,33,107-35,119)가 여러 학파의 최고선 이론을 소개하면서 그 논지들을 설명한다.

simae illae uestrae rationes nullo modo faciunt. Quod si non potes
– non enim reperies, cui falso simile sit – egone concludere dubitabo recte mihi uideri scire sapientem quicquid in philosophia uerum est, cum ego inde tam multa uera cognouerim?

28. Sed metuit fortasse, ne summum bonum eligat dormiens. Nihil pericli est; cum euigilauerit, repudiabit, si displicet, tenebit, si placet. Quis enim eum recte uituperabit, quod falsum uidit in somnis? aut fortasse illud formidabis, ne dormiens amittat sapientiam, si pro ueris falsa probauerit? Hoc iam ne dormiens quidem audet somniare, ut sapientem uigilantem uocet, neget, si dormiat. Haec etiam de furore dici possunt; sed in alia festinat oratio. Haec tamen sine conclusione securissima non relinquo. Aut enim amittitur furore sapientia et iam non erit sapiens, quem uerum ignorare clamatis, aut scientia eius manet in intellectu, etiamsi pars animi caetera id, quod accepit a sensibus, uelut in somnis imaginetur.

---

197 상대방이 무엇을 확실하게 안다고 말할 경우, 아카데미아학파는 '그런 인식은 허위와 유사하기 때문에 참이 아니다'라고 우기면서 대체 어떤 허위와 유사한지 지적하지 못한다. 허위는 알 수 없기 때문이다.

198 아카데미아학파와의 논쟁에서 내리는 첫 번째 결론이다. "지혜로운 사람은 진리라는 것을 알고 있는 것으로 보인다."

199 nihil pericli est: Terentius, *Andria* 350.

일을 해낼 수 없다. 왜냐하면 도대체 어떤 허위와 유사하다는 것인지 그대가 밝혀내지 못하는 까닭이다.[197] 따라서 나로서는 다음과 같이 결론을 내리는 데 주저할 이유가 뭐겠는가? 곧 나 같은 사람도 저처럼 많은 사실을 참이라고 알고 있는 터이니, 지혜로운 사람은 (철학에서 진리라고 하는 바를 무엇인가) 알고 있는 것으로 내게 보인다.[198]

행동을 하면서 신체의 감관은 속을 수 있지만 정신의 지각은 속을 수 없다

12.28. 그러나 아카데미아학파는 사람이 잠을 자면서 최고선을 택하지나 않을까 두려워했을지도 모르겠다. 그건 손해 볼 것 없다.[199] 잠에서 깨어나서 마음에 들지 않으면 거부할 테고, 마음에 든다면 받아들일 것이다. 누가 꿈에서 허위를 보았다고 해서 그를 탓할 권리가 누구에게 있겠는가? 그대는 꿈에 거짓을 참으로 인정했다가 수면 중에 지혜를 상실하지나 않을까 걱정하는 게 아닌가? 비록 잠자는 사람이라고 해도 다음과 같은 일은 꿈에도 생각지 않을 것이다. 곧, 누구를 두고서 그가 깨어 있으면 지혜로운 사람이라고 일컫다가 그가 잠이 들면 그가 지혜로운 사람임을 부인하는 그런 짓은 꿈에도 하려고 하지 않을 것이다. 광기를 두고서는 그런 얘기를 할 수 있을지 모르겠다. 하지만 우리 논의는 다른 주제로 서둘러 넘어가야 한다. 단지 광기에 사로잡힌 사람의 주제를 내가 아주 확실한 결론을 내리지 않은 채 남겨 두고 싶지 않다. 이 경우에 사람은 광기에 사로잡혀 지혜를 상실하거나 그의 지식이 그의 오성에 존속하거나 둘 중 하나이리라. 전자의 경우 그는 이미 지혜로운 사람이 아닐 테고 당신들은 그런 사람은 참을 모른다고 단언할 것이다.[200]▶ 후자의 경우 정신의 일부가 여전히 감관으로부터 받아들인 것으로 표상을 만들어 내고 있는지도 모른다, 마치 꿈속에서 하듯이.[201]▶

XIII 29. Restat dialectica, quam certe sapiens bene nouit, nec falsum scire quisquam potest. Si uero eam nescit, non pertinet ad sapientiam eius cognitio, sine qua esse sapiens potuit, et superfluo utrum uera sit possitue percipi quaerimus. Hic fortassis mihi aliquis dicat: 'soles prodere tu stulte, quid noueris, an de dialectica nihil scire potuisti?' ego uero plura quam de quauis parte philosophiae. Nam primo illas omnes propositiones, quibus supra usus sum, ueras esse ista me docuit. Deinde per istam noui alia multa uera. Sed quam multa sint, numerate, si potestis: si quattuor in mundo elementa sunt, non sunt quinque; si sol unus est, non sunt duo; non potest una anima et mori et esse inmortalis; non potest homo simul et beatus et miser esse; non hic et sol lucet et nox est; aut uigilamus nunc aut dormimus; aut corpus est, quod mihi uidere uideor, aut

◀200 광기는 사물에 대한 참된 지각을 방해하는데, 광기로 지혜를 상실하면서 지식마저 상실하면 지혜가 감각적 사물에 대한 지식과 요긴하게 결부되어 있다는 증거요. 따라서 '지혜로운 사람은 감각 세계에 대한 지식이나 동의 없이도 지혜로운 사람이다'라는 아카데미아학파 주장은 무너진다.
◀201 미친 사람이 감각 세계에 대해서 자주 착각하더라도, 오성에 지식이 남아 있다면 여전히 감각적 지각을 수행하고 있는 셈이다. 그럴 경우에도 광기로 인해서 지혜는 잃었고 지식은 남았다는 점에서, 지식이 지혜에 요긴함을 반증한다.
202 두 문장 — "지혜로운 사람은 변증술[논리학]을 안다", "허위는 알 수 없다" — 에는 '따라서 변증술은 참이다'라는 결론이 함축된다. 논리학(변증술)은 진위를 가리는 학문이므로, 지혜로운 사람이 아는 변증술이 거짓일 수는 없다.
203 변증술이 지혜에 속하지 않더라도 지식임은 인정한 셈이니까 진위 여부나 인식의 확실성을 시비할 수 없다.

변증술로 개진하는 내용은 확실하다고 파악할 수 있는가

13.29. 그러면 변증술이 남는다. 지혜로운 사람은 분명히 변증술을 제대로 알고 있다. 그리고 허위는 아무도 알 수 없다.202 만일 변증술을 모른다고 하더라도, 변증술에 관한 지식이 지혜에 해당하는 것은 아니니까, 지혜로운 사람은 변증술의 지식 없이도 지혜로운 사람이 될 수 있었다는 논변이 나올 수 있다. 그럴 경우에도 새삼스럽게 변증술이 참이냐, 또 확실한 것으로 파악될 수 있느냐 따지는 일은 의미가 적다.203 여기서 누군가 나한테 이런 말을 할지 모르겠다. '어리석은 사람아, 그대가 과연 무엇을 아느냐를 수시로 따지면서 변증술에 관해서 아무것도 모른다니 그게 있을 수 있는 일인가?'204 사실 나는 철학의 어느 부분보다도 변증술에 관해서 많은 것을 알고 있다. 무엇보다 먼저 내가 위에서 구사한 저 모든 명제들이 참이라는 것도 변증술이 가르쳐 주었다. 그다음에는 변증술을 통해서 나는 다른 많은 것이 참이라는 사실을 알고 있다. 하지만 우리가 변증술을 통해서 진리임을 확인할 만한 명제들이 얼마나 많이 더 있는가 여러분이 할 수 있다면 숫자를 꼽아 보시라!205 세상에 사원소가 있고 그것이 다섯이 아닌지, 태양이 하나이고 둘이 아닌지, 한 영혼이 죽을 수 있으면서도 불사불멸한 것은 아닌지, 인간이 동시에 행복하고 불행할 수 없는 것인지, 이곳에 태양이 빛나면서도 그와 동시에 밤일 수는 없는지, 우리가 지금 깨어 있는지 그렇지 않으면 잠자고 있는지, 내가 보는 것처럼 내게 보이는 저것

---

204 아우구스티누스 본인에게 하는 힐문이라기보다는 그가 아카데미아학파에게 건네는 힐문처럼 들린다.

205 dialectica라고 부를 경우, 이율배반이나 반립 명제들의 형식을 검증하는 논리학, 참과 거짓을 구분하는 인식론, 최고선을 식별하는 윤리학, 심지어 태양이 몇 뼘이나 되느냐는 자연학까지 그 영역이 넓어져야 하느냐를 시비한 키케로의 지적이 있었다(*Academica* 2,28,91).

non est corpus. Haec et alia multa, quae commemorare longissi-
mum est, per istam didici uera esse, quoquo modo se habeant sen-
sus nostri, in se ipsa uera. Docuit me, si cuius eorum, quae per con-
exionem modo proposui, pars antecedens assumpta fuerit, trahere
necessario id, quod annexum est, ea uero, quae per repugnantiam
uel disiunctionem a me sunt enuntiata, hanc habere naturam, ut,
cum auferuntur caetera, siue unum siue plura sint, restet aliquid,
quod eorum ablatione firmetur. Docuit etiam me, cum de re cons-
tat, propter quam uerba dicuntur, de uerbis non debere contendi, et
quisquis id faciat, si imperitia faciat, docendum esse, si malitia,
deserendum, si doceri non potest, monendum, ut aliquid aliud po-
tius agat, quam tempus in superfluis operamque consumat, si non
obtemperat, neglegendum. De captiosis autem atque fallacibus ra-
tiunculis breue praeceptum est: si male concedendo inferuntur, ad
ea quae concessa sunt esse redeundum; si uerum falsumque in una

---

206 연계 접속사(et ... et ...)를 쓴(per connexionem) 명제에서 전제(pars antecedens)가 수긍되면 다른 항목(quod annexum est)은 필연적으로 수긍된다.

207 per repugnantiam vel disiunctionem: 모순되는 두 대립자 사이에 어떤 중간자도 있을 수 없다는 원리가 배중률이다(Aristoteles, *Metaphysica* 1057a).

208 반대 접속사(aut ... aut ...)를 쓴 반립 명제에서는 한 항이 배제되면 다른 항은 참으로 채택된다.

209 본서 2,10,24(각주 132) 참조.

210 de captiosis atque fallacibus: 둘 다 언어 표현의 잘못이나 논리 규칙의 남용에서 오지만 고의적인 오류 추리의 경우 궤변이라고 일컬어진다.

이 물체인지 물체가 아닌지 따지는 명제들이 있다. 이렇게 열거할 수 있는 것들과 이런 명제들이나 다른 수많은 명제들이 참인지 여부를 변증술을 통해서 내가 배워 왔다. 우리 감관이 어떤 상태든 간에 저런 명제들은 그 자체로 참이라는 것이다. 변증술은 내게 다음과 같이 가르쳤다. 먼저 내가 방금 연계連繫 접속사를 써서 제시한 명제 하나하나에서 전제前提가 채택되었다면 연결된 항項은 필연적으로 거기서 파생하게 되어 있다는 점이다.206 또 내가 모순율矛盾律과 배중률排中律에 입각해207 문장화한 명제들은 다음과 같은 성격을 띠는데, 그 명제를 구성하는 부분들 가운데 어느 하나 또는 그 이상이 배제된다면 나머지 하나가 남고, 다른 것들이 배제된다는 사실에 입각해서 그것이 참이라고 입증된다는 것이다.208 변증술은 내게 다음과 같은 사실도 가르쳤다. 무릇 개념 때문에 언어가 표현되는 법이므로, 언어로 표명된 개념이 명료한 경우 언어를 문제 삼아서는 안 된다.209 개념이 명료함에도 용어를 문제 삼는 경우, 그가 미숙해서 그렇게 한다면 가르침을 받아야 하고 악의로 그렇게 한다면 상대하지 않고 버려두어야 한다. 가르칠 수 없거든 피상적인 일을 두고 수고하는 데 시간을 허비하지 말고 다른 데서 다른 일을 하라고 충고해야 한다. 그런 충고를 따르지 않거든 그를 무시해 버려야 한다. 궤변과 오류 추리에 대해서는210 간결한 규범이 있다. 전제를 잘못 수긍하여 그런 결론에 빠졌거든 잘못 수긍한 지점으로 돌아가야 한다. 단일한 결론에서 진리와 허위가 상충하거든 거기서 합리적으로 이해되는 바를 채택하고, 비논리적이어서 해설할 수 없는 것은 그냥 버려두도록 한다. 어떤 사안에서 그 양식樣式211이 사람에게 전혀 드러

---

211 modi: 사물을 연구할 적에 그 대상에 기초적으로 적용하는 범주들은 '존재'와 '비존재', '정'(靜)과 '동'(動), '동'(同)과 '이'(異)를 가리키는 듯하다.

conclusione confligunt, accipiendum inde quod intellegitur, quod explicari non potest relinquendum; si autem modus in aliquibus rebus latet penitus hominem, scientiam eius non esse quaerendam. Haec quidem habeo a dialectica et alia multa, quae commemorare non est necesse; neque enim debeo ingratus exsistere. Verum ille sapiens aut haec neglegit aut, si perfecta dialectica ipsa scientia ueritatis est, sic illam nouit, ut istorum mendacissimam calumniam: si uerum est, falsum est, si falsum est, uerum est, contemnendo et non miserando fame necet. Haec de perceptione satis esse propterea puto, quia de assentiendo cum dicere coepero, tota ibi rursum causa uersabitur.

XIV 30. Iam ergo ad eam partem ueniamus, in qua dubitare adhuc uidetur Alypius, et primo id ipsum perspiciamus quale sit, quod te acutissime atque cautissime mouet. Nam si tot tantisque rationibus roboratam – hoc enim dixisti – Academicorum sententiam,

---

212 만약 삼단논법에 통용되는 '양식'이라면, 명제의 전칭(全稱)과 특칭(特稱)이라는 양(量), 긍정(肯定)과 부정(否定)이라는 질(質)에 따라서 여러 가지 형식(figura, modus)이 만들어진다.

213 perfecta dialectica ipsa scientia veritatis: 스토아는 "변증술은 참된 것과 거짓된 것, 그리고 참되지도 않고 거짓되지도 않은 것에 관한 학문"이라 정의했다고 전해진다(*Stoicorum veterum fragmenta* 2,122-123).

214 궤변의 절정을 이루는, '거짓말쟁이 크레타인의 거짓말'[본서 2,5,11(각주 74)] 참조. 고전(Sextus Empiricus, *Pyrrhonianae hypotyposes* 1,169-170)에 소개되지만 아우구스티누스가 여기 인용하는 'si verum est falsum est ...'라는 문장은 용례가 없다.

나지 않거든 그 양식에 관련된 지식을 추구해서는 안 된다.[212] 나는 이것들을 변증술로부터 받았고 다른 많은 것들도 받았으나 그것들을 이 자리에서 일일이 열거할 필요는 없겠다. 내가 그런 것을 열거하다가 여러분에게 귀찮은 사람이 되어서는 안 되겠기 때문이다. 우리가 얘기하고 있는 저 현자는 이 명제들에 관한 시비를 아예 무시해 버렸거나, '완벽한 변증은 진리에 관한 학문'[213]이라고 하는 이상, 변증술을 철저하게 알고 있거나 둘 중 하나일 것이다. 후자의 경우라면 저자들의 거짓말이 가장 고약한 궤변, 곧 '참이면 거짓이다. 거짓이면 참이다'라는 궤변[214]을 분쇄하고 말 것이다. 측은해서가 아니라 멸시하여 저따위 궤변은 아예 아사餓死시키고 말 것이다. 나는 이상으로 확실한 파악에 관한 설명은 충분하다고 여긴다. 동의에 관해서 말을 시작할 무렵에 사안 전체가 다시 검토될 것이다.

지혜로운 사람에게 지혜가 보일지라도 반드시 동의해야 하는 것은 아니다

14.30. 이제는 알리피우스가 아직도 의심스럽게 여기는 그 부분으로 가 보자. 첫째, 자네를 참으로 예리하게 감동시키고 참으로 조심스럽게 움직이게 만드는 문제가 무엇인지 고찰해 보세. '그토록 많은 논거와 그토록 다양한 논거로 수립된 (이것은 알리피우스 자네가 한 말이네)[215] 아카데미아학파의 명제를 따라서 '지혜로운 사람은 아무것도 알지 못한다'고 하면서도 그 사람들 마음에 드는 명제를 그대가 새로 발견해 낸 착상이 허물어뜨린다는데, 그대로 하자면 '지혜로운 사람이 지혜를 안다'는 말이 훨씬 더 개연성 있다고 우리가 공언하지 않을 수 없게 되네. 하지만 바로 그래서 동의라는 것을 더욱 자제해야 한다는 결론이 따를 뿐이다. 바로 그 점

---

215 3,5,11에서 지적된 '판단 유보'의 문제.

qua eis placuit nihil scire sapientem, hoc tuum labefactat inuentum, quo cogimur confiteri multo esse probabilius sapientem scire sapientiam, magis est assensio cohibenda. Hoc ipso enim ostenditur nihil quamlibet copiosissimis subtilissimisque argumentis posse suaderi, cui non ex parte contraria, si assit ingenium, non minus acriter uel fortasse acrius resistatur. Eo fit, ut, cum sit uictus Academicus, uicerit. O utinam uincatur! numquam efficiet quauis arte Pelasga, ut simul a me uictus uictorque discedat. Certe nihil aliud inueniatur, quod aduersum ista dici possit, et ultro me uictum esse profiteor. Non enim de gloria comparanda, sed de inuenienda ueritate tractamus. Mihi satis est quoquo modo molem istam transcendere, quae intrantibus ad philosophiam sese opponit et nescio quibus receptaculis tenebras tegens talem esse philosophiam totam minatur nihilque in ea lucis inuentum iri sperare permittit. Quid autem amplius desiderem, nihil habeo, si iam probabile est nonnihil scire sapientem. Non enim alia causa ueri simile uidebatur eum

---

216 분명한 명제를 내세워야 주장과 반박으로 승패가 정해질 텐데 한편이 판단 유보를 선언하고 나면 결코 승패를 가를 수 없다.

217 ars Pelasga: '그리스식 꼼수'(e.g., Vergilius, *Aeneis* 2,106.152). Pelasgia는 펠로폰네소스 반도의 옛 이름이어서 그리스인들을 Pelasgi(형용사 Pelasgus)라고 부르기도 한다.

218 앞에서(2,9,23) 철학도들에게 회의론이 주는 파멸적 영향을 자기 경험을 빌려 언급한 바 있다.

219 tenebras tegens: 사본에 따라서 tenebrascens라고 되어 있어서 '어떤 은신처에서 어둠을 내리까는지 모르지만'으로 번역된다.

에서 우리 측에서는 아무것도 설복당하지 않는다는 사실이 입증되는 셈이다. 그것을 반박하는 논리들이 제아무리 풍부하고 치밀하더라도 이 입장은 반박당하지 않는다. 반대편에서는 (그럴 만한 재능이 있다면 하는 말이지만) 그에 못지않게 예리하게, 아니 그보다 더 예리하게 저항하더라도 성공할 수 없으리라고 본다. 그리하여 아카데미아학파는 패하면 곧 승리한다는 결과에 이른다. 제발 아카데미아학파가 패배라도 했으면 좋겠다![216] 그렇지만 펠라스기아의 술수[217]를 부린다고 하더라도 아카데미아학파가 나한테서는 패배했으면서 동시에 승리자가 되어 떠나는 일은 결코 생기지 않을 것이다. 물론 아카데미아학파의 그런 논지에 맞서서 할 말을 전혀 찾아낼 수 없다면야, 기꺼이 내가 졌다고 할 참이다. 물론 우리는 무슨 승리의 영광을 얻자고 이런 토론을 하는 것이 아니고 오로지 진리를 발견하겠다는 일념으로 이것을 논하는 중이다. 나에게는 어떤 식으로 해서든지 저 거추장스러운 장벽을 극복하는 일로 충분하다.[218] 철학에 입문하는 사람들을 가로막고 서서, 어느 구석엔지 모르지만 어둠을 짙게 깔고서,[219] 철학이란 전부가 그런 것이라고 위협을 가하고 철학에서 어떤 빛을 발견하리라는 희망을 아예 용납 않는 그런 장벽을 극복하는 일 말이다.[220] 지혜로운 사람이 지혜를 어느 정도 알리라는 개연성이 있다고만 해도 당장은 나로서는 더 이상 바랄 것이 전혀 없다. 지혜로운 사람이 동의를 유보하지 않으면 안 된다는 말이 우리에게도 진리의 근사치로[221] 보였던 것은 딴 이유가 있어서가 아니었다. 아무것도 파악할 수 없다는 명제가 진리의 근사치

---

220 바로 뒤이은 저서 *De beata vita*(1,3)에서는 진리의 항구 바로 앞에 거대한 산이 솟아 있어 항구로 들어가는 아주 좁은 물길만을 남기고 암초가 산재해 있어 많은 배를 침몰시키는 장애물을 묘사한다.
221 달리 말하자면 '개연성 있는 것처럼', '그럴듯하다고'.

assensionem sustinere debere, nisi quia erat ueri simile nihil posse conprehendi. Quo sublato – percipit enim sapiens uel ipsam, ut iam conceditur, sapientiam – nulla iam causa remanebit, cur non assentiatur sapiens uel ipsi sapientiae. Est enim sine dubitatione monstrosius sapientem non approbare sapientiam quam sapientem nescire sapientiam.

31. Nam quaeso paululum quasi ante oculos tale spectaculum constituamus, si possumus, rixam quandam sapientis et sapientiae. Quid aliud dicit sapientia quam se esse sapientiam? At contra iste: non credo, inquit. Quis ait sapientiae: non credo esse sapientiam? quis, nisi is, cum quo illa loqui potuit et in quo habitare dignata est, scilicet sapiens? Ite nunc et me quaerite, qui cum Academicis pugnem; habetis iam nouum certamen: sapiens et sapientia secum pugnant. Sapiens non uult consentire sapientiae. Ego uobiscum securus exspecto. Quis enim non credat inuictam esse sapientiam? Tamen nos aliqua complexione muniamus. Aut enim in hoc certamine Academicus uincet sapientiam et a me uincetur, quia non erit sapiens, aut ab ea superabitur et sapientem sapientiae consentire doce-

---

222 non credo esse sapientiam: '당신이 지혜임을 믿지 못하겠소'라는 번역도 가능하다.

를 띠고 있었다는 이유뿐이었다! 이제 이 명제가 제거된 마당에 — 지혜로운 사람은 적어도 지혜는 확실하게 파악한다고 앞서 수긍하였다! — 지혜로운 사람이 적어도 지혜 자체에 동의해서는 안 된다는 이유도 더 이상 남아 있지 않을 것이다. 지혜로운 사람이 지혜를 수긍해서는 안 된다는 명제는 지혜로운 사람이 아무것도 모른다는 명제보다 더 기괴한 것임에 의심의 여지가 없다.

지혜로운 사람이 지혜를 수긍할 수 없다고 가정해 보자

14.31. 그럼 잠시 우리 눈앞에서 마치 지혜로운 사람과 지혜 사이에 무슨 말싸움이 일어난 것을 마치 굿 보듯이 구경한다고 상상해 보자. 물론 우리가 그럴 수 있다면 하는 말이다. 그럴 경우 지혜는 자기가 지혜라는 말 외에 무슨 얘기를 하겠는가? 그러자 지혜로운 사람이, '난 그 말을 못 믿겠소'라고 대꾸한다. 지혜한테 '지혜가 존재함을 나는 믿지 못하오'²²²라고 말할 자가 누구겠는가? 지혜가 말을 나눌 만한 상대, 지혜가 그 속에 깃들기에 합당하다고 여기는 상대, 곧 지혜로운 사람이 아니고서는 누가 그런 말을 감히 할 수 있겠는가? 그럼 여러분은 가서 나를 찾아내서 아카데미아학파와 싸우라고 밀어내 보시라! 여러분에게 새로운 싸움 구경이 생겼다! 지혜로운 사람과 지혜가 싸우고 있다! 지혜로운 사람이 지혜에 동조하기를 거부하는 것이다. 나도 여러분과 함께 마음 편히 싸움판을 구경하겠다. 지혜는 불패不敗의 존재임을 누가 안 믿겠는가? 하지만 우리는 모종의 양도논법兩刀論法으로 무장하기로 하자. 이 결투에서는 아카데미아학파가 지혜한테 이기거나 아카데미아학파가 지혜한테 지거나 둘 중 하나이리라. 만일 그가 지혜한테 이긴다면 아카데미아학파가 나한테 질 것이다, 지혜한테 이기는 사람은 더 이상 지혜로운 사람이 아닐 터이므로. 만일 그가

bimus. Aut igitur sapiens Academicus non est aut nonnulli rei sapiens assentietur, nisi forte, quem dicere puduit sapientem nescire sapientiam, sapientem non consentire sapientiae dicere non pudebit. At si iam ueri simile est cadere in sapientem uel ipsius sapientiae perceptionem et nulla causa est, cur non ei quod potest percipi assentiatur, uideo quod uolebam esse ueri simile, sapientem scilicet assensurum esse sapientiae. Si quaeres, ubi inueniat ipsam sapientiam, respondebo: in semet ipso. Si dicis eum nescire quod habeat, redis ad illud absurdum, sapientem nescire sapientiam. Si sapientem ipsum negas posse inueniri, non iam cum Academicis sed tecum, quisquis hoc sentis, sermone alio disseremus. Illi enim cum haec disputant, de sapiente profecto disputant. Clamat Cicero se ipsum magnum esse opinatorem, sed de sapiente se quaerere. Quod si adhuc uos, adulescentes, ignotum habetis, certe in Hortensio legistis: *si igitur nec certi est quidquam nec opinari sapientis est,*

---

223 '동의'(adsentio)를 한다면 이미 아카데미아학파의 입장을 벗어나는 셈이다.

224 '개연성 있다면.'

225 3,4,10에서 다룬 주제이기도 하다.

226 magnus opinator('위대한 언론인'). opinatio[억견: opinari('의견을 펴다', '… 라고 여기다')]는 '지식'(scientia)과 대조되는 말이다.

227 *Academica* 2,20,66: "우리가 연구하는 것은 지혜로운 사람이다. 나로 말하자면 대단한 여론가이지만 나는 지혜로운 사람이 아니다"(quaerimus de sapiente … ego ipse magnus sum opinator, non enim sum sapiens).

지혜한테 진다면 우리는 지혜로운 사람이 지혜에 동의한다고[223] 가르치기에 이를 것이다. 결론적으로 아카데미아학파는 지혜로운 사람이 아니거나, 지혜로운 사람은 몇몇 사안을 두고 동의하거나 둘 중 하나이리라. 지혜로운 사람이 지혜를 모른다고 할 때는 부끄러운 줄 알았지만 지혜로운 사람은 지혜에 동의하지 않는다고 할 적에는 부끄러운 줄도 모를 사람이라면 얘기가 다르다. 지혜가 지혜로운 사람과 조우하는 일, 또는 이 지혜 자체에 대한 확실한 파악이라는 것이 진리의 근사치라면,[224] 그가 확실하게 파악할 수 있는 그 지혜에 동의하는 일이 허용되지 않는다는 이유가 전혀 안 선다. 이래서 나는 내가 바라던 것이 진리의 근사치임을, 곧 지혜로운 사람은 지혜에 동의하리라는 것임을 확인하기에 이른다. 그대가 '도대체 지혜를 발견하는 곳이 어디냐?'고 물을라치면 나는 '지혜로운 사람 내면에서'라고 대답하겠다. 그대가 '그는 자기가 지혜를 지니고 있음을 알지 못하고 있다'고 말한다면 그대는 다시 저 모순으로, 곧 지혜로운 사람이 지혜를 모른다는 명제로 되돌아가는 셈이다. 그대가 '지혜로운 사람은 발견되지 않는다'는 말을 한다면, 우리는 더 이상 아카데미아학파와 토론하는 것이 아니고 곧바로 그대를 상대로 토론하게 된다.[225] 그런 생각을 하는 그대가 누구든지 상관없이 바로 그대와 토론하게 되는데 이 문제는 다른 기회에 다른 주제로 토론할 작정이다. 저런 말을 하는 사람들이 이런 주제들을 가지고 토론에 임할 적에는 분명히 지혜로운 사람을 두고 토론을 벌이는 것이다. 키케로는 자기가 위대한 여론가[226]라고 호언하지만 지혜로운 사람에 관해서는 자기는 연구하고 있을 뿐이라는 말을 한다.[227] 젊은이들이여, 여러분이 아직도 이 구절을 모르고 있었다면 『호르텐시우스』에서 다음과 같은 구절을 읽게 되리라. '세상에 확실한 것이 아무것도 없다면, 그리고 의견을 펴는 것은 현자가 할 일이 아니라면, 과연 지혜로운 사람은

nihil umquam sapiens approbabit. Unde manifestum est eos de sapiente illis suis disputationibus, contra quas nitimur, quaerere.

32. Ergo arbitror ego sapienti certam esse sapientiam, id est sapientem percepisse sapientiam et ob hoc eum non opinari, cum assentitur sapientiae; assentitur enim ei rei, quam si non percepisset, sapiens non esset. Nec isti quemquam non debere assentiri nisi rebus, quae non possunt percipi, affirmant; non autem sapientia nihil est: cum igitur et scit sapientiam et assentitur sapientiae, neque nihil scit neque nulli rei sapiens assentitur. Quid amplius uultis? An de illo errore aliquid quaerimus, quem dicunt penitus euitari, si in nullam rem animum declinet assensio? Errat enim, inquiunt, quisquis non solum rem falsam sed etiam dubiam, quamuis uera sit, approbat. Nihil autem quod dubium non sit inuenio. At inuenit sapiens ipsam, ut dicebamus, sapientiam.

---

228 Cicero, *Hortensius* frg.1009 [F.W. Müller ed., Teuber 1890]

229 sapientia nihil est: "지혜는 무(無)다." 본서 3,3,5(각주 27) 참조.

230 nihil scit: 본서 3,3,6(각주 31) 참조.

231 Arcesilas의 삼단논법을 키케로(*Academica* 2,21,67)가 소개한 바 있다. "현자는 아무 것에도 동의하지 않지만 가끔 억견을 가질지 모른다", "그런데 결코 억견을 가지지 않는다", "따라서 그는 아무것에도 동의하지 않는다".

232 "비록 어떤 것이 [확실하게] 파악될 수 있다고 하더라도 그에 동의함은 위험하다. 그것이 거짓이거나 참이라도 거짓과 너무 유사하기 때문이다. 따라서 함부로 동의하는 일이 없게 아예 아무것에도 동의하지 않음이 낫다"(Cicero, *Academica* 2,21,68).

아무것도 승인하지 않을 것이다.'[228] 그러므로 아카데미아학파도 우리가 상대하는 토론에서, 또 자기들이 개진하는 토론에서 지혜로운 사람에 관하여 적어도 연구는 하고 있음이 분명하다.

확실하게 파악하는 사람은 승인하는 것이다

14.32. 그래서 나는 이런 생각을 한다. 곧 지혜로운 사람에게는 지혜가 확실한 것이다. 다시 말해서 지혜로운 사람은 확실하게 지혜를 파악하며, 따라서 그가 지혜에 동의할 때에는 단지 의견을 펴는 것이 아니다. 그는 어떤 사물을 두고 동의를 표하는 것이고, 만일 그가 그것을 확실하게 파악하지 못했더라면 그는 지혜로운 사람이 아닐 것이다. 더구나 저 사람들의 주장도 지혜로운 사람이 아무것에도 동의해서는 안 된다는 것이 아니라 확실하게 파악할 수 없는 사물에 관해서 동의해서는 안 된다는 입장이다. 그러니 적어도 지혜가 아무것도 아닌 것은 아니다.[229] 지혜를 알고서 지혜에 동의한다면 지혜로운 사람이 아무것도 알지 못하는 것이 아니고[230] 아무 일에도 동의를 안 하는 것이 아니다. 그러니 여러분은 그 이상 무엇을 원하는가? 혹시 저 유명한 오류에 관해서 무엇인가 우리가 알고 싶은가?[231] 저 사람들은 동의가 정신을 어느 사물로도 기울어지게 만들지 않는다면 저런 오류를 완벽하게 피할 수 있다고 한다.[232] 그들은 이렇게 말한다. '허위의 사물을 승인하는 것만 아니라 비록 참이더라도 의심스러운 사물을 승인하는 사람도 오류를 범하는 것이다. 그런데 의심이 없는 것은 하나도 발견되지 않는다.' 그러나 우리가 말해 온 대로 지혜로운 사람은 지혜 자체를 발견한다!

XV 33. Sed hinc iam uultis me fortasse discedere. Non sunt facile securissima relinquanda; cum uersutissimis hominibus agimus; morem tamen uobis geram. Sed quid hic dicam? quid? quidnam? Illud nimirum uetus dicendum est, ubi et ipsi habent quod dicant. Quid enim faciam, quem de castris meis foras truditis? Num implorabo auxilia doctorum, cum quibus si superare nequeo, minus pudebit fortasse superari? Iaciam igitur quibus uiribus possum fumosum quidem iam et scabrum sed, nisi fallor, ualidissimum telum: qui nihil approbat, nihil agit. O hominem rusticum! Et ubi est probabile? ubi est ueri simile? Hoc uolebatis. Auditisne, ut sonent scuta Graecanica? Exceptum est quod robustissimum quidem, sed qua manu iaculati sumus! Et nihil mihi potentius isti mei suggerunt nec aliquid, ut uideo, uulneris fecimus. Conuertam me ad ea, quae uilla et ager ministrat; onerant me potius maiora quam praeparant.

---

233 versutissimi: 아카데미아학파는 본서에서 acutissimi[ac doctissimi(2,9,23); et sollertissimi(3,19,42)]라 불린다. 키케로(*Academica* 2,6,16)도 그들의 'cum acumine ingenii tum admirabili lepore dicendi'('예리한 지성과 놀랍게 매력적인 어법')를 꼽았다.

234 본서 2,4,10에 제기된 명제들.

235 회의론자들이 봉착하는 가장 강력한 반격. "눈에 보이는 것이 사물의 본성과 부합하지 않고 전혀 다르다면 우리 정신이 어떻게 그 사물을 욕구하여 움직이겠는가? 그는 아무것도 행하지 않고 아무것도 추구하지 않고 아무런 움직임도 하지 않을 것이다"(Cicero, *Academica* 2,8,25).

236 '당신들, 말 잘했다!'는 속어. 이하 3,17,37-20,43에서 저 명제를 반박한다.

237 scuta Graecanica: '뚫지 못하는 것이 아무것도 없다는 창'과 '막아 내지 못하는 것이 아무것도 없다는 방패'가 만들어 낸 모순(矛盾)이라는 어휘를 연상시킨다.

아무것도 승인하지 않는 사람은 아무 행동도 하지 않는다

15.33. 혹시 여러분은 이 시점에서 내가 물러서기 바랄지 모르겠다. 하지만 매우 안전한 입지를 그렇게 쉽사리 포기해서는 안 된다. 우리는 지금 아주 간교한 사람들을[233] 상대로 시비하는 중이다. 여하튼 여러분의 기분에 맞춰 주겠다. 하지만 여기서 무슨 말을 할까? 뭘? 도대체 뭘 얘기할까? 아주 묵은 저 문제를 얘기해야 할 것 같은데 그 문제에는 그들도 할 말이 있을 것이다.[234] 여러분이 내 요새에서 밖으로 나가라고 나를 떠미는데 어떡할까? 박사들의 원병援兵을 읍소泣訴할까, 그 인물들과 함께 싸워서도 내가 이겨 내지 못한다면야 지더라도 덜 부끄럽지 않을 테니까? 그렇더라도 내 힘껏 창을 던지겠다. 그동안 연기를 쏘여 그을리고 거칠거칠한 무기지만, 내 말이 틀리지 않는다면, 아주 힘센 무기다. 그 무기란 '아무것도 승인하지 않는 사람은 아무 행동도 하지 않는다!'는 명제다.[235] '오, 촌스러운 사람아! 우리가 행동하게 만들 만한 개연성이 어디 있는가? 진리의 근사치가 어디 있는가?' 이건 당신들이 자초한 것이다.[236] 그리스에서 만들었다는 방패[237]가 내 창에 부딪혀 무슨 소리를 내는지 들리는가? 아주 둔탁한 소리를 냈다. 하지만 어떤 손으로 던졌는지 아는가? 여기 있는 우리 편들은 나한테 더 힘센 무기를 귀띔해 주지 않았다. 내가 보기에는 내가 던진 창이 상처 하나도 못 입혔다. 그러니 나는 몸을 돌려 농가와 전답이 제공해 주는 화제나 찾아보겠다. 그보다 더 거창한 화제는 나를 무장시킨다기보다 나한테 짐이 된다.[238]

---

238 아카데미아학파의 논리를 철저히 분석한 그리스 서적들은 입수하거나 읽을 방도가 없어 라틴어로 옮겨지거나 쓰인 책 — 예컨대 키케로의 *Academica* — 이므로, 아우구스티누스 개인의 논리로 응전하겠다는 말처럼 들린다.

34. Nam cum otiosus diu cogitassem in isto rure, quonam modo possit istuc probabile aut ueri simile actus nostros ab errore defendere, primo uisum est mihi, ut solet uideri, cum ista uendebam, belle tectum et munitum, deinde ubi totum cautius circumspexi, uisus sum mihi uidisse unum aditum, qua in securos error inrueret. Non solum enim puto eum errare, qui falsam uiam sequitur, sed etiam eum, qui ueram non sequitur. Faciamus enim duos uiatores ad unum locum tendentes, quorum alter instituerit nulli credere, alter nimis credulus sit. Ventum est ad aliquod biuium. Hic ille credulus pastori, qui aderat, uel cuipiam rusticano: salue, frugi homo! dic quaeso, qua bene in illum locum pergatur. Respondetur: si hac ibis, nihil errabis. Et ille ad comitem: uerum dicit, hac eamus. Ridet uir cautissimus et tam cito assensum facetissime inludit atque interea illo discedente in biuio figitur. Et iam incipit uideri turpe cessare, cum ecce ex alio uiae cornu lautus quidam et urbanus equo insi-

---

239 "정작 저는 정욕에 굴복하면서도 소송에서 이기는 말솜씨를 팔아먹고 있었습니다"(『고백록』 4,2,2). "장광설을 팔아먹는 시장에서 제 혓바닥의 직업을 무난하게 거둬들이자는 것입니다. 소란스럽게 단절하려는 것은 아닙니다. 그래야만 아이들이 자기네 광기에 쓸 무기를 제 입에서 사들이는 일이 더 이상 없으리라는 생각이 들었습니다"(『고백록』 9,2,2).

240 "그 무렵 아카데미아학파라고 부르는 사람들이 나머지보다 더 현명한 철학자였다는 생각이 제게 떠올랐습니다. 그들이 모든 것에 관해서 의심을 품어야 한다고 간주하였고 인간에 의해 여하한 진리도 파악될 수 없다고 단정하였다는 점 때문이었습니다"(『고백록』 5, 10,19).

241 visus sum mihi vidisse: 아카데미아학파의 어법("… 처럼 보였다")을 흉내 낸 문구.

도달하지 못한 사람은 헤매기 마련임을 신화가 보여 준다

15.34. 나는 이 시골에서 보다 여유 있게 생각해 보았다. 저 '개연적인 것' 내지 '진리의 근사치'라는 것이 어떤 방법으로 우리 행위를 오류에서 지켜 줄 수 있는지 성찰해 보았다. 처음에 내가 저런 논리들을 돈 받고 팔아먹을 때는[239] 늘 그렇게 보이듯이 그 건물은 지붕이 잘 덮이고 방비가 잘 된 것처럼 보였다.[240] 그러다가 유심히 전체를 둘러보았더니 출입구 하나를 본 것처럼 보였다.[241] 안에서 그토록 안심하고 있는 사람들에게 오류가 침투하는 통로였다. 나는 허위의 길을 따르는 사람만 그르치는 것이 아니고 진리의 길을 따르지 않는 사람도 그르친다고 생각한다. 한곳을 찾아가는 두 길손을 생각해 보자.[242] 그중 하나는 아무도 믿지 않기로 작심하였고 하나는 너무 잘 믿는 사람이라고 하자.[243] 그러다가 둘이서 어느 갈림길에 도착하였다. 귀가 엷은 저 사람은 거기 있던 어떤 양치기나 시골뜨기에게 말을 걸었다. '안녕하쇼, 착실한 양반? 어느 길로 가야 거기를 잘 가는지 말해 주쇼!' 그가 대답할 것이다. '이리로 가면 길 잃는 일이 절대 없을 게요.'[244] 그러자 길을 가는 동행에게 말한다. '참말이오. 이리로 갑시다.' 신중하기 그지없는 그 사내는 웃음을 터뜨리고 그토록 빨리 동의해 버리는 사람을 익살스럽게 비웃는다. 저 사람은 길을 떠나는데 그 신중한 사람은 갈림길에 붙박인 채 서 있다. 그는 그 자리에 멈춰 서 있다는 것이 쑥스러운 일로 여겨지기 시작한다. 길모퉁이에서 보니까 잘 차려입고 점잖아 보이는 사람이 말 잔등에 높이 앉아 다가오는 것이다. 그는 반가웠다. 그 사

---

[242] 1,5,13-14 참조.

[243] nulli credere, nimis credulus: '믿음'에도 인식론에 입각한 사전 검증이 작용한다는 것이 아우구스티누스의 지론이다.

[244] nihil errabis: 직역하면 '아무 오류도 범하지 않을 것이오'라는 학문적 의미도 담고 있다.

dens eminet et propinquare occipit. Gratulatur iste, tum aduenienti et salutato indicat propositum, quaerit uiam, dicit etiam remansionis suae causam, quo beniuolentiorem reddat pastori eum praeferens. Ille autem casu planus erat de his, quos samardocos iam uulgus uocat. Tenuit suum morem homo pessimus etiam gratis. Hac perge, ait; nam ego inde uenio. Decepit atque abiit. Sed quando iste deciperetur? Non enim monstrationem istam tamquam ueram, inquit, approbo, sed quia est ueri similis, et hic otiosum esse nec honestum nec utile est; hac eam. Interea ille, qui assentiendo errauit tam cito existimans uera esse uerba pastoris, in loco illo, quo tendebant, iam se reficiebat, iste autem non errans, si quidem probabile sequitur, circumiit siluas nescio quas nec iam cui locus ille notus sit, ad quem uenire proposuerat, inuenit. Vere uobis dicam, cum ista cogitarem, risum tenere non potui, fieri per Academicorum uerba nescio quo modo, ut erret ille, qui ueram uiam uel casu tenet, ille autem, qui per auios montes probabiliter ductus est nec petitam regionem inuenit, non uideatur errare. Ut enim temerariam consensionem iure condemnem, facilius ambo errant, quam iste non errat.

---

245 samardocos: 아마 아프리카에서 온 외래어(Horatius, *Satyra* 113,1,6)로 보인다.

246 assentiendo errauit: errare 동사는 길을 잃고 '헤매다'와 '그르치다', '오류를 범하다'라는 의미를 다 가진다.

247 non errans, si quidem probabile sequitur: '동의'해서 그르치는 경우와 '개연성을 따르다' 그르치는 경우를 대조하였다.

람이 가까이 오자 인사하고는 자기 의중을 얘기하고 길을 묻는다. 그리고 그 사람의 차림새로 보아서도 그 사람에게 더 호감이 간다는 말과 양치기보다는 그 사람의 말을 낮게 여긴다는 말까지 한다. 그런데 하필 그 사람은 세간에서 '협잡꾼'[245]으로 불리는 자들 중 하나임이 분명했다. 참으로 못돼 먹은 그 사람은 평소의 습성을 발휘하여 얻는 게 없이도 그 짓을 했다. 그래서 이렇게 말한다. '이리로 가쇼! 내가 바로 거기서 오는 길이오.' 그렇게 속이고는 가 버렸다. 하지만 그가 속은 것은 언제였다고 할까? 본인은 이렇게 말할 것이다. '길을 보여 주는 그의 말을 내가 참말이라고 승인하는 것은 아니다. 다만 진리와 근사하기 때문에, 그리고 여기서는 아무것도 하지 않고 잠자코 있다는 것은 선익도 못 되고 이익도 못 되기 때문에 그 말을 믿는다. 하여튼 나는 이리로 가겠다.' 그동안 양치기 말이 참말이라고 곧장 믿은 사람은 '승인함으로써 오류를 범하기는' 했지만[246] 두 사람이 원래 목적하던 장소에 벌써 이르는 중이었다. 그 대신 다른 사람은 '개연적인 것을 따르니까 오류를 범하지는 않으나'[247] 어딘지도 모를 숲 속을 돌아다니다 보니까 자기에게 잘 알려져 있는 그곳, 자기가 찾아가기로 마음먹은 그 장소에 관해서 알고 있어 물어볼 만한 사람마저도 만나지 못한다. 이런 것들을 생각하면서 나는 정말 웃음을 금할 수 없었다고 여러분에게 말하고 싶다. 어떻게 돼서 그런지 모르지만 아카데미아학파의 말을 따르자면, 비록 우연히 바른길을 잡은 사람은 오류를 범한 셈이고, 다른 사람은 개연성에 인도되었으므로 비록 길 없는 산속으로 들어갔고 결국 자기가 향하던 지방을 발견하지도 못했음에도 오류를 범한 것으로 보이지 않는다는 사실 때문이다. 함부로 동의하는 일을 나로서는 비난해야겠지만 두 나그네 중 후자는 오류를 범하지 않았다는 말보다는 두 사람 다 오류를 범했다는 말이 무난하겠다. 여기서 나는 아카데미아학파의 저런 말에 더욱 경계

Hinc iam aduersum ista uerba uigilantior ipsa facta hominum et mores considerare coepi. Tum uero tam multa mihi et tam capitalia in istos uenerunt in mentem, ut iam non riderem sed partim stomacharer partim dolerem homines doctissimos et acutissimos in tanta scelera sententiarum et flagitia deuolutos.

XVI 35. Certe enim non fortasse omnis, qui errat, peccat, omnis tamen, qui peccat, aut errare conceditur aut aliquid peius. Quid, si ergo aliquis adulescentium, cum hos audierit dicentes: 'turpe est errare et ideo nulli rei consentire debemus; sed tamen, cum agit quisque, quod ei uidetur probabile, nec cessat nec errat, illud tantum meminerit, quidquid occurrit uel animo uel sensibus, non pro uero esse approbandum' – id igitur audiens adulescens insidiabitur pudicitiae uxoris alienae? Te, te consulo, Marce Tulli; de adulescentium moribus uitaque tractamus, cui educandae atque instituendae omnes illae litterae tuae uigilauerunt. Quid aliud dicturus es quam non

---

248 드디어 회의론에 관한 윤리적 고찰에 들어간다.

249 errare conceditur: 이미 플라톤(*Hippias minor* 372-376)부터 오류에 인책성이 있느냐는 힐문, '지식'이 좋은 것이므로 알고서 고의로 하는 잘못이 더 낫지 않느냐는 힐문을 놓고 토론이 있었다.

250 어떤 욕정이나 유혹에 '동의'한 것이 아니고 유혹이라는 현상을 '상기'한 것뿐이니까 죄과가 없다는 궤변이 나올 만하다.

251 키케로는 아카데미아학파를 따르면서(*Academica* 2,31,99) "개연적인 것이 아무것도 없다고 한다면 삶 자체가 무너지므로, 현자는 개연적인 것에 '지적 동의'를 부여하지는 않으나 '개연성에 따라서' 행동한다"는 논리를 편다.

심을 가지고서 인간들의 행동 자체와 윤리 도덕을 고려에 넣기 시작하였다.[248] 그러자 나한테는 저 사람들을 놓고 참으로 많고 참으로 중요한 생각이 머리에 떠올랐다. 나는 더 이상 웃을 수가 없었고, 그토록 박식하고 예리한 사람들이 엄청나게 죄스럽고 치욕적인 사상에 말려들었다는 사실을 두고 한편으로는 역겹고 한편으로는 괴로웠다.

오류를 범하는 자는 범죄한다

16.35. 물론 오류를 범하는 사람 모두가 범죄하는 것은 아마 아닐 것이다. 그렇지만 범죄하는 사람이면 누구나 오류를 범하기로 허심詐心하거나 그보다 더 나쁜 무엇에 허심하는 셈이다.[249] 젊은이들 가운데 누가 이런 얘기를 듣는다면 이렇게 말할지 모른다. '오류를 범한다는 것은 수치스럽다. 따라서 우리는 아무 사안에도 동의하지 말아야 한다. 그런데 누구든지 행동하면서 자기에게 개연적이라고 보이는 것을 따른다면 그는 태만하는 것도 아니고 오류를 범하는 것도 아니다. 그의 정신과 감관에 무엇이 발생했든 간에 그것을 상기한 것뿐이고 그것을 진리로 승인하지는 않았기 때문이다.' 이런 말을 듣는 젊은이라면 이 논리를 이용해서 다른 사람 아내의 정숙함을 호리려고 하지 않을까?[250] 여기서 내가 그대에게 자문을 청한다. 마르쿠스 툴리우스여, 그대에게 자문을 구하는 바다. 우리는 젊은이들의 품행과 생활에 관해서 다루는 중이다. 그대의 모든 글은 그들을 가르치고 훈육하는 데 초점을 두었다. 그런데 젊은이가 저렇게 행동하는 것이 개연적인 행동이 못 된다는 말 외에 그대는 그 이상 더 무슨 말을 할 수 있는가? 하지만 그 젊은이에게는 그것이 개연적이다! 우리가 만일 다른 사람의 개연적 판단에 따라서 살아간다면[251] 그대가 공화국을 다스리는 일도 하지 말았어야 했다. 에피쿠로스에게는 공화국을 다스리는 일은 해서는 안 될

tibi esse probabile, ut id faciat adulescens? At illi probabile est. Nam si ex alieno probabili uiuimus, nec tu debuisti amministrare rem publicam, quia Epicuro uisum est non esse faciendum. Adulterabit igitur ille iuuenis coniugem alienam; qui deprehensus si fuerit, ubi te inueniet, a quo defendatur? quamquam etiamsi inueniat, quid dicturus es? Negabis profecto. Quid, si tam clarum est, ut frustra infitiere? Persuadebis nimirum tamquam in gymnasio Cumano atque adeo Neapolitano nihil eum peccasse, immo etiam nec errasse quidem. Non enim faciendum esse adulterium pro uero sibi persuasit; probabile occurrit, secutus est, fecit; aut fortasse non fecit, sed fecisse sibi uisus est. Iste autem maritus, homo fatuus, perturbat omnia litibus pro uxoris castitate proclamans, cum qua forte nunc dormit et nescit. Hoc illi iudices si intellexerint, aut neglegent Academicos et tamquam crimen uerissimum punient aut eisdem obtemperantes uerisimiliter hominem probabiliterque damnabunt, ut iam quid agat iste patronus prorsus ignoret. Cui enim succenseat

---

252 "에피쿠로스파는 공화국에 종사함은 현자가 할 일이 아니라고 부정한다"(negant versari in republica esse sapientis: Cicero, *De oratore* 3,17,63).

253 본서 토론의 교본으로 삼는 키케로의 *Academica*는 쿠마와 나폴리의 체육관과 별장에서 주로 집필되었다("그 사안은 주로 바울리에 있는 호르텐시우스의 별장에서 이루어졌고 회랑에서 조금 이야기를 나누기도 하고 같은 통로의 의자에 앉기도 하였다": *op.cit.*, 2,3,9).

254 일부 역자는 non을 문장 끝의 persuasit에 결부시켜 '나는 정말로 간통을 해야만 한다는 생각에 동의한 것은 아니었다. 그런데 ···'라고 번역한다.

일이었기 때문이다.252 어떻든 저 젊은이가 남의 아내와 간통을 범한다면? 또 간통죄로 체포되었다면 그가 어디서 그대를 찾아내어 변호를 받겠는가? 그가 그대를 찾아낸다고 하더라도 법정에서 그대는 무슨 말을 하겠는가? 물론 재판관 앞에서 그의 혐의를 부인할 것이다. 그의 혐의가 너무 뚜렷해서 그대가 그냥 잡아떼도 소용없는 경우는 어떻게 할 것인가? 그대는 아마 쿠마의 체육관이나 나폴리의 체육관에서 하듯이253 '그는 사실상 아무 죄도 범하지 않았다'고, 그리고 '아무 오류도 저지르지 않았다'고 사람을 설득할 것이다. '저 젊은이는 스스로 간통을 행해서는 안 된다고 정말로 다짐하였는데254 개연적인 상황을 만나자 그것을 따랐고 행동하였다. 혹시 그가 간통을 행하지 않았는데도 행한 것처럼 보였을 수도 있다. 또 그 여자의 남편이라는 작자가 좀 멍청한 사람이어서 시비를 걸어 온갖 소동을 피우면서 아내의 정조 문제를 떠들어 댔을 수 있다. 지금쯤은 그 마누라와 다시 한 침상에 들어 있으면서 그 일은 생각도 하지 않을지 모른다.' 재판관들이 이 사건을 제대로 알아들었다면 아카데미아학파 주장 따위는 무시해 버리고 그 범행이 '정말 참으로' 발생한 일로 처벌할 것이다. 그렇지 않으면 아카데미아학파의 말에 귀를 기울이고서 '개연성과 진리의 근사치에 입각하여'255 그 사람에게 유죄판결을 내릴 것이다. 그럴 경우 변호인이 이미 어떻게 손을 쓸지 모르게 될 것이다. 법관 중 누구한테 법률을 내세워 시비를 걸 만한 명분이 존재하지 않을 것이다. 재판관들도 유죄판결에 동의한 것은 아니고 그냥 개연성 있다고 보이는 바를 시행했을 뿐이므로 조금도 오류를 범한 것이 아니라고 모두 얘기할 테니까. 그러면 변호사는 변호사의 역할을 내려놓고서 피고를 위로하는 철학자 역할을 맡아야 할 것

---

255 '그 사람이 유죄일 개연성이 있다고.'

non habebit, cum omnes se nihil errasse dicant, quando non assentientes id quod uisum est probabile fecerint. Ponet igitur personam patroni et philosophi consolatoris suscipiet; ita facile adulescenti, qui iam tantum in Academia profecerit, persuadebit, ut se tamquam insomnis putet esse damnatum. Sed uos me iocari arbitramini. Liquet deierare per omne diuinum nescire me prorsus, quomodo iste peccauerit, si quisquis id egerit quod probabile uidetur non peccat, nisi forte in totum aliud esse dicunt errare, aliud peccare seque illis praeceptis egisse, ne erremus, peccare autem nihil magnum esse duxisse.

36. Taceo de homicidiis parricidiis sacrilegiis omnibusque omnino quae fieri aut cogitari possunt flagitiis ac facinoribus, quae paucis uerbis et, quod est grauius, apud sapientissimos iudices defenduntur: nihil consensi et ideo non erraui; quomodo autem non facerem quod probabile uisum est? Qui autem non putant ista proba-

---

256 persona patroni: 원문대로는 로마의 연극을 연상시켜 '변호사의 가면을 내려놓고 위로하는 후견인의 가면을 쓰게 될 것이다'.

257 per omne divinum: 교부는 이런 속어(Terentius, *Eunuchus* 331)를 이 자리에서 사용한 일을 후회한다. "또 '온갖 신성(神聖)을 두고 맹세하는 바이지만'이라고 한 구절도 마음에 들지 않는다"(*Retractationes* 1,1,4).

258 실제로 그런 주장을 했다고 보여 주는 문헌 자료는 없다.

259 Cf., Sallustius, *De Catillinae coniuratione* 20.

이다.256 그러면 간통을 저지른 젊은이는 아카데미아학파에서 눈부신 진보를 얻은 사람인지라, 변호사는 젊은이더러 자기가 유죄판결을 받은 것은 꿈속에서 이루어진 일이려니 여기라고 설득하고도 남을 것이다. 내가 이런 얘기를 하면 여러분은 내가 농담하고 있는 것으로 간주한다. 누구나 개연적이라고 보이는 것을 실행한 이상 죄를 짓지 않은 것으로 보인다면, 온갖 신성神聖을 두고 맹세하는 바이지만,257 이럴 경우 나는 어째서 저 청년이 죄를 지었다고들 하는지 모르겠다고 해야 마땅할 것이다. 아카데미아학파가 내놓을 만한 답변은 오류를 범하는 것하고 죄를 짓는 것은 전혀 다르다는 말뿐이다. 자기들은 오류에 빠지지 않아야겠다는 바로 이 원칙에 따라서 행동하였다고, 따라서 그것에 비하면 죄를 짓는 것 따위는 조금도 대수로운 일이 아니라고 여겼다는 주장뿐이다.258

자신에게 어떻게 보였느냐가 죄책을 면해 주지 않는다

16.36. 살인, 존속살인, 독성瀆聖, 실제로 일어날 수 있고 우리가 상상할 수 있는 모든 범법과 죄악들에 관해서는 내가 입을 다물겠다. 하지만 그런 짓들을 단 몇 마디 말로 변명하며, 그것도 극히 지혜로우신 재판관들 앞에서도 변명하려는 것은 더욱 심각한 문제다. '나는 아무것에도 동의하지 않았다. 따라서 나는 오류를 범하지 않았다. 개연성 있다고 보인 것을 어떻게 행동에 옮기지 않을 수 있겠는가?' 개연성을 가지고서 범죄 행위를 변호하는 일이 있을 수 없다고 생각하는 사람들은 카틸리나의 연설을 읽어 보시라!259 그 연설로 그는 조국에 대한 반역, 그 하나에 모든 범죄가 내포된 그 행동을 정당화했던 것이다. 결과적으로 그것을 비웃지 않는 사람이 누군가? 저 사람들은 자기네가 행동함에 있어서 개연성을 따를 뿐이라고 한다. 그럼에도 열심히 진리를 추구하고 있다. 그들의 이론에 의하면 진리

biliter posse persuaderi, legant orationem Catilinae, qua patriae parricidium, quo uno continentur omnia scelera, persuasit. Iam illud quis non ridet? Ipsi dicunt nihil se in agendo sequi nisi probabile et quaerunt magnopere ueritatem, cum eis sit probabile non posse inueniri. O mirum monstrum! Sed hoc omittamus; minus id ad nos, minus ad uitae nostrae discrimen, minus ad fortunarum periculum pertinet. Illud est capitale, illud formidolosum, illud optimo cuique metuendum, quod nefas omne, si haec ratio probabilis erit – cum probabile cuiquam uisum fuerit esse faciendum, tantum nulli quasi uero assentiatur – non solum sine sceleris sed etiam sine erroris uituperatione committat. Quid ergo? haec illi non uiderunt? Immo sollertissime prudentissimeque uiderunt, nec mihi ullo pacto tantum adrogauerim, ut Marcum Tullium aliqua ex parte sequar industria uigilantia ingenio doctrina; cui tamen asserenti nihil scire posse hominem si hoc solum diceretur: 'scio ita uideri mihi', unde id refelleret non haberet.

XVII 37. Quid igitur placuit tantis uiris perpetuis et pertinacibus contentionibus agere, ne in quemquam cadere ueri scientia uideretur? Audite iam paulo attentius non quid sciam sed quid existimem;

---

260 키케로의 베레스 성토문(*Orationes in Verrem* 2,2,31-76)에서 발견되는 문장이다.

261 scio ita videri mihi: 아카데미아학파의 판단 유보 이론에 대한 아우구스티누스의 답변이다.

가 발견되는 일이 가능하지 못할 개연성이 높음에도 말이다. 아, 참으로 해괴한 일이다! 하지만 이 얘기는 접어 두자. '그런 논지는 그다지 우리와 상관없고 우리의 분별 있는 삶에 그다지 상관이 없으며 운명의 위기와도 그다지 상관없다. 참으로 중한 죄가 되고 참으로 끔찍하고 선량한 사람이면 누구에게나 참으로 두려워할 바는 이것이다.'[260] 만약 아카데미아학파의 이런 논변이 개연성 있다고 하자. 다시 말해서 자기에게 개연적이라고 보이는 것을 행동으로 옮겨야 한다고 하자. 그러면서도 어느 진리에도 동의한 것이 아니라고 하자. 그럴 경우 사람들은 온갖 흉악을 저지르면서도 범죄라는 질책을 받지 않을 뿐만 아니고 오류라는 질책도 받지 않게 된다. '그러니 어떻다는 말인가? 저 사람들은 이런 결과를 내다보지 않았단 말인가?' 천만에! 그들은 아주 치밀하게, 아주 신중하게 이 점을 내다보았다. 나 같은 사람이야 그의 열의, 경계심, 재능과 학설을 두고 어느 면에서도 마르쿠스 툴리우스의 발뒤꿈치에도 감히 이르지 못할 사람이다. 그런 그가 막상 인간은 아무것도 알 수 없다고 주장하는 한, 내가 나서서 '나한테 그렇게 보인다는 사실을 나는 알고 있다'[261]고 언명할라치면, 그도 이 말을 반박할 거리가 없을 것이다.

플라톤은 누구의 가르침을 들었고 무엇을 가르쳤을까[262]

17.37. 그러면 왜 저처럼 위대한 인물들이 '진리의 인식이 아무에게도 일어날 수 없다고 보인다'는 시비를 이토록 끝없이 이토록 끈질기게 개진해 왔을까? 조금만 더 주의를 기울여 내 말을 들어 보라. 내가 무엇을 아느냐보다는 내가 어떻게 생각하느냐를 들어 보라. 이것은 아카데미아학파의

---

262 『신국론』 8권(4-9장)에서 플라톤의 사상을 간추리면서 예찬하는 대목이 있다.

hoc enim ad ultimum reseruabam, ut explicarem, si possem, quale mihi esse uideatur totum Academicorum consilium. Plato, uir sapientissimus et eruditissimus temporum suorum, qui et ita locutus est, ut quaecumque diceret magna fierent, et ea locutus est, ut quomodocumque diceret, parua non fierent, dicitur post mortem Socratis magistri sui, quem singulariter dilexerat, a Pythagoreis etiam multa didicisse. Pythagoras autem Graeca philosophia non contentus, quae tunc aut paene nulla erat aut certe occultissima, postquam commotus Pherecydae cuiusdam Syri disputationibus immortalem esse animum credidit, multos sapientes etiam longe lateque peregrinatus audierat. Igitur Plato adiciens lepori subtililitatique Socraticae, quam in moralibus habuit, naturalium diuinarumque rerum peritiam, quam ab eis quos memoraui diligenter acceperat, subiungensque quasi formatricem illarum partium iudicemque dialecticam, quae aut ipsa esset aut sine qua omnino sapientia esse non posset, perfectam dicitur composuisse philosophiae disciplinam, de qua nunc disserere temporis non est. Sat est enim ad id, quod uolo, Platonem sensisse duos esse mundos, unum

---

263 "내가 플라톤을 기리고 플라톤학파 혹은 아카데미아학파 철학자들을 기리던 칭송은 대단했는데, 그들이 불경스러운 사람들은 아니었던 까닭이다. 하지만 그들의 엄청난 오류에 대항해서 내가 그리스도교를 옹호해야 한다는 사실에 비추어 보면 [내가 바친] 칭송이 내 마음에 안 드는데, 괜히 하는 소리가 아니다"(*Retractationes* 1,1,4).

264 Pherecydes(fl. ca.540 B.C.)는 피타고라스의 스승으로, 신들의 본성과 기원에 관한 저서를 쓴 것으로 전해진다(Diogenes Laertius, *Vitae philosophorum* 1,116-122). cuiusdam Syri는 그가 Syros에서 출생했다는 기록을 가리킨다.

사상 전체가 나한테 어떻게 보이는지 가능한 대로 설명해 보려고 내가 마지막까지 유보해 둔 얘기다. 플라톤은 당대의 가장 지혜롭고 가장 박식한 인물이었다.[263] 그가 발언하는 방식에 의하면 그가 무슨 말을 하든지 대단한 것이 되었고 그가 어떻게 말하든지 간에 사소한 얘기가 되지 않았다. 전하는 바에 의하면, 각별히 흠모하던 자기 스승 소크라테스 사후에 그는 피타고라스학파로부터도 많은 것을 배웠다고 한다. 한편 피타고라스는 그리스철학, 그때까지는 거의 존재하지 않았고 거의 모습을 드러내지 않은 그리스철학에 만족하지 않던 차에 시로스라는 곳의 페레키데스[264]의 토론에 매료되어 영혼은 불사불멸한다는 믿음을 가지게 된 다음에 멀리 또 널리 여행하면서 많은 현자들의 가르침을 들었다.[265] 그러니까 플라톤은 윤리 도덕에 관해서 품고 있던 소크라테스의 정교함이라는 세련미에 자연사물과 신적 사물에 관한 전문 지식을 첨가하였으며, 이 지식은 내가 방금 열거한 인물들에게서 부지런히 받아들인 것이었다. 거기다 철학의 여러 분야들의 훈련 내지 조정의 역할을 하는 변증론辨證論을 덧붙였으니 변증론으로 말하자면 그 자체가 지혜이거나 그것 없이는 지혜가 전혀 존재할 수 없다고 한다. 이렇게 해서 플라톤은 철학을 완전한 학문으로 집대성하였다는데 지금은 그것을 토론할 시간이 아니다. 여기서는 내가 제시하려는 말로 넉넉하다. 즉, 플라톤은 세계가 둘 있다고 생각하였는데, 하나는 가지계可知界로서 진리가 항존하는 곳이고, 다른 하나는 감각계感覺界로서 우리가 시각이나 촉각으로 감지하는 세계임이 분명하다. 그러니까 저 세

---

[265] 아우구스티누스는 피타고라스에 대해서도 극도의 찬사 — "피타고르스의 저 경외스럽고 거의 신성하다고 할 가르침"(illa venerabilis ac prope divina Pythagorae disciplina: *De ordine* 2,19,53) — 를 바쳤는데, 후일에는 그의 철학적 오류도 지적해야 했다고 회상한다(*Retractationes* 1,3,3).

intellegibilem, in quo ipsa ueritas habitaret, istum autem sensibilem, quem manifestum est nos uisu tactuque sentire. itaque illum uerum hunc ueri similem et ad illius imaginem factum, et ideo de illo in ea quae se cognosceret anima uelut expoliri et quasi serenari ueritatem, de hoc autem in stultorum animis non scientiam sed opnionem posse generari; quidquid tamen ageretur in hoc mundo per eas uirtutes, quas ciuiles uocabat, aliarum uerarum uirtutum similes, quae nisi paucis sapientibus ignotae essent, non posse nisi ueri simile nominari.

38. Haec et alia huius modi mihi uidentur inter successores eius, quantum poterant, esse seruata et pro mysteriis custodita. Non enim aut facile ista percipiuntur nisi ab eis, qui se ab omnibus uitiis mundantes in aliam quandam plus quam humanam consuetudinem uindicarint, aut non grauiter peccat, quisquis ea sciens quoslibet homines docere uoluerit. Itaque Zenonem principem Stoicorum,

---

266 mundus veri similis: 아우구스티누스는 아카데미아학파와의 토론을 염두에 두고서 '진리의 근사치로서의 세계'라는 표현을 쓰며 저 학파의 '개연성' 이론이 플라톤의 두 세계 이론에서 발원함을 간접적으로 지적한다.

267 영혼의 자기 인식과 진리(하느님)의 파악 사이의 연관성은 플로티누스(*Enneades* 5,3)에게서 배워 아우구스티누스 철학의 기조(e.g., *De ordine* 2,18,47)를 이룬다.

268 "플라톤은 (다른 학자들과 달리) 진리의 판단 혹은 진리 자체를 억견이나 감관으로부터 완전히 분리시켜 사유와 지성의 것으로 국한시키고자 하였다"(Cicero, *Academica* 2,46,142).

269 pro mysteriis custodita: 플라톤 사상이 후대에 일종의 비의(祕義)처럼 전수되어 온 사실을 교부가 논하는 이유는 아카데미아학파의 회의론 등에도 불구하고, 그리스도교와 합치하는 플라톤의 중심 사상은 고스란히 보존되었음을 부각시키려는 의도로 보인다.

계는 참세계이고 이 세계는 진리와 근사한 세계266 혹은 저 세계의 모상으로 만들어진 세계다. 따라서 전자로부터는 영혼이 자기를 인식하는 가운데 진리가 다듬어지고 청아해지는 데 비해서,267 후자로부터는 어리석은 자들의 정신 속에 지식 아닌 억견臆見이 생성될 수 있다.268 그래서 이 세계에서 행동하는 것은 시민덕市民德이라고 일컫는 덕성들을 통해서 이루어지므로 진리의 근사치라고 이름 붙일 수밖에 없다. 저 덕성들은 또 다른 참된 덕성의 근사치라고 할 만하고 소수의 지혜로운 사람들에게가 아니면 알려져 있지 않다.

폴레몬과 아르케실라스는 제논에 대항하여 플라톤의 가르침을 비의秘義처럼 보존하였다

17.38. 내가 보기에 플라톤의 이런 가르침과 그 밖의 교설이 후계자들 사이에 하는 데까지 잘 간직되었고 일종의 비의秘義처럼 보존되었다.269 그런데 그런 가르침은 모든 악덕으로부터 자기를 정화하면서 인간적 교제交際 이상의 다른 교제를270 내세우는 그런 사람들에 의해서가 아니면 쉽게 파악되지 않는 내용이었다. 그렇지 않고 누구나 그것을 알게 되면 아무에게나 가르치고 싶어 할 것이고 그렇게 하더라도 중대한 잘못은 아닐 것이다. 나는 당시의 사정을 이렇게 추측한다.271 스토아학파의 창시자 제논은 먼저 몇몇 학자들에게서 사사하고서 그 가르침을 신봉하던 끝에 플라톤이 남겨 놓은 학원에 들어왔다. 당시에는 그 학원을 폴레몬272▶이 운영하고

---

270 in aliam quandam consuetudinem: Plotinus가 강조한 사상이다. "인간이 누스(νοῦς)에 따라서 자기를 알고 자기가 곧 누스가 되기에 이르면 그 누스에 입각하여 자기를 생각하고 자기 영혼의 가장 훌륭한 부분을 끌어 상위의 세계로 올라간다"(*Enneades* 5,3,4).

271 Cicero는 신아카데미아학파가 입문자에게만 철학 교설을 가르치게 된 명분을, 스토아 교조주의와의 불필요한 쟁론을 피하고 "선구자의 권위보다도 합리적 지성으로 받아들이게 하기 위함"(*Academica* 2,18,90)이라고 설명한다.

cum iam quibusdam auditis et creditis in scholam relictam a Platone uenisset, quam tunc Polemo retinebat, suspectum habitum suspicor nec talem uisum, cui Platonica illa uelut sacrosancta decreta facile prodi committique deberent, priusquam dedidicisset ea, quae in illam scholam ab aliis accepta detulerat. Moritur Polemo, succedit ei Arcesilas, Zenonis quidem condiscipulus, sed sub Polemonis magisterio. Quam ob rem cum Zeno sua quadam de mundo et maxime de anima, propter quam uera philosophia uigilat, sententia delectaretur dicens eam esse mortalem nec quicquam esse praeter hunc sensibilem mundum nihilque in eo agi nisi corpore – nam et deum ipsum ignem putabat – prudentissime atque utilissime mihi uidetur Arcesilas, cum illud late serperet malum, occultasse penitus Academiae sententiam et quasi aurum inueniendum quandoque posteris obruisse. Quare cum in falsas opiniones ruere turba sit pronior et consuetudine corporum omnia esse corporea facillime sed noxie credatur, instituit uir acutissimus atque humanissimus dedocere potius quos patiebatur male doctos quam docere quos dociles non arbitrabatur. Inde illa omnia nata sunt, quae nouae Academiae tribuuntur, quia eorum necessitatem ueteres non habebant.

◀272 Polemon(fl. 314~279 B.C.)은 플라톤 아카데미아의 4대 학원장이었으며(Diogenes Laertius, *Vitae philosophorum* 4,16-20) 단편만 전해 온다.

273 Arcesilas: 본서 2,6,14(각주 94, 95) 참조.

274 "제논은 영혼은 사멸한다고, 이 감각적 세계 외에는 아무것도 없다고, 세계에서 능동적 원인이 되는 것은 물체 외에 다른 것이 아니라고 주장하였다. 신이라는 것도 아마 불[이라는 원소]라고 하였다"(*Stoicorum veterum fragmenta* 1,146,3).

있었다. 그런데 내가 추측하기로, 제논은 아직 그 학원에서 의심을 사고 있었고, 성스러운 율법처럼 간직하던 플라톤의 가르침을 섣불리 그에게 전수하고 넘겨줄 만하다고 보이지 않던 시점이었다. 먼저 그 학원에 받아들여지기 전에 딴 사람들에게서 배운 요소들을 잊어야만 했다. 폴레몬이 죽고 제논과 함께 폴레몬의 문하에서 수학하던 아르케실라스[273]가 계승하였다. 그래서 제논은 세계에 관해서, 특히 영혼 — 참된 철학이라면 성과 열을 다하여 사색하는 까닭은 바로 영혼 때문이다 — 에 관해서 자기 고유한 사상을 별도로 향유하고 있었고, 그래서 영혼은 사멸하는 것이고 이 감각적 세계 외에는 아무것도 없으며, 그 세계에서 인간이 하는 것이라고는 신체로 하는 것 외에 아무것도 없다 — 그래서 신神도 일종의 불이라고 여겼다 — 는 말을 하였다.[274] 그런 해악이 은연중에 퍼져 나가자 아르케실라스는 아카데미아의 사상을 철저하게 은폐시켜서 후대인들이 마치 황금을 발견하듯이 발견해 내게 만들었는데, 내가 보기에는 극히 현명하고 실용적으로 처신한 셈이다. 대중은 거짓 의견에 떨어지는 경향이 강하고, 물체와의 접촉에 친숙하여 모든 것이 물체적인 무엇이라고 믿기 쉬웠는데, 이는 매우 해로운 일이었다. 그리하여 지극히 명민하고 교양이 높은 저 인물 아르케실라스는 가르침을 받기에 유순하지 못하다고 여겨지는 사람들을 가르치는 일보다는 잘못 가르침을 받은 사람들을 잘못된 가르침에서 벗어나게 만들기로 작정하였다. 그래서 신아카데미아학파에 기인하는 저 모든 학설들이 생겨났다. 구아카데미아학파는 이 사람들이 봉착한 필요성을 겪지 않았던 것이다.[275]

---

275 "이 학파를 신아카데미아학파라고 부른다. 그럴 경우 플라톤은 구아카데미아학파로 헤아려진다. [신아카데미아학파의] 저작들에서는 무엇 하나 긍정적으로 주장되는 바가 없고 양편에서 많고 많은 토론이 제기되며 모든 것을 의문에 부치고 확실한 것은 아무것도 없다고 한다"(Cicero, *Academica* 1,12,46).

39. Quodsi Zeno expergefactus esset aliquando et uidisset neque quicquam comprehendi posse nisi quale ipse definiebat neque tale aliquid in corporibus posse inueniri, quibus ille tribuebat omnia, olim prorsus hoc genus disputationum, quod magna necessitate flagrauerat, fuisset extinctum. Sed Zeno imagine constantiae deceptus, ut ipsis Academicis uidebatur nec mihi etiam non uidetur, pertinax fuit fidesque illa corporum perniciosa, quoquo modo potuit, peruixit in Chrysippum, qui ei – nam maxime poterat – magnas uires latius se diffundendi dabat, nisi ex illa parte Carneades acrior et uigilantior superioribus caeteris ita restitisset, ut mirer illam opinionem aliquid etiam postea ualuisse. Namque Carneades primo illam uelut calumniandi impudentiam, qua uidebat Arcesilam non mediocriter infamatum, deposuit, ne contra omnia uelle dicere quasi ostentationis causa uideretur, sed ipsos proprie sibi Stoicos atque Chrysippum conuellendos euertendosque proposuit.

---

276 본서 2,5,11에 소개된 정의 — "존재하는 거기서 발생하여 정신에 각인되는데, 존재하지 않는 거기서 발생하여 마치 존재하는 것처럼 정신에 각인되는 일이 불가능할 정도라면, 그것은 참이라고 파악될 수 있다.' 더 간단하게 말하자면 '허위가 지닐 수 없는 그런 기호들에 의해서는 진리가 포착될 수 있다.'" — 참조.

277 imagine constantiae deceptus: 스토아는 "사물만 파악하는 것이 아니고 그 파악이 고정되고 불변하는 것(stabilem et immutabilem esse)임도 파악한다"면서, 인간이 일관성 있게 어떤 이념과 가치를 추구함(ars vivendi quae ipsa sese habeat constantiam)도 그 방증이라고 주장했다(Cicero, *Academica* 2,8,23).

278 fidesque corporum perniciosa: 구상어 라틴어 특성으로 미루어 '위험스러운 유물론적 사상'이라는 번역이 가능하다.

279 Chrysippus: 본서 3,7,16(각주 94) 참조. 그도 한때 아카데미아학파를 청강하였으며 (Diogenes Laertius, *Vitae philosophorum* 7,183-184) 스토아 학설을 재정립하였다.

카르네아데스가 크리시푸스에게 맞서 무엇을 했던가

17.39. 만약 제논이 일찌감치 눈을 떠서 자기가 정의 내린[276] 그런 사물이라야 확실하게 포착될 수 있다는 사실을 깨달았더라면, 그리고 그런 대상은 물체 — 그는 모든 것을 물체로 귀속시킨 바 있다 — 속에 있는 그런 것이 아님을 깨달았더라면, 저런 종류의 토론들은 이미 오래전에 일찌감치 소멸되었을 것이다. 그 당시에는 그럴 필요가 컸으므로 그만큼 저런 토론들이 치열했던 것이다. 그럼에도 아카데미아학파에게 그렇게 보였고, 나한테도 그렇게 안 보이는 것은 아닌데, 제논은 일관성이라는 상념에 기만당했던지[277] 자기 입장에 매우 강경하였으며, 물체들에 관한 저 위험스러운 믿음[278]은 어떻게든 살아남아서 크리시푸스[279]에게로 계승되었다. 그리고 크리시푸스는 대단한 능력을 갖춘 인물이었으므로 자기 사상을 보다 널리 전파하는 데 많은 힘을 쏟았다. 다만 반대편에서 카르네아데스[280]가 다른 어느 선배들보다 더욱 날카롭고 더욱 주의 깊은 인물로 등장하여 크리시푸스에게 저항하였다. 카르네아데스의 반격을 받고서도 어떻게 해서 저 학설이 후대에도 힘을 펼 수 있었는지는 나도 이상하게 생각한다. 카르네아데스는 우선 과시욕에서 우리나 다른 사람들의 모든 주장을 반박하려 든다는 것처럼 보이지 않기 위해서, 혹평을 일삼으며 저돌적으로 반론을[281] 던져 왔다. 그것 때문에 아르케실라스가 적지 않게 불명예를 입었다고 생각하던 참이었기 때문이다. 그는 스토아학파 자체와 크리시푸스를 아예 뿌리 뽑고 뒤집어엎기로 작심했었다.

---

[280] Carneades: 본서 1.3.7(각주 31) 참조.

[281] illam velut calumniandi impudentiam: 키케로(*De finibus bonorum et malorum* 2.1.2-5)가 소개하는 바에 의하면, Arcesilas의 학원에서는 제자가 먼저 자기 관점을 술회하고 그다음 교사가 일방적으로 그 이론을 반박하면서 혹평하는 토론이 통용되었다.

XVIII 40. Deinde cum undique premeretur, si nulli rei esset assensus, nihil acturum esse sapientem – o hominem mirum atque adeo non mirum! ab ipsis enim Platonis fontibus profluebat – attendit sapienter, quales illi actiones probarent, easque nescio quarum uerarum similes uidens id, quod in hoc mundo ad agendum sequeretur, ueri simile nominauit. Cui enim esset simile, et perite norat et prudenter tegebat idque etiam probabile appellabat. Probat enim bene imaginem, quisquis eius intuetur exemplum. Quomodo enim approbat sapiens aut quomodo simile sequitur ueri, cum ipsum uerum quid sit ignoret? Ergo illi norant et approbabant falsa, in quibus imitationem laudabilem rerum uerarum aduertebant. Sed quia hoc tamquam profanis nec fas nec facile erat ostendere, reliquerunt posteris et quibus illo tempore potuerunt signum quoddam sententiae suae, illos autem bene dialecticos de uerbis mouere

---

282 veri simile(εἰκός): 키케로가 이 개념에 대한 아카데미아학파 측의 원용을 자세히 소개하였다(*Academica* 2,31,98-33,108).

283 "카르네아데스는 표상을 개연적인 것과 개연적이지 못한 것으로 분류하였다. 개연적인 것이 아무것도 없다면 삶 자체가 무너진다. 지혜로운 사람은 자기가 당면하는, 개연적인 표상들을 다수 이용한다"(Cicero, *Academica* 2,31,99).

284 '원형'(exemplum)을 직관하고 있으므로 무엇이 그 '모상'(imago)인지 인정(probat)한다면, 실제로 현자는 아무것도 모르고 아무것에도 동의하지 않는다는 아카데미아학파의 기본 명제들이 대폭 수정되어야 한다.

285 여기서 아카데미아학파를 두고 한 말은 "두 가지 이유에서 올바로 한 말이 아니다. (첫째,) 어느 면에서 진리와 근사한 것은 허위겠지만 그 나름대로는 진리일 것이기 때문이다. (둘째,) 아카데미아학파는, 실제로 아무것도 승인하지 않으며 현자는 아무것도 승인하지 않는다고 가르치지만, 나는 아카데미아학파 스스로가 진리의 근사치라고 부르는 그 허위를 그

카르네아데스는 진리의 유사성이나 개연성에 입각해도 행동은 가능하다고 가르쳤다

18.40. 그러자 그는 사방으로부터 공격을 받았다. 지혜로운 사람이 아무 사안에도 동의하지 않는다면 그는 아무 행동도 하지 않을 것이 아니냐는 반박이었다. 오, 놀라운 인간이여! 그렇지만 플라톤을 원천으로 삼는다는 점에서는 조금도 놀랄 것이 없었던 인간이여! 그는 저 사람들이 어떤 행위들을 도덕적이라고 인정하는지 지혜롭게 관찰하였다. 그리고 그것이 '참된 행위'와 — 그가 어떤 행위를 '참된 행위'라고 판단했는지 나도 모르겠다 — 유사한 것임을 보고서 이 세상에서 사람들이 행동하는 데 따르는 바를 '진리의 근사치近似値'[282]라고 명명하였다. 그는 그것이 과연 무엇과 근사한지를 전문가다운 입장에서 알고 있었고 그러면서도 현명하게 그것을 은폐하였다. 또 그것을 '개연적'蓋然的이라고 부르기도 하였다.[283] 무릇 누구든지 원형原型을 직관하는 사람은 그 모상模像을 잘 포착하는 법이다.[284] 지혜로운 사람마저도 진리 자체가 무엇인지 모른다면 어떤 것이 진리의 근사치라는 것을 어떻게 승인하고 또 실제 행동에서 어떻게 추종하겠는가? 따라서 아카데미아학파 사람들은 진리를 알고 있었고, 그에 비추어 허위라는 것이 무엇인지 수긍하고 있었던 것이다. 그들은 허위라는 것에서 참된 사물들의 그럴듯한 모상을 감지해 내고 있었던 것이다.[285] 그러나 이것을 속된 인간들에게 입증하는 일은 쉽지도 않을뿐더러 도리에 맞지도 않으므로 그들은 그런 과제를 후대 사람들에게 남겨 놓았으며, 당대에 살던 사람들에게는 자기들 사상에 대해서 하는 데까지 모종의 기호記號를 남겼을 따름이다. 그 대신 변증술에 능한 사람들, 힐문하고 비웃는 사람들에게는 말

들이 승인한다고 암시했다. 그들은 이 진리의 근사치 또한 개연적이라 부르기 때문에 그들을 두고 내가 이런 말을 했던 것이다"(*Retractationes* 1,1,4).

quaestionem insultantes inridentesque prohibebant. Ob haec dicitur Carneades etiam tertiae Academiae princeps atque auctor fuisse.

41. Deinde in nostrum Tullium conflictio ista durauit iam plane saucia et ultimo spiritu Latinas litteras inflatura. Nam nihil mihi uidetur inflatius quam tam multa copiosissime atque ornatissime dicere non ita sentientem. Quibus tamen uentis faeneus ille Platonicus Antiochus satis, ut mihi uidetur dissipatus atque dispersus est. Nam Epicureorum greges in animis deliciosorum populorum aprica stabula posuerunt. Quippe Antiochus, Philonis auditor, hominis, quantum arbitror, circumspectissimi, qui iam ueluti aperire cedentibus hostibus portas coeperat et ad Platonis auctoritatem Academiam legesque reuocare – quamquam et Metrodorus id antea face-

---

[286] Cf., Sextus Empiricus, *Pyrrhonianae hypotyposes* 1,220.

[287] Antiochus: 본서 2,6,15(각주 96) 참조. 아우구스티누스가 이하에서 Plotinus에게는 Platonicus philosophus('플라톤 철학자')라는 칭호를 부여하는 데 비해서, Antiochus에게는 여기서 faeneus Platonicus('플라톤학파 검불')라는 경멸을 보낸다.

[288] Antiochus는 에피쿠로스학파에게 쾌락주의자라는 낙인을 찍고서 그들을 짐승에 비유하는 이런 언표(Epicureorum greges, aprica stabula)를 예사로 썼다. 카르네아데스는 에피쿠로스에게 "당신은 덕성이 쾌락에 있다고 함으로써 덕성을 쾌락으로 바꾸고 인간을 짐승과 접붙여 놓겠단 말인가?"라고 공박했다(Cicero, *Academica* 2,45,139).

[289] Philon Larissae(150~79 B.C.). 사물의 인식 가능성과 진리의 직관을 주장하여 신아카데미아학파의 창설자로 간주된다. 88년부터 로마에 거주하면서 로마인들에게 아카데미아학파 사상을 전수했고 그 문하생 중에 키케로도 있었다.

을 갖고 탈잡아 힐문을 제기하지 못하게 아예 차단해 버린 셈이다. 이런 일 때문에 카르네아데스가 제3 아카데미아학파의 창시자요 지도자였다고 들 한다.[286]

툴리우스도 마지막에 안티오쿠스에 반대하여 취한 행동

18.41. 그런 사상적 갈등이 우리네 툴리우스에게까지 지속되었고 그 무렵에는 그 사상이 이미 깊은 타격을 받았으면서도 마지막 얼을 불태우면서 라틴문학에 영감을 주기에 이른다. 내가 보기에 그토록 언변이 풍부하고 수식이 화려한 키케로 같은 인물로서는 자기와 생각이 같지 않을 경우에 할 말이 그보다 많을 수가 없었을 것이다. 하지만 그런 논쟁의 돌풍이 불어 닥치자 저 '플라톤학파의 검불' 안티오쿠스[287]는, 내가 보기에, 훨훨 날아가 흩어져 버리고 만 듯하다. 에피쿠로스를 추종하는 떼거리들이 쾌락주의자 인간들의 정신에 햇빛 잘 드는 외양간을 마련해 준 격이다.[288] 안티오쿠스는 필론[289]의 제자였다. 필론은 내가 판단하기에는 주도면밀한 사람이었고, 적들이 항복한다고 여기면 그들에게 성문을 열기 시작하고 아카데미아학파와 그 법규를 플라톤의 권위 아래로 다시 불러들이기 시작했다.[290] 이것은 벌써 메트로도루스[291]가 해 보려고 시도했던 바였다. 아무것도 파악할 수 없다는 교조적인 명제가 아카데미아학파에는 맞지 않았다고 고백한 첫 인물로 전해 온다. 그럼에도 스토아학파에 대항하다 보니까 어쩔 수 없이 무기를 들었다는 것이다. 내가 방금 안티오쿠스를 두고 얘기하

---

290 Antiochus는 후에 사상적으로 스승 필론과 결별하고 자기 사상을 구아카데미아학파라고 명명하였다.

291 Metrodorus(150~71 B.C.): 에피쿠로스학파였다가 카르네아데스의 진영으로 옮긴 것으로 전해진다(Diogenes Laertius, *Vitae philosophorum* 10,9).

re temptauerat, qui primus dicitur esse confessus non decreto placuisse Academicis nihil posse conprehendi, sed necessario contra Stoicos huius modi eos arma sumpsisse – igitur Antiochus, ut institueram dicere, auditis Philone Academico et Mnesarcho Stoico in Academiam ueterem quasi uacuam defensoribus et quasi nullo hoste securam uelut adiutor et ciuis inrepserat nescio quid inferens mali de Stoicorum cineribus, quod Platonis adyta uiolaret. Sed huic arreptis iterum illis armis et Philo restitit, donec moreretur, et omnes eius reliquias Tullius noster oppressit se uiuo impatiens labefactari uel contaminari quidquid amauisset. Adeo post illa tempora non longo interuallo omni peruicacia pertinaciaque demortua os illud Platonis, quod in philosophia purgatissimum est et lucidissimum, dimotis nubibus erroris emicuit maxime in Plotino, qui Platonicus philosophus ita eius similis iudicatus est, ut simul eos uixisse, tantum autem interest temporis, ut in hoc ille reuixisse putandus sit.

XIX 42. Itaque nunc philosophos non fere uidemus nisi aut Cynicos aut Peripateticos aut Platonicos, et Cynicos quidem, quia

---

292 Mnesarchos(ca.185~109 B.C.): 스토아 파나이티오스의 제자로 전해 온다.

293 "안티오쿠스는 아카데미아학파라고 불리긴 했지만 상당한 수정을 가했고 그야말로 진짜진짜 스토아(germanissimus Stoicus)가 되었다"(Cicero, *Academica* 2,43,132)는 평가를 듣기도 했다.

294 '회의주의를 내세워서.'

기로 작정했었는데, 여하튼 안티오쿠스는 아카데미아학파 필론과 스토아학파 므네사르코스[292]에게서 사사하였으며, 옹호자들도 없고 적수마저 아무도 없어 안도하고 있던 구아카데미아학파에 마치 원군이자 그 시민이나 된 듯이 뚫고 들어갔다. 그가 스토아학파의 잔재에서 어떤 못된 요소를 끌고 들어가서 플라톤의 지성소至聖所를 유린했는지는 나도 모를 일이다.[293] 그리하여 필론은 다시 저 무기를 들고서[294] 죽을 때까지 이 인물에게 저항하였는데, 마지막으로는 우리네 툴리우스가 등장하여 안티오쿠스의 잔재를 완전히 소탕해 버렸다. 그는 자기가 살아 있는 한, 자기가 애호하던 사상이 손상되고 다른 무엇에 의해서 오염되는 것을 두고 볼 수가 없었다. 그런 시기가 지나자 단기간에 아카데미아학파에서 온갖 고집과 완고함이 소멸되었다. 그리고 플라톤의 저 훌륭한 입, 철학에 있어서 가장 순수하고 가장 선명한 가르침이 온갖 오류의 구름에서 벗겨져 드러났고 특히 플로티누스[295]에 이르러 최고의 빛을 발하였다. 그는 플라톤 철학자[296]로 불릴 만큼 플라톤과 흡사한 인물로 간주되었다. 플라톤과 플로티누스는 마치 함께 산 듯한데 단지 시간 간격이 있어 전자가 후자 속에 환생한 것이 아닌가 여겨질 정도였다.

지금은 어떤 철학자들이 생존하고 어떤 가르침을 펴고 있는가

    19.42. 지금은 우리가 견유학파나 소요학파나 플라톤학파[297]를 빼놓고

---

  [295] Plotinus(205~270): 그가 남긴 저서 *Enneades*는, 헤브라이즘과 헬레니즘을 통합한 '아우구스티누스의 그리스도교 철학' 수립에 결정적 영향을 끼쳤다.

  [296] Platonicus philosophus: 앞의 각주 287 참조.

  [297] Platonici: "최근에 플라톤을 따르는 아주 훌륭한 철학자들은 그냥 플라톤학파라고만 불리고 싶어 한다. 그리스인으로는 플로티누스와 얌블리쿠스와 포르피리우스가 아주 유명하다"(『신국론』 8.12).

eos uitae quaedam delectat libertas atque licentia. Quod autem ad eruditionem doctrinamque attinet et mores, quibus consulitur animae, quia non defuerunt acutissimi et sollertissimi uiri, qui docerent disputationibus suis Aristotelem ac Platonem ita sibi concinere, ut imperitis minusque attentis dissentire uideantur, multis quidem saeculis multisque contentionibus, sed tamen eliquata est, ut opinor, una uerissimae philosophiae disciplina. Non enim est ista huius mundi philosophia, quam sacra nostra meritissime detestantur, sed alterius intellegibilis, cui animas multiformibus erroris tenebris caecatas et altissimis a corpore sordibus oblitas numquam ista ratio subtilissima reuocaret, nisi summus deus populari quadam clementia diuini intellectus auctoritatem usque ad ipsum corpus humanum declinaret atque summitteret, cuius non solum praeceptis sed etiam factis excitatae animae redire in semetipsas et resipiscere patriam etiam sine disputationum concertatione potuissent.

---

298 ad eruditionem doctrinamque et mores: 철학의 세 분야인 자연학, 논리학(변증술), 윤리학을 가리킨다(3,10,23 각주 161 참조).

299 "소요학파와 아카데미아학파는 이름만 다르고 내용은 합치한다. 둘 다 플라톤의 풍부한 사상에서 기인하고 학문의 형태를 갖추었다"(Cicero, *Academica* 1,5,17-18). 포르피리우스는 아예 『플라톤과 아리스토텔레스의 단일한 사상에 관하여』라는 저서를 냈다.

300 una verissimae philosophiae disciplina: 곧이어 나오는 '두 세계'(감각계와 가지계) 이론이 특히 교부를 흡족하게 만든 듯하다.

301 콜로 2,8 — "아무도 사람을 속이는 헛된 철학으로 여러분을 사로잡지 못하게 조심하십시오. 그런 것은 사람들의 전통과 이 세상의 정령들을 따르는 것이지 그리스도를 따르는 것이 아닙니다" — 참조.

302 divinus intellectus: νοῦς θεῖος의 번역어로 보인다.

는 철학자들을 거의 못 본다. 견유학파는 삶의 자유와 분방함을 즐기기 때문에 그렇게 불린다. 그러나 영혼이 궁구하는 교양이나 이론 그리고 윤리 도덕에 관한 한[298] 지극히 명민하고 아주 노련한 인물들이 없지 않았다. 그들은 자기네 토론을 통해서 아리스토텔레스와 플라톤이 상통하는 학자들이라고 가르쳤고 전문 지식이 없거나 주의력이 깊지 않은 사람들에게만 견해가 다른 것처럼 보인다고 가르쳤다.[299] 여러 세기를 두고 무수한 토론을 거치면서 둘은 진정한 철학의 학문으로[300] 융합되고 용해되었다는 것이 내 견해다. 물론 그것이 이 감각적 세계에 관한 철학은 아니다. 그런 철학은 우리네 거룩한 경전이 당연히 백안시한다.[301] 오히려 그것은 다른 세계, 가지계可知界에 관한 철학이다. 그런데 오류에서 오는 갖가지 형태의 어둠으로 말미암아 영혼이 맹목이 되어 육체에 켜켜로 앉은 때꼽으로 망각에 빠져 있어서 아무리 명석한 이성理性이라고 할지라도 영혼들을 저 가지계로 일깨워 들이지 못한다. 다만 지존하신 하느님이 백성을 위하시는 자비로 신적 오성悟性[302]의 권위를 인간 육체의 위치까지 낮추시고 복속시키지 않으셨더라면 영혼들을 일깨우는 일이 성사되지 않았을 것이다.[303] 그리하여 영혼들이 단지 하느님의 계명만 아니고 또한 그분의 활동에 힘입어서, 토론의 시비를 거치지 않고서도, 자기 자신으로 돌아오고[304] 정신을 차려[305] 고국을 향할 수 있게 되었다.[306]

---

303 진리 인식에서 신적 은총과 말씀의 육화가 가지는 의의를 짤막하게 언급하고 있다.

304 animae redire in semetipsas: 본서 1,1,1(각주 7)에서도 철학함의 근간으로 삼았다.

305 사본에 따라서는 resipiscere('제정신이 들다, 정신이 다시 깨어나다') 대신 respicere('돌이켜 보다, 되돌아보다')라고 되어 있다.

306 resipiscere patriam: Plotinus(*Enneades* 1,6,8)도 "우리가 떠나온 고국이 저기 있다. 아버지가 저기 계시다. 어떻게 그리로 여행할 것인가? 탈출하는 길은 무엇인가?"에 대해 철학함을 그 해답으로 설정한 바 있다.

XX 43. Hoc mihi de Academicis interim probabiliter, ut potui, persuasi. Quod si falsum est, nihil ad me, cui satis est iam non arbitrari non posse ab homine inueniri ueritatem. Quisquis autem putat hoc sensisse Academicos, ipsum Ciceronem audiat. Ait enim illis morem fuisse occultandi sententiam suam nec eam cuiquam, nisi qui secum ad senectutem usque uixisset, aperire consuesse. Quae si autem ista, deus uiderit; eam tamen arbitror Platonis fuisse. Sed ut breuiter accipiatis omne propositum meum, quoquo modo se habeat humana sapientia, eam me uideo nondum percepisse. Sed cum tricensimum et tertium aetatis annum agam, non me arbitror desperare debere eam me quandoque adepturum. Contemptis tamen caeteris omnibus, quae bona mortales putant, huic inuestigandae inseruire proposui. A quo me negotio quoniam rationes Academicorum non leuiter deterrebant, satis, ut arbitror, contra eas ista dis-

---

307 Cicero의 *Academica*(editio posterior)의 유실된 문장으로 추정된다. 본서 2,10,24(각주 135: *Academica* 2,18,60) 참조.

308 percepisse: 본서에서 아카데미아학파 논쟁의 핵심 용어 — percipere('확실하게 알다') — 를 최초로 자기에게 구사하였다.

309 이 저서의 대화가 이루어진 386년 "11월 13일은 내 생일이었다. 간소한 점심을 마치고 서 나와 함께 살고 있던 사람들 모두 욕탕의 홀에 모이게 하였다"(*De beata vita* 1,6).

철학에 정통한 아우구스티누스는 지혜로운 사람들의 권위와 그리스도의 권위에서 무엇을 느끼는가

20.43. 이상의 것이 내가 아카데미아학파를 두고 나 자신에게 납득시켜 온 내용이다. 그것도 어디까지나 개연적인 것이고 내 힘이 닿는 대로 했을 뿐이다. 그게 거짓이라 해도 내게는 중요하지 않다. 나로서는 단지 인간이 진리를 발견할 수 없다고 여기지 않게 된 점으로 충분하다. 아카데미아학파가 이렇게 생각했다고 여기는 사람은 그가 누구든지 키케로의 말을 직접 들어 보기 바란다. 그가 하는 말에 의하면, '그들에게는 자기네 사상을 비밀로 숨기는 관습이 있었고 노경에 이르기까지 자기들과 함께 산 사람이 아니면 자기네 사상을 공개하지 않는 것이 관례였다'.[307] 따라서 그 교설이 정확하게 어떤 것인지는 하느님이 아시며 나로서는 그 교설이 플라톤의 것이었다고 생각한다. 하지만 되도록 간단하게 말해서 내 의중 전부를 여러분이 받아들이게 만들려는 뜻에서 하는 말이지만 인간 지혜가 과연 어떻게 생겼는지는 아직도 내가 파악 못했다고[308] 본다. 그러면서도 서른세 살의 나이를 먹은 내가[309] 언젠가는 지혜를 획득할 수 있으리라는 희망을 접어야 한다고는 여기지 않는다. 죽을 인간들이 선(善)으로 간주하는 다른 모든 것들을 하시하면서라도 나는 이 진리를 탐구하는 데 헌신하기로 결심하였다. 그런데 이런 노력을 기울이는 데 아카데미아학파의 논지가 적지 않게 나를 붙들고 늘어지기 때문에 나는 그런 논지에 대항해서 앞에 나온 토론으로 무장했던 것이다.[310] 내가 보기에는 충분한 토론이었다.

---

310 이 저서의 집필 의도는 *Retractationes*(1,1,1)에서 분명하게 밝혔다. "진리를 발견할 수 없다는 절망을 많은 사람들에게 심어 주는 사람들의 논리, 그리고 현자(賢者)라면 그 무엇에도 동의해서는 안 된다고, 어떤 사물도 확연히 드러나고 확실한 것처럼 승인해서는 안 된다고 금하는 사람들의 논리를 내 정신으로부터 내 힘이 닿는 대로 이론적으로 몰아내기 위함이었다."

putatione munitus sum. Nulli autem dubium est gemino pondere nos impelli ad discendum auctoritatis atque rationis. Mihi ergo certum est nusquam prorsus a Christi auctoritate discedere; non enim reperio ualentiorem. Quod autem subtilissima ratione persequendum est – ita enim iam sum affectus, ut quid sit uerum non credendo solum sed etiam intellegendo apprehendere impatienter desiderem – apud Platonicos me interim, quod sacris nostris non repugnet, reperturum esse confido.

44. Hic postquam sermonis finem me fecisse aspexerunt, quamquam iam erat nox et aliquid etiam lucerna inlata scriptum erat, tamen illi adulescentes intentissime exspectabant, utrum Alypius uel alio die se responsurum esse promitteret. Tum ille: Nihil mihi aliquando, inquit, tam ex sententia prouenisse affirmare paratus sum, quam quod hodierna disputatione discedo superatus. Nec is-

---

311 gemino pondere ad discendum auctoritatis atque rationis: 선대 철학자들의 '권위'와 스스로 사유하여 논쟁하는 '이성'으로 이 첫 저서를 엮었지만 이미 아우구스티누스에게는 진리 탐색의 두 기둥인 '그리스도의 권위'와 '철학적 탐구의 이성'(『참된 종교』 24,45 참조)이 확립되어 있음을 다음 문장이 보여 준다.

312 "내가 플라톤을 기리고 플라톤학파 혹은 아카데미아학파 철학자들을 기리던 칭송은 대단했는데, 그들이 불경스러운 사람들은 아니었던 까닭이다. 하지만 그들의 엄청난 오류에 대항해서 내가 그리스도교를 옹호해야 한다는 사실에 비추어 보면 [내가 바친] 칭송이 내 마음에 안 드는데, 괜한 말이 아니다"(*Retractationes* 1,1,4).

우리가 권위權威와 이성理性이라는 쌍둥이³¹¹의 균형을 잡고서 무엇을 배우도록 충동받는다는 사실은 누구도 의심치 않는다. 현재까지 나로서는 그리스도의 권위로부터 결코 이탈하지 말아야겠다는 생각이 확고하다. 그보다 힘 있는 권위를 나는 발견하지 못하고 있다. 이성으로 말할 것 같으면 가장 숭고한 이성으로 탐구해야 할 바를 임시적으로 플라톤학파에게서 찾아내야겠다는 생각을 품고 있다.³¹² (나는 무엇이 진리인지는 단지 믿는 것으로 그치지 않고 이해하여 파악하고 싶은 열망에 애가 타도록 이미 길들어 있다.) 이성으로 탐구하는 이 노력은 우리 성경에 배치되지 않을뿐더러, 그렇게 해서 진리를 발견하리라는 신뢰심을 나는 간직하고 있다."³¹³

알리피우스가 아우구스티누스의 논지를 받아들이고 그에게 찬사를 보내다

20.44. 이 시점에서 저 젊은이들은 내가 연설의 종지부를 찍기까지 기다리고 있었습니다. 그리고 벌써 밤이 왔고 내가 한 얘기는 호롱불을 켜 놓고서 이미 서판에 뭐가를 기록해 놓은 다음이었지만 젊은이들은 혹시 알리피우스가, 이튿날에라도, 내 말에 답변을 내놓겠노라고 다짐하지나 않을까 해서 대단한 관심을 가지고 기다렸습니다. 그러자 알리피우스가 입을 열었습니다. "지금처럼 내가 졌다는 사실을 공공연히 자백할 마음이 생긴 적이 없다. 다름 아닌 바로 오늘의 토론에서 나는 손을 들고 연단에서 내려간다. 나의 이 기쁨이 나 혼자만의 것이 되어야 한다고는 생각지 않는다. 그러니 내 생각을 여러분과 함께 나누겠다. 여러분은 나와 함께 싸운 동지들이자 우리 둘의 논쟁에 대한 심판관들이기도 한 까닭이다.³¹⁴▶ 아마

---

313 이 생각은 『자유의지론』(2.2.5)에서 "그러나 우리는 믿는 바를 또한 알고 이해하기 바란다"(sed nos id quod credimus nosse et intellegere cupimus)는 명제로 정리되어 그의 모든 저작을 관통한다.

tam meam tantum puto debere esse laetitiam. Communicabo ergo eam uobiscum, concertatores mei uel iudices nostri, quando quidem isto se pacto a suis posteris uinci ipsi etiam fortasse Academici optarunt. Quid enim nobis hoc sermonis lepore iucundius, quid sententiarum grauitate perpensius, quid beniuolentia promptius, quid doctrina peritius uideri aut exhiberi potest? Prorsus nequaquam digne ammirari possum, quod tam facete aspera, tam fortiter desperata, tam moderate conuicta, tam dilucide obscura tractata sunt. Quare iam, socii mei, exspectationem uestram, qua me ad respondendum prouocabatis, certiore spe mecum ad discendum conuertite. Habemus ducem, qui nos in ipsa ueritatis arcana deo iam monstrante perducat.

45. Hic ego, cum illi puerili quodam studio, quod Alypius responsurus non uidebatur, quasi fraudatos se uultu ostenderent: Inuidetis, inquam arridens, laudibus meis? Sed quoniam de Alypii constantia iam securus nihil eum timeo, ut uos quoque mihi gratias

---

◀314 리켄티우스와 트리게티우스.

315 habemus ducem: 로마인의 일상 어법으로는 아우구스티누스를 가리키는 듯하고, 다른 문헌 — *Sermo* [Mai] 127,2(Christum habemus ducem) — 에 비추어 보면 위의 3,19,42(각주 318 참조)에 나오는 '신적 오성', 곧 그리스도를 가리키는 것 같다.

이런 식으로 자기네 후손들한테서 패배를 당하는 일은 아카데미아학파 본인들도 은근히 바랐을지 모른다. 우리가 행한 이 재치 있는 논의보다 더 유쾌하고, 여기서 거론한 진지한 사상들보다 더 신중하고, 토론에 임하는 우리의 호의보다 더 신속하고, 이 자리에서 얻은 교양보다 더 박식한 무엇을 우리가 과연 생각해 낼 수 있고 내놓을 수 있을까? 그토록 까다로운 문제가 그토록 무난하게 다뤄지고, 그렇게나 절망적인 문제가 그렇게나 과감하게 다뤄지고, 그처럼 신념 깊은 내용도 그처럼 중용 있게 다뤄지고, 그렇듯 모호한 사안도 그렇듯 명료하게 다뤄졌다는 사실을 보건대, 내 측에서는 제대로 감탄할 여력조차 없다. 그러니 내 동료들이여, 여러분들이 나더러 답변을 내놓아 보라고 부추기던 그 기대는 뭔가를 배우겠다는 마음으로 바꾸도록 하라. 사실 여기선 그럴 만한 희망이 있다. 우리는 영도자를 모시고 있다.[315] 하느님이 이미 보여 주시는 가운데 진리의 비밀스러운 처소로 우리를 이끌어 갈 영도자 말이다."

청취자들은 아직도 뭔가를 더 듣고 싶어 하였다

20.45. 그러자 저 젊은이들은 좀 유치한 학구열에도 불구하고 알리피우스가 내 말에 제대로 답변을 내놓을 것처럼 보이지 않자 자기들이 속았다는 얼굴 표정을 하였습니다. 그래서 내가 웃으면서 한마디 하였습니다. "내가 받는 찬사가 샘나서들 그러나? 알리피우스의 끈기에 대해서는 나도 자신 있었으므로 나는 그를 두려워하지 않는다. 그가 너희의 단단한 기대를 저버렸으니 내가 너희를 가르쳐 그에게 맞서게 해 주겠다. 그러면 너희가 되레 나한테 고맙다고 할 것이다. 키케로의 『아카데미아학파』를 읽어

agatis, instruo uos aduersus illum, qui tantam intentionem uestrae exspectationis offendit. Legite Academicos et, cum ibi uictorem – quid enim facilius? – istarum nugarum Ciceronem inueneritis, cogatur iste a uobis hunc nostrum sermonem contra illa inuicta defendere. Hanc tibi, Alypi, duram mercedem pro mea falsa laude restituo. – Hic cum arrisissent, finem tantae conflictionis – utrum firmissimum nescio – modestius tamen et citius, quam speraueram, fecimus.

---

316 아우구스티누스가 본서에서 주로 따르고 지금까지 각주에 주요 전거로 인용되어 온 *Academicae quaestiones* 혹은 *Academica priora*(일명 *Lucullus*), *Academica posteriora*(일명 *Catullus*).

317 istae nugae: "키케로의 『아카데미아학파』에서 내가 키케로의 논지들을 원용하였는데, 그의 논지에 비해서 내 논지를 '객설'(nugae)이라고 표현하였다. 실상 나는 [내가 객설이라고 부른] 그 논지를 가지고 [아카데미아학파의] 확고한 논지들을 이치에 맞게 논박하였으며, 비록 농담조로 말하였고 그게 반어법으로 들렸을 테지만 [내 말을 저렇게까지 비하해서] 말할 것은 아니었다"(*Retractationes* 1,1,4).

보라.³¹⁶ 그러면 내가 여태까지 내놓은 저런 객설을³¹⁷ 키케로가 극복하고 남은 승자임을 너희도 알아챌 것이다. 하기야 그런 인물에게는 이보다 쉬운 일도 없을 게다. 그러면 너희는 알리피우스를 억지로 떠밀어 키케로의 저 불패의 논변들을 상대로 해서 우리가 펼친 논지를 옹호하지 않을 수 없게 만들 것이다. 알리피우스, 이건 내가 자네한테 갚는 힘겨운 보답일세. 자네가 나한테 돌린 엉터리 찬사에 대한 대가로 말일세." 모두가 껄껄 웃는 가운데 꽤나 격했던 언쟁의 종지부를 찍었습니다.³¹⁸ 그게 정말 확실한 끝맺음인지는 나도 모르겠지만 하여튼 기대했던 것보다 훨씬 점잖고 훨씬 빨리 우리는 끝을 맺었습니다.

---

318 『삼위일체론』(15,12,21)에서 아우구스티누스는 본서의 저작 의도와 내용을 짤막하게 다시 간추리고 있다.

Retractationes 1.1.1-4
Contra Academicos libri tres

I 1. Cum ergo reliquissem uel quae adeptus fueram in cupiditatibus huius mundi uel quae adipisci uolebam, et me ad christianae uitae otium contulissem, nondum baptizatus contra Academicos uel de Academicis primum scripsi, ut argumenta eorum, quae multis ingerunt ueri inueniendi desperationem, et prohibent cuiquam rei assentiri, et omnino aliquid tamquam manifestum certumque sit approbare sapientem, cum eis omnia uideantur obscura et incerta, ab animo meo, quia et me mouebant, quantis possem rationibus amouerem. Quod miserante atque adiuuante domino factum est.

2. Sed in eisdem tribus libris meis non mihi placet *totiens me appellasse fortunam*, quamuis non aliquam deam uoluerim hoc nomine intellegi, sed fortuitum rerum euentum uel in corporis nostri

---

¹ 386년 포도 수확절(Vindemiales feriae: 8월 23일부터 10월 15일까지) 무렵으로 명기하였다(『고백록』 9,2,2). 세례(387년 4월 24일 부활 전야)를 받으러 밀라노로 가기까지 Cassiciacum에 머물렀다.

² *Contra Academicos*라는 제목은 그의 전집에 두 번, *De Academicis*는 20여 회 나온다.

재론고 1.1.1-4
아카데미아학파 반박

1.1. 이 세상의 탐욕에서 내가 얻었거나 아직도 얻기 바라던 것을 내버리고서 그리스도교 생활의 여가 속으로 피신하였을 즈음에,[1] 나는 아직 세례 받지 않은 처지에서 『아카데미아학파 반박』*Contra Academicos* 또는 『아카데미아학파론』*De Academicis*이라는 책자를 처음으로 썼다.[2] 이것은 진리를 발견할 수 없다는 절망을 많은 사람들에게 심어 주는 사람들의 논리, 그리고 현자賢者라면 그 무엇에도 동의해서는 안 된다고,[3] 어떤 사물도 확연히 드러나고 확실한 것처럼 승인해서는 안 된다고 금하는 사람들의 논리를 내 정신으로부터 내 힘이 닿는 대로 이론적으로 몰아내기 위함이었다. 그러한 논지들이 나를 동요시켜 왔을뿐더러 저 사람들에게는 모든 것이 모호하고 불확실하게 보였다. 그 일은 주님의 자비와 도우심으로 이루어졌다.

1.2. 그러나 나의 그 세 권 책에서 내가 번번이 "**행운[운명]이라는 이름을 언명했던**" 사실이 마음에 꺼림칙하다. 이 명사를 어떤 여신으로 알아듣기를 바란 것은 아니었고 우리 신체의 호불호好不好 또는 외적인 호불호에 닥치는 우연한 결과를 지칭하려는 것이었다. 사실 '우연히', '혹시', '운수 좋게',

---

3 어떤 명제를 진리로 '승인하는'(approbare) 모험을 삼가고 '판단 유보'(adsensionis retentio)를 견지하는 철학적 입장을 반박하는 일이 본서의 주제다.

uel in externis bonis aut malis. Vnde et illa uerba sunt, quae nulla religio dicere prohibet: forte, forsan, forsitan, fortasse, fortuitu, quod tamen totum ad diuinam reuocandum est prouidentiam. Hoc etiam ibi non tacui dicens: *Etenim fortasse quae uulgo fortuna nominatur, occulto quodam ordine regitu; nihilque aliud in rebus casum uocamus, nisi cuius ratio et causa secreta est.* Dixi quidem hoc; uerumtamen paenitet me sic illic nominasse fortunam, cum uideam homines habere in pessima consuetudine, ubi dici debet: hoc deus uoluit, dicere: hoc uoluit fortuna.

Quod autem quodam loco dixi: *Ita comparatum est siue pro meritis nostris siue pro necessitate naturae, ut diuinum animum mortalibus inhaerentem nequaquam philosophiae portus accipiat* et cetera, aut nihil horum duorum dicendum fuit, quia etiam sic sensus posset esse integer, aut satis erat dicere *pro meritis nostris*, sicut uerum est ex Adam tracta miseria, nec addere *siue pro necessitate naturae*, quando quidem naturae nostrae dura necessitas merito praecedentis iniquitatis exorta est.

Itemque illic quod dixi: *Nihil omnino colendum esse, totumque abiciendum quidquid mortalibus oculis cernitur, quidquid ullus sensus attingit*, addenda erant uerba ut diceretur: *quidquid* mortalis corporis *ullus sensus attingit*; est enim sensus et mentis. Sed eorum

---

4 행운(fortuna)은 여신 Fortuna로 숭배받았고 forte, forsan, forsitan, fortasse, fortuito 같은 파생어들이 일상어로 쓰이고 있었다.

5 본서 1,1,1.

'재수 좋게도', '우발적으로' 같은 저 단어들은⁴ 어느 종교도 사용을 금하지 않는다. 다만 그 전부가 신적 섭리를 연상시키는 것이어야 한다. 하기야 나도 거기서 이런 말을 안 한 것은 아니다. "**시쳇말로 운명이라고 일컫는 것도 숨겨진 질서에 의해서 통치되며, 또 사물에서 우연이라고 우리가 부르는 것도 그 이유와 원인이 감추어진 사건 외에 딴것이 아닙니다.**"⁵ 내가 이 말을 했다. 하지만 사람들은 '하느님이 그렇게 바라셨다'고 말해야 할 경우에 '운명이 그렇게 바랐다'라고 말하는 아주 나쁜 습관을 가지고 있다는 사실로 미루어 그 자리에서 내가 '운명'이라는 명사를 쓴 사실을 두고 후회가 된다.

또 내가 그 책의 어느 대목에서 다음과 같은 말을 한 적이 있다. "**그렇지만 우리의 업보인지 아니면 자연 본성의 필연인지 몰라도 신성한 영혼이 사멸할 것들에 매여 있는 한 지혜의 포구가 그 영혼을 거두어 주지 않게 정해져 있다**" 등등.⁶ 여기서 "우리의 업보인지 아니면 자연 본성의 필연인지 몰라도"라는 문구에서 두 가지 얘기를 다 하지 말았어야 했다. 그런 언급을 않더라도 문장의 의미는 온전할 터였기 때문이다. 그렇지 않았더라면 그냥 '**우리 업보로**'라는 말로 족했다. 아담으로부터 우리의 비참한 처지가 유래한 까닭이다. '**자연 본성의 필연으로**'라는 말을 덧붙일 필요가 없었으니 우리 자연 본성의 가혹한 필연은 이전 죄과의 업보로 발생한 것이기 때문이다.

나아가서 "**죽을 눈에 보이는 모든 것, 감관이 포착하는 모든 것은 무엇이든지 숭배해서는 안 된다고, 전적으로 멸시해야 한다고 진정으로 나를 가르치고 있습니다**"라는 말을 했는데, '죽을 육체의 **감관에서 오는 모든**

---

6 본서 1,1,1. meritum('업보'로 번역)은 보통으로는 '선한 공덕'을 의미하지만, 라틴어로는 '악한 업보(응보)'도 의미하므로 이런 보충 설명을 달았다.

more tunc loquebar, qui sensum nonnisi corporis dicunt et sensibilia nonnisi corporalia. Itaque ubicumque sic locutus sum, parum est ambiguitas euitata, nisi apud eos quorum consuetudo est locutionis huius.

Item dixi: *Quid censes aliud esse beate uiuere, nisi secundum id, quod in homine optimum est uiuere?* et quid dixerim *in homine esse optimum* paulo post explicans: *Quis*, inquam, *dubitauerit nihil esse aliud hominis optimum quam eam partem animi, cui dominanti obtemperare conuenit cetera quaeque in homine sunt? Haec autem, ne aliam postules definitionem, mens aut ratio dici potest.* Hoc quidem uerum est; nam quantum attinet ad hominis naturam, nihil est in eo melius quam mens et ratio. Sed non secundum ipsam debet uiuere, qui beate uult uiuere, alioquin secundum hominem uiuit, cum secundum deum uiuendum sit, ut possit ad beatitudinem peruenire; propter quam consequendam non se ipsa debet esse contenta, sed deo mens nostra subdenda est.

Item respondens ei cum quo disputabatur *Hic plane*, inquam, *non erras; quod ut tibi omen sit ad reliqua, libenter optauerim*. Hoc licet non serio sed ioco dictum sit, nollem tamen eo uerbo uti. Omen

---

7 본서 1,1,3. sensus라는 단어는 일반적으로 '신체 감관'(sensus corporis)을 뜻하지만 교부는 '지성, 곧 정신에게 고유한 감각'(sensus mentis)이라는 표현도 구사하므로(*Soliloquia* 1,6,12) 주의를 환기시킨다.

8 본서 1,2,5.   9 본서 1,2,5.

10 1베드 4,6 참조: "죽은 이들도 영으로는 하느님처럼 살게(vivant autem secundum Deum Spiritu) 하시려는 것입니다."

것은'이라고 첨가되었어야 했다. 왜냐하면 '지성의 감관'이라는 것도 존재하는 까닭이다.⁷ 하지만 그 당시 나로서는 감관이라는 것은 어디까지나 신체의 것이고 감각적 사물이라면 어디까지나 물체들이라고 말하던 사람들의 어법에 따라서 말하던 참이었다. 그러므로 내가 이렇게 발설할 적마다 모호함을 피할 길 없었더라도 저런 식의 어법을 가진 사람들에게 한 말로 여길 것이다.

또 내가 이런 말을 했다. "인간에게서 최선에 해당하는 그것에 따라서 **살아가는 일 말고 행복하게 살아간다는 것이 무엇일 수 있다고 보느냐?**"⁸ 그리고 **인간에게서 최선에 해당하는 것**이 무엇이냐는 조금 뒤에 이렇게 설명했다. "**인간의 최선이란 정신의 그 부분, 인간에게 있는 여타의 모든 것이 그 지배에 복종함이 합당한 바로 그 부분이요 다른 아무것도 아님을 누가 의심하겠는가? 네가 다른 정의를 요구하지 않게 하려고 하는 말이지만, 이것은 '지성'**知性 **혹은 '이성'**理性**이라고 일컬을 수 있다.**"⁹ 이것은 참말이다. 인간의 자연 본성에 해당하는 한, 인간에게 지성과 이성보다 훌륭한 것이 아무것도 없다. 그렇지만 행복하게 살기 원하는 사람은 그것에 따라서 살 것이 아니다. 그렇지 않을 경우, 인간이 행복에 이르고 싶으면 '하느님에 따라서 살아야 할 터인데'¹⁰ 인간에 따라서 사는 셈이다. 그래서 우리 지성은 자체를 두고 만족할 것이 아니라 하느님께 복속服屬해야 마땅하다.

그리고 토론하는 상대에게 답변하면서 내가 "**나머지에 대해서도 네게 좋은 조짐이 오기를 간절히 바란다**"라는 말을 한 적이 있다.¹¹ 이런 말은 진지하게 한 말이라기보다는 농담 삼아 한 말이기는 하지만 저런 단어는

---

11 본서 1.4.11. omen(조짐)은 이교도 세계의 용어였고, 성경에 나오는 '역겨움'(ab-ominatio)이라는 단어의 어원도 되었으므로 이 단어의 구사가 적절치 못했다는 후회다.

quippe me legisse non recolo siue in sacris litteris nostris, siue in sermone cuiusquam ecclesiastici disputatoris, quamuis abominatio inde sit dicta, quae in diuinis Libris assidue repperitur.

3. In secundo autem libro, prorsus inepta est et insulsa *illa quasi fabula de philocalia et philosophia, quod sint germanae et eodem parente procreatae*. Aut enim philocalia quae dicitur nonnisi in nugis est, et ob hoc philosophiae nulla ratione germana; aut si propterea est hoc nomen honorandum, quia Latine interpretatum amorem significat pulchritudinis, et est uera ac summa sapientiae pulchritudo, eadem ipsa est in rebus incorporalibus atque summis philocalia quae philosophia, neque ullo modo sunt quasi sorores duae.

Alio loco de animo cum agerem dixi: *Securior rediturus in caelum*. Iturus autem quam rediturus dixissem securius, propter eos qui putant animos humanos pro meritis peccatorum suorum de caelo lapsos siue deiectos in corpora ista detrudi. Sed hoc ego propterea non dubitaui dicere, quia ita dixi *in caelum*, tamquam dicerem: ad deum, qui eius est auctor et conditor, sicut beatus Cyprianus non cunctatus est dicere: Nam cum corpus e terra spiritum possideamus e

---

12 본서 2,3,7. 라틴 문장에 처음으로 차용되는 Philocalia(아름다움에 대한 사랑)는 그리스 철학서에 자주 나오지만 Philosophia와 더불어 자매간(germanae)이라는 표현은 발견되지 않으므로 섣부른 글이었다고 지적한다.

13 본서 2,9,22. "정신(animus, 영혼)이 하늘로 돌아간다"는 말은 교부가 강력하게 부인하는 영혼선재설을 전제하는 듯한 문구로 오인되기 쉽다.

사용하지 말았어야 한다. '조짐'[omen]은 우리 성경에서도 내가 읽은 기억이 없고 어느 교회 변론자의 연설에서도 읽은 적이 없다. 오히려 '역겨움' [abominatio]이라는 단어가 저 단어에서 파생하였다고 하는데 성경에서 빈번하게 발견된다.

1.3. 그 책 제2권에서 **필로칼리아**philocalia와 **필로소피아**philosophia에 관한 어리석고도 멍청한 신화를 들면서 "이 둘은 자매요 같은 어버이한테서 나온 소생들"이라는 말을 했다.[12] 그런데 필로칼리아가 야담에나 나오는 얘기이고 따라서 철학과는 무슨 사연으로도 자매가 될 수 없거나, 그렇지 않고 이 명사가 그래도 존중되어야 한다면 라틴어로는 아름다움에 대한 사랑을 뜻하고 그것은 지혜에 대한 참답고 지고한 아름다움이며, 비물체적이고 지고한 사물들에서 필로칼리아와 필로소피아는 동일한 것이나 마찬가지이므로 어느 모로도 두 자매가 되지 않는다. 그리고 다른 대목에서 정신에 관하여 논하면서 **"더 안전하게 하늘로 돌아가려고 한다"**는 말을 한 적이 있다.[13] 여기서 '돌아가려고 한다'고 말하기보다 '가려고 한다'고 했더라면 보다 안전했을지 모른다. 인간 영혼이 자기 죗값으로 하늘에서 추락하거나 쫓겨나 이 육체 속으로 떠밀려 왔다고 생각하는 사람들 때문이다.

내가 주저 없이 이런 말을 한 이유는 내가 '**하늘로**'in caelum라고 할 적에는 '하늘의 창조주요 조물주인 하느님께로'라는 말을 하고 싶었기 때문이다. 복되신 키프리아누스께서도 다음과 같은 말을 주저하지 않으셨던 것이다. "우리는 몸은 땅으로부터 영은 하늘로부터 소유하고 있으므로 우리 자신은 땅이자 곧 하늘이다."[14] 또 「코헬렛」에는 "영은 그것을 주신 하느님

---

[14] Cyprianus, *De dominica oratione* 16.

caelo, ipsi terra et caelum sumus, et in libro Ecclesiastes scriptum est: *Spiritus reuertatur ad deum qui dedit illum*. Quod utique sic intellegendum est, ut non resistatur apostolo dicenti: *Nondum natos nihil egisse boni aut mali*. Sine controuersia ergo quaedam originalis regio beatitudinis animi deus ipse est, qui eum non quidem de se ipso genuit, sed de nulla re alia condidit, sicut condidit corpus e terra. Nam quod attinet ad eius originem, qua fit ut sit in corpore, utrum de illo uno sit qui primum creatus est, quando factus est homo in animam uiuam, an similiter fiant singulis singuli, nec tunc sciebam nec adhuc scio.

4. In libro tertio *Si quid mihi uideatur quaeris*, inquam, *in mente arbitror esse summum hominis bonum*. Verius dixissem: in deo; ipso enim mens fruitur, ut beata sit, tamquam summo bono suo. Nec illud mihi placet quod dixi: *Liquet deierare per omne diuinum*.

Item quod dixi de Academicis, *quia nouerant uerum, cuius simile appellabant ueri simile, idque ipsum ueri simile appellaui falsum*

---

15 코헬 12,7 참조: "먼지는 전에 있던 흙으로 되돌아가고 목숨은 그것을 주신 하느님께로 되돌아간다."

16 로마 9,11 참조: "두 아들이 태어나기도 전에, 그들이 선이나 악을 행하기도 전에."

17 창세 2,7 참조: "그때에 주 하느님께서 흙의 먼지로 사람을 빚으시고, 그 코에 생명의 숨을 불어넣으시니, 사람이 생명체가 되었다." 교부가 인용하는 히에로니무스의 불가타본의 마지막 구절 'quando factus est homo in animam viventem'은 "사람이 살아 있는 영혼[생명, 목숨]이 되었다"로 번역된다.

18 개인의 영혼이 원조로부터 계승되느냐(원죄를 해명하는 데 유리하다), 하느님이 그때마다 새로 창조하시느냐(영혼선재설을 배척하는 데 유리하다)는 의문에 교부는 끝까지 확답을 못 내렸다(『자유의지론』 3,21,59 참조).

께로 돌아간다"라고 기록되어 있다.[15] "그들은 태어나기 전에 선이나 악을 아무것도 행하지 않았다"고 하는 사도의 말[16]에 배치되는 일이 없게 하는 뜻에서 저 말은 이렇게 알아들어야 한다. 영혼의 행복이 있는 본향本鄕이 하느님 당신이심은 토론의 여지가 없다. 하느님은 사람의 영혼을 당신 자신으로부터 낳으신 것이 아니고 창조하셨으며, 그렇다고 흙에서 몸을 만드셨듯이 다른 어떤 사물에서 만드신 것도 아니다. 다만 처음으로 창조된 저 사람이 산 목숨이 되었을 때[17] 저 사람에게서 우리 각자의 영혼이 유래하는지, 그렇지 않고 각각의 영혼이 제각기 따로 창조받는지는 그때 내가 알지 못했고 지금도 알지 못한다.[18]

1.4. 제3권에서는 "내 보기에 어떠냐고 물어오는 질문이라면 나는 인간의 **최고선은 지성에 있다고 여긴다**"[19]라는 말을 한 적이 있다. 인간의 최고선은 하느님께 있다고 말했더라면 더 정확했을 것이다. 영혼이 행복해지려면 그분을 자기의 최고선으로 향유한다. 또 "**온갖 신성**神聖**을 두고 맹세하는 바이지만**"[20]이라고 한 구절도 마음에 들지 않는다. 아카데미아학파를 두고 내가 한 말, "따라서 아카데미아학파 사람들은 **진리를 알고 있었고, 그에 비추어 허위라는 것이 무엇인지 수긍하고 있었던 것이다. 그들은 허위라는 것에서 참된 사물들의 그럴듯한 모상을 감지해 내고 있었던 것이다**"[21]라는 구절은 두 가지 이유에서 올바로 한 말이 아니다. (첫째,) 어느

---

[19] 본서 3,12,27.
[20] 본서 3,16,35. "너희는 말할 때에 '예' 할 것은 '예' 하고, '아니요' 할 것은 '아니요'라고만 하여라. 그 이상의 것은 악에서 나오는 것이다"(마태 5,37)라는 성경 말씀을 염두에 둔 발언 같다.
[21] 본서 3,18,40.

quod approbabant, duas ob causas non recte dictum est: uel quod falsum esset quod aliquo modo esset simile alicuius ueri, quia in genere suo et hoc uerum est, uel quod approbabant ista falsa, quae uocabant ueri similia, cum illi nihil adprobarent et affirmarent nihil approbare sapientem. Sed quia hoc ipsum ueri simile etiam probabile nuncupabant, hinc factum est ut hoc de illis dicerem.

Laus quoque ipsa qua Platonem uel Platonicos siue Academicos philosophos tantum *extuli*, quantum impios homines non oportuit, non immerito mihi displicuit, praesertim contra quorum errores magnos defendenda est christiana doctrina.

Illud etiam *quod in comparatione argumentorum Ciceronis, quibus in libris suis Academicis usus est, meas nugas esse dixi*, quibus illa argumenta certissima ratione refutaui, quamuis iocando dictum sit et magis ironia uideatur, non debuit tamen dici.

Hoc opus sic incipit: *O utinam, Romaniane, hominem sibi aptum.*

---

22 플라톤학파에 대한 아우구스티누스의 호의는 본서에서만도 2,10,24; 3,17,37; 3,18,41 참조.

면에서 진리와 근사한 것은 허위겠지만 그 나름대로는 진리일 것이기 때문이다. (둘째,) 아카데미아학파는, 실제로 아무것도 승인하지 않으며 현자는 아무것도 승인하지 않는다고 가르치지만, 나는 아카데미아학파 스스로가 진리의 근사치라고 부르는 그 허위를 그들이 승인한다고 암시했다. 그들은 이 진리의 근사치 또한 개연적이라 부르기 때문에 그들을 두고 내가 이런 말을 했던 것이다.

"내가 플라톤을 기리고 플라톤학파 혹은 아카데미아학파 철학자들을 기리던 칭송"은 대단했는데, 그들이 불경스러운 사람들은 아니었던 까닭이다.[22] 하지만 그들의 엄청난 오류에 대항해서 내가 그리스도교를 옹호해야 한다는 사실에 비추어 보면 내가 바친 칭송이 내 마음에 안 드는데, 괜한 말이 아니다.

책 말미에 "키케로의 『아카데미아학파』에서 키케로의 논지들을 원용하였는데, 그의 논지에 비해서 내 논지를 '객설'이라고 표현하였다.[23] 실상 나는 내가 객설이라고 부른 그 논지로 아카데미아학파의 확고한 논지들을 이치에 맞게 논박하였으며, 비록 농담조 말을 했고 그게 반어법으로 들렸을 테지만 내 말을 저렇게까지 비하해서 말할 것은 아니었다.

이 작품은 "오, 로마니아누스여, 무릇 덕성이라는 것이 자기에게 적격한 인간을 발견한 경우"라는 문구로 시작한다.

---

23 본서 3,20,45 참조: "키케로의 『아카데미아학파』를 읽어 보라. 그러면 내가 여태까지 내놓은 저런 객설을 키케로가 극복하고 남은 승자임을 너희도 알아챌 것이다."

Epistula 1 Ad Hermogenianum

1. Academicos ego, ne inter iocandum quidem, unquam lacessere auderem: quando enim me tantorum virorum non moveret auctoritas, nisi eos putarem longe in alia, quam vulgo creditum est, fuisse sententia? Quare potius eos imitatus sum quantum valui, quam expugnavi, quod omnino non valeo. Videtur enim mihi satis congruisse temporibus, ut si quid sincerum de fonte Platonico flueret, inter umbrosa et spinosa dumeta potius in pastionem paucissimorum hominum duceretur, quam per aperta manans, irruentibus passim pecoribus, nullo modo posset liquidum purumque servari. Quid enim convenientius pecori est, quam putari animam corpus esse? Contra huiusmodi homines opinor ego illam utiliter excogitatam tegendi veri artem atque rationem. Hoc autem saeculo cum iam nullos videamus philosophos, nisi forte amiculo corporis, quos quidem haud censuerim dignos tam venerabili nomine, reducendi mihi videntur homines (si quos Academicorum per verborum ingenium

---

1 카시키아쿰에서 386년 말경 Hermogenianus에게 보낸 편지인데 수신인에 관해서는 알려진 바가 전혀 없다.

2 아우구스티누스의 *Retractationes*(1,1,1)에서도 "나는 아직 세례 받지 않은 처지에서 『아카데미아학파 반박』(*Contra Academicos*) 또는 『아카데미아학파론』(*De Academicis*)이라는 책자를 처음으로 썼다"고 밝혀 반드시 논전서(論戰書) 성격으로 집필한 것이 아님을 밝힌다.

서간 1 _ 헤르모게니아누스에게[1]

1. 아카데미아학파를, 설령 장난으로라도, 내가 감히 공박하는 일은 결코 안 하겠습니다.[2] 내가 세인들이 믿어 온 것과는 생판 다른 견해로 저 인물들이 이러저러했다고 여기는 경우가 아니라면 모를까, 저토록 훌륭한 인물들의 권위가 어찌 나를 숙연하게 만들지 않겠습니까? 그래서 나는 그들을 공격하기보다는 차라리 내 힘이 닿는 대로 그들을 본받아 왔습니다. 그들을 공격하는 일은 응당 내 분수에도 미치지 못합니다. 플라톤의 샘에서 만약 신실한 무엇이 흘러나왔다면 응당 그늘진 가시덤불[3] 사이로 흘러 내려감으로써 극히 소수의 인간들만이 그 물길로 인도받아야 마땅하며, 널 따른 데로 흘러간다면 가축들이 아무 때나 덤비는 바람에 결코 맑고 깨끗하게 보전되지 못했을 것입니다. 짐승들이야 혼백이 곧 물체라고 생각하는 것보다 알맞은 일이 있겠습니까?[4] 이런 부류의 인간들을 상대로 한다면, 저런 진리를 감춰 두는 기술과 명분을 짜낸 것은 참 유익한 일이라는 것이 내 생각입니다. 지금 세상에서는 몸에 두른 외투로 본다면 모를까[5] — 내가 그런 자들을 저 고귀한 명칭에 합당하다고 여길 리가 없습니다 — 철학자라곤 눈을 씻고 보아도 없는 터에, (만약 아카데미아학파의 사상이

---

[3] dumeta[Stoicorum]라는 표현은 키케로의 것이며(*De natura deorum* 1,24) 본서(2,2,6)에서도 구사하고 있다.

[4] 에피쿠로스학파가 영혼을 물체적인 것으로 주장한 일을 빗대는 것 같다.

[5] nisi forte amiculo corporis: 그리스와 로마에서 철학자들은 '긴 망토'를 걸쳐 철학자임을 과시하였다.

a rerum comprehensione deterruit sententia) in spem reperiendae veritatis: ne id quod eradicandis altissimis erroribus pro tempore accomodatum fuit, iam incipiat inserendae scientiae impedimento esse.

2. Tantum enim tunc variarum sectarum studia flagrabant, ut nihil metuendum esset nisi falsi approbatio. Pulsus autem quisque illis argumentis ab eo quod se firmum et inconcussum tenere crediderat, tanto constantius atque cautius aliud quaerebat, quanto et in moribus maior erat industria, et in natura rerum atque animorum altissima et implicitissima latere veritas sentiebatur. Tanta porro nunc fuga laboris et incuria bonarum artium, ut simul atque sonuerit, acutissimis philosophis esse visum nihil posse comprehendi, dimittant mentes et in aeternum obducant. Non enim audent se illis credere, ut sibi appareat quod tanto studio, ingenio, otio, tam denique multa multipliciqe doctrina, postremo vita etiam longissima Carneades invenire non potuit. Si vero etiam aliquantum obnitentes adversus pigritiam, legerint eosdem libros, quibus quasi ostenditur naturae humanae denegata perceptio; tanto torpore indormiscunt, ut nec coelesti tuba evigilent.

---

6 마태 24,30-31 참조: "그때 하늘에 사람의 아들의 표징이 나타날 것이다. … 그리고 그는 큰 나팔 소리와 함께 자기 천사들을 보낼 터인데, 그들은 그가 선택한 이들을 하늘 이 끝에서 저 끝까지 사방에서 모을 것이다."

재주 있는 말솜씨로 사물의 이해에 도달하지 못하리라고 사람들에게 겁을 준 것이라면) 내 보기에 진리를 발견하리라는 희망으로 이끌어 내야 한다고 봅니다. 그러니 이에 관한 뿌리 깊은 오류를 제거하는 일이 당장 적절했고 사람들이 지식을 추구하는 데 새삼 방해가 되지는 않으리라 봅니다.

2. 당대에는 참으로 다양한 학파들이 열성을 불태우던 때였으므로 허위를 진리로 인정하는 일 말고는 꺼릴 것이 도시 없었습니다. 그때는 각자가 저런 논증을 구사하면서, 자기가 확고하고 부동하는 진리를 확보하고 있다고 믿던 신념에서 충동질받아 다른 학파와는 이색적인 무엇을 열심히 추구하였고, 참으로 꾸준하게 또 조심스럽게 다른 것을 탐색하고 있었으며, 윤리 도덕에도 그만큼 크나큰 심혈을 기울이고 있었습니다. 그러다 보니까 사물과 정신의 본성에 참으로 위대하고 깊이 감춰진 진리가 숨겨져 있음이 감지되었습니다. 그때와는 달리 지금은 수고를 기피하고 자유 학예에 대한 무관심이 하도 심해서 아주 명민한 철학자들마저도 아무것도 파악할 수 없는 것처럼 보인다는 소리를 듣게 되면 얼씨구나 하고 학문하려는 정성을 놓아 버리고 영원히 포기해 버립니다. 더구나 카르네아데스 같은 인물이 그 많은 학벌과 재능과 여가를 가지고서, 그토록 많고 그토록 다양한 이론을 갖추고서, 그 기나긴 생애를 바친 연후에도 아무것도 발견하지 못했던 것처럼 비친다면, 자기 같은 사람들에게는 진리가 명백히 드러날 수 있으리라고는 믿어지지 않는다는 것입니다. 그렇더라도 조금이나마 게으름을 물리치고서 저런 책들을 읽고 나면, 곧 인간 본성에는 진리 파악이 거부되어 있다는 내용을 다루는 책들을 읽게 된다면, 그야말로 깊은 잠 속으로 빠져들고 말아 천상 나팔 소리도 그들을 깨우지 못할 것입니다.[6]

3. Quamobrem cum gratissimum habeam fidele iudicium tuum de libellis meis, tantumque in te momenti ponam, ut nec error in tuam prudentiam, nec in amicitiam simulatio cadere possit, illud magis peto diligentius consideres, mihique rescribas utrum approbes quod in extremo tertii libri suspiciosius fortasse quam certius, utilius tamen, ut arbitror, quam incredibilius putavi credendum. Equidem quoquo modo se habeant illae litterae, non tam me delectat quod, ut scribis, Academicos vicerim (scribis enim hoc amantius forte quam verius), quam quod mihi abruperim odiosissimum retinaculum, quo a philosophiae ubere desperatione veri, quod est animi pabulum, refrenabar.

3. 그러므로 내 책자에 관한 당신의 솔직한 판단이 나에게는 아주 소중한 터이므로, 또 당신의 현명함으로 미루어 오류가 있을 수 없고 우리의 우정으로 미루어 겉치레도 있을 수 없으므로, 당신에게 간절히 부탁하는 바이니, 내 책자를 면밀하게 검토하시고, 내가 그 책자의 제3권 말미에서[7] 다룬 내용이 수긍할 만한지 내게 답변해 주기 바랍니다. 거기서 내가 다룬 바는 확실하다기보다는 차라리 그렇게 추정할 만하다는 것이며, 믿지 않는다기보다는 차라리 그렇게 생각함이 더 유익하다고 볼 만하다고 생각한 것입니다.

그 글이 어떻든 간에, 당신이 글에 쓰는 것처럼 — 당신이 나한테 그런 글을 쓰는 것은 진실이 그렇다기보다는 나를 그만큼 위한다는 뜻일 것입니다[8] — 내가 아카데미아학파를 제압한다는 사실이 나를 즐겁게 해 주는 것이 아니라, 나를 옭죄던 극히 가증스러운 족쇄를 부숴 버린다는 것입니다. 진리를 발견하지 못하리라는 절망으로 인해서, 정신의 자양분이라고 할 철학의 젖가슴으로부터 나를 억지로 떼어 놓은 그 족쇄 말입니다.

---

[7] 『아카데미아학파 반박』 3권 37-42의 연속 강연(oratio perpetua)을 가리킨다.

[8] scribis enim hoc amantius forte quam verius: 겸양의 마음을 표현하는 수식문이다.

나비기우스 19 30 67 69 132

데모크리토스 269-71

라르티디아누스 19
로마니아누스 18-9 23-4 27-9 31-4 53 58-9 61 98 123 125-32 135-6 138 140-3 171 173 268 351
루스티쿠스 19
루킬리아누스 144-5
리켄티우스 19-20 22-3 26-30 32 34-6 38 53 63 67 71 73-5 77 79-81 83-4 87-8 90-2 94 98-9 102 110-1 113-5 121 130 139-40 144 147 149-51 155 157-8 162-4 166-7 169-71 174-5 183 187 190-3 194-5 202-3 219 221 224-5 268 336

메트로도루스 327
모니카 30-1 158
므네사르코스 329

바오로 15 33 133 135
베르길리우스 36 93 97 101 147 203
베레쿤두스 22-3 82

소크라테스 80 159 317

아데오다투스 18-9 132
아르케실라스 157 159-61 249 261 263 319 321 323
아리스토텔레스 21 66 330-1
아우구스티누스 15-24 28-41 43-7 52 54 58 61-3 67 76-7 80 86 98 102-4 106 108 111 115 118 121 125-7 129-31 138 140 142 144-6 150 154 156-7 162 164 169 175-6 182-4 188 190 192-4 201 205 208 212-3 220-1 224 231 234 238 242-4 249 254-7 268 272 278 282 284-5 289 292 303 305 314 317-8 326 329 333-6 338-9 350 352
안티오쿠스 161-2 327-9
알리피우스 19 23 29-32 39 65 75 123 143 147 149 155-9 161 165-7 174-5 177 179 183 187 190-1 193-5 201 204-5 209-10 213 217 222-6 234-5 237 241 268-9 293 335 337 339
알비케리우스 99 101 103 105 107 109 111 113 119
에보디우스 19
에피쿠로스 245-7 249 270-1 278 309 326-7

제노비우스 19
제논 40-1 43 64 151 153 159-60 212 244-5 247 253-5 259 261-3 265 319-21 323

카르네아데스 38 43 71 123 151 154 157 191-4 250-1 264-5 269 271 323-7 355
켈시누스 133
크리시푸스 245 265 323
키케로 20 35 39 49 63-6 71-3 75 87 90 96 102 104 117 123 137 150-1 157-60 166 177 188 192 205

210 212 225-6 238-9 242-4 247-9
254 260 264 270 272 274 278
284-5 289 299-300 302-3 308 310
314 323-4 326-7 333 337-9 351
353

테오도루스 19
트리게티우스 19-20 22 26 28-30 32
  34-6 53 63 65 67-8 71 73 75-7
  81 84-5 87-8 91 93-5 97 102 111
  113 115 119 147 158 163 169
  173-5 177 190-1 202-3 221 268
  336

페레키데스 317
폴레몬 319 321
프로테우스 232-4 238-9
플라키아누스 101 107-8
플라톤 15 21 43-5 76 139 159 225
  253-5 266 308 315-21 325 327
  329-31 333-4 351 353
플로티누스 16 43 45 132 318 329
피로 222 280
피타고라스 208 316-7
필론 161 327 329

헤라클레스 250-1 267
헤르모게니아누스 353

『고백록』 16-7 19 23 30-1 58 60-3 99 126 128-30 132 135 138 144 146 178 180 183 206 237 242 258 304 340
『교사론』 18
『그리스도교 교양』 86
『독백』 16-8
『목가』(베르길리우스) 225
『문법론』 18
『법률론』(키케로) 226
『변증법』 18
『삼위일체론』 65 339
『수사학』 18
『신국론』 46 52 76 100 103 106-7 138 208 238 256 284-5 315 329
『아이네이스』(베르길리우스) 93 97 146 232
『아카데미아학파』(키케로) 337-8 351
『아카데미아학파 반박』 17 22-4 31 34 36 38-9 44 47-8 341 352 357
『영혼 불멸』 17-8
『영혼의 크기』 17
『오디세이아』(호메로스) 232
『음악론』 18
『자유의지론』 17 46 131 256 335 348
『재론고』 17 19 23 285 333
『참된 종교』 16 18 34 44 130 143 278 334
『플라톤과 아리스토텔레스의 단일한 사상에 관하여』(포르피리우스) 330
『행복한 삶』 16-7
『호르텐시우스』(키케로) 63 221 299

색인 성경

창세
2,7　348

욥
12,13　258

코헬
12,7　348

마태
5,37　349
7,7　145
24,30-31　354

로마
9,11　348
13,13-14　17

1코린
1,24　125

필리
1,6　128

콜로
2,8　330

1베드
4,6　344

아우구스티누스 AUGUSTINUS(354~430)

북아프리카 타가스테에서 태어났다(354년). 어머니 모니카는 독실한 그리스도인이었으나, '지혜에 대한 사랑'(철학)에 매료된(373년) 청년 아우구스티누스는 진리를 찾아 끊임없이 방황하는 삶을 살았다. 한때 마니교와 회의주의에 빠지기도 했던 그는 밀라노의 수사학 교수로 임명되면서 출셋길에 올랐다(384년). 밀라노에서 접한 신플라톤 철학, 암브로시우스 주교의 설교, 수도생활에 관한 증언 등을 통해 그리스도교에 눈을 뜨기 시작했으나, 머리로 이해한 그리스도교 진리를 아직 믿음으로 받아들이지 못한 채 엉거주춤 망설이며 살아가다가, 마침내 바오로 서간을 '집어서 읽으면서'(Tolle! Lege!) 회심하였고(386년), 행복한 눈물 속에 세례를 받았다(387년). 교수직과 재산을 미련 없이 버리고 고향으로 돌아가 소박한 수행의 삶을 엮어가던 그는 뜻하지 않게 히포 교구의 사제(391년)와 주교(395년)로 서품되었고, 40년 가까이 사목자요 수도승으로 하느님과 교회를 섬기다가 석 달 남짓한 투병 끝에 일흔여섯의 나이로 세상을 떠났다(430년). 『고백록』Confessiones을 비롯한 수많은 저술(책, 서간, 설교)과 극적이고 치열한 삶은 그리스도교 철학과 신학에 엄청난 영향을 끼쳤다. 교부들 가운데 우뚝 솟은 큰 산인 아우구스티누스는, 그리스 철학 체계 속에 그리스도교 진리를 깔끔하게 정리해 냄으로써 '서양의 스승'이라고도 불린다.

성염

1972년 가톨릭대학교 졸업 후, 1976년 광주 가톨릭대학교에서 신학석사, 1986년 교황청 살레시오 대학에서 라틴문학박사 학위를 취득했다. 1988~2005년 한국외국어대학교와 서강대학교 철학과 교수, 2003~2007년 주교황청 한국대사를 역임했다. 그간 우리신학연구소 소장 및 이사장, 서양고전학회 회장, 한국서양중세철학연구소 이사, 서강대 철학연구소 소장, 우리사상연구소 소장, 한국가톨릭철학회 이사 등 다양한 학회 활동과, 서울대교구 평신도사도직협의회, 한국천주교 정의평화위원회, 천주교정의구현전국연합, 천주교 인권위원회, 한국가톨릭교수회 등 각 분야의 사회 활동을 하면서 많은 저서와 주해서, 번역서, 연구논문을 발표했다. 주요 저서로는 『사랑만이 진리를 깨닫게 한다』 『님의 이름을 불러두고』 『라틴어 첫걸음』 『고전 라틴어』 『하느님을 만난 사람들』 『미사 해설』 등이, 아우구스티누스 주해서로는 『신국론』 『자유의지론』 『그리스도교 교양』 『삼위일체론』 『고백록』 등이, 기타 고전 주해서로는 키케로의 『법률론』, 단테의 『제정론』, 피코 델라 미란돌라의 『인간 존엄성에 관한 연설』 등이, 역서로는 『신은 존재하는가? I』 『인간의 죽음』 『아시아의 해방신학』 『아시아인의 심성과 신학』 『해방신학』 외 다수가 있다. 이 밖에도 수십 편의 학술 논문과 사전 항목을 집필했다. 더 자세한 사항은 『사랑만이 진리를 깨닫게 한다』(경세원 2007) 8-15쪽을 참조하라.